中央大学社会科学研究所研究叢書……45

ジェンダーと政治，歴史，思想の交差点

鳴 子 博 子 編著

中央大学出版部

はしがき

　本書は，中央大学社会科学研究所の研究チーム「ジェンダーと政治，歴史，思想の交差点」（研究活動期間：2022 年 4 月～2025 年 3 月）所属の 10 名のメンバーの研究成果をまとめた研究叢書である。

　本研究チームは，〈なぜジェンダー構造は変容しつつも維持されるのか，格差解消のために必要なものは何か〉という問いを出発点として，各研究員が，政治学，歴史学，思想史など多様な角度からこれらの問題の解明に努めることを目的として立ち上げられた。

　研究期間初年度の特に前半は，コロナ禍の影響もあり，研究員間の交流にも公開研究会の開催にも制約があったが，その後はチームとしての活動を徐々に進めることができた。ただ，本チームは当初，少人数からスタートし，少しずつ研究員の参加を得たので，研究員全員がフルに 3 年間，ともに活動できたわけではない。そのような事情もあって，本書は，研究チームの掲げた出発点の問いを共有しつつも，さまざまな研究分野の研究員がそれぞれの立ち位置から，自由に論考した研究論文集となっている。

　本書の構成は，各論文の時代，エリア，内容を考慮して章立てしているが，興味をお持ちの章から読んでいただければ幸いである。以下は，各章の概要である。

　第 1 章　鳴子博子「ヴァンデの反乱と女性の集団行動──ルソー的視座から
　　　　　　ジャコバン独裁期におけるヴァンデの集団行動を捉え直す──」

　1793 年に勃発したフランス革命期最大の反乱「ヴァンデの反乱」の犠牲者は，40 万～60 万人と推計される。戦闘での反乱軍・共和国軍双方の死者に留まらず，ヴァンデの住民を大量殺戮するジェノサイドがあったからである。「人および市民の権利宣言」を発出したフランスで，なぜジェノサイドは起きたのだろうか。

ii

　19 世紀の人民の歴史家 J・ミシュレは，反乱の激烈な展開の責を女性と僧侶に帰しているが，本章では，女性たちがヴァンデの地を離れて，67 日間にも及ぶヴァンデの行軍に加わった原因，理由を探る。本章の目的は，ルソーの『社会契約論』・『ジュネーヴ草稿』の新たな読解から得られたルソー的視座を用いて，1793 年の歴史的現実を捉え直すことにある。

　筆者は『社会契約論』が未来の人民に向けて書かれた，革命遂行のための，偽装された指南書であること，フランスは王権を倒壊させた第二革命以後，国家が死滅状態に陥っていたことを論証した。ルソーは『ジュネーヴ草稿』で，同じ教義を信奉する不寛容な者が相手の信仰を調べる権利を持つとホッブズ戦争状態に陥ると記したが，それは非宣誓僧が多数を占めるヴァンデを革命政府が追い詰めた 1793 年の現実と酷似している。ヴァンデの悲劇は，女性たちが信仰心のゆえに，僧侶と運命を共にすることを決意し，行軍に加わったことによって増幅されたが，皮肉にも国民公会と革命政府の理性の独善，理性の暴走を白日の下に晒すことになった。人民が人民となるために，フランスに欠けていたものは何だったのか。

　本章は，現代にも続くジェノサイドや戦争の真の原因の解明に寄与する試みでもある。

第 2 章　亀井伸治「秘密法廷の小説とフランス革命——ベネディクテ・ナウベルト『ウナのヘルマン』（1788）の 1790 年代における評判とその背景——」

　十八世紀末の欧州における娯楽小説の空前の氾濫の中，ドイツの閨秀作家クリスティアーネ・ベネディクテ・ナウベルトは，通俗歴史小説の分野で指導的地位を占めた。本章では，女史の代表作のひとつで，神聖ローマ帝国に実在した特殊な司法組織〈秘密法廷〉を題材にした『ウナのヘルマン』（1788）を採り上げ，まず，歴史に対するナウベルトの女性ならではの視点と，創作でのその反映を眺めた上で，ドイツ語圏における〈ゴシック小説〉たる〈恐怖小説〉との関連，および，当ジャンル形成への彼女の寄与を検証した。次に，『ウナ

のヘルマン』は，初版出版時よりもむしろ1790年代に，ドイツ本国以上に，翻訳や戯曲化を通じて英国でも大人気を博したが，その理由を当時の社会的な背景から探った。そこには，〈秘密法廷〉に仮託された「全能な組織」という幻想と，同時代に流布していた「フランス革命とそれに続く社会の混乱は，秘密結社の策略の結果である」とする陰謀論の結び付きが認められる。陰謀論に煽られ，大陸から到来するかも知れぬ脅威と既存の秩序転覆への怖れに包まれていた英国の読者にとって，〈秘密法廷〉がもたらす恐怖の，ただし，「中世ドイツ」という時間的・空間的距離が一応の安全を保障してくれる物語は，所謂「不安の楽しみ」を彼らに提供する恰好の読み物だったのである。

第3章　大久保由理「南進する男女の「大東亜共栄圏」建設——拓士のフィリピン経験と南進女性——」

　本章は，拓務省管轄下にあった拓南塾で「大東亜共栄圏」建設を担う人材として養成され，南方国策移民として日本占領下のフィリピンに送出された青年の日記をジェンダーの視点から，つまり男性と女性，両方の視点から分析し，それを通して40年代に南方を目指した男女の「南方建設」を再構成することを目的としている。1940年以降の南進熱の高まりの中，南方を目指した人びとが確実に渡航するには南方訓練学校へいくことが最善の方法であった。本章が分析する青年が通った拓南塾は，拓務省管轄下で授業料は官費，就職の斡旋も決まっていたため人気が高く，合格率5％という難関校であり，彼らは10代のセミ・エリートであった。当時彼らは「南方建設」の拓士と呼ばれたが，女性の場合は，この拓士の配偶者となる「南方の花嫁」か，または職業婦人として訓練を受けている。拓士が日記に記す日本占領下のフィリピン生活には，日本人女性はほぼ芸者や酌婦，娼婦しか登場しない。しかし拓士には不可視化された女性たちがいた。「南進女性」と呼ばれた職業婦人たちである。当時陸軍は，メディアと一体となり，商社や会社に勤める男性の妻として，高等女学校卒の知的で洗練された，それでいて夫をケアする〈南進女性〉像を喧伝していた。その結果，多くの女性が満洲よりも南方を選び，しかも「花嫁」よりも

iv

軍属あるいは商社で働くタイピスト等の職業婦人を希望し渡航したのである。つまり女性たちは軍部の意図を超えて，誰かの妻ではなく，欧米文化の薫る南方占領地で「南方建設」に貢献することを選んだ。社会進出の手段として南方を選んでいたのである。そのことは同時に，女性たちもまた日本帝国の南方支配に積極的に加担したことをも意味していた。

第4章　青木裕子「日本における女子大学の発展可能性への期待――アメリカの取り組みと成瀬仁蔵の思想から女子大学のリベラルなコア・バリューを考える――」

　本章は，日本における女子大学の歴史的意義と今後も担うべき社会的役割について考える。そして，日本の人権意識向上に果たす豊かな可能性に期待をかける。そのために，第一に，日本の女子大学を取り巻く厳しい現況とその社会的背景を検討し，第二に，アメリカにおける女子大学，マウント・ホリヨーク大学（Mount Holyoke College）のトランスジェンダー受け入れの取り組みを検討し，そのような取り組みを基礎付けている同大学の「女子大学」としてのコア・バリューを検討する。そして第三に，日本最初の私立の女子大学である日本女子大学（1901年創立時は女子大学校）の創立者成瀬仁蔵（1858～1919年）の教育思想を検討する。その上で，今後の日本の女子大学の在り方の土台となるべき女子大学のコア・バリューについて考察する。第四に，日本の女子大学が取り組むべきことを考察する。特に，日本においては女子大学の女性学長が著しく少ないことを指摘し，その人数を増やすことが急務であると論じる。

　女子大学は，日本女子大学の初期がそうであったように，新しい価値観を生み出す場所，換言すると高い向学心と問題意識を持った，いわば「とんがった」人々を先頭とした前衛的な場所であった。女子大学がその基本形に立ち返り，さらにより一層，社会の理不尽に物申し，一石を投じ続ける先頭集団としての自覚を持つことで，日本の社会全体が活性化することを期待する。男性社会とは別のコア・バリューを打ち出して，あらゆるラベル貼りに反対してほしい。差別反対のみならず，成瀬が論じたように，平和や，世界と人類に関わる

事柄，例えば環境問題についても，女性が中心となってグローバルな共通認識や価値を形成するために，女子大学を牙城とすることは重要で，必須でさえあると考える。

第5章　奥平 晋「戦後中央大学の女子学生——その学びと課外活動と——」
本章では，戦後の中央大学で学修と課外活動に励んだ無名の女子学生たちに焦点をあて，叙述に努めた。その前提として，戦後占領期の女子教育政策について占領軍総司令部側と文部省側の動向を視野に入れて説明を試みた。文部省の「女子教育刷新要綱」作成，総司令部の『日本の教育』作成は重要な政策画期となった。他方，大学側にあっては厚生補導の視点から女子学生に対応した。その1つが，女子学生会の創設である。男子学生が多数を占める学内にあって，ひと時の精神的安寧を得るための，女子学生の居場所作りの目的があった。学生達は会室に集い各種活動を重ねた。しかし，女子学生は周期的な活動停滞に苦悩し，活性化へ意を尽くした。会の活動は停滞と活性化の反復だった。団体の活動方針に確たるものが無かったゆえ，女子学生会は，その確認と周知に追われた。当時の会誌には状況が詳細に描かれる。
　一方，本章では高度職業人を目指す女子学生が参集した緑法会にも焦点をあてた。入室試験を経て入会が許される緑法会は，団体の在り方が本来的に異なっていたのである。なお，戦後中央大学は学生数増加によるキャンパスの過密化が著しく，精神的ストレスが，特に女子学生には負担となった。これについては，戦後大衆化する大学にあって，マスプロ化する授業，学生増加に追い付かない設備問題，そして1960年代中盤からの学生紛争等，それらと共に統一的にフォローすることが，残された課題となる。

第6章　三船 毅「女性蔑視の構造——フェミニズム理論，ジェンダーの検証——」
男女の不平等，女性差別という問題に対して，政府は1986年に男女雇用機会均等法，1994年に男女共同参画社会基本法，2021年には政治分野における

vi

男女共同参画の推進に関する法律を施行してきた。これらの法律は1970年代から80年代に生起した男女平等，女性への抑圧からの解放を求める声を背景として，リブ運動，フェミニズム，ジェンダー思想の後押しから成立してきたと考えられる。しかしながら，これらの法律が制定，施行されてもなお，現実に男女の不平等，女性差別は日本社会に残っており，男女格差の解消は進展していないのが現状であろう。男女の不平等，特に女性の社会進出を阻む要因はいったい何なのであろうか，という点が本章の基本的な問題意識である。国民の男女格差解消の認識はどのような要因によって形成されているのであろうか。それらの要因の関連性はいかなる構造なのであろうか。本章の目的はこれらの要因の関連性を明らかにして，日本人のジェンダー問題に関する認識の一端を明らかにすることである。

よって，本章では1983年，1993年，2017年，2020年におこなわれた学術調査データを用いて，「女性格差解消」に対する人々の意識・態度がどのような構造になっているのかを明らかにした。分析方法は，グラフィカルモデリングという方法を用いて，変数間の条件付き独立を考慮して変数間の関係を解釈した。

分析からわかったことは2つある。第1に，「保革イデオロギー」「政策態度変数」において保守的な態度を示す人は，女性格差解消に対して否定的態度を有することを示しており，1983年から2022年の現代まで関連構造に大きな変化はない。この結果はこれまでのジェンダー研究における理論および実証研究と一致するであろう。

第2に，男性は「保革イデオロギー」「政策態度変数」における革新的態度が女性格差解消を志向させているのは女性とかわりない。しかし，男性では「保革イデオロギー」に関係なく「公正世界信念」「寛容性」の高い人が，女性格差解消を志向しているのである。さらに特徴的なことは，「不動産保有」で保有している人は，女性格差解消を志向しない態度を示すことである。このことは「不動産保有＝家の保有」ということが，男性にとっては家父長制の主要な構成要素となっていることを示している。

第7章　塩田　潤「アイスランドにおける女性ストライキの形成要因」

1975年10月24日，北欧の島国アイスランドでは女性人口の約90%が参加する大規模なストライキが行われた。一般に，「女性の休日」と呼ばれるこのストライキは，一体どのようにして作り上げられたのだろうか。本章では，資源とネットワーク，政治的機会構造，アクターの主体的努力という3つの視角から「女性の休日」の形成要因を紐解く。

「女性の休日」の形成にあたって，先行する女性運動は，戦術，人材，資金といった運動資源や連帯ネットワークを供給していた。例えば，レッドソックス運動はストライキ戦術を提起したし，アイスランド女性権利協会やアイスランド女性クラブ連盟といった伝統的な組織には，1969年の婦人科病棟拡充運動を通して連帯のネットワークが構築されていた。1975年には，国内の政治社会における女性の顕在化に加え，国連による国際女性年の設定が動員を後押しする政治的機会構造も開いていた。こうした中で，女性たちは公式的にはストライキではなく「休日」という名称を使用するなど，政治的立場の違いや法律の壁を越えて幅広く連帯する主体的努力を行い，「女性の休日」を実現させたのである。

「女性の休日」は，多くの女性たちが政治的な主体化を遂げる過程であったと同時に，1980年の世界初の民選女性大統領の誕生につながるなど，アイスランドの女性政治の勃興に寄与した点で，政治的な「目覚まし時計」の役割を果たした。

第8章　金　慧「自律と言論──個人主義的自律から関係的自律へ──」

言論の自由を正当化する根拠として，主にデモクラシー，真理，自律の3つを挙げることができる。それらのなかでも，自律は言論を表明する話し手の自律と言論を受容する聞き手の自律にそくして論じられることが多かった。本章では，これらの自律をともに個人主義的自律と呼ぶ。これに対して，ここ数十年，個人主義的自律に対する批判から出発し，その後に多様な展開を見せている関係的自律と呼ばれる構想がある。そこで，本章が取り組む課題は，自律に

viii

ついての解釈が個人主義的なものから関係的なものへと変容することによって，言論の自由についての理解はどのような影響を被るのか，というものである。

　この課題に取り組むために，本章ではまず個人主義的自律の構想を代表する，E・ベイカーとT・スキャンロンの2人を取り上げて自律と言論の関係について検討する。ベイカーが話し手の自律を強調するのに対して，スキャンロンが着目するのは聞き手の自律である。それを踏まえて，関係的自律という構想の内実をN・ストルジャーとP・ベンソンにそくして明らかにする。最後に，S・ウィリアムズとS・ブライソンの2人の論者を取り上げて，関係的自律と言論の自由の関係について考察する。以上の考察をつうじて，自律の概念が言論の自由を正当化する根拠となるばかりでなく，逆に言論が他者の自律を掘り崩す事態がありうるということを示す。

　第9章　原 千砂子「「子どもを持つ権利」はあるか──生殖のリベラリズム
　　　　　批判──」

　未曾有の少子高齢化が進行する中，日本を含む先進諸国では，国家の人口政策と生殖技術の進歩に促される形で，人々の間に「子どもを持ちたい」という欲望が高まる現象が起きている。多くのヨーロッパ諸国では，代理懐胎こそ認めないものの，単身女性や女性同性愛カップルが公的保険を使って生殖技術を利用することが認められるようになっている。これらの現象は，あらゆる人に「子どもを持つ権利」を認める方向に，私たちの社会が今後進んで行くことの予兆なのだろうか。そして，「子どもを持つ権利」の承認は，「生殖の自由」の拡大を意味するのであろうか。本章は，このような問題意識の下，現象面と理論の双方向から「子どもを持つ権利」について観察し，検討を加える。

　実例として取り上げるフランスは，この30年間に生殖技術の適用対象を次第に拡大し，ついには「子どもを持つ権利」を承認する手前まで到達したように見える。「生殖の自由」を自由権の1つに数えるリベラリズムの哲学と法学は，「子どもを持つ権利」を否定する原理的な理由を持たない。そもそも，生

殖は個人的であると同時に集団的な営為であり，個人の権利の問題としてのみ生殖を語ること自体が誤りではないのか。遺伝子の水準で考えるならば，私たちは生殖をする，しないに係わらず，遺伝子のコモンズを共有する生殖コミュニティーに属している。フェミニズムが構築すべき包括的な生殖の理論は，生殖を共同的な営みとして捉え直すところから出発すべきである。

第 10 章　藤野美都子「フランスにおける人工妊娠中絶をめぐる動向」

　フランスでは，2024 年 3 月，人工妊娠中絶を利用する自由を女性に保障し，これを行使するための条件を法律で定めるという条文を，第五共和制憲法 34 条に追加する憲法改正が行われた。フランスは，当該自由を認めるために憲法で人工妊娠中絶に直接言及した最初の国となった。今回の憲法改正は，2022 年 6 月，アメリカ連邦最高裁判所が，ドブス事件判決において，合衆国憲法は中絶の権利を保障するものではないと判示したことに端を発している。この判決は，確たるものとして獲得されたと思われていた権利や自由が，いとも簡単に脅かされるという事実を世界に突き付けた。これに対し，フランスは，憲法を改正することにより，中絶の自由に強固な法的保障を与え，中絶の自由の後退に歯止めをかけ，第五共和制憲法を充実させ，女性の権利獲得のために闘っている世界中の人々を支援するという途を選択したのである。

　ローマ・カソリックの影響が強かったフランスでは，中絶は罪とされ，堕胎は犯罪とされてきた。中絶の自由を希求する人々の努力が実り，1975 年，5 年間の限時法であるヴェイユ法により人工妊娠中絶が初めて合法化され，1979 年，それが恒久化され，その後，人工妊娠中絶を利用する自由を拡大してきたのである。本章では，ヴェイユ法から半世紀，フランスにおける女性の「中絶の自由」確立までの過程を通して，女性の「身体の自由」獲得の道筋について考えることとする。

　最後に，本研究期間中に開催した公開研究会について，ご報告のテーマとともに以下に，ご紹介させていただく。講師の方々のなかには，その後，チーム

x

に参加くださった方もおられるが，ご報告くださったすべての皆様に改めて感謝申し上げる（ご所属等は報告当時のもの）。また，日頃，研究活動を支えてくださっている研究所合同事務室の皆さん，出版部の伊藤宏子さんはじめスタッフの方々に，この場を借りて心より感謝したい。本チームの奥平晋客員研究員の力強いサポートにもお礼申し上げる。

2022 年度・第 1 回公開研究会

開催日時　2023 年 2 月 25 日㈯ 13:30 〜 17:40

開催場所　中央大学多摩キャンパス研究所会議室 1 及びオンライン会議システム（Zoom）のハイブリッド形式

報告者　① 長谷川陽子氏（帝京大学法学部講師）

　　　　② 山尾忠弘氏（慶應義塾大学経済学部助教）

テーマ　① 哲学と政治の循環関係について─H. Arendt 著『ラーエル・ファルンハーゲン』に即して

　　　　② 女性の利益の自律性─近代英国女性解放思想史

2022 年度・第 2 回公開研究会

開催日時　2023 年 3 月 6 日㈪ 13:00 〜 18:40

開催場所　中央大学多摩キャンパス研究所会議室 1 及びオンライン会議システム（Zoom）のハイブリッド形式

報告者（第一部）　山尾忠弘氏（慶應義塾大学経済学部助教）・長谷川陽子氏（帝京大学法学部講師）・荒井智行氏（南山大学経済学部教授）・藤野美都子氏（福島県立医科大学医療研究推進センター特任教授）

　　　（第二部）　河上睦子氏　（相模女子大学名誉教授）

テーマ（第一部）　『ジェンダー・暴力・権力─水平関係から水平・垂直関係へ─』（鳴子博子編著，晃洋書房，2020 年）合評会

　　　（第二部）　「コロナのなかの食の世界」〜『「人間とは食べるところ

のものである」―「食の哲学」構想―』（河上睦子著，社会評論社，2022 年）をめぐって～

2023 年度・第 1 回公開研究会
　　開催日時　2024 年 1 月 20 日㈯13:30 ～ 18:00
　　開催場所　中央大学多摩キャンパス研究所会議室 1 及びオンライン会議システム（Zoom）のハイブリッド形式
　　報告者　①長谷川　曾乃江　氏（中央大学政策文化総合研究所客員研究員）
　　　　　　②塩田　潤　客員研究員（龍谷大学法学部非常勤講師）
　　テーマ　①産後ケア事業の日韓比較
　　　　　　②アイスランドにおける女性議員の増加とフェミニスト・サイクル

2023 年度・第 2 回公開研究会
　　開催日時　2024 年 3 月 9 日㈯14:00 ～ 17:00
　　開催場所　中央大学茗荷谷キャンパス 3E06 教室及びオンライン会議システム（Zoom）のハイブリッド形式
　　報告者　①森亜紀子氏（同志社大学〈奄美－沖縄－琉球〉研究センター研究員）
　　　　　　②北田依利氏（法政大学国際文化学部・埼玉大学教養学部非常勤講師）
　　　　　　③細谷亨氏（立命館大学経済学部准教授）
　　　　　　リプライ：大久保由理客員研究員（東京大学大学院経済学研究科附属日本経済国際共同研究センター特任研究員）
　　テーマ　合評会『「大東亜共栄圏」における南方国策移民―「南方雄飛」のゆくえ』（大久保由理著，晃洋書房，2023 年）

2024 年 9 月

編著者　鳴　子　博　子

目　次

は し が き

第1章　ヴァンデの反乱と女性の集団行動
　　　　——ルソー的視座からジャコバン独裁期における
　　　　　ヴァンデの集団行動を捉え直す——

鳴 子 博 子

は じ め に ……………………………………………………………………　*1*

1.　ヴァンデの反乱 ………………………………………………………　*4*

2.　ルソー的視座とフランス革命の過程 ………………………………　*10*

3.　ヴァンデの反乱の捉え直し …………………………………………　*20*

お わ り に ……………………………………………………………………　*30*

第2章　秘密法廷の小説とフランス革命
　　　　——ベネディクテ・ナウベルト『ウナのヘルマン』（1788）
　　　　　の1790年代における評判とその背景——

亀 井 伸 治

は じ め に ……………………………………………………………………　*37*

1.　ベネディクテ・ナウベルトとその作風 ……………………………　*38*

2.　ナウベルトとゴシック小説 …………………………………………　*42*

3.　ドイツのゴシック小説の1790年代における英国での受容 ………　*50*

4.　ドイツと英国における秘密結社小説への反応 ……………………　*57*

お わ り に ……………………………………………………………………　*63*

第3章　南進する男女の「大東亜共栄圏」建設
──拓士のフィリピン経験と南進女性──

大久保由理

はじめに……………………………………………………… 75

1.「南進」する男と女──「大東亜共栄圏」建設のために………… 79

2.「南進乙女」の渡航法……………………………………… 85

3. 拓士の日記──そのフィリピン経験……………………… 89

4. 日記の余白──不可視化された女たち…………………… 97

おわりに……………………………………………………… 102

第4章　日本における女子大学の発展可能性への期待
──アメリカの取り組みと成瀬仁蔵の思想から
女子大学のリベラルなコア・バリューを考える──

青木裕子

はじめに……………………………………………………… 109

1. 女子大学は減っているのか？…………………………… 112

2. アメリカの女子大学の歴史的転換
　──マウント・ホリヨーク大学の 2014 年のアドミッション・
　ポリシー公表……………………………………………… 113

3. マウント・ホリヨーク大学が「女子大学」であり続けることの
　意味──同大学のコア・バリューとは？……………………… 116

4. 成瀬仁蔵の「新しい女性像」vs. 良妻賢母主義の女子教育思想…… 117

5. 女子大学が取り組むべきことは？……………………… 126

おわりに──女子大学だからできることはあるのか？………… 128

第 5 章　戦後中央大学の女子学生
──その学びと課外活動と──

奥 平　　晋

はじめに……………………………………………………………… *135*

1.　戦後占領期の教育改革と女子学生……………………………… *137*

2.　中央大学における女子学生……………………………………… *143*

おわりに──模索する女子学生／変わる女子学生…………………… *172*

第 6 章　女性蔑視の構造
──フェミニズム理論，ジェンダーの検証──

三 船　　毅

はじめに……………………………………………………………… *187*

1.　フェミニズム理論とジェンダーからの分析枠組み…………… *189*

2.　基本モデルの分析………………………………………………… *193*

3.　家父長制の意味…………………………………………………… *203*

おわりに……………………………………………………………… *207*

第 7 章　アイスランドにおける女性ストライキの形成要因

塩 田　　潤

はじめに……………………………………………………………… *213*

1.　ジェンダー平等後発国，アイスランド………………………… *214*

2.　「女性の休日」……………………………………………………… *216*

3.　「女性の休日」の形成要因………………………………………… *218*

4.　女性たちの連帯を紐解く………………………………………… *227*

5.　「女性の休日」に対する反応と政治的意味……………………… *229*

おわりに……………………………………………………………… *231*

xvi

第8章 自律と言論
──個人主義的自律から関係的自律へ──

金 慧

はじめに……………………………………………………… 235

1. 話し手の自律 ………………………………………… 236

2. 聞き手の自律 ………………………………………… 241

3. 関係的自律 …………………………………………… 247

4. 関係的自律と言論の自由 …………………………… 254

おわりに…………………………………………………… 260

第9章 「子どもを持つ権利」はあるか
──生殖のリベラリズム批判──

原 千砂子

はじめに…………………………………………………… 265

1. 「親になるプロジェクト」…………………………… 268

2. 「子どもを持つ権利」はあるか…………………… 272

3. 生殖のコモンズへ …………………………………… 281

おわりに…………………………………………………… 290

第10章 フランスにおける人工妊娠中絶をめぐる動向

藤野美都子

はじめに…………………………………………………… 299

1. ヴェイユ法成立まで ………………………………… 300

2. ヴェイユ法以降 ……………………………………… 308

3. 2024年3月の憲法改正 ……………………………… 310

おわりに…………………………………………………… 313

第 1 章
ヴァンデの反乱と女性の集団行動
——ルソー的視座からジャコバン独裁期における
ヴァンデの集団行動を捉え直す——

鳴 子 博 子

は じ め に

　本章の主題はヴァンデの反乱とヴァンデの女性の集団行動とは何だったのか
を追究することにある。ヴァンデの反乱は完全な終息までに長い時間を要した
ため，反乱の終期をどこに置くか，捉え方に差異があるが，本章では，1793
年3月から1794年の1～2月までを対象とし，しばしばヴァンデの反乱と混
同されがちなふくろう党の活動は対象としない。つまり，本章は，1793年か
ら1794年初頭までの時期の分析が中心になるのだが，まず最初に，フランス
革命全体を俯瞰してみたとき，この革命にはどのような捉え方，仮説があるの
かを瞥見することから始めたいと思う。

　フランス革命研究の第一人者・遅塚忠躬は，誰にもわかりやすく，フランス
革命には革命の前半は良かったが，後半は悪くなったとする「革命二分説」と
革命を一つの塊りと見る「ブロック説」という二つの仮説があると説き，遅塚
自身はブロック説を深化させ，フランス革命は社会変革のためにきわめて有効
だが，危険な作用を併せ持つとする「劇薬説」を提示した（遅塚1997：28-32）。
それに対して本章は，社会・政治思想史研究の立場から二仮説とも劇薬説とも
異なった仮説「パンドラの箱説」を提示しようと思う。

　フランス革命最大の反乱と言われるヴァンデの反乱（ヴァンデ戦争）は，

1793 年 3 月 11 日，大西洋に近いフランス西部の町マシュクールで勃発した。反乱の直接的なきっかけは，国民公会が戦況の悪化に伴い発した 1793 年 2 月 24 日の「30 万人の動員布告」へのヴァンデの住民の反発であった。当時，フランスは革命の波及を恐れる周辺諸国との対外戦争ばかりか，数多くの内乱にも直面していたが，ヴァンデの反乱と 83 県中 60 県で発生した他の反乱とを分かつものはなんだろうか。

　まずヴァンデの反乱の犠牲者の多さに言及しなければならない。その数 40 万〜60 万人と推計される。戦闘での死者に留まらず，ヴァンデの住民に対する大量殺戮があったからである。ヴァンデの反乱では，両軍の勝敗はすでに決していたのに，共和国軍の将軍テュロの地獄部隊による無差別殺人や派遣議員カリエによる水刑を生んだ。両軍兵士の戦闘死のみならず，ヴァンデの僧侶や女性，乳幼児・子ども・老人までもが残酷に殺害された。ショレやシャンズオ村など，人口の 40％台，なかには 50％が失われたとされる町村が存在する。封建制・身分制からの脱却，人権の進展に大きく貢献したフランス革命の「光」に対して，革命政府に反旗を翻した地方住民とはいえ，同胞を大量虐殺した「闇」は大きく深いと言わざるをえない。

　ところで，19 世紀の人民の歴史家ジュール・ミシュレは，反乱の激烈な展開の責任を女性と僧侶に帰している。ミシュレは，第二革命以前に国王が非宣誓僧の問題をめぐって，議会に対して一度ならず拒否権を発動したことや非宣誓僧自身が旧教会財産の売却問題に強く反発したことが，ヴァンデの女性たちの心を僧侶に結びつけ，そうした女性たちが男性たちを引きずって闇の反革命の手先となったと断じて，「僧侶と女たちとの協力」を強調したのである（Michelet 1952：I. 1145-1146＝1968：294-295）。

　戦争や反乱に中心的な役割を担うのは軍隊である。軍隊に少数の女性が加わっていることは革命期に事実としてあるが，通常，指揮官を含めて男性兵士の軍隊の役割が中心と考えられる。しかしミシュレは，この反乱の責任は女性と僧侶にあると説いているのである。そのようにミシュレに言わしめた原因を本章は独自の視点から掘り下げてみようと思う。筆者は，1793 年 10 月に反乱

軍がショレで敗北した後の同年 10 月から 12 月にかけて，僧侶や女性が，家族
とともに，ヴァンデ軍と行動を共にし，共和国軍と戦いながら逃げる集団行動
を展開した点に注目する。行軍 8 万人中，兵士は 2 万 5,000 〜 3 万人とされ，
残りが軍と行動を共にした人々であった。ヴァンデの行軍が，僧侶や女性，乳
幼児から老人まで巻き込んだものとなったのはなぜか，そして女性たちの行動
は何を意味しているのかを，本章の出発点の問い，疑問とする。

　ここで，これまでの研究状況を瞥見しておこう。ヴァンデの反乱（ヴァンデ
戦争）の探究はさまざまな立場から繰り返し行われてきたが，膨大な革命史研
究の中で難問とされてきた。例えば，大西洋革命の提唱者，革命史の碩学・
ジャック・ゴデショは学的探究が非常に難しいと記し（Godechot 1961），ヴァ
ンデ戦争研究の森山軍治郎は反乱の詳細な事情が解明されてこなかったと述べ
た（森山 1996）。1980 年代には，レイナルド・セシェールが起点となる研究
（Secher 1986）以降ヴァンデ戦争における住民の殺戮は革命政府によるジェノ
サイドであると主張し，ジャン＝クレマン・マルタンらと活発な論争が続い
ている（Martin 1987 / 2007）。

　次に筆者のフランス革命にかかわる論稿と本章との関係について述べてお
く。筆者はこれまで，ルソーの主要著作のテクスト解析から得たルソー的視座
を活用して，革命期の女性の集団行動やジャコバン独裁の研究を行ってきた
が，それらの研究は，主に，革命推進側に，しかもパリとその周辺に焦点を当
てたものだった。しかし言うまでもなく，革命は革命派，共和派だけで展開し
たわけではないし，パリとその周辺だけで革命の全体像を捉えることはできな
い。それゆえ，本章では反革命派・フランス西部ヴァンデ地方に焦点を当て，
なかでも女性たちの行動の意味を掘り下げようと思う。

　「はじめに」を終えるにあたって，本章のサブタイトルに掲げたルソー的視
座にかかわるルソーの指摘に触れておきたい。ルソーは『ジュネーヴ草稿』
（『社会契約論』初稿）で，同じ教義を信奉する不寛容な者が相手の信仰を調べる
権利を持つとホッブズ戦争状態に陥ると記した。同じ教義を信奉する不寛容な
者とはどのような存在だろうか。相手の信仰を調べる権利を持つとはいかなる

事態を指すのだろうか。ルソーが 18 世紀中葉に記したこの指摘は，非宣誓僧が多数存在するヴァンデを革命政府が追い詰めた 1793 年の現実を予期していたのではないか，この 1 点だけを記すに留めて，本論に移ろう。

1．ヴァンデの反乱

(1)　ショレ敗北と迷走台風

　1793 年 10 月 17 日，この日はヴァンデの反乱の帰趨を決する大転換点となった。繊維産業の中心地の村ショレがヴァンデ軍と共和国軍の決戦の場となったのである。ヴァンデの反乱勃発から 7 か月余り，両軍はそれぞれ部隊をショレに結集させて，3 万 5,000 のヴァンデ軍と 3 万 2,000 の共和国軍は午後 1 時に戦闘を開始した。最初，ヴァンデ軍は圧倒的な強さをみせたが，共和国軍の攻勢に形勢は逆転し，クレベール将軍とマルソ将軍指揮下の共和国軍に，二代目総司令官デルベ（貴族）とボンシャン（サン・フロラン近くの領主）に率いられたヴァンデ軍は大敗を喫し，同日夜にヴァンデ軍の敗走が始まった。「はじめに」でも記したが，ヴァンデ勢 8 万のうち，2 万 5,000 〜 3 万が兵士で，残り半数以上が女性，子ども，老人，負傷者，病人で占められていた。なぜこれほど多くの人々が軍と運命を共にし，行軍を続けなければならなかったのか。森山は「残るも去るも同じ地獄なのだ。残っていても殺されるか，食料を断たれるか，家を焼かれるかなのだ」と記している（森山 1996：234）。彼らの向かう先はショレから最短のロワール河岸の地サン・フロランで，そこからロワール河を渡り，対岸に逃れようというのである。

　この地に一つのエピソードが残されている。ボンシャンの捕虜特赦命令である。サン・フロラン教会の前に民衆が集まり，教会内にはショレ決戦で捕虜となった 5,000 人の共和国軍兵士が収容されていた。幹部の話し合いによって，行軍の足手まといになるとして捕虜の銃殺が決まった。民衆の見守る中，まさに銃殺が実行に移されるそのとき，ショレ決戦で深手を負い，死の床にあった

図 1-1　ヴァンデ戦争と「迷走台風」
1793 年（共和暦 2 年）

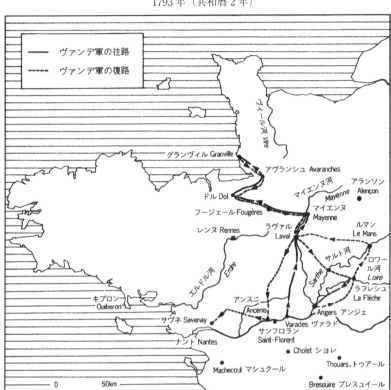

出所：J. ゴデショ（1989）『フランス革命年代記』120 頁

　ボンシャンから「捕虜を特赦に」との最後の命令が伝わった。捕虜たちは九死に一生を得て解放された。両軍ともに筆舌に尽くしがたい殺戮行為・残虐行為が横行する中で，記憶に残る出来事であった。

　8万人のロワール越えは，共和国軍に襲われる恐怖におびえながら，一日がかりで行われた。すし詰めの小舟に乗る者，馬に体を踏みつけられる者，冷たい川に入って死ぬ者さえ出た。渡河前の混乱した状況をある貴族の女性は次のように記している（Decaux 1972：559 =1980：229）。

ちょうど出発間際に，わたしは，六七歳になる一人のおばあちゃん，ほとんど同じ位高齢のセーヌ夫人，それに，わたしの娘ファニーの息子で生後二〇か月ほどになったジョゼフ坊や，それから，生まれて三か月ほどのデュ・フェー夫人の息子，最後に，妊娠七か月のお腹をかかえた不幸なガスティーヌ夫人が馬車に乗る姿を目撃しました。

あるいはまた，ラ・ロシュジャクラン侯爵夫人（当時のレスキュール夫人）は以下のように書いている（Decaux 1972：559-560 =1980：230）。

　　殺されたり，火をつけられるのを避けて，みなが入り乱れながら逃げまどっていました。彼らは共和国の兵士によって火をつけられた村から煙が立ち昇るのを肩越しに眺めていました。彼らの間には泣き声や呻き声，叫び声しか聞こえませんでした。

ロワール越えの10月18日以後，ヴァンデの行軍は，フランス西部に吹く，冷たく湿った捉えどころのない西北西風ギャレルヌの名をとって迷走台風 Virée de Galerne と呼ばれた。三代目総司令官ラ・ロシュジャクランと幹部たちの展望はそれぞれ違っていたが，結局，確証はないものの，イギリスの援軍に期待して北へ進み，モン・サン＝ミッシェルに近い沿岸の町グランヴィルを目指すことになった。ヴァラド，ラヴァル，フジェールなどを経て，戦いながらの行軍が続く。しかし，11月14日，ヴァンデ軍はグランヴィルの攻略に失敗する。イギリス軍の姿も近辺になく，希望は失われた。そこから軍は来た道を戻り，故郷に向かう復路を歩むことになった。ラヴァルを経て，家族らも含めて4万5,000のヴァンデ軍はアンジェで敗北し，次いでル・マンで4万（兵士は1万5,000〜6,000）となっていた軍は，敗北を喫し，遂に，1万〜1万2,000（敗残兵5,000）に減少していた彼らはサヴネでクリスマス・イブ前日の12月23日に完敗する。ここに，67日間におよぶ迷走は終わった。「ヴァンデの屠殺人」と呼ばれたヴェステルマヌ将軍は公安委員会に宛てた手紙に自らの

戦果を誇張して記した（森山 1996：253-254）。

　　もはやヴァンデは存在しない。共和国市民諸君。彼らはわれわれの自由
　の剣のもとで，女や子供らとともに死んだ。諸君が私に与えてくれた命令
　に従って，私は彼らをサヴネの沼や森に埋めたばかりだ。私は子供らを馬
　の蹄で踏み殺した。少なくとも，これ以上に暴徒を二度と出産しないよう
　にと，女たちを虐殺した。私を非難する捕虜はいない。私は皆殺しにし
　た。イジニィ（Isigny）と名のる暴徒の幹部は騎兵隊軍曹に殺された。私
　の騎兵たちはみんな暴徒の旗の切れはしを彼らの馬の尻っ尾に結んでい
　た。道には死体がばらまかれている。サヴネにも死体はころがっている。
　なぜなら，暴徒が捕虜にしてくれと投降してくるときには，いつもクレ
　ベールもマルソーもおらず，われわれは捕虜を認めないからだ。彼らに自
　由のパンを与えねばならないし，同情は革命的ではないからだ。

(2)　ショレ敗北までの戦い

　1.(1)ではショレ敗北後の行軍の概略を先に記したが，1.(2)では反乱勃発の3
月11日の時点に戻って，マシュクール事件からショレ敗北に至る戦いの概略
を振り返ることにする。まずゴデショの事件当日の記述を確認しておこう
（Godechot 1988：130 =1989：102-103）。

　　93年3月11日：ヴァンデ地方の人々が国民公会に対して反乱を起こした。
　30万人の動員に応じたくなかったからである。マシュクール Machecoul
　で545人の共和主義者が虐殺され，これが契機となって恐るべき内乱が始
　まった。共和主義者虐殺に対する報復はすぐにはなされなかった。それだ
　けに，それがなされたときは，一層すさまじいものとなった。

　このマシュクール事件以降，カトリック王党軍とも呼ばれることになるヴァ
ンデ軍の反乱がヴァンデ地方各地に広がり，5月初めの時点で何らかの形で戦

闘に加わった者の数は 15 万，内，実働兵士は 5 ～ 6 万から 7 万を数えた。ゴデショの 5 月 5 日の記述には「ヴァンデの反乱が拡大した。ブレスュイール Bressuire，トゥアル Thouars が反乱派の手に落ちた。しかし反乱派は港を占領できなかった」とあり，ヴァンデ軍は共和国軍に対して優勢で，6 月 9 日にソミュール占領，6 月 18 日にアンジェ占領を果たしている。その間，ヴァンデ軍は民衆の中から初代総司令官カトリノを選び出している。

　それでは，3 月から 6 月にかけて勝利を重ねていたヴァンデ軍とはどのような軍隊だったのだろうか。外国人兵士や共和国軍から離反した兵士などからなる常備軍も少数（兵士 7,800 ～ 1 万）存在していたが，あくまで主力は，ヴァンデに暮らす生活者が事が起こったときに兵士となって戦う即席軍であった。即席軍の末端の最小単位は生活と信仰を共にする教区の農民や機織り工といった住民からなる教区隊であった。総司令官カトリノの指揮能力は群を抜いており，兵士たちはカトリノの不死身を信じて戦った。そうした中で，6 月 28 日，ヴァンデ軍はナントを攻撃する。このナント攻撃の成否は，反乱側，共和国側双方にとって大きな意味を持っていた。ロワール河口の町ナントは，ヴァンデ軍がイギリスの支援を受ける点からも重要拠点と見なされていたからである。ゴデショは 6 月 28 日について簡潔にまとめている（Godechot 1988：143 =1989：112）。

　　　6 月 28 日：ヴァンデ軍がナントを攻撃した。反乱軍は撃退された。カトリノは瀕死の重傷を負い，7 月 4 日没した。元海軍士官シャレット Charette と元騎兵中尉エルベ Elbée がヴァンデ軍の中心的指揮官となった。

　こうして 7 月にヴァンデ軍はカトリノを失うが，この月は，共和国にとって，ロベスピエールが公安委員会入りし，大公安委員会がテルミドール 9 日（1794 年 7 月 27 日）まで革命政府を組織し，フランスを支配し始めた月にあたる。革命政府にとってヴァンデ軍はなお脅威であった。8 月 1 日の記録はヴァ

ンデ地方の殲滅を目的とする焦土作戦の実施について次のように記している（Godechot 1988：146 =1989：115）。

> 8月1日：ヴァンデ軍の相次ぐ勝利と国境地帯に生じたさまざまな脅威が共和国とフランス全体に重くのしかかったので，国民公会は，のちに「焦土作戦 terre brûlée」と呼ばれるようになる作戦を実施してヴァンデ地方を破壊することにした。（以下略）

さらに8月23日に，国民公会はいわゆる国民皆兵・義務兵役制の開始を決定する。これにより，革命政府はヴァンデの反乱鎮圧に振り向ける兵力の増強が容易になる。ゴデショは以下のように記す（Godechot 1988：147 =1989：116）。

> 8月23日：無数の脅威と対決するため，国民公会は全フランス人の動員を決定した。18歳から25歳のすべての青年男子は，未婚もしくは子供のいない寡夫の場合「第一次動員要員」として，軍人でなくてもただちに入営しなければならないことになった。これが共和主義者が非常に執着する国民皆兵・義務兵役制のフランスでの始まりである。「女はテントを縫い，病院で奉仕する。子供は古いリンネルを裂いて包帯を作る。年寄りは広場に出て戦士の勇気を鼓舞し，国王への憎しみと共和国の団結とを説く。」

この記事からは，国内外の戦争で存亡の危機にある共和国が明示した，成年男子，女性，子ども，年寄りがそれぞれ担うべきとされる役割を通して，当時のジェンダー規範をも確認できるだろう（鳴子 2023：10-11）。

(3) ヴァンデの女性たちの行動

それでは，ヴァンデの反乱において女性たちはどのような活動に従事していたのだろうか。ヴァンデの女性たちといっても他の地域同様，ひとくくりにはできず，元の身分，生業，富裕度，居住地はさまざまであったが，多数を占め

るのは農村に住む民衆女性たちであった。ショレ敗北以前の時期には，ヴァンデの各地で，敵方の情報収集，スパイ活動を行う者がいたし，風車を使って敵方の動きを味方に伝える者，貴族や聖職者，あるいは兵士を匿い，逃亡を手助けする者がいた。負傷兵や病人の看護，介護に従事する女性たちも少なくなかった。貴族女性が私費で自宅を病院にした事例や修道院が病院として使われ，修道女たちが看護活動を行ったことも知られている。女性たちは包帯づくりばかりか，弾丸，弾薬づくりも行い，なかには，事態の急変に伴う軍への参集を求める早鐘を打つ女性もいた。ロワール河を越えて行軍に加わった後も，女性たちは負傷兵や病人の看護，介護を続けた。退却してきた兵士を押し戻し，再び戦わせる女たちもいた。それに加えて，数は少ないものの，反乱軍には女性兵士も紛れ込んでいた。反乱軍隊長の一人は男装の女性であったという。女性が兵士となり戦うことは当時の社会規範，ジェンダー規範を逸脱した行為であり，革命推進側であってさえ忌避されがちな行為であったが，カトリック信仰の篤いヴァンデにもそのような女性が存在していたことは興味深い事実である。

2．ルソー的視座とフランス革命の過程

2.では1.で概観したヴァンデの反乱を3.で捉え直すために本章が用いるベースになる二つのルソー的視座について論じる。一つは「二つの頭」，もう一つは「自然状態」・「原始状態」である。

(1) 二つの頭

まず，二つの頭とは何だろうか。一つは国王（俗権の長）であり，もう一つはローマ教皇（聖権の長）という人間の長を指している。「二つの頭」をめぐる問題は，ホッブズが提起し，ルソーが批判的に継承した，政治権力と宗教権力に対してどのような解を見出すのかという大問題である。ホッブズとルソーが「二つの頭」問題に対して出した解は大きく異なっている。

周知のように，ホッブズは人々の自己保存を困難なものにしている戦争状態を脱して平和＝秩序を構築するために，主権の絶対性を有するコモンウェルスの設立を構想した。彼はコモンウェルスが混乱と内戦に陥らないためには政治権力と宗教権力の二元的支配を克服することが不可欠であるとして，政治権力（俗権）が宗教権力（聖権）を従属させる一元的支配を主張したのである。要するに，ホッブズのコモンウェルス構想は二つの権力の序列化により権力の一元化を図るものであった。ルソーはこうしたホッブズをどのように見ていたのだろうか。ルソーはまずホッブズを二つの権力の問題を認識した人として高く評価する（CS 463 / 183）。

　　すべてのキリスト教徒の著者のうちで，哲学者のホッブズのみが，この悪とその療法とを十分に認識した唯一の人であって，彼はワシの双頭を再び一つにすること，またすべてを政治的統一へつれ戻すことをあえてとなえたのであった。

　だが，ルソーはホッブズ的解そのものをよしとしているわけではなく，直ちに「しかし，キリスト教の支配的な精神は，彼の体系と相いれないこと，また司祭の利害感は，国家の利害感よりも常に強いものであろうことに，ホッブズは気づくべきであった」と批判的評価を加えている（CS 463 / 183）。さらに，ルソーは原注の中で「聖職者の社会契約」というインパクトの強い表現を用いて，「同盟と破門」とを内容とするこの社会契約により，聖職者が世界のどこにいようとも同じ市民だと述べ，ホッブズがこの点を見落としていることを問題視する（CS 463 / 183）。

　　僧侶を一つの団体に結びつけるということは，フランスの宗教会議のような形式的な会議ではなくて，教会同盟であるということによく注意しなければならない。同盟と破門とは，僧侶の社会契約であり，この契約をもって，僧侶はつねに諸民族と諸王の主人となるのだ。相ともに同盟して

いるすべての司祭は，たとい彼らが世界の端と端とにいようとも，同じ市民なのである。この発明は，政治上の傑作である。

　ルソーはホッブズへの評価と批判を通して，「僧侶の社会契約」の発明を「政治上の傑作」とまで言い切って，聖職者の団体の結びつきの強固さに警鐘を鳴らしたのである。そしてホッブズ的解を乗り越えるべく，ルソーは独自の政治構想を提起する。ルソーは，二つの頭（国王とローマ教皇）のいずれもが「人間の頭」，つまり人間の代表であるとして，それぞれの頭そのものを認めぬ根底的，革命的な契約国家構想を展開する。彼の構想の中核には，既存宗教から脱却した，個々人が他の人間の媒介なしに，直接，天上の神と向き合い，結びつく市民宗教が据えられる。市民宗教の教義をルソーは次のように記している（CS 468-469 / 192）。

　　この市民的宗教の教義は，単純で〔項目の〕数が少なく，説明や注釈なしできちんと言いあらわせるものでなければならない。つよく，かしこく，親切で，先見の明あり，めぐみ深い神の存在，死後の生，正しいものにあたえられる幸福，悪人にくわえられる刑罰，社会契約および法の神聖さ。これらが，この宗教の肯定的教義である。否定的教義に関しては，ただひとつだけにとどめる。それは不寛容である。不寛容は，わたしたちが否定した諸宗派に属するものだ。

　市民宗教の教義に初めて触れる人は，あまりにシンプルで拍子抜けするかもしれない。厳格な規定の続く国家宗教的なものではないかと想像する場合は，特に意外に感じられるかもしれない。「社会契約と法律」の神聖性以外の教義は，むしろ緩やかで受け入れやすい内容のようにも思える。しかしそれはキリスト教文化圏から遠い現代の日本から見ての感想にすぎない。市民宗教の受容は生易しいどころか，いくつもの困難を乗り越えた先にようやく到達しうる難事である。一つの頭（王権）を排しただけではすまない。もう一つの頭（ロー

マ教皇）からも脱却しなければならない。もう一つの頭は国外にあり，「聖職者の社会契約」は国内の聖職者を拘束し，聖職者の影響下にある信者たちをもなお拘束し続けてきたのだから，それは，ローマ教皇を頂点とするカトリック信仰の廃棄を意味するからである。強力な「聖職者の社会契約」の磁場を離れて，人々は新国家の社会契約を結ぶ必要があるのである。

　要するに，二つの頭問題へのルソー的解は，国王とローマ教皇双方を人間の代表者として認めず，社会に張り巡らされた網目（鉄鎖）を振りほどいて，一人一人の人間が直接神と向き合う市民宗教を受容することにあった。なぜならルソーはこの市民宗教こそが，同胞市民を結合させる契約国家の紐帯に他ならないと考えたからである。

　ところで，以上述べてきた「二つの頭」それ自体からの脱却というルソー的解の視点からフランス革命の諸過程，推移を俯瞰すると，ジャコバン独裁に終止符の打たれたテルミドールの反動（1794 年 7 月 27 日）までに革命がたどった現実のプロセスはルソーが進めるべきとみた流れに――不徹底さ，不足を伴っていたけれども――驚くほど呼応しているように思われる。

　聖職者に対してローマ教皇にではなく革命への忠誠を誓わせる「聖職者民事基本法」の議決（1790 年 7 月 12 日）――民衆が王政を倒した「第二革命」（1792 年 8 月 10 日）――数十万人もの死者を出した反革命の内戦「ヴァンデの反乱」の開始（1793 年 3 月 11 日）――その同年秋に挙行された「理性の祭典」（1793 年 11 月 7 日）の時期にピークを迎える非キリスト教化運動――そして，既存宗教の神ではなく人民の神への信仰を受容する「最高存在の祭典」の開催（1794 年 6 月 8 日）――の流れがそれである。

(2)　自然状態・原始状態

　2.(2)で論じる自然状態と原始状態は，『社会契約論』第 1 編第 6 章第 1 段落中に登場する二つの語である。この二語は，通常，単なる言い換えと見なされるが，筆者は，この二語はそれぞれ異なる二つの状態を指しているとの予見に基づき，仮説〈『社会契約論』第 1 編第 6 章第 1 段落の「原始状態」は単なる

14

「自然状態」の言い換えではなく，「原始状態」は誰が敵だかわからない極限に
まで危険度の増した真のホッブズ戦争状態である〉を立て，仮説の確からしさ
を論証した[1]。以下に論証を記すが，やや長くなるので，先にこの論証と本章
との関係について述べておきたい。仮説の論証を踏まえれば，二つの頭の内，
一つの頭である王権を倒した1792年8月の第二革命を境にして，革命期は二
分される。第二革命前は革命は進行しているが，王権はまだ存在しており，革
命前の旧国家は変容しつつも存続している。それゆえ，第二革命前の状態は
「自然状態」（後述するように，内容としては，戦争状態）である。それに対して，
一つの頭（王権）はすでにない第二革命後は，旧国家は消滅したが，まだ新国
家は創設されていないため，「国家の死滅状態」にある[2]。したがって，第二革
命後は「原始状態」（後述のように，極限にまで達した真の戦争状態）にあること
になる。

　以下がやや長い論証部分である。まず，問題の『社会契約論』第1編第6章
「社会契約について」第1段落を記す（CS 360 / 28-29）。

　　　　私は想定する──人々は，自然状態（l'état de nature）において生存す
　　　ることを妨げるもろもろの障害が，その抵抗力によって，各個人がこの自
　　　然状態（cet état）に留まろうとして用いうる力に打ち勝つに至る点にまで
　　　到達した，と。そのときには，この原始状態（cet état primitif）はもはや
　　　存続しえなくなる。そして人類は，もしも生存の仕方を変えなければ，滅
　　　びるであろう。

　仮説の意味を以下に示す前に，ルソーが『不平等論』で人類の不平等の到達
点，終極点を語っている部分を掲げておく（DI 191 / 126-127）。

　　　　これがすなわち不平等の到達点であり，円環を閉じ，われわれが出発し
　　　た起点に触れる終極の点である。ここですべての個人がふたたび平等とな
　　　る。というのは，今や彼らは無であり，家来はもはや主人の意志のほかな

んらの法律ももたず，主人は自分の欲情のほかなんらの規則をもたないので，善の観念や正義の原理がふたたび消滅してしまうからである。すなわち，ここでは，万事がただ最強者の法だけに，従って一つの新しい自然状態に帰結しているのだが，この自然状態がわれわれの出発点とした自然状態と異なるのは，後者が純粋な形で自然状態であったのに対して，前者が過度の腐敗の結果だ，ということである。

　さて，仮説の意味であるが，パラグラフ前半の「自然状態」は，人類が森の中で孤独に生きる純粋な自然状態であるどころか，『不平等論』の国家の第三期に出現した「過度の腐敗の結果」としての自然状態，つまり戦争状態を意味し，名ばかりの「法」と主人（国王）——言い換えれば旧国家——が存続している状態を指す。他方，パラグラフ後半の「原始状態」は，人々の生存を妨げる障害が，「各個人がこの自然状態に留まろうとして用いうる力」を凌駕した状態であり，もはや法も主人も国家もない状態，誰が敵だかわからない，より深刻化した真の戦争状態である。つまり仮説は，パラグラフ前半の「自然状態（戦争状態——筆者加筆）」と後半の「この原始状態（真の戦争状態——筆者加筆）」との間に，非常に大きな隔たり，状態の変化を見てとっている[3]。

　筆者はルソーが primitif という修飾語を伴って cet état primitif と言い換えている点に注目する。通常は「自然状態（戦争状態）」と「原始状態（真の戦争状態）」とは言い換えにすぎず，隔たりがあるとは考えないだろうが，本章はこれらの間に看過できない質的な転化，裂け目を見てとる。筆者がなぜそのような捉え方をするのか，以下，①〜④の言説から順を追って検討してゆくことにする。

① 　人々を縛る鉄鎖——『人間不平等起原論』第二部
　ルソーは，本来は自由であったのに目に見えない社会全体を覆う鉄鎖に縛られてすべての人が奴隷になってしまったことを告発する。『不平等論』第二部の以下の言説を見てみよう（DI 188 / 122）。

16

　　　市民たちが圧制にあまんじるとしても，それはただ，盲目的な野心に引きずられ，自分たちの上のものよりは下のものに注目して，支配することのほうが，独立よりも彼らにとって貴重なものになっている間だけのことにすぎず，また，彼らのほうが他人に対して鉄鎖を加えうるために自ら進んで鉄鎖をつけることに同意する間だけのことにすぎない。

　人々はすべて奴隷なのだが，ここに引用したテクストでは，社会の中位にある人々の，鉄鎖の中にある自己の利益や優位性の自覚が鉄鎖の中で生きることへのこだわりを生んでいることが描出されている。次に『社会契約論』冒頭の第1編第1章の言説を挙げる（CS 351 / 15）。

　　　人間は自由なものとして生まれた，しかもいたるところで鉄鎖につながれている。自分が他人の主人であると思っているようなものも，実はその人々以上に奴隷なのだ。

　『社会契約論』の周知のこの言説だけを読んでいると，他人の主人と思っている人として，トップの権力者（君主）をイメージしてしまいがちだが，最初に引用した『不平等論』の言説と併せて読み直すと，君主というより，自分より下位の者を支配していると思っているすべての人のことを指していることに気づかされる。『不平等論』と『社会契約論』の二つの言説は見事に響き合い，呼応している。これらの言説と照らし合わせて，問題のパラグラフの意味を捉え返すことにしよう。そうすると，鉄鎖に縛られているすべての人々のうち，鉄鎖の中に留まろうとする人々と鉄鎖から抜け出そう，鉄鎖を断ち切ろうとする人々とが激しくせめぎ合い，抜け出そう，断ち切ろうとする人々の力（「その抵抗力」）が留まろうとする人々の力（「この自然状態（戦争状態）に留まろうとして用いうる力」）に勝る点にルソーが最大の注意を向けていることが見えてくる。パラグラフ前半の「自然状態（戦争状態）」には，まだ名ばかりの法と主人があり，旧国家も存続している状態と捉えられるが，ルソーの注視する「原始

状態（真の戦争状態）」では，もはや法も主人もない，国家の死滅状態にあると考えるのが自然であろう。二つの状態の間で戦争状態の質が転化したのである。こうした変化をより革命期の推移に引き寄せてみると，絶対王政期に比べれば力を落としてはいるが，議会に対してなお拒否権を有している国王（人間の頭）が存続している中での，一握りの者の間の権力闘争中心の状態から王政を倒した後の人々のせめぎ合いへの変化は，一部の者たちの権力闘争に留まらない，すべての人々を巻き込んだ激しいせめぎ合いの状態への転化と捉えるのが妥当であろう。

②　服従の容認，肯定——『社会契約論』第1編第1章「第1編の主題」第2段落

次に検討するのは『社会契約論』のこれもまたよく知られた言説である（CS 351 / 15）。

　　もし，わたしが力しか，またそこから出てくる結果しか，考えに入れないとすれば，わたしは次のようにいうだろう——ある人民が服従を強いられ，また服従している間は，それもよろしい。人民が軛を振りほどくことができ，またそれを振りほどくことが早ければ早いほど，なおよろしい。なぜなら，そのとき人民は，〔支配者が〕人民の自由をうばったその同じ権利によって，自分の自由を回復するのであって，人民は自由をとり戻す資格をあたえられるか，それとも人民から自由をうばう資格はもともとなかったということになるか，どちらかだから。

なぜルソーは「人民が軛を振りほどくことができ，またそれを振りほどくことが早ければ早いほど，なおよろしい」と述べる前に「ある人民が服従を強いられ，また服従している間は，それもよろしい」とわざわざ述べているのだろうか。筆者は以前からこの言説にこだわりを持って問題としてきたのであるが，これまでは，革命家ならぬルソーを「慎重な革命論者」と呼んできた。し

かしここではもう少し考えを深めてゆきたい。

　本章のここまでの検討で，「原始状態（真の戦争状態）」は，我々の想像をはるかに超えた，それまでの「自然状態（戦争状態）」と比べ物にならないほど恐ろしい真の戦争状態であることが明らかになってきた。人々が自然状態（戦争状態）の臨界点に達し，原始状態（真の戦争状態）に突入するのは，いわばパンドラの箱を開けるがごとき行為であると，ルソーは暗に警告を発しているように思われる。パンドラの箱を開けた後の，人民が人民となり契約国家という新しい祖国を発見するまでの道のりには，困難で恐ろしい戦争状態が続く。もしなお十分に機が熟していないのであれば，人々はこのまま服従していた方がマシであるとの判断を短く記しておかぬわけにはいかないとルソーは考えたものと筆者は推測する。

③　特定の人々に権利が残る場合──『社会契約論』第1編第6章「社会契
　　約について」第7段落

　今度は第1編第6章の全面譲渡にかかわる言説をめぐってである。全面譲渡は，社会契約の諸条項が帰着するただ一つの条項とされ，ルソーは「各構成員をそのすべての権利とともに，共同体の全体にたいして，全面的に譲渡すること」と記している。この段落の直後に置かれた段落を以下に引用する（CS 361／30）。

　　　その上，この譲渡は留保なしに行われるから，結合は最大限に完全であり，どの構成員も要求するものはもはや何一つない。なぜなら，もしも特定の人々の手に何らかの権利が残るとすれば，彼らと公衆の間にたって裁きをつけうる共通の上位者は誰もいないのだから，各人は，ある点で自分自身の裁判官であって，すぐさま，あらゆることについて裁判官となることを主張するだろう。そうなれば，自然状態が存続するであろうし，また結合は必然的に圧制的となるか，空虚なものとなるだろう。

ここでは留保なしに行われる全面譲渡が結合の完全性を担保するという論理に読者は当然、目を奪われるが、むしろ筆者が注目するのはその直後にルソーの記した部分である。「特定の人々の手に何らかの権利が残る」場合、「自然状態が存続するであろうし、また結合は必然的に圧制的となるか、空虚なものとなるだろう」という部分である。まず、ルソーの言うこの存続する「自然状態」に目を凝らせば、本章の理解ではこの「自然状態」は戦争状態と捉えられるだろう。そして革命期の現実にルソーの洞察をあえて当てはめるとすれば、結合が圧制的になるとは、ロベスピエールのジャコバン独裁を、結合が空虚なものとなるとは、テルミドールの反動以降のプロセスと符合していよう。こうした一部の者の間で繰り返される権力闘争をルソーは真の革命と区別して、「短い頻繁な革命」（DI 191 / 127）と呼んでいる。要するに本章は、全面譲渡の困難を知悉しているルソーの隠れた警告をここに見てとるのである。

④　新しい状態の悪用──『社会契約論』第1編第8章「社会状態について」第1段落

　4点目は社会契約締結後の社会状態について論じる第1編第8章の言説である。以下に引用する言説は、一見、観念的な記述に思えるが、実は、現実に起こりうるさまざまな困難を想定して、ルソーがそれらの困難、問題を暗示する記述となっているように思われる。それゆえ、引用文中に筆者の理解を（　）内に記す（CS 364 / 36）。

　　この状態（社会契約締結後の社会状態）において、彼は、自然から受けていた多くの利益をうしなうけれど、その代りにきわめて大きな利益を受けとるのであり、彼の能力はきたえられて発達し、彼の思想は広くなり、彼の感情は気高くなり、彼の魂の全体が高められる。もし、この新しい状態（社会契約締結後の社会状態）の悪用が、彼を、抜け出てきたもとの状態（「自然状態」＝戦争状態）以下（「原始状態」＝真の戦争状態）に堕落させるようなことがあまりなければ、もとの状態（「自然状態」＝戦争状態）から彼を永

遠に引きはなして，愚かで視野の狭い動物（「原始状態」＝真の戦争状態に生きる人間）から，知性あるもの，つまり人間たらしめたこの幸福な瞬間を，絶えず祝福するにちがいない。

この言説から，社会契約の締結後であっても，社会状態の善用ばかりか，悪用――この悪用にもさまざまな種類や程度の差が考えられるが――の危険にルソーが注視していること，加えて「原始状態＝真の戦争状態」に生きる人間を指して「愚かで視野の狭い動物」とまで表現していることを私たちは記憶に留めておくべきだろう。

以上，2.では，3.の分析で用いる二つのルソー的視座について論述した。これらの視座を踏まえて，ヴァンデの反乱を捉え返すことにしよう。

3. ヴァンデの反乱の捉え直し

⑴ 1793 年 3 月のヴァンデと共和国

すでに述べたように，ヴァンデの反乱の直接的な引き金は，反乱勃発の前月 2 月 24 日の「30 万人の動員布告」であった。なぜこの布告が反乱の引き金になったのだろうか。布告は，共和国に成人男性が徴兵され，「祖国」防衛のために生命を賭けて戦うことを強制するものであった。もとより，布告は全国に発せられたもので，ひとりヴァンデにのみ発せられたものではない。にもかかわらず，ヴァンデ地方で共和国に対する最大の反乱がこの機に発生した原因はなんだろうか。

ヴァンデの村の農民も町の職人や製造業者も，カトリック信仰と生活とが分かちがたく結びつく教区の中で生きてきた。彼らの信仰心に温度差がなかったわけではないが，その多くは熱心な信徒であり，僧侶と一般信徒との関係は密接だった。ヴァンデ地方の非宣誓僧の比率は他の地域に比べて高く，僧侶の説教は人々の生活の指針となっていた。商工業に従事する者の識字率の方が農民

の識字率より高かったが，ヴァンデの住民の識字率は総じて50%以下で，他地域より低かった。読み書きのできない人々にとって僧侶の説教の影響力が特に大きかったことは想像に難くない。ゴデショの1790年2月の記録は，同年7月の聖職者民事基本法の議決より前の時期にあたるが，教会が一般にどのような場であったのかを知る一つの手がかりを与えてくれる（Godechot 1988：80=1989：58）。

　2月23日：議会は，主任司祭が日曜説教において（1789年以前と同じように）法律およびデクレを読み上げることを決定した。主任司祭はこれを論評することができたので，教会が政治的論争の場となる。

　この短い記録からも宗教と政治とが密接に繋がっている現実がわかる。農民が多かったとはいえ，繊維業や製糸業など，商工業も盛んなヴァンデが，アンシャン・レジームの価値観そのままにすべてが後ろ向きだったわけではないことは近年の研究が指摘する点である。1789年以来，革命が封建的諸特権の廃止を進めたことは，ヴァンデの住民にとっても必ずしも反対すべきものではなかったが，聖職者に革命への忠誠を誓わせる1790年7月の聖職者民事基本法が，彼らを宣誓僧と非宣誓僧とに分裂させたこと，あるいは教会財産の国有化を断行し，旧教会財産の売却先が都市部の富裕者に集中したことは，為政者への彼らの不満を募らせた。しかし彼らの為政者への不満，不信はすぐには大きな行動には移されず，1793年2月の布告が，彼らを蜂起に向かわせた。
　この間の事情を敷衍すれば，全国から30万人の兵士を徴募する布告自体に，兵役が抽選方式で課されること，代理者を立て代理者が入隊するまでの費用を負担できる富裕者は兵役を免れうること，行政官は兵役免除されること等の問題があったのだが，カトリック信仰の篤いヴァンデでは，それ以前に旧教会領をめぐり町と村の対立の構図が存在していた。国有財産となった旧教会領を購入した者の大半は，町の富裕者であり，地方行政を牛耳っているのも同じく町の富裕者であったからである。それゆえ，布告が，すでに存在していた地方の

都市部と農村部との対立感情を助長し，農民の抱く不公平感を拡大したのは事実であろう。しかし本章がより本質的で注視すべきだと考える点は，そこではなく，為政者（国民公会，公安委員会）と為政者の方針に賛同できない人々との関係の在り方である。

　ヴァンデの男たちは，直接，自分の生命にかかわる問題となったとき，決断を下したのである。彼らが生命を賭けられるのは，共和国の言う「祖国」ではなく，ローマ教皇を頭とする「僧侶の祖国」であることを，布告は彼らにはっきりと自覚させたことになる。ヴァンデの成人男性たちは，非宣誓僧を守り，僧侶と行動を共にする「僧侶の兵士」となった。結局，「30 万人の動員布告」は，僧侶たちの聖職者民事基本法に相当する成人男性たちの「踏み絵」だったと言えよう。

　それでは，彼らと国王との関係はどのように捉えられるだろうか。国王ルイ16 世が処刑されたのは，第二革命翌年の 1793 年 1 月 21 日である。彼らが蜂起という直接行動に踏み切ったのは，国王の刑執行直後ではなく，彼ら自身に「踏み絵」を突きつけられた後であった。このことをどう理解すべきだろうか。確かに，革命期のフランスと彼らを結びつけていたのは，国王であったとは言えよう。国王は議会に対して非宣誓僧を守るべく，拒否権を発動し，革命に抵抗していたからである。しかし国王亡き後，もはやフランスと彼らとを結びつけるものが失われ，彼らの内面はフランスから切り離された。そして遂に，布告が彼らの内面の不満，不信を蜂起という形で外面化させたのである。とすれば，ヴァンデの貴族ではない住人を王党派と捉えるのは適切ではないだろう。上述のように，ヴァンデ軍はしばしばカトリック王党軍と呼ばれるが，少なくともヴァンデの民衆軍にとっては，カトリック軍と呼んだ方が，「僧侶の兵士」となった彼らの内面に沿っているように思われるからである。

　⑵　存続する旧国家から国家の死滅状態へ

　3.⑵では，2.⑵で論述したルソー的視座から，第二革命の前後での状態の違いを改めて捉え返してゆく。第二革命前のフランスでは，国王はアンシャ

ン・レジーム下の専制主義と比較すると，その力を弱めながらも支配の継続を画策しており，旧国家はなお存続し，フランスは依然，戦争状態にあった。国王は，1791 年 6 月の国王一家のヴァレンヌ逃亡事件で人々の信頼を大きく損ね，その威信を低下させたが，国民議会は国王に対して拒否権をなおも保持させた。国王は，僧侶の立場を防御するためにこの拒否権を発動させることによって革命の進展に抵抗した[4]。

　さて，それではこの時期の国王と僧侶の団体との関係はどのように捉えられるのだろうか。ルソーは『社会契約論』の「市民宗教について」（Ⅳ–8）の中で君主と僧侶の団体（祖国）の関係について次のように言う（CS 463 / 182-183）。

　　　われわれ〔ヨーロッパ人〕の間では，イギリスの国王たちが自らを教会の長に定めたし，ロシアの皇帝たちも同じことをした。しかしこの称号によって彼らは，教会の主人というより，むしろその僕になったのであり，教会を改革する権利というより，むしろ教会を維持する権限をえたのである。彼らは，教会においては立法者ではなく，その統治者たるにすぎない。聖職者が一つの団体をつくるところではどこでも，聖職者が彼らの祖国〔その団体〕の主人であり，立法者である。だから，イギリスでも，ロシアでも，ほかでとまったく同様に二つの権力，二つの主権者があるのだ。

　このように，ルソーは，自身を教会の長に定めているイギリスの国王やロシアの皇帝に対してさえ，実際には，聖職者が彼らの祖国（団体）の主人であり，国王や皇帝はその僕にすぎないと述べていた。とすれば，もはや専制君主ではなく，力を落としている国王ルイ 16 世は，非宣誓僧の追放を阻止すべく拒否権を発動してはいても，僧侶の祖国（団体）のせいぜい下役人でしかないことになろう。

　次に，第二革命前とは比べ物にならないほど危険度の増した真のホッブズ戦争状態に移行した第二革命後にはどのような変化が見られるだろうか。フラン

スは国家の死滅状態にある。旧国家は倒されたが，契約国家，つまり人民が人民となる行為によって創り出される新しい祖国はまだ誕生していないからである。人民の合意による結合がないのだから，そこには真の法も正義も存在しない。だとすれば，共和国の布告は「祖国」防衛のためと称して生命を差し出すことを人々に強制しているが，実は，布告には十分な正当性はないことになる。そもそもヴァンデ側からすれば，国王の死刑自体が国民公会による一方的決定であり，革命政府による処刑の断行は許されざる蛮行に映る。他方，ヴァンデ軍のふるう武力，暴力も，彼らの信仰から，やむにやまれず行使されるものだと信じられていても，共和国と同様，確かな正当性を持たない。要するに，無秩序状態に陥っているフランスにおいて，共和国が善で，ヴァンデが悪といった単純な二項対立は成り立たず，どちらの側にも完全な正当性はなかったとみるべきである。

　ところで，ここまで祖国という語がたびたび登場してきたことからも推察されようが，patrie という語は，革命期にインフレーションを起こすほど多用されている。それゆえ，ルソーの用いる「祖国 patrie」の意味の違いを整理したうえで，改めて 1793 年の現実を振り返ることにしたい。

　ルソーは「祖国 patrie」という同じ語を，まず，自然的・歴史的な「祖国」と未来に向けて創り出す「祖国」という二つに大別し，両者の弁別に留意するように促す。前者の「祖国」は，自然的あるいは歴史的に形成された祖国で，故国とも呼ばれうるものである。それは，自然的・歴史的に生成されていれば，どんなものでもよいのではなく，その内部に価値が認められたものをルソーは祖国と呼んでいる。後者の「祖国」は，これから未来に向けて人々が創出する国家，つまり社会契約に基づく契約国家を意味している。

　次に，ルソーは祖国と「国 pays」も弁別している。『エミール』においてヨーロッパ諸国を二年がかりで旅し，各地を観察し終えたエミールに対しルソーは「祖国をもたない者にも，とにかく国はある」と彼の師に語らせた（E 858／下 333）。エミールは専制国家下の「自然状態（戦争状態）」の段階に生きていたからである。とすれば，「原始状態（真のホッブズ戦争状態）」に突入した第

二革命後の人々は，その伝で言えば「国もなく祖国もない」段階に生きていることになる。

　加えて，ルソーは，先の二つの祖国（「自然的・歴史的な祖国」と「新しく創り出す祖国」）とは位相の異なるもう一つの祖国にも言及していた。それは，天上の神と繋がるとともに，地上においてはローマ教皇という人間の頭を持つ「僧侶の祖国（団体）」である。

　以上の整理を踏まえて 1793 年を振り返ると，ヴァンデの住民は，国もなく祖国も見出せない，無秩序状態にあるフランスと対峙して，天上とも繋がる「僧侶の祖国」の兵士となって戦闘を開始したと考えられる。他方，共和国の為政者は，実は同胞市民の合意によって結合した新しい祖国をまだ創り出せていないのに，人民の祖国はあるものと確信して，「祖国」防衛に生命を賭けるよう，人々に強要したとみることができる。

(3)　1793 年 10 月以降のヴァンデの女性たち

　1793 年 10 月のショレの敗北によって，ヴァンデの女性たちの大半は，家族とともにヴァンデの地を離れ，「僧侶の兵士」の 67 日間にも及ぶ行軍に加わった。共和国軍によってヴァンデの町や村は焼き払われ，住民は見つかると殺されるといった状況に陥ったからである。確かに共和国軍の武力によって焼け出されたのだから，女性たちはヴァンデから出ていかざるをえなかったのは事実であるが，彼女たちは単なる避難民なのだろうか。女性たちに男性たちが「僧侶の兵士」となって共和国軍と戦う決断をしたような明確な意志はなかったのだろうか。筆者は女性たちもまた，彼女たち自身の決断を下したとみるべきだと考える。ヴァンデの女性たちは自身のカトリック信仰という内面を外面化し，僧侶の助力者となる最終決断をショレ敗北の 10 月に下したのだとみる。「僧侶の祖国」はショレ敗北前は，ヴァンデの地にあった。しかしショレ敗北後，「僧侶の祖国」はヴァンデの地を離れ，兵士，僧侶，女性，家族もろとも集団移動したのである。「僧侶の祖国」を集団移動させたものは，教会を維持する側につき，僧侶とともに生き死ぬという，女性たちの決断に他ならなかっ

た。男性たちが蜂起したのは 3 月，女性たちの最終決断は 10 月とタイムラグはあったのだが。女性たちの意志は揺るがず，行軍中に，彼女たちは神や宗教や司祭の名を口にして死んでいった（Decaux 1972：566=1980：238）。だが，女性たちがこのような行動を選び取った意志は，果たして独立した能動的な意志と言えるだろうか。

　女性たちの意志は僧侶の強い影響力によって培われ強められた信仰心に裏打ちされた意志である。いわば僧侶の団体意志の働きかけによってもたらされた意志である。それゆえ，ヴァンデの女性たちは，自身の内発的な意志によってではなく，外部にある僧侶の団体意志を内面化した受動的な意志によって行動したと言わざるをえないだろう。本章は，それゆえ彼女たちの行動に表された強固な意志を，能動的な意志と呼ぶことはできないのである。もっとも「僧侶の祖国」においては，男性も女性も，家族の外部にあって家族に強い影響力を及ぼす僧侶の団体意志の下にある点では同様である。

　ここで，二つの事例を挙げておきたい。一つは，「はじめに」で言及した派遣議員カリエの水刑の内実についてである（Sédillot 1987：27=1991：31-32）。僧侶の溺死刑は 1793 年 11 月に行われ，同年 12 月から翌 94 年 1 月にかけて老若男女の水死刑が実行に移された。

　　　ナントでは，捕虜はサヴネの牢獄に詰め込まれていたが，国民公会の派遣議員ジャン＝バチスト・カリエが 100 人から 200 人のグループごとに銃殺を開始した。カリエはこのやり方がさほど迅速なものとは思わなかった。しかも積み上げられた死体から伝染病が発生した。共和国の恩恵を拒む者を排除する手間をロワール川に負わせていけない理由があるだろうか。彼は 90 人の司祭を乗せた川船をロワール川に沈めさせた。これがきっかけとなって，溺死刑というテクニックの端緒が開かれた。毎晩，牢獄で 100 人から 200 人の収容者が選び出され，船倉の奥へ放り込まれた。そして舷窓や甲板を厳重に釘づけしたあとで，船を沈めたのである。カリエはこの水死刑を「垂直的追放」と呼んだ。男女が一緒に縛られて処刑さ

れた場合には「共和主義的結婚」だった。この所業によってロワール川は「国民的水浴場」と俗称されるようになり，川に浮かんだ死体を魚や鳥がついばんだ。カリエは，子供を含む 4000 から 5000 人の男女を溺死させたことを鼻にかけた。しかし，これは自慢話であり，彼はさばを読んでいる。6 回の溺殺で少なく見積もっても，1800 名が犠牲となり，うち 800 名が最もうまくいった溺殺だった。「共和主義的結婚」は反革命側の宣伝の産物なのかもしれない。

もう一つはヴァンデのある村の住人たちのものである。当時の人口 1,500 人のうち，700 人が犠牲になったシャンズオ村に，一つのエピソードが残されている（森山 1996：282-283）。それは 1794 年 1 月 24 日に地獄部隊が入村したときの出来事なので，ヴァンデ軍の壊滅後のことである。15 人の逃げ遅れた村人が逮捕され，まさに銃殺されようとするとき，村人たちが讃美歌「サルヴェ・レギナ」を歌い出し，その歌声に心を動かされた兵士は発砲することができなかった。地獄部隊の将軍がラ・マルセイエーズを怒鳴るように歌ったが，それには誰も唱和せず，そのときは村人たちは誰も殺されなかったという。村人のほとんどは女性だったというが，彼女らの感情は信仰を通して一つのものになった。このとき，対峙，相克していたのは，ヴァンデの女性たちの感情（隣人愛）と共和国（為政者）の理性だったと言えよう。

次に，「はじめに」の末尾で触れた『ジュネーヴ草稿』の不寛容に関する言説を分析することにしよう。問題の言説は以下の通りである（PV 341 / 437-438）。

同じ教義を信奉する不寛容な人々が集まった場合には，平和に暮らすことはできない。たがいに相手の信仰を調べる権利を認められた瞬間から，すべての人がすべての人の敵になる。各人がすべての人について，すべての人が各人について，たがいに迫害し，迫害される者となる。不寛容な人間はホッブズの考える［万人が万人の敵である］人間のようなものにな

る。こうして不寛容は，人間たちのうちに戦争をもたらすのだ。（中略）不寛容は，地上を荒廃させた恐るべき教義である。市民国家（cité）からこの悪魔のような教義を取りのぞかないかぎり，公的な平和のために何もしていないのとひとしいのである。

　先に市民宗教の教義を記した通り，不寛容は，市民宗教の，ただ一つの否定的教義である。だが，ここに引用した『草稿』の言説は，決定稿の『社会契約論』には残されておらず，その代わりに『社会契約論』では「不寛容は，わたしたちが否定した諸宗派に属するものだ」という短い一文が続いている（CS 469/192）。『草稿』のルソーは，不寛容を「悪魔のような教義」と激しく断罪し，ホッブズの名を改めて挙げながら，市民が相手の信仰の中身に疑義をさし挟むことを許せば，国内に平和はなく戦争をもたらすと警告を発している。つまり，『草稿』のルソーは，市民宗教に唯一の否定的教義（不寛容であってはならない）を置くことが不可欠である理由，強い根拠を直截に述べていたのである。

　ただし，『草稿』の記述は，「同じ教義を信奉する」者，つまり市民宗教という同じ教義を受容した者の間の不寛容の排除を述べたものである。市民宗教を受容した市民間で，それぞれの信仰の中身に疑義をさし挟む不寛容な者がいれば，市民は分断され国家の精神的紐帯は破壊されるということである。しかしここでは革命の現実に接近させて，より広く不寛容の問題を捉えるために，あえて字句通りではなく，別の形で，この言説の意味を考えてみたい。

　本章の特徴は，ルソーが人類史の中で革命のプロセス全体を俯瞰的に展望しているとの理解から，彼が革命のプロセス全体およびその諸過程をどう予見し洞察していたのかという視点から分析するところにある。それゆえ，この言説を，1793年のフランスに焦点を定めて，「同じ教義を信奉する」者をこれまでカトリックの教えを信じてきた者とし，そうした人々の間の不寛容の問題と捉えてみたい。フランスは18世紀という哲学の世紀に，特に知識人層において，教会や宗教の在り方に対する懐疑や批判を募らせてきたが，多数の人々はカト

リック信徒であったからである。

　ルソーは，「原始状態」に移行した人々が市民宗教を受容するに至るまでの
プロセスには，これまで人々に影響を与え続けてきたカトリック信仰をめぐる
対立が激化する真の戦争状態が避けられないことを見抜いていた。人々はそれ
までの身分の壁，所有の壁を突き崩すべく戦うが，最後まで残されているのが
宗教の壁であるだろう。実際，これまでの宗教，教会を改革すべしとする人々
と宗教，教会を維持すべしと考える人々との対立が激化し，1793年のフラン
スは，人々の心を糾合する神を持ち得ていなかった。フランス各地で展開した
非キリスト教化運動のピークは同年11月であった。宗教問題は革命期の政治
のまさに中心問題であり，ルソーは「市民的不寛容と神学的不寛容とを区別す
る人々は，わたしの意見によれば，まちがっている。この二つの不寛容は，分
けることができない」（CS 469 / 192）と言い切っていたのである。

　以上から，「不寛容が戦争を生む」というルソーの警告の通り，市民的・神
学的不寛容こそがヴァンデ戦争を生んだと言えるだろう。

　ところで，『ジュネーヴ草稿』にもう一つ，注目すべき言説がある。それは
国家と市民宗教の教義を受け入れない人々との関係に関するものであり，『草
稿』にはあるが，『社会契約論』には残されていない言説である。『草稿』に
は，「法は誰にもこの宗教を信仰することを強制できないが，これを信じない
者を国家から追放することができる」けれども，受容しない人は「すべての財
産を平和的に持ち去ることはできる」と記されている（PV 341 / 436）。つまり，
国家側と受容しない者側の双方にそれぞれ何ができるかが述べられているので
ある。このように『草稿』には，市民宗教の受容・不受容の任意性が記されて
いる。『社会契約論』には「主権者は，それを信じることを何びとにも強制す
ることはできないけれども，それを信じないものは誰であれ，国家から追放す
ることができる」点は記されているが（PV 340 / 435-436），不受容者に平和的な
財産の持ち去りを可とする記述はない。『草稿』には，新国家は国家としての
強制の契機だけでなく，アソシエーション性も持つことがより明瞭に書き込ま
れていたのである。

内外の危機に直面していた 1793 年の共和国に,『草稿』が示すほどのアソシエーション性を求めるのは酷かもしれないが,国民公会,公安委員会が,逃げ場をつくらず,「理性の独善」「理性の暴走」によってヴァンデの住民を追い詰めてしまったことは間違いないだろう。とりわけ,10 月 17 日以降,共和国（為政者）の命令が,兵士ではない女性や子どもの虐殺という,人間以下の「愚かで視野の狭い動物」の所業となった罪は余りにも重い。このような野蛮をもたらしてしまった責任を,ミシュレのごとく僧侶の助力者であるヴァンデの女性たちにのみ帰してしまうのは,果たして妥当なのだろうか。

おわりに

本章がヴァンデの反乱の両軍兵士間の戦闘よりもショレ敗北後の行軍に注目したのはなぜだったのか。ヴァンデの成人男性が「僧侶の兵士」となり共和国軍と戦う決断を下したのは 93 年 3 月であり,ヴァンデの女性たちが,ヴァンデの地を出て行軍に加わり,「僧侶の助力者」となる決断を下したのは 93 年 10 月であった。もちろん,ヴァンデの女性たちは,それ以前も僧侶を匿い,共和国軍と戦う男たちを助けていたのだが,彼女たちが,内面にあるカトリック信仰を誰の目にもはっきりと外面化し,「迷走台風」と呼ばれる死を覚悟した行軍に加わったのは,反乱勃発から半年余り後のことであった。男性たちと女性たちの決断の間には半年余りというタイムラグがあったことになる。

本章は「はじめに」でフランス革命をどう捉えるかをめぐって「革命二分説」・「ブロック説」,さらに「劇薬説」といった仮説を紹介したが,筆者はそれらとは異なる仮説「パンドラの箱説」を提起することを予告しておいた。「パンドラの箱説」とは,歴史学,革命史学の知見からではなく,ルソー的視座を踏まえ,社会・政治思想史研究の立場から筆者が提起する仮説である。まず,「パンドラの箱説」には,（単なる権力闘争,権力中枢の首のすげ替えにすぎない「短い頻繁な革命」と峻別される）「真の革命」の遂行のために,二つの人間の頭（君主とローマ教皇）を排する必要があるがゆえに,恐るべき戦争状態に突入

せざるをえないという意味が込められている。この仮説と1793年，94年の歴史的現実とを突き合わせてみると，93年11月以降，派遣議員カリエが，はじめに僧侶，ついで老若男女を見境なくロワール河に船ごと沈めて1,800人以上を殺害した溺死刑や94年1月以降，住民，その多くは女性を殺害したテュロ将軍の地獄部隊のヴァンデ殲滅作戦は，「愚かで視野の狭い動物」の所業と言わざるをえない。その所業は，現代的に言い換えれば，同胞が同胞を大量殺戮するジェノサイドに他ならないことになるだろう。3.(3)で一部を引用したが，改めて以下のように『ジュネーヴ草稿』の問題の箇所の全体を見ることで，ルソーの意図をより明確に捉えることができる（PV341-342 / 437-438, 傍点は筆者）。

　　同じ教義を信奉する不寛容な人々が集まった場合には，平和に暮らすことはできない。たがいに相手の信仰を調べる権利を認められた瞬間から，すべての人がすべての人の敵になる。各人がすべての人について，すべての人が各人について，たがいに迫害し，迫害される者となる。不寛容な人間はホッブズの考える［万人が万人の敵である］人間のようなものとなる。こうして不寛容は，人間たちのうちに戦争をもたらすのだ。不寛容な者たちの社会は悪魔たちの社会のようなものだ。たがいに苦しめあうことだけに合意するのだ。（中略）

　　救われるためには，わたしのように考えるべきなのだ。不寛容は，地上を荒廃させた恐るべき教義である。市民国家からこの悪魔のような教義を取りのぞかないかぎり，公的な平和のために何もしていないのとひとしいのである。（中略）

　　この信仰告白が確立された後には，厳粛に毎年この告白を新たに繰り返す必要がある。この厳粛な告白には，厳かで素朴な崇拝儀礼を伴うべきであり，この儀礼を司るのは為政者だけとする。この儀礼がすべての人の心に，祖国への愛を蘇らせるのである。為政者が宗教について定めることができるのはこれだけである。

反乱軍と共和国軍の戦闘は「悪魔たちの社会」における「たがいに苦しめあうこと」に他ならない。そして決定的な局面が後に続く。住民の無差別大量殺戮に行き着いたヴァンデの悲劇は，女性たちの内なる感情（隣人愛）が外面化した行軍によって増幅され，皮肉にも国民公会と革命政府の理性の独善・暴走を白日の下に晒すこととなった。ヴァンデの女性たちの感情は，相互の苦しめあいに武力によって勝つことよりも，むしろ人間らしく死ぬことに向けられた。

ところで，「パンドラの箱説」には，もう一つの意味，含意がある。この恐ろしい人間以下の状態を一刻も早く脱して，人々が道徳性を取り戻し，さらにはその道徳性をより高めることがいかに重要かという意味も込められているのである。

人民が人民となるために，フランスに欠けていたものは何だったのか。ここでいう理性とはどのようなものだろうか。1793 年 6 月 24 日に，1793 年憲法は国民公会で可決され，同年 8 月 4 日に国民投票にて 180 万余票対 1 万余票の大差をつけて承認された。だが，少なくとも 430 万人の棄権があった事実を見過ごすべきではない。一握りの議員の採決，一部の者の承認，しかもその一部の者の中にさえ，女性は入っていない。1793 年に人民の合意があったとは到底言うことはできない。

ルソーは「悪そのもののうちから，悪を癒すべき手段を探」し，「人間の初歩的な人為［技術］が自然に加えた害を，完成された人為［技術］が償う」未来を示唆していた（PV 288 / 320-321）。

ヴァンデの反乱の大きな犠牲は，その後のフランスに何を教え，何をもたらしたのだろうか。フランス社会を二分したヴァンデの反乱において，国民公会側と反乱側双方の混乱の中から，1794 年 6 月 8 日の最高存在の祭典は必然的にもたらされた。

最高存在の祭典に足を運んで参集することは，一部の者によって書かれた法，書かれたけれども実行されない法ではなく，多数の同胞の行為である。しかも参集者の半数は女性であった。老若男女の同胞が一つ所に自発的な意志によって集まったのである。最高存在の祭典には，ルソーの市民宗教と人民集会

の理念が映し出されている。フランスには反省と和解が必要であった。まさに
誤りやすい理性は良心（よき感情）によって導かれなければ，理性の独善・暴
走は止まらず，人格の完成もないのである（E 481 /上 474）。

　　　人間として完成させるには，人を愛する感じやすい存在にすること，つ
　　　まり感情によって理性を完成することだけが残されている。

　最高存在の祭典は，新しく創り出される祖国の紐帯となる人民の神を受容す
る最初の人民集会であった。この人民の神の崇拝は，神と各人を直接結びつ
け，その間に他の人間を媒介させない。この人民の神の受容が人民を結合さ
せ，契約国家の土台にして最初の一般意志となる。それゆえ，最高存在の祭典
は，革命のゴールであるとともに創り出す祖国（契約国家）の困難を伴うスター
トと位置づけられる。だが，この人民集会は定着せず，フランス革命はルソー
のいう真の革命たりえなかった。
　振り返れば，ヴァンデの行軍の時期は大文字のテルールの開始時期と重なっ
ている。サン・ジュストにより国民公会が「平和の到来まで政府は革命的であ
る」と布告したのが 93 年 10 月 10 日であり，ロベスピエールが国民公会にて
集団的独裁を正当化する報告を行ったのが，ヴァンデ軍壊滅の二日後の 93 年
12 月 25 日であった。ジャコバン派は 93 年 6 月には国民公会を包囲した民衆
の力を借りてジロンド派を追放し，ロベスピエールは民衆の自立化を阻止すべ
くアンラジェ（過激派）を弾圧し，遂に 94 年 3 月，4 月にモンターニュ派内部
の左右両派（エベール派・ダントン派）を排除した。大恐怖政治を象徴する（陪
審員の心証だけで嫌疑者を有罪（死刑）とすることができる）プレリアル法の制定は
最高存在の祭典の二日後の 6 月 10 日であったが，謎の「沈黙の一か月」を過
ごしたロベスピエールは 7 月 27 日，テルミドールの反動によって倒れた。
　ルソーは政府の力と意志について，「自然の秩序」に従うと力の強さは，一
般意志が最も弱く，一般意志＜団体意志＜個別意志の順になること，「社会秩
序」が要求する力の正しさと「自然の秩序」が示す力の強さは正反対であると

述べた（『社会契約論』Ⅲ-2）。ルソーが強調した「一般意志はすべての人の意志からつくられる」という原則に立ち返れば，権力中枢で展開した仏革命のプロセスは，議会の団体意志でしかないものを「議会の一般意志」と高らかに宣言し，議会の団体意志を議会内部の一握りの者の意志に縮減し，最終的に独裁者の個別意志に集中させてゆくものだった。力の正しさを求める「社会秩序」が「自然の秩序」に屈するプロセスであった。以後，繰り返される激しい政体変動は「短い頻繁な革命」の結果に他ならない。

1）以下の論証部分は（鳴子 2024）の 2.「自然状態と原始状態―仮説の検証」を転記したものであることをお断りしておく。
2）筆者は（鳴子 2021）で第二革命後のフランスが国家死滅後の法なき社会状態であることを初めて論じた。
3）以下，混乱を招かぬように（　）内に筆者の加筆を付す。
4）1791 年 11 月，議会は非宣誓僧追放と亡命貴族所得差し押さえの両法令を可決したが，国王は両法令に拒否権を行使した。1792 年 5 〜 6 月，議会は非宣誓僧追放と連盟兵パリ召集の両法令を可決したが，国王はここでも両法令に拒否権を発動した。

参 考 文 献

ルソーのテクストについては *Œuvres complètes de Jean-Jacques Rousseau, Bibliothèque de la Pléiade*, Paris, Gallimard に拠り，各著作所収の巻の発行年および巻数を著作名の後に記している。本文中では各著作を CS，PV，DI，E と略し頁数を記すとともに，訳書の頁数も併記した。

CS：*Du Contrat social*（1964）Ⅲ（桑原武夫・前川貞次郎訳（1954）『社会契約論』岩波文庫）.

PV：*Du Contrat social ou essai sur la forme de la République*（Première Version）（1964）Ⅲ（中山元訳（2008）『社会契約論 / ジュネーヴ草稿』光文社古典新訳文庫）.

DI：*Discours sur l'origine et les fondements de l'inégalité parmi les hommes*（1964）Ⅲ（本田喜代治・平岡昇訳（1972 改訳）『人間不平等起原論』岩波文庫）.

E：*Émile ou de l'éducation*（1969）Ⅳ（今野一雄訳（2007 改版）『エミール』上中下，岩波文庫）.

Decaux,Alain（1972）*Histoire des Françaises*, Paris,Perrin（渡辺高明訳（1980）『フランス女性の歴史 3 ―革命下の女たち―』大修館書店）.

Godechot, Jacques (1961) *La Contre-Révolution : Doctrine et Action, 1789-1804*, Presses Universitaires de France (平山栄一訳 (1986)『反革命―理論と行動, 1789-1804』みすず書房).

Godechot, Jacques (1988) *La Révolution française, Chronologie commentée 1787-1799*, Perrin (瓜生洋一・新倉修・長谷川光一・山崎耕一・横山謙一訳 (1989)『フランス革命年代記』日本評論社).

Martin, Jean-Clément (1987) *La Vendée et la France*, Seuil.

Martin, Jean-Clément (2007) *La Vendée et la Revolution*, Perrin.

Michelet, Jules (1952) *Histoire de la Révolution française*, Bibliothèque de la Pléiade,2 tomes (桑原武夫・多田道太郎・樋口謹一訳 (1968)『フランス革命史』(世界の名著 37) 中央公論社).

Secher, Reynard (1986) *La-Chapelle-Basse-Mer, village vendéen, Révolution et contre-révolution*, Perrin.

Sédillot, René (1987) *Le coût de la Révolution française*, Librairie Académique Perrin (山崎耕一訳 (1991)『フランス革命の代償』草思社).

Vovelle, Michel (1988) *La Révolution contre l'église : De la Raison à l'Être suprême*, Complexe (谷川稔・田中正人・天野知恵子・平野千果子訳 (1992)『フランス革命と教会』人文書院).

河野健二編 (1989)『資料フランス革命』, 岩波書店。

遅塚忠躬 (1997)『フランス革命―歴史における劇薬』岩波ジュニア新書 295。

鳴子博子 (2021)「九月虐殺とルソーの戦争状態論―ヘーゲルの市民社会論をもう一つの参照点として―」永見文雄・小野潮・鳴子博子編著『ルソー論集―ルソーを知る, ルソーから知る―』中央大学人文科学研究所研究叢書 75。

鳴子博子 (2023)「フランス革命期におけるの女性の『能動化と排除』―ヴェルサイユ行進から革命共和女性協会まで―」『女性空間』40。

鳴子博子 (2024)「『社会契約論』は偽装された指南書なのか―「自然状態から社会契約へ」の矛盾をめぐって―」『中央大学社会科学研究所年報』28。

森山軍治郎 (1996)『ヴァンデ戦争―フランス革命を問い直す』筑摩書房。

第 2 章
秘密法廷の小説とフランス革命
——ベネディクテ・ナウベルト『ウナのヘルマン』(1788) の
1790 年代における評判とその背景——

亀 井 伸 治

は じ め に

　十八世紀末ドイツの通俗歴史小説の作家たちの中で，ひとりの女性が指導的
な地位を占めた。クリスティアーネ・ベネディクテ・オイゲーニェ・ナウベル
ト Christiane Benedikte Eugenie Naubert (1756-1819)[1) は，早くから関心を
この小説ジャンルに向けていた。『ヴァルター・フォン・モンバリー，聖堂騎
士団の総長』*Walter von Montbarry. Grossmeister des Tempelordens* (Leipzig,
1786)，『ウナのヘルマン，秘密法廷の時代の話』*Herrmann von Unna. Eine
Geschichte aus den Zeiten der Vehmgerichte* (Frankfurt & Leipzig, 1788)，
『トッゲンブルクの女相続人エリーザベト，あるいはスイスのザルガンスの女
性たちの話』*Elisabeth, Erbin von Toggenburg, oder Geschichte der Frauen
von Sargans in der Schweiz* (Leipzig, 1789)，『バルバラ・ブロムベルク，所謂，
皇帝カール五世の愛妾』*Barbara Blomberg, vorgebliche Maitresse Kaiser
Karls des Fünften* (Leipzig, 1790)，『アルフ・フォン・デュルメン，あるいは
皇帝フィリップとその娘の話，秘密法廷の初期の時代から』*Alf von Dülmen,
oder Geschichte Kaiser Philipps und seiner Töchter. Aus den ersten Zeiten
der heimlichen Gerichte* (Wien, 1791) などの代表作をはじめ，彼女は，その
三十年余の作家生活の間に総計にして五十巻以上の著作を生み出した。それら

はどれも同時代の人々に好評で，盛んに読まれた[2]。

1．ベネディクテ・ナウベルトとその作風

1756 年にライプツィヒの医学教授ヨーハン・エルンスト・ヘーベンシュトライトの娘として生まれたナウベルトは，父の早世により母の許で育てられた。まず，当時の良家の子女が身に付けるべきあらゆる「女性のたしなみ」を教育され，次いで神学教授の異母兄が，古典語と哲学，歴史研究の方法を手ほどきした。彼女の好みは特に，神話，中世の歴史，そして現代語にあり，英語，フランス語，イタリア語も独習した。1797 年，四十一歳で彼女はナウムブルクの荘園所有者で商人のローレンツ・ヴィルヘルム・ホルダーリーダーと結婚したが，この夫は早くに亡くなった。ライプツィヒに戻った彼女は，1800年に，やはり商人のヨーハン・ゲオルク・ナウベルトと再婚した。彼女自身の言に従えば，1819 年に亡くなるまで概して安逸で幸福な生活を送った[3]。

二十三歳のデビュー作『ヘールフォルトとクレルヒェン，いくらか感傷的な魂の持ち主たち』*Heerfort und Klärchen. Etwas empfindsame Seelen*（Wien, 1779）のような，サミュエル・リチャードソンやオリヴァー・ゴールドスミス流の家庭小説を除けば，彼女は専らその創作努力を歴史物語に振り向けた。ナウベルトの小説はどれも名を伏して出版されていたので，その作品は同時代の他の有名作家たちの手になるものと見られた。当時，「ものを書く女」とその著作は見下されがちだった上，まして通俗的な書物の扉に女性が名前を曝すなどは慎みのないことだと考える人々が多かったので，彼女は自身を世間一般に露出させるつもりがまったくなかったのである。出版業者のフリードリヒ・ロッホリッツに宛てた手紙で彼女は，匿名を「称賛と非難に対するヴェール」として「ひじょうに都合の良い隠しごと」だと述べている[4]。それまでにも，作家としての彼女の身元に関する噂は以前からあったとはいえ，最晩年の1817 年，『優雅界新聞』*Zeitung für die elegante Welt*（Leipzig, 1801-1859）紙上に掲載された記事で，歴史家のフリードリヒ・カール・ユーリウス・シュッ

ツが，ナウベルトの承諾を得ないまま彼女の正体を暴露したこともあり，最後の小説『ロザルバ，「ウナのヘルマン」「テクラ・フォン・トゥルン」などの著者ベネディクテ・ナウベルトによる』*Rosalba. Von Benedicte Naubert, Verfasserin des Herrmann von Unna, der Thekla von Thurn etc.*（Leipzig, 1817）は，標題に本当の名前を記して出版された[5]。しかし，その時でさえ，当時のベストセラー作家，カール・ゴットロープ・クラーマーやゴットロープ・ハインリヒ・ハインゼがこの本の真の作者ではないかと言われた。

　歴史への興味と学術的な史料研究の知識を活かして三十歳の時に書いた最初の歴史小説『カール大帝の娘エマと大帝の秘書エギンハルトの話』*Geschichte Emma's, Tochter Kayser Karls des Grossen und seines Geheimschreibers Eginhard*（Leipzig, 1785）は，出版と同時に大きな話題となった。ここでは，カロリング王家の恋する女性とその友人たちが描かれている[6]。この時期，ナウベルトはまだ，それ以前に書いた作品に認められるように，十八世紀的な恋愛小説，とりわけクリストフ・マルティーン・ヴィーラントの作品に魅了されていた。しかし，この処女歴史小説の成功が，彼女を決定的に方向付ける新たな試みへと駆り立てた。ナウベルトは，歴史的な事柄に対して敬意を払い，それを専横的に扱うようなことはしていない。また，土地の正確な描写や文化史的な細部にもこだわっているが，彼女にとってより大事だったのは，人々の運命と，それを構成する出来事が示す時代の内実だった。

　登場人物たちの反応には十分に納得できる動機付けと描写が必要であることを良く理解していたナウベルトは，通俗小説の作家であるとはいえ，過剰な感傷性や大仰なパトスを表現することを嫌った。啓蒙主義の立場に立っていた彼女は，感傷過多に対する懐疑を示したのである。明晰な表現法も，そうした理性的な基本姿勢の所産であり，この姿勢はまた，自信と分別に満ちた男性たちと個性豊かで強い女性たちへの彼女の共感に照応している。女性の手になる小説に読者が期待する，お涙頂戴的な性質は，エロティックな描写と同様，彼女には重要なものではなかったのである。さらに，非感傷的な冷静さというこの特徴は，ナウベルトに，登場人物たちをある一定の距離から客観的に眺める視

点を与え，ユーモアの表現において他の作家たちより一頭地を抜かせた[7]。

　だが，歴史小説の発展への最も重要な女史の貢献は，本当の歴史的事象を背景に，自由に造形された虚構あるいは半ば虚構の主人公たちの私的な歴史を前景として配し，それらを巧みな仕方で互いに組み合わせて物語を展開するという手法を創出したことにある。入手し得る典拠や年代記を用いて叙述された歴史上の大事件や大人物の事績と，家族関係や恋愛などによる感情的葛藤に満ちた個人史が緊密に絡み合う。ウォルター・スコット作品をはじめ，後代の歴史小説の様式に多大な影響を与えたこの〈二層構造技法〉Zweischichtentechnik によって，十八世紀の社会倫理や心理的見地が歴史の叙事に組み込まれ，物語は時代批評の視点を獲得した[8]。時には，国家間の事件のような大規模な歴史素材を日常的領域に収斂させてしまう矮小化の印象を読者に与えかねなくもなかったが，他方，まさにこの通俗化の傾向が，彼女を娯楽小説作家として魅力あるものにしていたことは否めない。彼女の本は，思想的な内容には乏しかったが，素材とストーリーテリングの綾に富んでおり，読者はその中に，魅力的な会話や巧みな構成，高度のサスペンスを期待することができた。

　こうした豊かな創作活動にもかかわらず，ナウベルトは自身の作品を過大評価することのない自己批評の意識をつねに維持していた。彼女は文学的栄誉を求めることなく，心を惹き付ける歴史小説を読者の愉しみとして提供することだけに甘んじた。

　歴史小説以外の著作としては，五巻の『新・ドイツ民間メールヒェン』*Neue Volksmärchen der Deutschen*（Leipzig, 1789-92）が際立っている。このメールヒェンの翻案において彼女は，ヨーハン・カール・アウグスト・ムゼーウスによる有名な民話集成『ドイツの民間メールヒェン』*Volksmärchen der Deutschen*（Gotha, 1782-87）を越え，ロマン主義へ向かう歩みを踏み出した。同種の作品には他に，『イタリアの王妃アマルグンデあるいは奇跡の泉のメールヒェン，テオドリクス大王の時代の<ruby>説話<rt>ザーゲ</rt></ruby>』*Amalgunde, Königin von Italien oder das Märchen von der Wunderquelle. Eine Sage aus den Zeiten Theoderichs des Großen*（Leipzig, 1787），『アルメ，あるいはエジプトのメー

ルヒェン』*Alme, oder egyptische Märchen*（Leipzig, 1793-97），『ヴェレーダ，魔法小説』*Velleda. Ein Zauberroman*（Leipzig, 1795）[9] などがある。

　さらに，中世への偏愛もロマン主義文学者と共通する要素である。『マインツの司教ハットー，十世紀の伝説』*Hatto, Bischoff von Maynz. Eine Legende des zehnten Jahrhunderts*（Leipzig, 1789）と『ベルンブルク伯ヴェルナー』*Werner, Graf von Bernburg*（Leipzig, 1790）は十世紀を，『フォイヒトヴァンゲンのコンラートとジークフリート，ドイツ騎士団の総長』*Konrad und Siegfried von Feuchtwangen, Großmeister des deutschen Ordens*（Leipzig, 1791）は十二世紀を，『コンラディン・フォン・シュヴァーベン，あるいは皇帝フリードリヒ二世の不幸な孫の話』*Konradin von Schwaben, oder Geschichte des unglücklichen Enkels Kaiser Friedrich des Zweyten*（Leipzig, 1788）は十三世紀を，『ヴァルター・フォン・シュターディオン，オーストリアのレオポルト公とその戦友の話』*Walter von Stadion, oder Geschichte Herzog Leopolds von Oesterreich und seiner Kriegsgefährten*（Leipzig, 1794）は十四世紀を，そして『フィリペ・フォン・ゲルデルン，あるいはアムラートの息子セリムの話』*Philippe von Geldern, oder Geschichte Selims des sohns Amurat*（Leipzig, 1792）と『プファルツ選帝侯フリードリヒ無敵侯，中世のマルクス・アウレリウス』*Friedrich der Siegreiche Churfürst von der Pfalz. Der Marc Aurel des Mittelalters*（Leipzig, 1796）は十五世紀を舞台にしている。そして，『貧しきコンラートの結社，十六世紀の農民戦争での幾つかの瞠目せる出来事の忠実な描写』*Bund des armen Konrads, getreue Schilderung einiger merkwürdiger Auftritte aus den Zeiten der Bauernkriege des sechszehnten Jahrhunderts*（Leipzig, 1795）では副題にある通り農民戦争が扱われた。ただし，ナウベルトは，これらの物語を後期啓蒙主義の感覚で市民化して描いている。そもそも，レオンハルト・ヴェヒターの『往時の説話（ザーゲ）』*Sagen der Vorzeit*（Berlin, 1787-98）に代表される，中世を舞台にした当時の通俗小説は，昔の衣装を纏ってはいても，それは外的な形に過ぎず，例えば，物語中の騎士とは十八世紀の市民の理念を体現する存在に他ならなかった。また，英国，フラン

ス，スペイン，イタリア，パレスティナを舞台とする『ヴァルター・フォン・モンバリー』や，プラハ，マクデブルク，リュッツェン，ストックホルム，エーガー，ヴィーンが舞台の『テクラ・フォン・トゥルン伯爵夫人の話，あるいは三十年戦争の出来事』*Geschichte der Gräfin Thekla von Thurn, oder Scenen aus dem dreißigjährigen Kriege*（Leipzig, 1788），そして，スイス，オーストリア，プロイセン，リトアニア，フランス，チュニジア，エジプトを舞台とする『フォイヒトヴァンゲンのコンラートとジークフリート』といった，中欧に留まらぬ広い地域で物語が展開する作品には，フランスの啓蒙主義の歴史学者たち，及び，ドイツにおけるその重要な継承者であるアウグスト・ルートヴィヒ・フォン・シュレーツァーの影響を受けたナウベルトの〈一般史〉Allgemeine Geschichte 的視点が強く現れている。

2．ナウベルトとゴシック小説

　近年，ナウベルトの，歴史小説や創作童話の文学ジャンルとしての発展における役割の大きさが強調されている。だが，ナウベルトとゴシック小説との関連は，主に女性研究者たちによる近年の論考[10] が出るまではあまり深くは分析されてこなかったし，女史の作品をゴシック小説と見て，ゴシック小説ジャンル形成に対するその評価を試みることもほとんど等閑視されてきた。ジルケ・アルノルト＝デ・シミーネが指摘しているように，その理由には，ゴシック小説が，研究者の間で，ドイツ人が侮蔑的に「通俗的」trivial と呼ぶ文学ジャンルとほとんど自動的に結び付けられてきたこと，そして，この慣行との関連の所為で，漸く十八世紀を代表する女性作家としての評価の途に就いた彼女の価値が貶められることへの危惧があろう[11]。

　ナウベルトは，自作を単に「話」Geschichte と呼ぶことが多かった。また，短編のテキストには，「童話」Märchen，「伝説」Legende，「説話」Sage など，口承文学の一般的な範疇を示す名称を付けた。彼女の作品を構成するテーマやモティーフ，キャラクターは，次第に異種の混合物となり，サブジャンル

の境界を曖昧化するものとなった。文学ジャンルを指し示す個々の座標を備え
た作品が，しかし，全体としては，各種口承文学，歴史小説，ゴシック小説の
間に位置しているということが，女史のテクストをひとつのジャンルに分類す
ることを難しくしている。

　しかも，それ以上に，彼女の歴史小説が本当にゴシック小説と言えるかどう
かについて意見が分かれる混乱の原因になっているのは，〈騎士小説〉
Ritterroman や〈盗賊小説〉Räuberroman とも交錯する，あるいは，広義に
はそれらも包含するところの，「ドイツのゴシック小説」と言うべき
〈恐怖小説〉Schuerroman についての明確なジャンル規定そのものが，ドイツ
語圏の文学研究での大きな盲点となっていたことにある。さらに，十八世紀末
の読者の受け取り方と現代の批評や文学研究を区別する必要がある。

　ナウベルトの同時代人の多くにとって，ゴシック小説は，再現しやすいモ
ティーフの目録によって構成されていた（それ故に，パロディ化し易いもので
あった）。そのような要素とは，例として，ローベルト・シュトックハンマー
によるリストを挙げるなら，「古城の物語，墓標，驚異の形象，宝物，弔鐘，
予兆，白人女性，黒人男性，灰色の侏儒，経帷子，などなど」[12] ということに
なる。こうした数々のモティーフの中には，超自然的な特徴を示していても一
般的には合理的な説明が可能なものがあるが，名辞はひとしなみに，情緒的受
容の意図された型，言い換えれば，読者への暗に想定される感情的影響を指し
示している。また，〈騎士小説〉や〈盗賊小説〉の名称にある〈騎士〉と〈盗
賊〉，そして〈恐怖小説〉の代表的題材である〈幽霊〉といったモティーフも
個別のサブジャンルを意味するのではなく，それらはどれも「恐ろしくて戦慄
的で扇情的な」ジャンルそのものだとイェルク・シェーネルトは述べてい
る[13]。だが，ドイツの研究者たちは，これまで，恣意的に選別されたモティー
フに基づく分類によって自国のゴシック小説にアプローチしてきた。ヨーハ
ン・ヴィルヘルム・アペルの先駆的研究では，〈騎士小説，盗賊小説，そして
恐怖小説〉Ritter- Räuber- und Schauerromane とされている[14]。カール・
グートケは，英国の小説を語る際には〈ゴシック小説〉Gotischer Roman と

言っているが，同種のドイツの通俗小説を記述する名称には〈幽霊小説〉Geisterroman，〈ドイツの盗賊小説と恐怖小説〉deutscher Räuber- und Schauerroman，〈騎士小説〉Ritterroman を用いている[15]。マリオン・ボージャンは〈幻想的で驚異的な歴史小説〉phantastisch-wunderbarer Vergangenheitsroman[16]，ローレンツ・フォン・シュタッケルベルクは〈お化け譚〉Gespenstergeschichte[17]，マリアンネ・タールマンは〈結社小説〉Bundesroman という術語を用いており[18]，リヒャルト・アレヴィンにとっては，〈恐怖小説〉は〈秘密小説〉Geheimnisroman のサブジャンルである[19]。その著書『知られざるジャンル，ドイツのゴシック小説の研究』（1978）によって当該ジャンル作品の英語圏での再評価を促したカナダのマイケル・ハドリーは，このような分類の定義はテキストの総体についての徹底した知識に基づいていることはめったになく，むしろ，〈恐怖小説〉全盛期からすでにあった文学批評の俗物的偏見を助長する傾向を有すると不満を述べて，ジャンル分けにおける明確さの欠如を強調した[20]。ドイツ語圏で，この分野の比較的まとまったジャンル概念区分に関する説明基盤が現れたのは，ここ半世紀ほどのことであり，現代の「ドイツのゴシック文学」研究では，各用語を，それぞれが異種でありながらも，もっと包括的で一貫したゴシック小説流行の一部として定義するという，より実際的なアプローチが好まれる傾向にある[21]。先に触れたシェーネルトのように，どの形式のものであっても，ドイツ語で 'Schauer' と呼ばれる戦慄的で不気味なモーメントを暗に含んでいれば，その作品を〈ゴシック小説〉として数えようとしているのは，そうした動向の一例である[22]。

　ナウベルトのテクストが，モティーフや形式において〈ゴシック小説〉や広義の〈恐怖小説〉に近接しているどころか，彼女の歴史小説の多くは，そうしたジャンルに分類されると明言する研究者もいる。例えば，ピーター・ハイニングは，ナウベルトについて「ドイツで最も多作な女性ゴシック小説家で［...］"ヨーロッパのラドクリフ夫人"と称された」と書いており[23]，ヴィクトリア・シャイプラーは，ナウベルトを「恐怖文学という新たなジャンルの［...］開拓者」[24]と規定している。

1785 年から 1796 年にかけて出版されたナウベルトの初期の作品群が，アン・ラドクリフなどによる英国のゴシック小説やドイツの騎士小説，盗賊小説，そして恐怖小説に影響を与えたのは事実である。ナウベルトの小説には，「予感や夢，秘密結社，墓地や納骨堂，地下通路，隠された鍵，秘密の文書や手紙，邪悪な誘惑者，好色な聖職者や権力欲に憑かれた騎士に脅かされる無垢な娘」[25] など，当時の歴史小説では必須の道具立てであると同時にゴシック小説と共通した要素が多くあり，特に，ゴシック小説の中心モティーフのひとつである〈危難にある乙女〉は，彼女のほぼすべての小説の基本要素になっている。

また，舞台とプロットを往時に置く傾向があることも，ゴシック小説とナウベルトの歴史小説に共通する主要な特徴である。これにより，物語中の不気味さや奇怪さは，現在では捨て去られた古風な世界観に帰される。彼女は，驚異的なものや不可思議なものが，少なくとも合理的に説明できない場合には，迷信や怪異が信じられていた過ぎ去った時代の一部として描くのが常だった。ただ，そこには，語り手の，懐疑的な，あるいは皮肉な評言が付けられることが多い。このように，ナウベルトは非合理的なものへの感覚と合理主義的な姿勢の両方を持ち合わせていたが，小説の中の超自然的なものに限らぬ想像的な事象一般について見ても，それらと歴史的事象の区分は決して明確ではない。『コンラディン・フォン・シュヴァーベン』の序文で，彼女自身こう書いている。

　　世間は，この本のページを，お好みのままに，小説であるとか本当の歴史であるとか呼ぶでしょう。しかし，その両方なのです。これは，いくらか十三世紀の風味に色づけられた空想による歴史であり，また，真実に基づいた小説でもあります。[26]

ナウベルトの創作は，ホレス・ウォルポールが『オトラントの城，ゴシック物語』 *The Castle of Otranto. A Gothic Story*（1764）の第二版（London, 1765）

の序文で述べたゴシック詩学に近い原理，すなわち，想像力と蓋然性，空想と信憑性，驚異と現実性の混合に則していると言うことができよう[27]。無数の登場人物たちを擁する複雑なその語りは，主に女性の話や日記，手紙などによって構成されており，そこでは，しばしば夢や予言が大きな役割を果たす。これら非合理な要素は，社会的に限定された経験の中で，ヒロインの目に映る世界を「詩的現実」として描出することに寄与しているのだが，同時にこの「現実」は，政治的な事件の様相が，その時代の女性たちのようにそこから疎外されている者には不可解に見えることを表している。その結果，小説は社会的関係の不透明さとコミュニケイション全般の潜在的欠陥を露呈させるものとなり，主人公だけでなく，その視点から物語を読み進める読者もまた，混沌とした状況に置かれることになる[28]。

　すでに述べたように，〈二層構造技法〉を用いたナウベルトの小説は，歴史的事件の背後で時代に翻弄される個人の運命を中心に展開するが，その目的は，歴史家が看過して忘却された事跡の再発見にあるのではなく，男性原理社会の中の女性のみならず，正史から外れた人々の描写を通して，歴史的事実の陰に隠れた思惑や動機といった要素に光を当てることにある。そしてそれは，時代の隠れた動き，もうひとつのオルタナティヴな歴史の存在を示唆することでもある。一方，作者自身が生きた十八世紀末の社会では，陰謀論や秘密結社に関する憶測が拡散し，秘密結社は人間の活動を導く隠れた力を動かす存在と見られていた。当時の不安定な政治情勢の中で，結社や強力な隠秘のネットワークが，さまざまな策略を巡らせ，社会を操ろうとしていると考えられた。歴史に対するナウベルトの上記の視点がこれに重なった。実際，彼女のどの小説においても，陰謀は中心的な位置を占めている。ドイツの往時を舞台にしたナウベルトの小説は，伝統的な題材を参考にして，十八世紀末の社会不安と陰謀論を語っているのである。こうして，ナウベルトの歴史小説作家としての指向が，陰謀と不気味な秘密結社の話題に逢着し，それをプロットを駆動させる中心的なモティーフとして物語に据えた時，その作品は，恐怖文学的性格を濃厚に帯びることになる[29]。そして，秘密結社という題材の中から，中世を偏愛

するナウベルトが真っ先に選び出したのが、〈秘密法廷〉という組織だった。

　〈秘密法廷〉[30]とは、中世後期の神聖ローマ帝国における刑事司法の一形態である。その秘密裁判組織と私設法廷を指す「フェーメ」[31]という言葉の謂れについては良く判っておらず、語源には諸説がある。治安悪化に対する自力救済原理による制度であり、十四世紀から十五世紀にかけて活動の最盛期を迎えた。秘密法廷は、神聖ローマ皇帝から司法権と被告の生死に係わる権限を与えられていたので、皇帝の名において審理し、死刑判決を宣告して執行することができた。処刑は通常、判決後直ちに絞首刑で行われた。中世において、〈自由郡〉Freigrafschaft 内でやはり自治的に開廷される〈自由裁判所〉Freigericht と比較しての秘密法廷のこうした特殊な性格は、現行犯への古い法実務に由来するところの、重大犯罪の特別管轄や緊急裁判所の要請によって生じたものである。また、『ウナのヘルマン』でも描かれているように、異端や魔術のような通常の司法調査には適さないと考えられる犯罪もその管轄下にあった。訴訟はしばしば秘密裡に行われたので、〈秘密の法廷〉heimliches Gericht と呼ばれた。また、これ以外にも〈沈黙法廷〉Stillgericht や、〈禁断の法廷〉verbotene Gerichte という別称がある。

　秘密法廷の組織は厳格なものだった。各管区の中心である裁判の場は〈自由法廷〉Freistuhl と呼ばれ、〈法廷主〉Stuhlherr が主宰し、〈自由陪席判事〉Freischöffen が審理して判決を下す。多くの場合、裁判の実際の責任者は、法廷主の代理として任命された〈自由伯〉Freigraf が務めた。これは、法廷主により、入会者の大部分を占める〈自由陪席判事身分〉Freischöffenstand にある者の中から選ばれた。自由陪席判事は、純血のドイツ人の家系の嫡出子で善良なキリスト教徒の自由人であれば誰でもなる資格を有していたが、その特権によって秘密法廷の発展が説明される。すなわち、自由陪席判事は、秘密法廷の裁判権を何よりも重視したからである。彼らは入会時に、鉄の規律によって、秘密法廷を全面的に支え、たとえ近親者に対してであっても秘密を守り、権限内で発見したものはすべて法廷に持ち込むことを誓約した。そして、構成

員同士がお互いを識別する秘密の情報と合言葉が与えられた。十五世紀初頭には，これら自由陪席判事たちは全土に何千人も散らばっており，秘密法廷の評判は高く，その勢力も広範囲に及んだ。

〈秘密法廷〉は，しばしば，ヴェストファーレン（ウェストファリア）におけるそれと同一視される。ヴェストファーレンの秘密法廷では，その召喚状が他とは異なり，神聖ローマ帝国のほぼ全域に送達され得，自由陪席判事身分の原告が各地からヴェストファーレンに集まって来た。帝国全体にわたるこの超領域的な法的特権が，〈秘密法廷〉と言えばヴェストファーレンのものを指すようになった大きな理由であろう。

なお，秘密法廷のその後について付言しておくと，組織として強大化するにつれ，権力の濫用をもたらして腐敗し，十五世紀半ばから，訴訟手続きの遅滞に対する原告の失望，不正行為への判決執行の問題に対する抗議などが提起された。諸邦において，優良な行政制度が確立し，通常の司法手続きが改善されるに従い，秘密法廷の機能は有用性を失っていった。十五世紀後半になると，その影響力は著しく低下し，ほとんど消滅してしまう。この衰退の過程は十六世紀半ばにはほぼ完了するが，それでも，形骸化したまま十九世紀初頭（1811年に廃止）まで存続した。

中世を舞台にしてこの秘密法廷を題材に用いた十八世紀末の通俗作品は，何作も書かれている。例えば，そのひとつ，ハインリヒ・ブルレの『公正な秘密法廷裁判官，あるいは不幸なホルガー・フォン・デーネベルゲ，粗野な往時の忠実な描写』 *Die gerechten Vehmrichter, oder der unglückliche Holger von Däneberge. Ein treues Gemälde der rauhen Vorzeit* (Leipzig, 1796) では，秘密法廷が権力と欲に狂った修道士たちに悪用される様が描かれている[32]。十八世紀末には，伝聞などにより昔の秘密裁判の恐ろしげな様子や評判が誇張されて闇と謎と恐怖のイメージが広まっていたが，文学において，本来は不正を監視する正義の機関である秘密法廷を主人公を迫害する禍々しい装置に同然のものとして通俗小説の中にはっきりと設定し，それによって，後段に述べる〈秘密結社小説〉ジャンルのプロトタイプを確立したのはナウベルトだった。ここ

で採り上げる『ウナのヘルマン』[33)] は，そのジャンルの先駆的作品なのである。

『ウナのヘルマン』のヒロインのイーダは，皇后ゾフィーの赤児に魔術で死の呪いを掛けたとして譴責され，「神の法廷」（I, 163）として知られる処に呼び出される。この「秘密裡に裁きを行う ［...］恐ろしい知られざる者たち」（I, 168）からの召喚状を受け取った時に彼女が覚える戦慄は紛れもない。

> 改めてその恐ろしい文面に目を通すと，彼女はだらりと手を落とし，死人のように青ざめて後ろに凭れ掛かった。（I, 163）

秘密法廷は，つねに油断なく警戒し，もし敵対者を発見したなら，速やかに数多くの構成員を糾合して，その者を審問に掛けることができるのだ。「黒衣にすっぽりと包まれた無数の人々」（I, 186）によって行われる審理は，暗鬱で厳粛な儀式として描かれる。やがて彼女は，「不満と人間嫌い」（III, 46）でいっぱいの修道女たちのいる修道院に連行され，彼女を意のままにしようとする大司教によって迫害される。「かつては，そこに遺されているものから人が想像し得るよりもっと恐るべきものであったに相違ない ［...］地下牢のひとつ」（III, 226）に監禁されたイーダの心を満たすのは，超自然的なものではなく現実的な恐怖である。

> イーダはいまは逃げたくはなかったし，また，できもしなかった。彼女が目にし，そしていま耳にしたものは，彼女が幽霊現象について抱く観念とはほとんど一致するところがなかったので，幽霊を前にして心に沸き上がる恐怖とはまったく別種の恐れにとらわれた。（III, 148）

イーダは幽霊のようなものを恐れてはいない。彼女は自身に罪のないことを確信しており，超自然的存在も神の公正な秩序の下にあるはずだと考えているので，それらは潔白な自分を侵害できないと思っているからである。ここでの恐怖は，専ら自身の無垢と純潔に関するものであり，名誉と生命が最大の重要

事である。彼女に対する陰謀は，宗教それ自体に関係した人間たちによってではなく，私的な理由から宗教の力，特にその非人間的な部分を利用する人間たちによって企てられている。修道院に幽閉された生活は，ほとんど監視下の状態に置かれており，それは，人間性と神性に関するあらゆるイーダの肯定的な観念を無効にするかのようである。ドイツの通俗小説の重要な作家たちの多くが，ナウベルトと同様に，ザクセンやテューリンゲンのようなプロテスタント圏の出身だったという事実を考慮した時に，宗教，とりわけカトリックの冷酷なまでの独善的側面に対する批判的描写が目立つ。歴史小説の舞台は，主に宗教改革前のカトリック支配下のヨーロッパに置かれていた。修道院のロケイション自体もその抑圧的な性質を示している。「高い山々［...］，その中に修道院を覆い隠す鬱蒼たる谷の森は，悲嘆と憂鬱より他の感情を起させない」（III, 46）。このような閉塞的な情景は，1790年代のゴシック小説作家によってしばしば採り上げられるようになる。ナウベルトは，ゴシック小説に代表的な多くのモティーフを当該ジャンルに導入した初期の作家のひとりだったが，彼女はまた，秘密結社モティーフの可能性を最大限に引き出すと共に，それを宗教的な迫害に結び付けた最初の作家でもあったのだ。

3．ドイツのゴシック小説の1790年代における 英国での受容

ところで，1790年代の英国では，降霊術や秘密結社についての通俗小説は，盗賊小説などと並んで，ドイツの文学市場における典型的な商品と考えられていた。1794年以前には，毎年，ほんの僅かな数のドイツ語の小説が英語に訳されていただけであったのに，続く三年間で，その数は指数関数的に急増した。しかも，1794年から1797年の間の翻訳は，そのほとんどが，降霊術と秘密結社に関する通俗小説だった。そして，1794年にドイツからの翻訳として記録されている小説の内，三つに二つはナウベルトの作品に拠るものだった。それ故に，ナウベルトは英国の流行の新しい嗜好を作った作家と見做されてき

たのである[34]。彼女の『アルフ・フォン・デュルメン』と『ウナのヘルマン』
は，本国での出版から数年遅れではあったが，英語に訳された最初のドイツの
ゴシック小説の内に数えられている。すなわち，『アルフ・フォン・デュルマ
ン，あるいは皇帝フィリップとその娘の物語』*Alf von Deulman, or the history
of the Emperor Philip and his Daughter*（London, 1790）（A・C・ブース嬢によ
る翻訳），および，『ウナのヘルマン，皇帝ヴィンツェスラウスとジギスモント
の治下での秘密法廷の裁判もその中で描かれている十五世紀における一連の冒
険，クラーマー教授によりドイツ語で書かれたもの』*Herman of Unna, a
series of adventures of the fifteenth Century, in which the Proceedings of the
Secret Tribunal, under the Emperors Winceslaus and Sigismond are
delineated. Written in German by Professor Kramer*（Dublin, 1794）である。
ロバート・イグナチウス・ル＝テリエは，1794年から1806年の間に英訳され
た主要なドイツのゴシック小説を列記しているが，そこに挙げられている十六
の作品の内，少なくとも五作品は，ナウベルトの単独作品だった[35]。

　『ウナのヘルマン』の英訳は，最初の出版から二年間で三刷を数え，また，
ジェイムズ・ボーデンによる五幕から成る舞台劇化は，1795年にコヴェント・
ガーデンで上演されて好評を博し，その台本は，同年，『秘密の法廷，五幕の
戯曲』*The Secret Tribunal. A Play. In Five Acts*（London, 1795）の題で出版さ
れた。匿名で出版された原作小説の英訳版[36]の方は，その時代の英国の貸本
図書館全体のほぼ六割で読まれた[37]。英訳はオリジナルに忠実である。訳者は，
序文と，秘密法廷の歴史的背景を説明する小論（「かつてヴェストファーレンに存
在した秘密法廷と，その裁判についての小論_{エッセイ}。ボック男爵の著作集の第二巻からの抜
粋」）[38]を付け加える以外に，さらなる恐怖の要素を足すなどして物語の肉付き
を良くする必要を覚えなかったようだ[39]。ナウベルトの小説は，英国であまり
にも人気があったので，同時期の他のドイツのゴシック小説への関心の高まり
を招来しさえした。

　『トッゲンブルクの女相続人エリーザベト』は，『修道士_{マンク}』*The Monk*（London,
1796）のゴシック作家マシュー・グレゴリー・ルイスにより，『封建君主たち，

あるいはカールスハイムとザルガンスの宮廷』*Feudal Tyrants; or, the Counts of Carlsheim and Sargans*（London, 1806）として翻案された。最初の出版年一年間の内に四刷を数えたこの翻案版に対する『クリティカル・レヴュー』誌の批評記事は，「ドイツの作品による」taken from the German という文言を含む副題のある第二刷でルイスがその借りを認めることになったドイツの源泉について言及しているが，それは，1790 年代の英国でドイツ産のゴシック小説がどのように受け入れられていたかを端的に示している。

> われわれは，ドイツの創作の中に何を期待すべきかを良く知っている。すなわち，幽霊，骸骨，鎖，地下牢，城，森，殺人と略奪が，長い隊列を成して，われわれが恐怖を満喫し，そうした光景に慣れるまで，眼前を通り過ぎて行く。死すべき存在である人間の最後の憂鬱な儀式を葬儀屋が静観するのと同じ泰然自若さをもって，われわれは，それらを眺めるのだ。[40]

　ゴシック小説は一般に舞台を過去にするのみならず，恐怖を他の国の宗教や文化と結び付けていたため，翻訳という形式の場合には，より明白に「他のもの」として印付けられ得た（『オトラントの城』も，初版では，イタリアの城で発見された古文書の英訳という触れ込みだった）。このような異国への恐怖の投影の機会は，翻訳ビジネスにおいて有用な媒体となり，英国の読者にとって，異文化についての幻想はゴシック小説に描かれた恐怖とほぼ同義となった。そして，見せかけではなく，本当にドイツを原産国としてドイツ語から英訳された作品の恐怖も同じように受け取られたのである。

　『ウナのヘルマン』の英訳版の序文では，小説の作者は，『アルキビアデス』（『ドイツのアルキビアデス』三部作 *Der deutsche Alcibiades*. Weißenfels & Leipzig, 1790-92 のこと）を書いた「クラーマー教授」Professor Kramer であると（誤って）記されている[41]。そのために，綴りが僅かに違っていても，作品は『ドイツのアルキビアデス』の作者カール・ゴットロープ・クラーマー Carl Gottlob Cramer の手になるものと認識されてしまったはずだ[42]。ナウベルトの名が英

国で明確に周知されるようになったのは，1820年代に三巻から成るアンソロジー『北方の国々の通俗的な話と物語』*Popular Tales and Romances of the Northern Nations*（London, 1823）に掲載された短編「鰻の王様の娘」"The Erl-King's Daughter" の作者として初めて言及された時からである。これは，十八世紀末の通俗小説は，匿名で出版されていることが多く，作者の同定と区別は，せいぜい標題に付された「『〜（先に売れた作品の題名）』の著者による」という情報によって識別されるくらいであり，先に述べたように，母国ドイツでのナウベルト作品の出版形態もその例外ではなかったからである。

　ナウベルトとゴシック小説ジャンルの関係は，作品の英訳だけに限らない。ナウベルトは，自身も翻訳者として，英国の小説からの影響を受けていた。十四ある彼女のドイツ語への翻訳の内のほとんどは，英語のテクストからのものだった。その中には，サラ・シェリフのゴシック小説『コレリア，あるいは，秘密の墓』*Correlia, or, The mystic Tomb*（London, 1802）の，ナウベルトによるドイツ語訳『コレリア，あるいは墓の秘密』*Corelia, oder die Geheimnisse des Grabs*（Leipzig, 1803）と，ソフィア・リーの『壁龕，昔の時代の話』*The Recess, A Tale of Other Times*（London, 1783-85）を訳した『廃墟，「偶然の出来事」の著者による昔の時代の話』*Die Ruinen, eine Geschichte aus den vorigen Zeiten von dem Verfaßer des Kapitels der Zufälle*（Leipzig, 1786）がある。後者の翻訳については，ナウベルトは，1780年代と90年代に出版された歴史小説の一群を執筆し始める直前に取り組んでおり，ナウベルトの〈二層構造技法〉の形成にリーの作品が影響を与えたのは間違いない。リーの他にも，マリア・エッジワースら，英国の女性通俗作家たちによる諸作では，主人公の私的側面から歴史的な出来事が描かれ，その存在が省略されてきた個人の運命が大事件と綯り合わされて歴史記述の中に書き込まれる。つまり，こうした語りの方法は，英国の閨秀作家たちがその祖型を作り，ドイツのナウベルトによって確立され，それを受け継いだスコットにより洗練されたものだったのである。

　ドイツと英国のゴシック小説家の相互の影響と交流の過程は，かように双方

54

向的であったにもかかわらず，当時の英国の批評家には，しばしば単方向のも
のとされ，ゴシック小説の流行はドイツの好ましくない習慣の英国への輸入の
結果であるとされた。

　ここで，ゴシック小説のパロディとしても知られる，ジェイン・オースティ
ンの『ノーサンガー僧院』*Northanger Abbey*（執筆 1797-98，出版 London,
1818）を見てみよう。その第六章では，ゴシック小説愛好家であるヒロインと
友人の会話を通して，当時英国で人気のあった，言うところの「怖い」horrid
小説の題名が列記されている。

　　「そして『ユードルフォ』を読み終えたら『イタリア人』を一緒に読み
　ましょう。それにあなたのために同じ種類の本を，十冊か十二冊，リスト
　にしておいたわ」
　　「本当に！ 嬉しいわ！ ── どんな本かしら」
　　「いま題名を読んであげる。ほら，手帖に書いてあるのよ。『ヴォルフェ
　ンバッハの城』，『クレルモン』，『謎めいた警告』，『黒い森の降霊術師』，
　『真夜中の鐘』，『ライン川の孤児』，そして『恐ろしい秘密』。これでしば
　らくは間に合うわね」
　　「ええ，かなり。でも，それみんな怖いのかしら。本当にみんな怖いの
　かしら」[43]

　この会話からは，どんなタイプのゴシック作品が英国民の間で人気があった
のかが良く判る。ヒロインのキャサリン・モーランドが友人から勧められた小
説のほとんどはドイツとの関連を示している。ラドクリフの二つの代表作
『ユードルフォの秘密』*Mysteries of Udolpho*（London, 1794），『イタリア人あ
るいは黒衣の告解者の告白』*The Italian or the Confessional of the Black
Penitents*（London, 1797）と並んで七つの題名が挙げられているが，それらは
どれもドイツ語の原作に基づくか[44]，少なくとも小説のプロットをドイツに置
いたものなのである。このように公然と，ゴシック小説の典型のひとつに「ド

イツ」があると言われていることは注目に値する[45]。

オースティンはまた，その皮肉な記述において，如何にしてゴシック小説が批評家たちによって異国の文化の産物であるとされ，それ故に，英国趣味にとっては他者であるという烙印を押されたかも示している。キャサリンのような感覚刺激に飢えた女性を主とする読者層にとって，ゴシック小説は重要な好餌だったが，それを笑うヘンリー・ティルニーの姿の中には，「女性的」で「ドイツ化された」他者と相反する，「男性的」で「理性的」なものとしての英国趣味が記号化されている。キャサリンは，ゴシック小説を読み耽ったことで身につけた解釈の手順を，自身を取り巻く環境における社会的状況を「読む」のに適用した結果，愚かにも，ヘンリーの父のティルニー将軍が妻を殺したのではないかという誤った疑念を抱いてしまう。それを聞いたヘンリーは，激しく反応して言う。

> 「わたしたちが生きている国と時代を思い出してください。わたしたちが英国人であること，キリスト教徒であることを思い出してください。[...] わたしたちの教育は，そんな凶行を準備するためのものでしょうか。わたしたちの法律は，そんなことを黙認するでしょうか。社交や手紙の遣り取りがこんなにもしっかり保たれていて，有志の探偵である隣人たちに誰もが囲まれ，道路や新聞があらゆることを明らかにするこのような国で，知られることなく凶行が行われ得るでしょうか」[46]

英国文化についてのヘンリーの自国偏重的な答弁は，『ウナのヘルマン』の英訳版に付された「小論」で，物語中の出来事と現代の間の歴史的格差が与える安全性が次のように強調されていることに呼応している――「このことを思い出し，そして，われわれは光の時代に生まれ，迷信と暴政の狡猾さが真実の松明の前に消え去る運命にあることを祝福しようではないか」[47]。

さらに，『ウナのヘルマン』の戯曲化版である『秘密の法廷』のプロローグにおいて，ボーデンは，この安全の保障がドイツと英国の政治体制の違いの結

果であることを示唆することで，さらに踏み込んだ意見を提示する。

いつの時代だったか，ドイツの統治の方策が ／ 魂の生来の自由に枷をかけたのは
迷信が盛んになり ／ あらゆる意志に運命（さだめ）という素早い一撃を加えたとき
世界は安全の担保がすべて失われたのを目にし ／ 君主でさえ玉座で震えあがった

被告人はひとたび断罪されると——数知れぬ密偵たちの組が ／ 国の端から端まで彼を狩り立てる
年齢も，性格も，血族も ／ 彼らの野蛮で仮借なき進路を遮る力を持たない
報復の剣を抜く誓いに束縛され ／ 罪は敬虔となり，殺人は法となった

ブリテンよ！ 喜べ！——羨むべき力は汝のもの ／ 悪意を罰し，企みを阻止すべく
昼の如く公明正大にわれわれの法廷は裁く ／ そして，富める者も貧しき者も，その影響力が同等であると証す
喜べ！ 起立した陪臣は汝を自由にする ／ 名声の，生命の，そして自由の砦よ[48]

『ウナのヘルマン』の英訳版に戻ると，その序文では，秘密法廷が，スペインの異端審問，英国の星室庁と高等宗務官裁判所，そして，フランスのバスティーユに準えられている[49]。多くの陰謀論の源となったフランス革命の恐怖政治が，英国のこうした見解の動因として背後にあることは明白だ。英国の読者にとって身近に感じ取ることができる革命の脅威は，ドイツのテクストに描かれた，封建秩序を掘り崩す秘密結社や秘密法廷の内に蔵されていた。『ウナのヘルマン』と並んで早くに秘密法廷を題材にした，ルートヴィヒ・フェルディナンド・フーバーの戯曲『秘密の法廷，悲劇』*Das heimliche Gericht.*

Ein Trauerspiel（Leipzig, 1790）を，フランスの著述家ジャン＝ニコラ＝エティエンヌ・ボック男爵[50]が仏訳した『秘密の法廷，五幕の歴史劇』*Le tribunal secret, drame historique, en cinq actes*（Metz, 1791）の中では，そして，英国でのナウベルト作品の読者たちにとっては，この制度は，神聖ローマ帝国の無秩序状態の徴としてあった。中世の秘密法廷や秘密結社は，十八世紀末におけるイルミナーティなどの秘密結社と同一視され，どちらも大陸における政治的混乱の事例として説明されたのである。こうした無秩序は，その歴史的・地理的な隔離が生み出す効能によって，いくらかの楽しみを伴って眺めることができた。そうして，英国の秩序は無傷のままであると安心できたのだ。ボックに依拠した「小論」も，英訳版『ウナのヘルマン』についての『ブリティッシュ・クリティック』のレヴューも，秘密結社モティーフを中心にした小説への英国の関心を示している。その『ブリティッシュ・クリティック』の書評は，そうしたジャンルの小説の娯楽性と併せて特にその教育的性格を強調し，さらにこの点をより際立たせるべく，英訳版の本の中から秘密法廷の活動に関する説明の一節をそのまま引用しさえする[51]。

4．ドイツと英国における秘密結社小説への反応

　秘密結社を題材にした小説の魅力の一部は，結社が，不透明な社会の諸関係とそれに附随するものの性質を描出し，情報伝達が不安定で脆弱であることを例示してくれる点と明らかに関連していた。これは，登場人物の恐怖と不安の経験という媒体を通じて，近代的な主体による世界経験の造形をゴシック小説に許すことになる。『ウナのヘルマン』のテクストは，秘密法廷を次のように表現する。

　　この種の人々は，測り知れない連鎖に繋がれた部分であり，恐るべき機械の隠された駆動輪であり，彼ら自身の呼称である「遍在する者たち」がすべてを見透すための目であり，深奥の秘密を告げ知らせる証人なのだ。(I, 230)

また，英訳版の序文は，秘密法廷が引き起こす恐怖が，主としてその法廷の「独断的な」[52]評決によるものであることを強調する。結社の原理を維持する必要により，すでに述べたように，この評決には決して異論を唱えられない。個々人は暗闇の中に置かれ，たとえ自分の家族や友人であっても，彼らが法廷に属しているかどうかを確認することはできない。審理して判決を下す会員は，自身の家族や友人であっても訴追して刑罰を与えねばならないのだ。そこで，この小説では，多くの者が何としてでも自身とその家族を守る術を見つけんとして秘密法廷に参加する。

> かの時代には，安泰な生活をしようと望む者は誰でも，すべてを包含し，何人の目にも見えぬ大きな鎖に，自身あるいは友人の誰かをつなぎ止めておくようにせねばならなかった（I, 235）

魔法と殺人および国家反逆罪で告発されたイーダを救うべく，彼女の義父も秘密法廷の一員となる。そうした骨折りの甲斐もあり，イーダと彼女の恋人ヘルマンの若いカップルは，物語の最後には無事に結ばれる。ハッピー・エンディングは，確かに，慈悲ある世界秩序の弁明であるようだ。しかし，この大団円は，ヘルマンが秘密法廷の不透明な権力の一員に選ばれるという点によって，幾分か損ねられた疑わしい勝利の結末になったと言える。なぜなら，めでたく婚約した二人は，家庭内に不気味な秘密法廷の脅威を自ら導入することで，その脅威を克服したかに見えるからだ。こうして醸成される相互不信の雰囲気については，英訳版の「小論」で次のように語られている。

> 彼ら［秘密法廷］の活動のすべては，深い秘密の中に包み隠されており，賢人を自称する彼らがどのような形で互いに交流していたのかは，いまなお不明である。さらに，彼らの掟のほとんどの部分についてはもっと分からない。[53]

個人が秘密法廷に所属しているかいないかという不確かさは，社会で付き合う相手を正しく判断する能力が個人に必須であることを示している。誤った決断は死に至る可能性があった。だが，人間の性質を正しく知る能力こそ，まさにヘルマンが失いつつあるものなのだ。彼の純粋さと素朴さは，美徳に満ちたイーダのロマンティックな相手として彼を運命付ける性格だが，しかし，それはまた，他者，特に，支配者である皇帝の中に邪悪と不道徳を見ることができないことの原因でもある。人の理性の力の誤り易さは，もはや，十七世紀におけるような一般的な人間の本質の問題として考えることはできない。それに代わってここにあるのは，後期啓蒙主義の観点に立った見方，すなわち，人間の判断とは，広く人々の間の社会的な相互作用から生じる問題だとする考えである。いま，調和的な社会性という啓蒙主義的原理は，疑義を差し挟まれて問い直される。誤認や幻惑は，ある人の同胞が仕掛けた詭計や操作の意図的な結果と思われるようになる。こうして，欺瞞行為や変装などによる登場人物に潜在する偽りと，それに随伴して生じる，仲間の性質に関する認識論的混乱が，ドイツの〈恐怖小説〉の主題となった。

　封建体制に対比される秘密法廷は，地位や財産のある誰もがそこに属したいと望む，確然たる権威であるだけではなく，その「見えざる鎖」[54]の匿名性と機密性が，完全に没個人化した行為を生む力へと導くものでもある。そして，もし個人が，自由に行動し思考する能力を奪われたなら，人物に関する知識は，もはや何の助けにもならない。それ故，個人の意志や理性の力を超えた巨大な支配を獲得しようとする秘密結社の仕事によって，それに向き合う個人は，無力で制約された存在となり，その目には，世界は，見通すことができぬ欺瞞に満ちたものと映るのである。

　『ウナのヘルマン』によって示された，その手から絶対に逃れることのできない秘密結社のイメージは，同時期に出版された別の時代背景を持つ作品，フリードリヒ・シラーの未完の長篇小説『招霊術師（見霊者），O＊＊伯爵の回想録より』 *Der Geisterseher. Aus den Memoires des Grafen von O*** （Leipzig, 1789）によって一層明確になる。シラーの作品は，十八世紀末現在のヴェネ

ツィアを舞台とし，あるプロテスタントの国の公子を，降霊術や女エイジェントによる誘惑などのさまざまな手段を使って籠絡し，最終的には彼を通じてその国家をも政治的・宗教的に支配せんとするカトリック結社の謀略を描く。ドイツの恐怖小説において，その流行の最後の時期に至るまで，往時や異国を舞台にした，神秘的要素を含む物語への嗜好が消滅するということはなかったが，革命前後の社会不安はドイツの読者に，現実に近接した作品を要求させるようにもなっていた。ここにおいて，ナウベルト作品の恐るべき秘密法廷のイメージは，現実の秘密結社の脅威に重ね合わされ，歴史小説や騎士小説の中で一部肯定的に捉えられてもいた結社に対するイメージは，犯罪的な手段を用いて人々を操る，完全に反社会的なものへと転換する。そして，『招霊術師』のヒットは，この作品を規範とし，〈秘密結社小説〉Geheimbundroman というジャンル名称で統括され得る[55] 同趣向の通俗小説の量産を引き起こすことになる[56]。ル＝テリエは，ナウベルトの『ウナのヘルマン』とフリードリヒ・シラーの『招霊術師』について，「［この二作品は，］それらが与えた衝撃と影響において，正に〈恐怖小説〉の幕開けを告げたと言い得る」[57]と査定している。

　秘密結社小説は，結社が遍く展開する全能な組織であるという幻想に訴えかけている。ドイツの読者に対して，そうした幻想は，不明な政治的・社会的権力構造——当時の市民階級の見方では，政治的支配においてそのいかなる能動的な役割も否定する構造——に照らして，それを効果的に用いている[58]。裁く必要があると判断すれば，どんな罪もを負わせて処罰し，あらゆる個人の活動を支配する匿名の法廷のイメージは，神の万能への恐れと神学的な体系を，十八世紀後半の世俗化された秩序へと類比的に置き換えたものと見ることができる。この仮定に従えば，ドイツの読者層における，秘密結社を題材にした数多くの恐怖小説作品の人気は次のように説明できよう。つまりそれは，混沌たる社会への不安と，その不安からの単純な因果律への回帰志向というパラダイムの形象だったのであると。と同時にそれは，主に啓蒙化された中産階級の，社会的な意思決定において有意義な位地に参入できなかった苦い現実に対する

夢想的な代替物でもあったのだと。市民たちは，自分たちが達成できなかった
実権掌握と社会支配を強力な秘密結社のイメージに投影することで，屈折した
愉しみを覚えるのである。

　他方，英国での，ドイツの秘密結社小説を元にしたタイプのゴシック小説の
人気は，秘密結社というモティーフが，政治的・経済的な事柄への洞察の欠如
についてのまさに有効な文学モデルとして用いられ得たことを明らかにする。
いや増す社会変化の複雑さと，政治・経済構造やネットワークの不明瞭さに対
する認識は，同時代に流布していた陰謀論の信憑性を高めるように思われた。
その陰謀論では，「全世界にわたる巨大な権力を備え，その活動の影響が人類
の禍福を左右するような組織が想像され」[59]，また，その組織のエイジェント
が至るところで活動していると考えられた。当時の情勢に関する陰謀論に関し
て一般に良く知られていたのは，フランス革命と革命が惹起した社会混乱とは
ドイツのジャコバン主義的な秘密結社による計画の結果だったという説だっ
た。この考えは，『ウナのヘルマン』の英訳から三年後の1797年に出版された
二つの著作によって英国民の間で確定的になる。すなわち，スコットランドの
自然科学者ジョン・ロビソンによる扇動的な『フリーメイソン，イルミナー
ティ及びレディング結社の秘密の会合によって為された，ヨーロッパのあらゆ
る宗教と政府に対する陰謀の証』[60]と，亡命王党員オーギュスタン・バリュエ
ル修道院長の反革命的著作『ジャコバン主義の歴史を説く回想録』(1797)[61]の，
ロバート・クリフォードによる英訳版[62]である。別個に，しかし，同じ年に
相前後して出版されたこれら二つの著作が展開する陰謀説は，フランス革命
が，実はある特定の意志に基づく機関の働きによるものであり，革命がもたら
した無意味に思われるまでの過剰な破壊と混乱の裏には，そうした機関の悪魔
的な計画が隠されている，と主張することにおいて一致している。「わたしは，
［革命を起こした］この組織が依然として存在しており，いまもなお秘密に活
動し，そして［...］その密使たちが彼らの忌まわしい教義をわれわれの間に広
めようと努めていることを知った」[63]とロビソンは明言し，陰謀に対する警告
を発する。既存の秩序転覆の不安は，英国の読者にとって急速に身近なもの

なった。いまや，英国の読者のイマジネイションは，テロリストである結社の
エイジェントが侵入したとされるのと同一の経路を辿って近隣国から到来した
文学作品の脅威に取り巻かれつつあった。『ウナのヘルマン』の中では，貴族
の生活は，強力なロッジの構成員として現れる市民階級につねに脅かされてい
る。革命と秘密結社は，既存の封建的構造の破壊という同一の目的を追い求め
ているとする見解の枠組みも，そこにはすでに準備されていた。

　革命が自律性を獲得した個人の共同体による政治的示威行為の大規模な発現
として把握される限りにおいて，古い信念体系のもとに育った者には，革命
は，それまでの秩序や価値観を根本的に破壊し，世界構造の徹底した変質を逆
行不能にするものとして許容できない。啓蒙主義の流れを逆転させようとする
革命の敵対者たちによる陰謀説は，一般大衆が自らの意志で既存の体制に対し
武器を取って蜂起した証を否定しようとする。この説では，ロビソンやバリュ
エル修道院長が主張していたように，フランス革命とは，自発的なものでも
旧 体 制に対する民衆の蜂起でもなく，悪魔的な奸智に満ちた知識人たちと，
それに騙された自由主義的貴族たちの陰謀だったことになる。そしてこれが，
革命による社会の分裂状態と単独の機関の行為の同一化が何故，反革命のプロ
パガンダに根拠を与えるものと見做され得たのかという疑問の説明にもなろ
う。ちなみに，ゴシック小説全体を眺めても，ルイスの『修道士』における暴
徒の騒乱の如き群衆場面が作品に登場するのは，実は極めて稀である。一般的
にその中で民衆の参加が許容される描写は，ただ盲目的な隷属状態においてだ
けなのだ。

　こうして，ドイツでも英国でも，フランス革命と秘密結社の繋がりが無数の
小説で繰り返されるようになった。「秘密結社を主題とする小説におけるそも
そもの主題は，フランス革命である」と，ギュンター・ダマンは述べてい
る[64]。ドイツ産の秘密結社小説の流行が，1793 年春から 1794 年夏までフラン
ス全土に荒れ狂った〈恐怖政治〉la Terreur の後を追うようにして飛躍的に増
大したのは，だから，まったく驚くべきことではない。このことが，ドイツで
の出版から六年を経た 1794 年に翻訳され，そのテクストがドイツと英国のゴ

シック小説における特異なサブジャンルの基盤となった『ウナのヘルマン』への，1790 年代の英国での突然の関心の高まりを説明する。

おわりに

すでに時代錯誤となった価値観や信念，既存の秩序を覆そうとする意思や企てが，往時を舞台とする歴史的な物語の中に設定されたり，外国の文化や社会，対抗的な思想や精神体系に投影されることによって再演されると，それは，恐れられたり忌み嫌われたりする。だが，その一方で，こうした投影は，やや逆説的ではあるが，基準とする自国の文化や社会規範に対して，それに反するものへの，あるいは，それを破壊するものへの密やかな願望を指し示してもいる。そしてこの倒錯的な願望は，しばしば，崇高の美的瞬間や情動の劇的瞬間の表現を伴う魅力によって媒介される。まさしく，その美学がエドマンド・バークの崇高論[65] に基盤を置くゴシック小説の流行において具現したように。

怖がりながら惹かれるという，ゴシック小説の読者に与えられるこの両義的な感覚は，ドイツという英国からすれば「異国」の〈恐怖小説〉の英訳において，より顕著に発現した。ただ，それらの作品が海によって大陸から隔てられた国の言語に翻訳され，逆にドイツから見れば「異国」のものである「英国の〈ゴシック小説〉」として読まれるようになった時，フロイトの有名な分析と定義[66] を援用するならば，ドイツ語の「不気味な」unheimlich という言葉を用いても，その中に「わが家」Heim を発見する機会は，テクストから失われてしまったと言えよう[67]。そう考えると，ナウベルトが，同時代の通俗小説流行の終熄後，故国ドイツでは一般にほとんど顧みられなかったのに対し，むしろ英語圏において翻訳を通じてその名を留めてきたというのは，聊か皮肉ではある。

1）ナウベルトについての初期の重要な研究には，Kurt Schreinert, *Studien zu den Vergangenheitsromanen der Benedikte Naubert. Ein Beitrag zur Entstehungsgeschichte des historischen Roman in Deutschland.*（Habilitation）Berlin, 1941 がある。

2）ドイツでも英国でも，当時の通俗小説の読者層における女性の割合はかなり高いものだったが，創作の側でも同様に女性が多く活躍した。この時代のドイツの女性作家全般についての規範的研究には以下のものがある。Christine Touaillon, *Der deutsche Frauenroman des 18. Jahrhunderts. Mit einem Virwort von Enid Gajek.*（Faksimile-Druck der Ausgabe bei Braumüller, Wien, Leipzig, 1919），Bern, Peter Lang, 1979.

3）Gustav Sichelschmidt. *Liebe, Mord und Abenteuer. Eine Geschichte der deutschen Unterhaltungsliteratur.* Berlin, Haude & Spener, 1969, pp.67-70. / *Killy Literaturlexikon. Autoren und Werke des deutschsprachigen Kulturraumes.* 2., vollständig überarbeitete Auflage. Herausgegeben von Wilhelm Kühlmann. Bd.8. Berlin, Walter de Gruyter, 2010, p. 507（Manfred Heidrich, Hirary Brown）. / Claudia Hareter-Kroiss. *Benedikte Naubert. Eine Untersuchung der Lage einer Schriftstellerin in der Goethezeit.* Saarbrücken, VDM Verlag Dr. Müller, 2010, pp. 5-8.

4）*Deutsches Literatur-Lexikon : biographisch-bibliographisches Handbuch begrundet von Wilhelm Kosch.* Bern, Francke, 1968- . Bd. 11, p. 757.

5）ただし，1814 年の作品『アザリア，往時の小説，「テクラ・フォン・トゥルン」「ウナのヘルマン」「ヴァルター・フォン・モンバリー」などの著者による』*Azaria. Eine Dichtung der Vorwelt. Von der Verfasserin der Thekla von Thurn, des Herrmann von Unna, Walther von Montbarry u. s. w.*（Leipzig 1814）の標題ページには名前の書き込みが見られる。また，歴史小説ではないが，死の年に出版された『短い外套とオッティーリエ，二つの民間メールヒェン，ベネディクテ・ナウベルトによる』*Der kurze Mantel und Ottilie : zwei Volksmärchen, von Benedicte Naubert*（Wien, 1819）にも作者名が明記された。そして 1825 年に，カール・ヴィルヘルム・オットー・アウグスト・シンデルが，初めて公認の生涯を記したものを出版した。Carl Wilhelm Otto August von Schindel. *Die deutschen Schriftstellerinnen des neunzehnten Jahrhunderts. Zweiter Theil, M-Z, Nachträge aus dem Dritten Theil.* Leipzig, F. A. Brockhaus, 1825, pp. 32-47.

6）ナウベルトの作品では，しばしば，騎士のみならず，皇帝や王，その側近なども主人公となっている。

7）Sichelschmidt. *op. cit.*, p.69.

8）Hilary Brown. Benedikte Naubert（1756-1819）and Her Relations to English Culture. London, Maney Publishing, 2005, pp. 65-71. 英国の歴史小説全般との関係については，Frauke Reitemeier. *Deutsch-englische Literaturbeziehungen:*

Der historische Roman Sir Walter Scotts und seine deutschen Voeläufer.
Paderborn, Brill Schoningh 2001. 特にウォルター・スコットへの影響について
は，Brown. *op. cit.*, pp.118, 121-124. また，ヴィクトリア・シャイプラーは，ス
コットが，ヨーハン・ヴォルフガング・ゲーテの戯曲『鉄の手のゲッツ・フォン・
ベルリヒンゲン』*Götz von Berlichingen mit der eisernen Hand*（s. l., 1773）の
スコット自身による英訳（*Goetz of Berlichingen, with the iron hand: a tragedy:*
Translated from the German of Goethé, Author of the "sorrows of Werter," Etc.
By Walter Scott, Esq. Advocate Edinburgh. London, 1799）の序文でナウベルト
に言及したことに触れている。Victoria Scheibler. *Phantasie und Wirklichkeit.*
Benedikte Naubert im Spiegel ihrer späten Romane und Erzählungen 1802-
1820. Frankfurt am Main u.a., Peter Lang, 1997, p. 91.

9) 後年，アマーリエ・フォン・ヘルヴィヒが『狼の泉の説話，メールヒェン，ア
マーリエ・フォン・ヘルヴィヒ 旧姓フォン・イムホフによる』*Die Sage vom*
Wolfsbrunnen. Märchen. Von Amalie von Hellwig geborne von Imhoff（Berlin,
1814）で，同じ題材を採り上げているが，ナウベルト作品の女主人公はヘルヴィッ
ヒのテクストにおけるよりも精霊的な存在として描かれており，しかもその中
では，ヘルヴィヒが主人公に致命的な危機をもたらすものとして描いた人間の
男への愛は問題にされていない（Gisela von Arnim. *Märchenbriefe an Achim.*
Herausgegeben und mit einem Nachwort versehen von Shawn C. Jarvis.
Frankfurt am Main, Insel, 1991, p. 169)。この『ヴェレーダ』も歴史小説と同じ
く，強い女性像を表現することに対するナウベルトの関心を示す重要な証となっ
ている。

10) Scheibler. *op. cit.* / Silke Arnold-de Simine. '"Europe's Mrs Radcliffe".
Benedikte Nauberts Rezeption als Schauerromanautorin im deutsch-
englischen Kulturtransfer' In: *Der Schauer (roman). Formen -*
Diskurszusammenhänge – Funktionen. Herausgegeben von Mario Grizelj.
Würzburg, Königshausen & Neumann, 2010. / S. Arnold-de Simine 'Heteropien:
Gedanken zum historischen Ritterroman als Variante des Schauerromans'
In: *Populäre Erscheinungen. Der deutsche Schauerroman um 1800.*
Herausgegeben von Barry Murnane and Andrew Cusack. Paderborn, Wilhelm
Fink, 2011.

11) Silke Arnold-de Simine. 'Blaming the Other: English Translations of
Benedikte Naubert's Hermann von Unna (1788/1794)' In: *Popular Revenants.*
The German Gothic and its International Reception, 1800–2000. Edited by
Andrew Cusack and Barry Murnane. Martlesham, Boydell & Brewer (Camden
House), pp. 62-63.

12) Robert Stockhammer. 'Nachwort' In: Johann August Apel und Friedrich
Laun. *Gespensterbuch* (Leipzig, Göschen, 1810-1813). Nachdruckausgabe:
Ausgewählt und mit einem Nachwort versehen von Robert Stockhammer.

Frankfurt am Main, Insel, 1992, p. 284.

13) Jörg Schönert. 'Zur Typologie und Strategie der Titel von Leihbibliotheksromanen am Beispiel der Schauer- und Verbrechensliteratur' In: *Die Leihbibliothek als Institution des literarischen Lebens im 18. und 19. Jahrhundert. Organisationsformen, Bestände und Publikum.* Arbeitsgespräch in der Herzog Albert Bibliothek, Wolfenbüttel, 30 September bis 1 Oktober 1977. Herausgegeben von Georg Jäger und Jörg Schönert. Hamburg, Hauswedell, 1980, p. 168.

14) Johann Wilhelm Appell. *Die Ritter-, Räuber- und Schauerromantik. Zur Geschichte der deutschen Unterhaltungsromane.* Leipzig, Wilhelm Engelmann, 1859.

15) Karl Guthke. *Englische Vorromantik und Deutscher Sturm und Drang: M. G. Lewis's Stellung in der Geschichte der deutsch-englischen Literaturbeziehungen.* Göttingen, Vandenhoeck & Ruprecht, 1958, pp. 33, 36, 201.

16) Marion Beaujean. *Der Trivialroman in der zweiten Hälfte des 18. Jahrhunderts. Die Ursprünge des modernen Unterhaltungromans.* Bonn, H.Bouvier, 1964, pp. 121-122.

17) Lorenz von Stackelberg. *Die deutsche Gespenstergeschichte in der Zeit der Spätaufkrärung und der Romantik. 1787-1820.* (Diss.) Universität München, 1983.

18) Marianne Thalmann. *Die Romantik des Trivialen. Von Grosses "Genius" bis Tiecks "William Lovell".* München, List, 1970, p.15. タールマンのこの論考は，十八世紀末ドイツの通俗小説全般を対象とし，それらには当時ヨーロッパを席捲していた秘密結社の影響の反映が認められるとして，支配と操作の構図を検証している。その上で〈結社小説〉という統括的名称を与えられたジャンル全体の概念の規定は，しかし，かなり緩やかで曖昧であり，結社に関係があるとは考えられない作品の多くもそこに組み入れられている。そして〈結社小説〉は，「政治的な陰謀の小説」，「文化的あるいは教育的な目的を持つ団体の小説」，「義賊に率いられた盗賊団」の小説の三つのサブジャンルに細別される。結果として，〈結社小説〉は，ドイツのゴシック小説のほとんどの領域を覆っている。

19) Richard Alewyn. 'Die Lust an der Angst' In: *Probleme und Gestalten: Essays.* Frankfurt am Main, Insel, 1974, p. 337.

20) Michael Hadley. *The Undiscovered Genre. A Search for the German Gothic Novel.* Berne, Peter Lang, 1978, pp. 12-23.

21) Dirk Sangmeister. 'Zehn Thesen zu Produktion, Rezeption und Erforschung des Schauerromans um 1800' In: *Lichtenberg-Jahrbuch 2010.* Herausgegeben von Ulrich Joost und Alexander Neumann. Heidelberg, Universitaetsverlag Winter, pp.175-216. / Barry Murnane and Andrew Cusack. 'Einleitung' In:

Populäre Erscheinungen. Der deutsche Schauerroman um 1800. pp. 1-22.

22）Jörg Schönert. 'Schauriges Behagen und distanzierter Schrecken: Zur Situation von Schauerroman und Schauererzählung im literarischen Leben der Biedermeierzeit' In: *Literatur in der sozialen Bewegung. Ausätze und Forschungsberichte zum 19. Jahrhundert.* In Verbindung mit Günter Häntzschel und Georg Jäger herausgegeben von Alberto Mariano. Tübingen, Niemeyer, 1977, p. 81.

23）*Great Tales of Terror from Europe and America. Gothic Stories of Horror and Romance 1765-1840.* Ed. by Peter Haining. Harmondsworth, Penguin, 1972, p. 256.

24）Scheibler. *op. cit.*, p. 79.

25）Arnold-de Simine. 'Blaming the Other', p. 62.

26）Benedikte Naubert. *Konradin von Schwaben, oder Geschichte des unglücklichen Enkels Kaiser Friedrich des Zweyten.* Leipzig, Weygand, 1788, p. vi.

27）Horace Walpole. *The Castle of Otranto. A Gothic Story.* Edited by W. S. Lewis. With a new Introduction and Notes by E. J. Clery. Oxford, Oxford University Press, 1996, p. 6.

28）ヒロインたちは通常，最初は不確かな血筋で，慣れ親しんだ環境から引き離されて耐え忍ぶことを強いられるが，しかし，その過程で成熟し，自身の心の問題や一族の揉め事の中で自己を主張する方法を学んで行く。この点において，それらの小説は，女性のための〈ビルドゥングス・ロマーン〉の一形態，女性のイニシエイションと成長の物語として見ることもできる。Todd Kontje. 'Socialisation and Alienation in the Female Bildungsroman' In: *Inpure Reason. Dealectic of Enlightenment in Germany.* Ed. by W. Daniel Willson and Robert C. Holub. Detroit, MI, Wayne State UP, 1993, pp. 221-241.

29）モンタギュー・サマーズは『ゴシック探求』の中で，『ウナのヘルマン』を「恐怖小説」Schauerroman と呼んでいる。Montague Summers. *The Gothic Quest. A History of the Gothic Novel.* London, Fortune Press, 1938. Rep., 1968, p. 124.

30）〈秘密法廷〉に関しては，次の二つの文献を参照した。Eberhard Fricke. *Die westfälische Veme im Bild.* Münster, Aschendorff, 2011. / Thomas Kneightley. *Geheime Gesellschaften im Mittelalter.* Aus dem Englischen von William Edward Drugulin. Leipzig, Bohmeier, 2011（Thomas Keightley. *Secret Societies of the Middle Ages.* London, Knight, 1837 のドイツ語訳）, pp. 211-255.

31）Fem(e), Fehm(e)gericht, Vehm(e), Vehm(e)gericht など，その呼称表記はまちまちである。

32）*Neue Allgemeine deutsche Bibliothek*, 45. Bd., 2. St. (1799), 375. この類の作品は，ヨーハン・アンドレーアス・クリスティアーン（クリストフ）・ヒルデブラ

ントの『秘密法廷あるいは不可視の頭領たち，騎士小説』*Das Vehmgericht oder die unsichtbaren Oberen. Ritterroman*（Quedlinburg, 1824）のように，通俗小説流行の終わりの時期まで書かれ続けた。

33）使用したテクストは，［Christiane Benedikte Eugenie Naubert］. *Herrmann von Unna. Eine Geschichte aus den Zeiten der Vehmgerichte*. 3 Bde. Hohenzollern［Wien］, Wallishausser, 1791. ここからの引用は，引用文の後に括弧に入れた略記（巻数，頁数）を付して本文中にその箇所を示した。

34）Arnold-de Simine. '"Europe's Mrs Radcliffe", pp.155-176. / James Raven. 'Cheap and cheerless: English novels in German translation and German novels in English translation, 1770-1799' In: *The Corvey Library and Anglo-German Cultural Exchanges, 1770-1837. Essays to Honour Rainer Schöwerling*. Edited by Werner Huber. München, Wilhelm Fink, 2004, pp. 25-26.

35）Robert Ignatius Le-Tellier. *Kindred Spirits. Interrelations and Affinities between the Romantic Novels of England and Germany (1790-1820)*. Salzburg, Universität Sazburg, 1982, pp. 57-58.

36）テクストには「第三刷」を用いた。*Herman of Unna, a series of adventures of the ffteenth Century, in which the Proceedings of the Secret Tribunal, under the Emperors Winceslaus and Sigismond are delineated. In Three Volumes. Written in German by Professor Kramer*. The Third Edition. London, G. G. & J. Robinson, 1796.

37）Brown. *op. cit.*, p. 117.

38）'Essay on the Secret Tribunal and its Judges, formerly existing in Westphalia. Extracted from the Second Volume of the Miscellaneous Works of Baron Bock', *Herman of Unna*. vol.I, pp. ［ix］-xviii.

39）例えば，『オトラントの城』のドイツ語版は，1768 年，1794 年，1797 年の三度出されているが，三度目のドイツ語訳（と言うよりは翻案に近い）『魔法のかかった兜，あるいは大きな剣の騎士，十二世紀の話』*Der bezauberte Helm, oder der Ritter vom Riesensäbel: eine Geschichte aus dem zwölften Jahrhundert*（Altona, 1797）では，原文の恐怖を，様式化された誇張表現と衝撃的な要素の付加によって増長している。Daniel Hall. 'The Gothic Tide. Schauerroman and Gothic Novel in the Late Eighteenth Century' In : *The Novel in Anglo-german Context: Cultural Cross-currents and Affinities*. Edited by Susanne Stark. Amsterdam, Editions Rodopi, p. 52.

40）*The Critical Review*, Series the Third, 11（July, 1807), p. 274.

41）*Herman of Unna*. vol.I, p. ［v］.

42）ただし，ヒラリー・ブラウンは，この時点ではまだクラーマーの『ドイツのアルキビアデス』が英訳されておらず，英国の出版界で言及されていないこと，また，クラーマーは大学に雇用されていなかったことなどから，訳者が小説の作

者として誤認した「クラーマー教授」とは，作家のクラーマーではなく，当時キール大学の教授で後に学長となったヨーハン・アンドレーアス・クラーマー Johann Andreas Cramer のことだろうと推測している。Brown. *op. cit.*, p. 113.

43) Jane Austen. "Northanger Abbey" In: *The Novels of Jane Austen*. The Text based on Collation of the Early Editions by R.W.Chapman. With Notes, Indexes and Illustrations from Contemporary Sources in Five Volumes. Third Edition. vol.V. London, Oxford University Press,1933, p. 40.

44) 『黒い森の降霊術師』"The Necromancer of the Black Forest" すなわち『降霊術師，あるいは，黒い森の話，事実に基づく，ローレンス・フラメンベルクのドイツ語作品から翻訳されたもの，ペーター・トイトールトによる』*The Necromancer ; or, The Tale of the Black Forest. Founded on Facts : Translated Fron The German of Lawrence Flammenberg, by Peter Teuthold*（London, 1794）と，『恐ろしい秘密，物語，グローセ侯爵のドイツ作品から，ピーター・ウィルによる』*Horrid Mysteries. A Story. From the German of The Marquis of Grosse. By Peter Will.*（London, 1796）は，ドイツの小説からの翻訳だった。前者の原著は，フリードリヒ・カーレルトの『降霊術師，ローレンツ・フランメンベルクによって蒐集された口誦及び書字による伝承からの不思議な話』*Der Geisterbanner, Eine Wundergeschichte aus mündlichen und schriftlichen Traditionen gesammelt von Lorenz Flammenberg*（Hohenzollern［Wien］, 1792）であり，後者のそれは，カール・グローセの『守護精霊，C＊・フォン・G＊侯爵の手記より』*Der Genius, Aus den Papieren des Marquis C*.von G**（Halle, 1791-95）である。

45) Silke Arnold-de Simine. "'Are you sure they are all horrid?' Jane Austen's *Northanger Abbey* als Parodie auf die Gattung der Gothic Novels' In: *Formzitate, Gattungsparodien, ironische Formverwendung: Gattungsformen jenseits von Gattungsgrenzen*. Herausgegeben von Andreas Böhn. St. Ingbert, Röhrig, 1999, pp. 109-133.

46) Austen. *op. cit.*, pp. 197-198.

47) *Herman of Unna*. vol.I, p. vii.

48) James Boaden. *The Secret Tribunal. A Play. In Five Acts*. London, Woodfall, 1795, Prologue, n. p.

49) *Herman of Unna*. vol.I, pp. vi-vii.

50) ボックは『ウナのヘルマン』も仏語に翻訳している。*Herman D'Unna. ou aventures arrivées au commencement du quinzième siècle dans le temps où le tribunal secret avoit sa plus grande influence*（Genève, 1792）.

51) *The British Critic. A New Review*, Vol. III, Art. VII（1794）, pp. 278-83.

52) *Herman of Unna*. vol.I, p. vi.

53) *op. cit.*, p. xvi.

54) *op. cit.*, p.［v］.

55) これら小説の大半は，マンフレート・W・ハイドリヒの『1800年のドイツの小説』においては〈神秘の小説〉Novels of Mystery 中の下位ジャンル〈秘密結社〉Secret Societies の小説に分類され（Manfred W. Heidrich. *The German Novel of 1800. A Study of Popular Prosa Fiction.* Berne, Peter Lang, 1975, pp. 62-78），註18に記したマリアンネ・タールマンの『十八世紀の通俗小説とロマン主義的小説』（Thalmann. *op. cit.*）並びに，タールマンの論考同様，通俗小説のみならず結社を扱った当時の文学全体を論じたミヒャエル・フォーゲスの『啓蒙と秘密，十八世紀後半の小説における秘密結社素材の使用に見る文学史と社会史を繋ぐ研究』（Michael Voges. *Aufklärung und Geheimnis. Untersuchungen zur Vermittlung von Literatur- und Sozialgeschichte am Beispiel der Aneignung des Geheimbundmaterials im Roman des späten 18.Jahrhunderts.* Tübingen, Niemeyer, 1987）では，それぞれ〈結社小説〉Bundesroman と〈秘密結社文学〉Geheimbundliteratur の一種とされ，マリオン・ボージャンの『十八世紀後半の通俗小説』では〈結社神秘主義と世界内的宿命論〉Bundesmystik und innerweltlicher Fatalismus の小説として（Beaujean. *op. cit.*, pp. 122-133），そして，ヴァルター・ブスマンの『シラーの「招霊術師」とその続篇，の構造への寄与』（Walter Bußmann. *Schillers "Geistersher" und seine Fortsetzer. Ein Beitrag zur Struktur des Geheimbundromans.* (Diss.) Universität Göttingen, 1960）および，ミヒャエル・ノイマンの「運命を支配する権力，十八世紀末の秘密結社小説について」（Michael Neumann. 'Die Macht über das Schicksal: Zum Geheimbundroman des ausgehenden 18. Jahrhunderts' In: *Literaturwissenschaftliches Jahrbuch im Auftrage der Görres-Gesellschaft*, Neue Folge / 28. Bd. (1987), pp. 49-84）では〈秘密結社小説〉Geheimbundroman と呼ばれている。ここでは便宜的に，最後に挙げた名称〈秘密結社小説〉を選択した。なお，この「秘密結社小説」というジャンル名称の日本語表記については，石川 實『シラーの幽霊劇』国書刊行会，1981 に従った。

56) ユルゲン・フィーリングは，『ヴィーラント，通俗的な秘密小説，そしてジャン・パウルにおける夢想的期待』の中で，この種の小説の性格を次のように纏めている。

　　これらの小説に共通しているのは，そのどの小説でも，主人公を罠にかけ，しばしば，幽霊現象の仕掛けのような怪しい企みの助けを借りて，確固たる計画によって確固たる目的に導く術を心得た秘密結社が活動しているということである。その計画は，必ずしもそうある必要がないのに，しばしば犯罪的である。目的が必ずしも主人公を破滅させる必要がない場合でも犯罪的なのだ。つねに，その計画は主人公には知られることがない。主人公自身は，自分に何が企まれているのかを見透せない。要するに，彼は，― 結社が彼に善を為そうと目論んでいようと悪を為そうと目論んでいようと ― どんなにしても見抜くことのできぬ，知られざる権力としての結社の手にその身を握られているのである。

Jürgen Viering. *Schwärmerische Erwartung bei Wieland im Trivialen Geheimnisroman und bei Jean Paul.* Köln, Böhlau, 1976, p.13.

57) Le-Tellier. *op. cit.*, p. 68. 『招霊術師』は，1790 年代後半に二種類の英訳が出版された。すなわち，ダニエル・ボワローの訳による『見霊者あるいは招霊術師，O＊＊＊＊＊伯爵の手記の中から発見された興味深い断篇，シラーのドイツ語作品から』 *The Ghost-Seer or Apparitionist. An interesting fragment, found among the papers of Count O*****. From the German of Schiller* (London, 1795)，及び，ウィリアム・W・レンダーの訳による『アルメニア人，あるいは見霊者，事実に基づいた物語，F・シラーのドイツ語作品から翻訳されたもの』 *The Armenian, or the Ghost-Seer. A History Founded on Fact. Translated from the German of F. Schiller* (London, 1800) である。

58) Schönert. 'Schauriges Behagen und distanzierter Schrecken', p. 41.

59) Beaujean. *op. cit.*, p. 125.

60) John Robison. *Proofs of a Conspiracy Against All the Religions and Goverments of Europe, Carried on in the Secret Meetings of Free Masons, Illuminati, and Reading Societies.* Edinburgh, 1797.

61) Abbé Augustin Barruel. *Mémoires pour servir à l'Histoire du Jacobinisme.* Paris, 1797.

62) *Memoires Illustrating the History of Jacobinism, trans. by Robert Clifford.* London, 1797-98.

63) Robison. *op. cit.*, 4th Edition. London, T. Cadell and W. Davies (Edinburgh, W. Creech), 1798, pp. 10-12.

64) Günter Dammann. 'Nachwort' In: Carl Grosse, *Der Genius. Aus den Papieren des Marquis C* von G**. Mit einem Nachwort von Günter Dammann. Textredaktion von Hanne Witte. Frankfurt am Main, Zweitausendeins, 1982, p. 799. さらに，参考として，同じ著者による以下の論考を挙げておく。*Antirevolutionärer Roman und romantische Erzählung. Vorläufige konservative Motive bei Chr. A. Vulpius und E. T. A. Hoffmann* . Kronberg im Taunus, Scriptor Verlag, 1975.

65) Edmund Burke. *A Philosophical Enquiry into the Origin of Our Ideas of the Sublime and Beautiful* (London, 1757).

66) Sigmund Freud. 'Das Unheimliche' In: *Imago* (Leipzig & Wien, 1912 1937), Bd. 5 (1917/19), pp. 297-324.

67) Arnold-de Simine. "Europe's Mrs Radcliffe", p. 169.

付図

図 2-1

『ウナのヘルマン，秘密法廷の時代の話』第一部 装飾画付扉。
Herrmann von Unna. Eine Geschichte aus den Zeiten der Vehmgerichte. Erster Theil（Frankfurt & Leipzig, s. n., 1789）初版第二刷

図 2-2

『ウナのヘルマン，秘密法廷の時代の話』第二部 装飾画付扉。
Herrmann von Unna. Eine Geschichte aus den Zeiten der Vehmgerichte. Zweyter Theil（Frankfurt & Leipzig, s. n., 1789）

第 2 章　秘密法廷の小説とフランス革命　73

図 2-3

『ウナのヘルマン，皇帝ヴィンツェスラウスとジギスモントの治下での秘密法廷の裁判もその中で描かれている十五世紀における一連の冒険，クラーマー教授によりドイツ語で書かれたもの』第一巻 扉。
Herman of Unna, a series of adventures of the fifteenth Century, in which the Proceedings of the Secret Tribunal, under the Emperors Winceslaus and Sigismond are delineated. Written in German by Professor Kramer. Volume I（Dublin, W. Porter, for P.Wogan, P. Byrne, J.Moore & W. Jones, 1794）匿名の翻訳者による英訳の初版

第 3 章
南進する男女の「大東亜共栄圏」建設
――拓士のフィリピン経験と南進女性――

大久保由理

は じ め に

1943 年 5 月，広島県宇品港から出港する 2 万トンの輸送船に乗って，熊本市出身の熊野彰はマニラへ向かった。父を亡くし，先祖代々の家業である酒屋は企業整理で廃業となったため，母子 3 人で暮らすなかで母は学生相手の下宿屋を始めていた。彰はタイプライターと速記を習って仕事を探した結果，速記の教師からの紹介でマニラ日本人会の仕事を得たのだった。結婚しろという叔母たち，女が速記を習ってどうするという叔父たちを「熊本で職についても 2 ～ 5 円位の給料なのに 150 円も貰えるなら，50 円は送ってあげられるでしょう。50 円あったら幸子と 2 人，ゆっくり生活できるでしょう。その上わたしは，外国にただで行かれて見物もできるでしょう」と説き伏せたのだった[1]。

1940 年 7 月，第二次近衛内閣が武力南進を決定し，8 月に松岡洋右外相によって「大東亜共栄圏」という用語が初めて使われると，メディアを通じて南進熱が高まり，男女ともに「大東亜共栄圏」建設のために南方への渡航と移住が推進されるようになった。政府や軍部は，人びとに何を期待し，どのように「南方建設」を担わせようとしたのだろうか。また政府に呼応して南方を目指した人びとは，何を実現するためにどのような方法で渡航しようとしたのだろうか。

本章は，拓務省管轄下にあった拓南塾で「大東亜共栄圏」建設を担う人材と

して養成され，「南方を開拓する拓士」として日本占領下のフィリピンに送出
された青年の日記をジェンダーの視点から分析する。それを軸として，40年
代に南方を目指した人びとの「南方建設」を，男性と女性，両方の視点から再
構成することを目的としている。

　これまで，40年代の南進熱によって「南方建設」に誘導され，兵士や軍属
ではなく，民間人として移動した人びとについては，あまり着目されてこな
かった。なぜなら民間人も最終的には戦争に巻き込まれており，彼らは日常の
暮らしよりも兵士として，あるいは引揚といった戦時の鮮烈な記憶を中心に，
回想録や手記などを残しているからである。数少ない手がかりとして，膨大な
手記を分析し，民衆の主体的なファシズムへの加担を抽出した吉見義明（1987）
の著作には，40年代に南方占領地へ渡航した民衆の姿をいくつか見つけるこ
とができる。例えばフィリピンについては，冒頭のマニラ日本人会職員の熊野
彰や，ルソン島山中で軍属として軍馬以下に扱われたという拓南生が登場す
る。拓南生とは，後述するように拓務省が設立した人材養成機関である拓南塾
の卒業生を指しており，本章が取り上げる日記の青年・伊藤敏夫もまた，同じ
拓南塾卒業生でありフィリピンへ渡航した拓南生である。伊藤は1942年9月
に倉敷紡績株式会社（以下，倉敷紡績と略す）社員としてマニラに上陸し，現地
召集で兵士となってルソン島北部の山中で戦死した。こうした南方占領地の日
本人は，民間人として南方占領地で「南方建設」を担っていたとしても，現地
での活動記録は，手記などのエゴ・ドキュメントや社史以外には知る手がかり
が少ないといってよい。

　従来の研究では，大久保由理（2005，2023）は拓務省の戦時南方移民政策の
もとに拓務省管轄下の人材訓練機関で養成され，東南アジアへ送出された10
代青年男子を「南方国策移民」と名付け，その政策と教育，南方での活動につ
いての歴史的解明を行った。そこでは伊藤のフィリピン経験を一つの事例と
し，彼の日記を分析することで拓務省の期待と伊藤が直面した「南方建設」の
実像の一局面を示したが，女性の「南方建設」については言及していない。こ
のためジェンダーの観点から南方国策移民を分析するという課題が残された。

第3章　南進する男女の「大東亜共栄圏」建設　77

「大東亜共栄圏」建設の根幹となる「南方建設」のために，政府や軍部は女性をどのように動員したのだろうか。「南方建設」の空間に，帝国の側の女性たちはどのような形で存在し，関わったのか。

　満洲移民における「大陸の花嫁」に相当する，配偶者としての「南方の花嫁」の可能性については，大久保（2020）は従来の移民政策における移民モデルの比較分析を通じて示唆していた。その後に張雅（2023）は，40年代に軍部によって宣伝された〈南進女性〉表象を分析した。〈南進女性〉は，当初は「南方の花嫁」という配偶者として渡航する女性を指す傾向があったが，1942年の軍政開始以後は，渡航して軍属として市政庁や学校，ホテル，病院などで働く女性や，軍政に関わった在留邦人女性が含まれるようになったという。つまり「南方の花嫁」だけでなく，いわゆる職業婦人も「南方建設」に動員されていたのである。

　40年代に南方占領地へ渡った「南方の花嫁」と職業婦人の斡旋と送出に関わったのは，海外同胞中央会婦人部であった。特に「南方の花嫁」については，その養成にも関わっている。「南方の花嫁」や，熊野彰のような職業婦人には何が期待され，また彼女たちは何を求めて渡航したのだろうか。

　こうした40年代の移民送出団体については，坂口満宏（2010：65）が海外同胞中央会の存在と，海外同胞中央会による女性のための訓練施設の存在について指摘している。その後，海外同胞中央会については東栄一郎（2022）が，団体設立の契機となった1940年海外同胞東京大会や，会の移民二世教育を取り上げ，この団体の活動が既に海外に定住していた日本人移民を取り込む帝国的「大和民族の膨張」戦略であったと論じた。しかし40年代の移民送出事業への具体的な関与については関心の外にある。一方，海外同胞中央会婦人部については，その前身団体である海外婦人協会[2]が，1927年より海外移民男性への配偶者斡旋を行っており，「大陸の花嫁」に関与したことは広く知られている[3]。そこで本章では新聞記事のほか，拓務省の外郭団体である日本拓殖協会が発行した雑誌『海を越えて』を中心に，海外同胞中央会婦人部による「南方の花嫁」の送り出しと職業婦人について具体的に追ってみたい。これらは40

年代の戦争と女性の問題，あるいは日本帝国の植民地支配における女性の役割
というテーマに，新しい事例と側面とを提供することになるだろう。

　また本章が分析する伊藤敏夫のフィリピン経験をつづった日記は，20歳前
後の拓士が見た日本占領下のフィリピンにおける男性と女性が，実際にどのよ
うな「南方建設」を行っていたのか，その一断面を見せてくれる。伊藤のまな
ざしに着目し，そこに描かれていなかった，伊藤が不可視化した女性たちにつ
いても論じたい。

　そもそも日本軍は，真珠湾攻撃とコタバル侵略で始まったアジア太平洋戦争
の開始日と同日の，1941年12月8日にフィリピン侵略を開始した。翌42年1
月2日には首都マニラへ侵攻，1月3日から陸軍による軍政を開始し，45年8
月の敗戦まで占領支配を行う。他の南方占領地とは異なり，宗主国アメリカに
よって独立が既に約束されていたフィリピンにとっては，日本帝国が喧伝した
アジア解放の大義名分は魅力をもたなかった。特に伊藤の活動拠点であったル
ソン島中部は，フクバラハップ（抗日人民軍）が活動を展開した地域という特
徴がある。フィリピンへの日本人移民研究は，明治期にルソン島北部のベン
ゲット道路工事に従事したベンゲット移民，およびミンダナオ島ダバオで麻栽
培に従事したダバオ移民が中心であった。これらの研究を牽引したのが早瀬晋
三（1989，2012）である。また，ルソン島中部については，永野善子（1986）が
軍政下の棉花栽培事業地の一つとして取り上げ，ゲリラの問題とともに論じて
いる。しかし，タルラック州に暮らす在留邦人や占領後に移住した日本人につ
いては，史料も少なく研究はほとんどない。一方で，日本占領期について中野
聡（2012）は，占領に関わったさまざまな階層の日本人（軍人・文化人・経済人
や民間人，在留邦人など）を取り上げ，日本軍の独善性を明らかにしている。本
章は，40年代に渡航した，あるいは渡航を目指した青年男女の視点から，タ
ルラックとマニラを中心に日本占領空間を描くことを試みる。

　以下，まず第1節では，南方への渡航案内書を使って，40年代の渡航方法
について概観し，そのなかで拓南塾の位置づけを確認する。第2節では，職業
婦人と「南方の花嫁」という女性の渡航方法に焦点を当て，「南方の花嫁」の

養成と送出について，主に新聞および雑誌記事を使って概要を整理する。第3節では，拓南塾第1期卒業生であった伊藤敏夫の日記を使って，そのフィリピン経験をジェンダーの観点から分析する。「指導者」として訓練を受けた拓士は，日本占領下のフィリピンでどのような現実を見たのだろうか。彼が考える理想的な日本人男性像，理想的な日本人女性像と現実との齟齬はどこにあり，またフィリピン人男性と女性たちに対するまなざしは，実際の交流を経てどう変化し，彼が抱くジェンダー観とどのように交差するのだろうか。第4節では，伊藤のフィリピン日記が不可視化した職業婦人について検討する。これらを通して，男女双方の視点から「南方建設」のための送出と占領空間の一端を描いてみたい。

1．「南進」する男と女──「大東亜共栄圏」建設のために

(1) 南方への渡航案内

1940年は，いわゆる「南洋熱」に人びとが浮かれ，煽られるようになった年である。9月，日本放送協会は国民歌謡として『南進男児の歌』（若杉雄三郎作詞，古関裕而作曲）を放送し，翌年には裏面に『南進乙女の歌』を入れたレコードが発売されている[4]。「君が剣の戦士なら　われは南の開拓士」という出だしで始まる『南進男児の歌』は，当時の青年に南方への憧憬をかきたてた[5]。男子に対しては「開拓士」という具体的な役割が描かれる一方で，『南進乙女の歌』は「星は招くよ南進の　瞳輝く乙女鳥」といった南方へのイメージをただ描くのみで，具体的に期待する女性像はそこにはない。とはいえ，男女ともに「南進」が期待されたのが40年代であった。

それでは人びとは，一体どのような手段で渡航することが可能だったのだろうか。1940年以降に出版された案内書のうち，明らかに「建設」要員として人びとを誘導する意図をもった移住および就職案内書は，南方軍政が開始された1942年以降に出版され始める。たとえば南進青年会編『大南洋を拓く─南

進青年の手引き』（拓南社，1942 年 1 月），海外同胞中央会理事で衆議院議員であった田原春次の『南方雄飛案内』（清水書房，1942 年 4 月）が挙げられる。しかしこれらは本のタイトルや本文の内容から見て，対象は男性のみである。一方，三平将晴『共栄圏発展案内書』（大日本海外青年会）は 1942 年 10 月，1943 年 10 月，1944 年 10 月[6]と 3 回出版されており，女性への案内も紹介されている。まずはこれらの案内書の全体を概観しよう。

案内書の内容は，占領前に書かれた南進青年会編は当時「外南洋」と呼ばれた現在の東南アジアだけを，田原はそれに「内南洋」と呼ばれた南洋群島と，新たに占領したグアムを加えて解説を行っている。三平は，占領後の「共栄圏」が範囲となるため，南方方面では「南洋群島」「東印度」「旧英領ボルネオ」「マレー」「フィリピン」「仏領印度支那」「タイ国」「ビルマ」「印度」「濠州」と広範囲をカバーした。内容は地理・気候・人口や言語と歴史から，主要産業および日本人団体名簿や進出する事業会社までを詳細を記載するもので，これから各地へ移住したい人びとに対して，就職や仕事に関する具体的な情報を提供するものだった。

とはいえ実際の渡航事情は，占領前は各国で厳しい制限が行われており，占領後も自由渡航は許されていない。このため占領前であっても，農業「開拓」希望者の「未だ若い方々」に対しては，南洋関係の開拓訓練所で準備し待機することが推奨されている（南進青年会 1942：181）。陸軍占領地渡航者については，1943 年 9 月までは陸軍による銓衡と認可が行われていた。したがって占領直後に渡航を許可されていたのは，軍属などの軍関係者，現地の邦人事業会社や商店への採用決定者，あるいは政府や公共機関団体の訓練所から送出されるもの，となっていた（三平 1942：185）。つまり，南方に移住目的で渡航したい者は，事前に就職を決めておくことが最重要課題であったのである。就職するには南方占領地の建設関係や軍属関係の募集が，国民職業指導所を通じて行われることになっているが募集がない期間も当然ある。直接南方の会社へ就職するにせよ，会社数は少なく，募集がいつ行われるかは分からないのが，軍政が開始されたばかりの 1942 年の状況だったようだ（三平 1942：185-186）。1943

年9月以降は，軍政要員を除き企業担当者（軍命企業）や従業員，一般渡航者の銓衡は大東亜省と指定団体（海外移住組合，海外同胞中央会，南洋協会，大阪南方院など）により行われ，陸軍で許可する方針が取られていた（三平1944：191）。このように常に陸軍や大東亜省，指定団体による銓衡と許可が必要な状況であるため，案内書は南方訓練学校や訓練所を紹介している。各機関が卒業生の渡航手続きをまとめて行うため，軍属や企業への採用が決まっていないものは，これらの南方関係の訓練機関へ入学することが，もっとも確実な渡航方法だったのである。

　例えば三平（1942）は大日本海外青年会へ寄せられた問い合わせをもとに問答形式で案内を行っている。26歳の「農村青年」がボルネオのゴム園へ，商家の三男で商業学校卒19歳がフィリピンの貿易商社へ，材木問屋につとめる36歳男性がフィリピンの林業会社に，工業建築科出身の23歳男性が南洋の土木建築業界での就職を希望しているが，答えは現地企業を連絡先とともに列挙するのみである。本人がそれらの海外の会社へ直接連絡しない限り募集があるのかどうかも分からず，就職試験も受けられない。このことを考えると，現実には個人での就職活動は，知人の紹介でなければ困難だっただろう。冒頭の熊野彰は，紹介で就職することができたという幸運な例だといえる。

　本章第3節で取り上げる伊藤敏夫が卒業した拓南塾は，中等学校卒業程度の男子を対象とし，拓務省管轄で官費で2年間の訓練を行うものだが，卒業後の就職の斡旋が決まっていた。第1期生は募集100名に対して約2,000人が応募するという高い倍率となったのは，こうした状況から考えると当然だっただろう（拓南塾史刊行委員会1978：507）。1941年2月に設立された拓南塾設立事務所には，女性からの入塾問い合わせもあったという[7]。

（2）　各種訓練学校と拓南塾

　ここで1942年版『共栄圏発展案内』をもとに筆者が作成した南方訓練学校訓練所一覧を見てみよう（表3-1）。結論からいえば，私的団体や私立学校，半官半民の南洋協会，そして官庁である文部省，外務省，拓務省と，さまざまな

表 3-1　1942 年南方訓練学校訓練所一覧

名称		入学資格	年限	所在地
海外高等実務学校	南洋科	中	1 年	東京世田谷区北沢 2
興亜専門学校	南洋科	中	3 年	東京府下武蔵野町境
國學院大學	興亜科	中	3 年	東京市渋谷区若木町
明治大学	興亜科	中	3 年	東京市神田区駿河台
東洋大学	拓殖科	中	3 年	東京市小石川区原町
大東文化院	東亜科	中	3 年	東京市豊島区池袋 3
東京高等農林学校	南洋科	中	3 年	東京府下府中町
長崎高等商業学校	海外貿易科	中	1 年	長崎市北淵町
東亜建設青年訓練所	南洋科	国	3 年	千葉県印旛郡遠山町
山口高等商業学校	貿易科	中	1 年	山口市亀山
東亜専門学校[※1]	南洋科	中	2 年	千葉県小金町
農民講道館	南洋科	国	3 年	埼玉県与野町
		中	2 年	
第三拓殖訓練所	南洋科	中	1 年	宮崎県外住吉村
南洋学院[※2]	—	中	3 年	南洋協会
拓南塾	—	中[※3]	2 年	横浜市程ヶ谷
拓南青年訓練所	—	国[※4]	2 年	（組織変更中）

中…中等学校卒業程度以上　国…国民学校高等科卒業程度以上

注：※1 原資料では「興亜専門学校」と誤植。※2 フランス領インドシナに所在（サイゴン）。
　　※3 中等学校卒業直後 18 歳迄。※4 国民学校高等科卒業程度以上満 17 歳以上 25 歳迄。
出所：三平将晴『共栄圏発展案内書』（大日本海外青年会，1942）より作成。

組織がそれぞれに訓練機関を持っていたことと，商業と農業の人材養成が求められていたことが分かる。

　まず海外高等実務学校は，海外興業会社社長で独自の南洋観をもとに人材育成に力を注いだ井上雅二と，外務省の支援を受けた南洋協会幹事の飯泉良三らが 1932 年に設立した，夜間開講の海外移民予備教育学校である（熊本好宏2012：54）。南洋協会の主要事業の一つは人材育成であるが，この海外高等実務学校の卒業生 52 名は，1943 年に南洋協会が実施した第 14 回南洋実業練習生[8]としてフランス領インドシナとタイの日本企業へ就職が決定し，渡航して

いる[9]。南洋協会は渡航のための銓衡の指定団体の一つであり，応募者には現実的な選択肢の一つになっただろう。

　次に，現在まで続いている教育機関としては，興亜専門学校（1941年設立）は，現在の亜細亜大学の前身であり，國學院大學，明治大学，東洋大学，そして現在の大東文化大学が並んでいる。また東亜専門学校（1942年設置）は現在の麗澤大学である。官立の専門学校は，東京高等農林学校[10]が現在の東京農工大学，長崎高等商業学校は長崎大学，山口高等商業学校は山口大学であり，宮崎高等農林学校内に設置された第三拓殖訓練所（1933年設置）は現在の宮崎大学である。

　さらに，国家主義的，農本主義的思想が濃く見られる機関が，東亜建設青年訓練所（1941年設立）と農民講道館（1932年設置）である。前者は2・26事件に関与した元歩兵大尉松平紹光によって設立され，昼は勤労訓練，夜は学業訓練とし，科目も「思想訓練」といった曖昧なもので，詳細はまだ分かっていない[11]。農民講道館は，横尾惣三郎という農本主義者が「農村中堅人物の養成」を目的に1932年に設置した学校で，職員生徒の農業生産物収入で職員の給与等の経費を賄うという異色の学校であった（与野市総務部市史編纂室1988：387）。

　最後に，省庁関係の運営機関では，南洋学院は南洋協会がフランス領インドシナのサイゴンに設置した学校で，このなかでは唯一外地に存在する[12]。そして拓務省の管轄下にあった機関が，本章が取り上げる拓南塾（1941年設置）であり，また拓南青年訓練所（1941年設置）も42年9月より農村中堅人物育成を目的とした「拓南錬成所」として拓務省管轄下に入った。

　以上のように公的機関ですら人材養成機関が乱立する状況であったためか，42年版では，文部省・農林省・拓務省が連携し政府として人材養成をする「南方拓士中央錬成所」が計画されていることが告知されていた。それは実際には1942年11月大東亜省設置時に興南錬成院として設立され，1943年11月には中国方面の興亜錬成所を組み込んで大東亜錬成院となり，人材養成機関が一元化された（大久保2023：53）。拓南塾は，拓務省の大東亜省への吸収合併とともに，興南錬成院，大東亜錬成院の第三部として存在し続け，政府直属の「大東

亜共栄圏」建設のための青少年錬成機関として存在感を放っていた。1941年5月の1期生入学式の様子は「日本ニュース」で上映され，『アサヒグラフ』は見開きで紹介し，各新聞社は，入学者を各県ごとに写真撮影して取材を行い，地方版に掲載するほど注目された[13]。

それでは，拓南塾とは具体的にどのような訓練機関だったのか[14]。それまで南米移民や満洲移民を担当していた拓務省は，1940年11月に拓南局を設置し，南方移民政策に着手した。その政策の中心にあったのが，「南方進出人物の養成」であった。1941年2月，拓南塾は「大東亜共栄圏」建設のための中堅人物養成を目的として設立され，前述の通り，中等学校4年修了以上で18歳未満の男子を対象に，当初は2年間の予定で，授業料は無料（官費）であった。国際的な摩擦を避けるために拓務省ではなく，その外郭団体である日本拓殖協会によって運営され，卒業後は東南アジアの日本企業に少数ずつ送出されることが決まっていた。つまり企業社員の養成が目的である。日本企業において日本側と現地労働者との間に立てる現場監督，つまり「指導者」としての役割が期待されていたので，語学や現地事情に通じるだけでなく，「大東亜共栄圏」の模範民族として相応しい人物であることが求められた。選考基準は「人物と身体」に重きを置き，筆答と口頭試問はあるが，成績は内申書を重視することになっている（三平1942：199）。入学者データによれば，入学者の3割から5割が柔道・剣道有段者であり（大久保2023：121），成績も全国の中等学校の上位のものが多かったと回想録では語られており，大方は上級学校への進学が困難な家庭環境にあったのではないかという（拓南塾史刊行委員会1978：115）。授業料が無料であり，国策に直接結びついた学校であるために，それは十分に考えられる。学科目では，外国語（英語・マレー語），植民政策，南方経済地理，南方史，南方事業経営一般，熱帯衛生学などがあり，そのほか皇国史や相撲・柔道が行われた。五大綱領のなかには「南方を墳墓の地とし覚悟せよ」「日本人として完成し内外人の模範たれ」というものがあり，帰国を前提としない，まさに「建設」要員だったことが分かる。卒業生は1期〜5期まで約800名，このうち1〜3期生まで約450人が，日沙商会，大日本紡績，三菱商事などの

南方地域に進出する日本企業や軍属として就職した。つまり開戦前の 10 代の青年たちにとっては，確実に南方への渡航が可能な，有力かつ権威ある手段が拓南塾への入塾であった。

2．「南進乙女」の渡航法

(1)　「職業婦人」と「南方の花嫁」

さて『南進乙女の歌』では曖昧な役割しか期待されていなかった女性たちであったが，実際に渡航する場合には「職業婦人」と「南方の花嫁」という二つの方向性があった。再び『共栄圏発展案内』に戻ろう。

女性向けの案内は，1942 年，43 年，44 年と時代が下るにしたがって選択肢が増える。一貫して案内書が掲げるのは，「タイピスト女事務員」と「南方の花嫁」である。タイピストを志願する 2 人の女性からの問い合わせによれば（三平 1942：198），1 人は，高等女学校を卒業した 20 歳の女性で南方の銀行会社の事務員を希望しており，もう 1 人は女学校卒業後に邦文欧文タイピスト修業をした女性が，南洋の会社に就職したいという。回答は，横浜正金銀行などの銀行や三井物産などの商社，南洋拓殖株式会社などの国策会社の企業名と住所を示し，履歴書と写真（身長・体重付記）・親権者の同意書等添付して，人事課宛に照合するよう勧めている。身長と体重を付記させる点は，社員の配偶者候補としての選考も兼ねていることを想像させる。一方「南方の花嫁」志願者は，女学校卒の女性が「南方に働く邦人にお嫁にいきたい」ので斡旋機関を問い合わせていた（三平 1942：202）。回答は「日本男子の進む処，これ亦大和撫子の新天地」「これからの女性は大いに大陸なり南方なりに進出して結婚下さい」と煽り，海外同胞中央会婦人部を紹介した。履歴書，戸籍謄本，保護者の承諾書と同協会の用紙で申し込みをするよう伝えている。

43 年になると，「南方関係の学校錬成所」のなかに女性が通うことができる学校が登場し，また日本語教員という選択肢も現れた。設立された学校は大阪

府「南方塾」で，第1部は中等学校卒，第2部は高等小学校卒，第3部が高等女学校卒を対象としており，訓練期間は1年となっている（三平 1943：187）。南方塾は，大阪府と大阪市そして大阪市商工会議所が「大東亜共栄圏産業貿易を昂揚」させることを目標として設立した大阪南方院（1943 年設立）が運営する人材養成機関だった。1943 年に入学した 150 名余りのうち，女性は 30 名であり，画期的な南方関係の「職業婦人」養成機関であったといえよう（大阪南方院 1943：4）。そして「南方の教員」についても男女ともに募集が始まっていた。現職の国民学校教員からの問い合せに対し，回答は「南方諸地域に日本精神を鼓吹し正しい日本語を教へる南方進出男女教員」が時々募集されていると説明する。資格は，（イ）公立中等学校教員免許状がある者，（ロ）英語の中等学校教員免状を有するか，中等学校卒以上で英語に堪能な者で「志操堅固身体強健」な 45 歳以下の男女であった。戦争が拡大の一途を辿ったがゆえの深刻な人材不足は，内地での女性の社会進出だけでなく，南方占領地への女性の進出をも促したのではないだろうか。

(2) 「南方の花嫁」への期待

では，「南方の花嫁」には何が期待されていたのだろうか。斡旋機関として紹介されていた海外同胞中央会婦人部は，満洲移民青年の配偶者「大陸の花嫁」の送出にも協力した海外婦人協会の後身団体である。1942 年4月に海外同胞中央会[15]と統合し，婦人部となった。その設立目的は，「婦人の海外進出奨励並に海外同胞への後援，協力等，婦人の立場より皇国の海外発展に奉仕する事」（市川房枝編 1944：237）で，海外同胞の二世教育も引き受けている[16]。まず「南方の花嫁」の養成と送出の経緯について，主として新聞記事を使って整理しよう。

新聞が最初に，海外婦人協会が南方の花嫁訓練に着手した記事を伝えたのは，1940 年9月 25 日である[17]。皇紀二千六百年記念事業の一つとして「南洋行花嫁の第一回講習会」を実施することが報道され，その開催理由について，海外婦人協会が現地から 1940 年だけでも既に 60 通余りの花嫁斡旋の依頼状を

受け取っており，また女性たちのなかにも南洋行を志願した照会者が 10 数名に上ったため，と伝えている。やはり国民歌謡と同様に，1940 年 9 月が南進熱の大きな画期であったことが分かる。実際には，翌月の 10 月 28 日から 11 月 1 日まで日本拓殖協会講堂で，「南洋事情講習会」として開催された[18]。その内容は，南洋協会の飯泉良三理事が「南洋とはどんなところか，日本人の活動，日本婦人の生活状態」など「南洋事情一般」について，元ハノイ総領事がフランス領インドシナの事情を，外務省情報部の三好俊吉郎がオランダ領東インドの気候，産業，民族について，拓務省係官が南洋委任統治一般について講義し，石原産業社長の石原廣一郎が「婦人と南洋発展」について話をしたという。南洋協会，外務省，拓務省と，のちに拓南塾の運営母体ともなる日本拓殖協会が協力しており，まさに官民一体となって拓士の配偶者養成を行っていることが分かる。

　海外同胞中央会婦人部となって以降は，1942 年 10 月から東京都杉並区に女子錬成寮を設立し運営に着手した。その主旨は，海外進出を志す女性に，「日本女性として体得すべき」精神修練，海外事情，家事育児や衛生観念など「家庭婦人としての必須知識」のほか，算盤，タイプ，語学も学ばせるというものだった。入寮資格は高等女学校卒業程度で 18 歳から 27 歳までの女性で，定員50 名，期間は 3 ヶ月となっており，合宿で行儀作法を含めて訓練した（市川1944：237）。ある錬成寮の一日を伝える新聞記事によれば，午前 9 時から午後4 時まで，「現地事情，茶道，華道，書道，杖術，国文，家事，珠算，健康，衛生法，タイプ等」に加えてマライ語と自転車練習があり，炊事は 4 名交代で「南方向きの栄養料理の修業」，さらに新聞を読んで感想文を書き，寮監に提出して添削を受けるという「"南方通信"のお稽古」もあったという[19]。

　第一回入所試験には定員 30 名に対して 140 名の受験生が集まって口頭試問と筆記試験を受けており[20]，1943 年 1 月 31 日に第 1 回入所生 17 名が卒業したと新聞記事は伝える[21]。定員は後日増えた可能性があるが，応募者数については，別の新聞記事では「全国からの応募者 300 名」と伝えるものもあり真偽は不明である[22]。とはいえ，海外同胞中央会婦人部常務理事の杉谷壽賀が，1943

年以降若い女性たちからの海外進出の問い合せが，毎月少ない時で150名，多い月には500名を超えており，その大部分が南方であると述べていることから，錬成寮への入寮希望者が多かったのは事実とみてよい[23]。卒業者が約半数になっている点については，「現地からの希望のあり次第適当な人を世話する」[24]という方針や「既に夫や婚約者を現地へ送っている女性は優先的に入寮できる」（市川 1944：237）という方針から考えると，卒業を待たずに渡航した例もあったと考えられる。したがって必ずしも「脱落」を意味しないだろう。ただし，現在のところ実際に何人の女性がどこへ送出されたのかについては不明である。

　それでは，「南方の花嫁」に期待された役割とはなんだったのだろうか。農業者の妻である「大陸の花嫁」とは異なり，南方にはむしろ都会の「洗練された娘さん」が必要である，と対照的なイメージを新聞記事は打ち出している[25]。なぜならまず，南方で働く日本人青年の職種は会社員や個人雑貨商などの「商会社員」たちであるため，商業の手伝いができる会社員の家庭づくりが必要だからである。学歴も青年が中等学校卒業程度であるので，女性側も高等女学校卒業程度が相応しく，国際性や社交性に富み，知的で独立心が強い女性が望ましいという。一方で「異郷に働く男性を慰めるやさしい女性」といった，ケアの役割を求められたのは大陸の花嫁と同じである。

　またこの「洗練された都会の知的な女性」が必要であるもう一つの理由は，明治初期から南方各地に在住していた日本人娼婦「からゆきさん」との差別化である。海外婦人協会は，三井物産の各海外支店を転任した夫・阿部重兵衛に帯同し，長期にわたる海外在住経験のあった阿部正子を囲んで「南進花嫁志願者心得」を聴く座談会を開催した[26]。阿部はインドのカルカッタ，シンガポール，そしてジャワなど合計25年にのぼる海外在住経験のなかで，海外では日本という国がほとんど知られていないこと，それぞれの地で日本の着物を着ていると必ず「娘子軍」，つまり，からゆきさんに間違えられることを繰り返し語る。南方では，日本人女性といえばからゆきさん，というイメージを払拭するために，阿部は会合などでも敢えて着物を着用し，日本文化を伝える努力を

行い，それがある程度は功を奏したのだという。「正しい」日本文化を伝える
という役割や，オランダ領東インドの生活の気候や水の良さ，使用人を使って
暮らす生活の簡便さの強調は，南方は日本女性が売られていく「未開の地」で
はなく，身近な欧米文化の地であって，自分たちは帝国側としてそれらを消費
する立場であるというイメージが伝わっていったであろう。だからこそ阿部
は，妻としては余裕のある時間を勉強に費やすよう勧める。のちに海外同胞中
央会婦人部幹部となる杉谷は安易に南方を目指す女性たちを戒め，「大東亜共
栄圏」建設のために「夫唱婦随」すること[27]，また将来の「民族の母」として
事前に現地事情を学び訓練する必要性を厳しく説いたのである[28]。

　以上見てきたように，「大東亜共栄圏」建設のために青年男女は，「南方を開
拓する拓士」として，または職業婦人や拓士の配偶者として，専門知識や語
学，現地事情などしかるべき訓練を受けたのちに渡航することが推奨され，移
動していった。それでは実際の占領地の空間では，彼らはどのように「建設」
していたのだろうか。第3節では，日本占領下のフィリピンで棉花栽培と「住
民宣撫」に携わった拓南塾卒業生・伊藤敏夫の日記を取り上げ，ジェンダーの
視点からその「南方建設」を分析してみよう。

3．拓士の日記──そのフィリピン経験

(1)　日記の書き手とその史料的性格

　日記の書き手である伊藤敏夫は1924年，現在の福島県郡山市にて出生し，
郡山商業高校を4年で修了後，1941年4月に拓南塾に1期生として入学した。
本来は2年の修業年限だったが，同年12月のアジア太平洋戦争開戦後に1年
に短縮され，1942年7月30日に卒業，倉敷紡績に配属され，フィリピンの比
島出張所の所員として棉花増産と「住民宣撫」に従事した。1942年9月に渡
航，ルソン島中部のタルラック州サンミゲル農場に勤務後，1943年11月1日
にはマニラ出張所へ異動し，1944年10月1日に現地で入営，1945年6月7

日，敗戦の2ヶ月前にルソン島北部イフガオ州バナウエで戦死した。

伊藤の家族は，父は鉄道書記官で，兄も鉄道員，彼は7人兄弟の二男として育った。両親は山形県新庄市を本籍としており[29]，母は，宮沢賢治の教えを実践し世に広めたといわれる郷土の有名な社会活動家であった松田甚次郎の従姉にあたる。高等小学校卒業後に実業補習学校女子部まで進んだ向学心ある女性で，週に1〜2回手紙を書く筆まめな性格でもあったため，母は出征や進学，就職で実家を離れる夫や息子たちにも手紙を書くことを求めた[30]。敏夫は母に従い，拓南塾時代は便箋に毎日の日誌を書いて一週間ごとに封書で送り，1942年2月の「紀元節」からは手元のノートに日記として書き始め，フィリピン時代もそれを続けた。最終的に日記のノート3冊が，1944年6月30日の20歳の誕生日を区切りとして帰国する社員に託され，実家へ送り届けられている。したがって本節で分析する日記は，私的な日記というよりは母に報告するための日誌という性格を持っており，母の熱意によって後世に残された貴重な記録といえる。これらは実弟の伊藤茂巳によって家族の歴史としてコピー複製製本，さらにワープロ翻刻製本され，本章ではこのうち『伊藤敏夫の修養記録 修養日記帳』と題されたフィリピン時代をつづる日記を使う。

伊藤敏夫はなぜ南方を目指したのか。弟宛の手紙にはそもそも「立派な日本人になりたい」と思っていたところ，ちょうど拓南塾の理念と同じだったからと書いている[31]が，実際のところは不明である。拓南塾のことを知らなかったら満洲へ行こうと思っていたというが，それは二男だからこその「雄飛」の願いでもあっただろう[32]。合格率5%の難関を突破し，福島県合格者の4人のうちの1人で，1941年5月5日の開塾式の際には『福島読売』の取材を受けたことは，大いに本人の自尊心をくすぐった[33]。伊藤が郡山商業高校5年の課程を4年で修了している点や，柔道初段であることからも，成績優秀で身体強健，なにより彼は，本人が日記に書きつけるように「真面目」で「朴念仁」，「人からは真面目一点張りでは世の中通らぬと云はれ，変っていると云はれる」[34]性格である。毎月8日の大詔奉戴日には，シャワーで身を清めて日章旗を掲げ，「聖戦の御詔勅を拝読」するという儀式を自分で決めて実行してい

る[35]。また拓南塾で学んだ「指導者」としての日本人の役割や「民心の把握」について上司と議論し，煙たがられるほどであった[36]。伊藤は志操堅固で，かつ拓南塾の綱領の一つである「要は実行にあり，空論を避けよ」を愚直に実践しようとする，まさに軍部や拓南塾が求めた模範的な拓士であったといえよう。

さらに，帰国する上司から衣服など物を分けてもらうことすら嫌がる「けっぺき」な性分[37]，それは異性関係についても徹底しており，徴兵検査前に性病に罹らず貞操を守ったことを誇りにしていた[38]。むろん日記の性格から彼自身についての記述は差し引いて考える必要はあるが，このような潔癖で真面目一徹な伊藤の観察は，同僚社員や軍人たちの行動への厳しい批判につながっており，占領地での支配者としての日本人の実像を映し出す最適なレンズになっている。日記の描写の限りでは，拓南塾同期生の同僚や，2期生の後輩社員の行動とも異なっており，これは拓南塾生というよりも伊藤の個性であったことは強調しておきたい。

(2) 「南方建設」の男たち——棉花栽培と「住民宣撫」

日本占領下のフィリピンで倉敷紡績が担った役割は，棉花増産と住民宣撫であった[39]。開戦によってアメリカとインドからの原棉輸入が途絶えたために，原棉不足対策として拓務省は「南方棉花増産五カ年計画」を策定し，これにしたがって陸軍はフィリピンでは9つの企業を任命して棉花栽培に従事させた。倉敷紡績は，この軍命企業の一つだった。フィリピンにおける棉花栽培の特徴は，糖業重視・棉作抑制という対米依存型経済構造を脱却させるという名目のもと，① 砂糖キビ作地から転作させたことと，②「民心把握」のために，民間企業が契約栽培のもとでフィリピン人農民を指導し，棉花を栽培させて収穫物を買い上げる方式を取ったことである。倉敷紡績は，ルソン島中部のタルラック州（図3-1）にあったスペイン人所有の総面積1万ヘクタール以上の大規模砂糖キビ農園であるアシエンダ・ルイシタの土地を借りて，砂糖キビから棉作に転作する業務を担った。50ヘクタールの直営農場のほか，1,000ヘク

図 3-1 フィリピン政治区画図（一部）

出所：太平洋協会編『フィリピンの自然と民族』河出書房，1942年。

タールの契約農場を確保し，農民や地主と契約を結んで栽培にあたっている。軍命企業の場合，自社の利益追求ではなく軍政への協力，住民宣撫が目的であるため，倉敷紡績比島出張所所長の三木哲持は「文化使節」としてフィリピン人家庭へ遊びにいき「胸襟を開いて日比親善」するように社員に説いている[40]。また棉作に関わった農民たちと大運動会を「精農宣撫工作」としてたびたび開催，物資が不足し配給制度が敷かれた際には配給切符の発行や物資配給を行っていた[41]。つまり，「南方建設」のエージェントとしての役割があったのである[42]。

では，この「南方建設」に関わった男たちについて，伊藤の日記にはどう描かれているだろうか。伊藤が関わった日本人男性とフィリピン人男性を見てみよう。まず日本人男性には，戦前から在住している在留邦人と，占領後にやってきた軍人や倉敷紡績を中心とする民間人がいる。占領期のタルラック州における日本人統計は不明だが，タルラックに隣接するヌエバエシハ州（図3-1）の日本人会には1940年段階で50数名，うち女性は12名がいたという[43]。タルラックには日本人会がないが，日記には開戦一周年記念行事の招待[44]など日本人会との接触がたびたび描かれているため，ヌエバエシハ日本人会の可能性が高い。なかでも伊藤をはじめとする倉敷紡績の人びとが日常的に接触する在留邦人は，タルラック州総代でもあった雑貨商タルラックバザーの田頭義夫であったと考えられる[45]。日常的な買い物のほか，3,000人規模のフィリピン人住民への配給はタルラックバ

ザーとともに実施していた。しかしながら，日記には日本人店主，とは書かれていても売り子のフィリピン人女性についての記述が中心で，田頭の名前すら登場しない。また，農場移転の交渉を行った大上という人物に対しては，交渉が不調に終わったためか「見事に大上の奴にしてやられた形だ，第二世頼むに足らず」[46]と評価を下している。このように伊藤の在留邦人男性へのまなざしは非常に冷ややかである。こうした在留邦人への蔑視は，南方派遣軍関係者に広く見られた傾向で，2〜3年の駐在で帰国する商社などのエリート的日本人と永住目的で在住した日本人の二重構造のなかで，後者に対しての蔑視や警戒感は，日本軍や占領軍政のために日本から派遣された官民の軍属にそのまま引き継がれたという（中野2012：162）。日本帝国の政策を直接反映する拓南塾で学んだ伊藤にも，その蔑視観が引き継がれたのだろう。しかし伊藤の場合，このようなまなざしは船で一緒に占領地へ向かう，いわば「南方建設の同志」といえる日本人にも向けられている。マラリアは蚊が媒介して罹患することすら知らないような，南方に対する知識のない日本人を指導者にするために，彼らを指導するのが自分の使命，とまで言い切っていた[47]。拓南塾綱領の一つには「日本人として完成し内外人の模範たれ」（下線部引用者）となっており，伊藤がその強力な使命感や自尊心を守るためにこのようなまなざしが形成されたのだろう。したがってそれは，先輩社員や同僚，後輩に対しても向けられることになる。

　そもそも，伊藤が考える理想的な日本人男性像やあるべき「指導者」とはどのようなものか。それは拓南塾でも重視した，身体強健で志操堅固，百難突破の強力な意志の力が第一条件である[48]。また，日記のなかで伊藤が繰り返し警告を発するのは，物質的な豊かさによって日本人が精神的要素を忘れてしまうこと，享楽を求めて安易な生活を夢見てしまうことである[49]。彼に言わせれば，女遊びと慰安所通いは言語道断，映画やダンス，玉突きなどの娯楽も堕落であった。英米文化を批判し，フィリピンを「精神的に肉体的に英米文化の囚人」[50]と非難する伊藤だったが，自らも「堕落した」となかば自嘲しながら，英米文化である映画やダンス，玉突きで遊ぶという矛盾はある。しかしなが

ら，趣味は読書で麻雀もやらず，飲食店で女性のお酌で飲んだだけで自己嫌悪
になるほどの潔癖症である。先輩社員たちが口を開けば女の話をし，日常的に
自分の部屋へフィリピン人女性を連れ込み，フィリピン人女性の部屋で夜を過
ごすか慰安所[51]で寝泊まりする，そして拓南塾の同級生や後輩までが慰安所
へ通い，自分を除いて全員淋病であることなどを，繰り返し非難している。

　　就中私より年下のＳが淋病を貰っていると聞いた時云ひ様のない寂しさ
　　を覚えた，それが南方諸民族の指導者として来ている日本人の偽らざる姿
　　なのだ。(中略) 総ての点に於いて就中人物徳行の点に於いて南方諸地域
　　以前の君臨者英，米，蘭人に優れて居らねばならぬ指導者の姿なのだと思
　　い至る時，肌に粟の生ずるのを禁じ得ないのだ。(中略) 男女関係の紊乱
　　こそ社会生活の堕落する最も確実なるバロメーターであると存ずる[52]。

　このように「指導者」であるべき日本人の堕落と，真面目一徹が反って敬遠
され評価されない事実に絶望した伊藤は，会社を退職して兵士になることに期
待をかけていた。しかし徴兵検査の検査官より第二乙種と言われたときには
「死刑宣告の如く感じて茫然自失とな」[53] ってしまう。「身体強健であるべき拓
士」という理想的日本人男性像，つまり彼のジェンダー観は，それとは異なる
現実の伊藤を苦しませることになり，家族への手紙にも書けないというほどで
あった[54]。
　それではフィリピン人男性に対しては，どのようなまなざしを向けたのだろ
うか。伊藤は政府高官からボーイまで，幅広い階層のフィリピン人男性と接触
がある。具体的には，視察に訪れた元タルラック州知事であったベニグノ・ア
キノの接待をし，タルラック市長マヌエル・Ｐ・ヴィラロマン宅には３度訪問，
そのほか会社の業務を一緒に行う同僚，会社が契約する人夫や奉公人，宿舎の
ボーイ，そしてゲリラである。
　基本的にフィリピン人のことを「土着民」「原住民」，ゲリラを「敗残兵」と
呼び，雇っているボーイには物品や金品を盗まれるという日常のなか，「精神

的に肉体的に英米文化の囚人となっている比島の完全なる自主的独立の日は果たして何れの日ぞ」[55]「相手は道理も知らぬ猿にすぎぬ」[56] と，その帝国意識は一貫して変わらない。それでも，ともに会社の業務を行い，仕事を助けてくれるフィリピン人同僚からは，伊藤がタルラックの農場からマニラへ転勤が決定した際には別れを惜しまれ，同僚宅で夕食に招待されて喜んでいる[57]。伊藤は19歳，フィリピン人同僚の年齢は不明だが，伊藤よりも仕事ができる同僚であることからも年齢はもっと上だろう。伊藤の帝国意識がゆらぎ，仕事の上では「共存共栄」ができた可能性はあったのかもしれない。しかし残念ながら，日記にはそのような変化が感じられる記述はなかった。

⑶　拓士の目に映った女たち

それでは，伊藤の目に映った女性たちはどのように描かれていたのだろうか。日本人女性については，その記述の大半は，芸者，私娼，飲食店の酌婦であった。

> 　　芸者も四人マニラから来たが中に一人一寸日本人らしいのがいたが後は<u>原住民と同じ様</u>で彼等から此れが日本女性の代表かと思はれても心外なもの許りであった，女性唯一つ魅力であるつつしみ，敬虔な気持ちを少しも持っていない。如何程美しいものであっても亦人形の美，死せる美と何の異なる所あらう，つつしみある女性は男性を引き付け給まらない思ひをさせるものである。(下線部引用者)[58]

「原住民と同じ」とする伊藤の視線には，前述の在留邦人への蔑視に加えて階級的偏見がある。伊藤にとっての理想的な日本人女性像は，つつしみがあり敬虔な気持ちを持っている女性であり，だからこそそれに合わない女性たちを軽蔑の目をもって描写している。私娼を享楽目的の「淫売」と呼び，憲兵隊の手入れで女性のみが多数拘束された様子に驚き歎き，「男性の堕落は女性の情操に依って救ふを得るも女性の堕落は何に依って救はるべきか」という[59]。ま

た，帰国船に乗る多数の女給たちのなかに，妊婦が多かったことを「同情すべきか，同情すべからざるか迷ふ」といい，「荒みがちな男性の気分をやわらげた」功績はあるが，「日本女性（殊に南進の）として民度低き比人にあたへる影響に考へ及ぶ時感慨なきを得ない」という[60]。「南進の」日本女性のあるべき姿がなにかは伊藤も知っていたようだが，そうした「南方建設」に寄与する日本人女性は，日記のなかには登場しなかった。

　では，上記以外の女性たち，つまり「南方建設」のためにフィリピンへやってきた職業婦人や「南方の花嫁」には出会わなかったのだろうか。日記のなかには，フィリピンへ渡航する船に乗り合わせた約30人の女性たちがソプラノで合唱している風景が描かれる[61]。この船は陸軍の徴用船ありぞな丸で，1942年9月はまだ陸軍のみが渡航者をすべて選び許可を出している段階である。「南方の花嫁」は先方からの依頼で斡旋する形式であるため，集団で送り出すことは考えにくい。このため軍関係の職業婦人の可能性は考えられるが，伊藤は彼女たちについてそれ以上の関心を示さない。では伊藤には「南方の花嫁」はやってきたのか。答えは否である。日記には家族以外の内地の女性から手紙が届き，照れながらも喜ぶ様子がうかがえる[62]。当時配偶者として渡航したい女性は，相手の男性と婚約していれば渡航許可が下りやすい点を考えると，誰かの紹介を通じて内地の女性が伊藤に手紙を書いた可能性はあるだろうが，その後に文通した形跡はない。

　最後に，伊藤が出会ったフィリピン人女性と，伊藤のまなざしについて検討しよう。彼の日記には，タルラック市長の娘たちや看護婦，飲食店の女給，タルラックバザーで働く女性たち，同僚のガールフレンド，パーマネント屋の女性や，ダンスホールで出会う女性，宿舎に勤務する洗濯女と家政婦など，幅広い階層の女性たちが登場する。市長の娘たちについては，むしろ娘たちを目当てに頻繁に市長の家を訪れる同僚たちに嫌気がさして「未婚の娘が3人居る処で軟派の連中の好んで行く家也。俺は余り好かぬ」[63]という。白衣ではなく普段着の看護婦を美しいと言い，タルラックバザーで働く女性たちを「別嬪」と表現するなど，19，20歳の青年らしいまなざしを向けている。同僚が一緒に

暮らすガールフレンドが気になり，飲食店の女性と写真を交換し，ダンスホールで緊張しながら手をつないで踊る様子も描かれる。きわめて健康的ではある。ただし「始めには左程美人とは思はぬが時間経つと一寸美しいなあと思ふのは不思議だ」[64]などと基本的には蔑視する構えから自由ではない。ふだん蔑視しているからこそか，毎日ピアノのレッスンをする食堂の娘に感心し，「我亦彼女の如く日に一時，或いは二時間位づつも修養せずに非ずんばはたして何の指導者ぞ」[65]と評価を反転させ，自分を鼓舞したり，マニラで勤労作業にでてくるフィリピン人がほとんど女性であることに驚嘆する。「比島人」という大きなカテゴリーで語るときには，その帝国意識や蔑視観を隠さない伊藤であったが，個人としてフィリピン人女性に向き合うときのまなざしには，帝国意識がゆらぐ可能性はあったのかもしれない。しかし日記のなかには，マニラで会社が雇用しているボーイや洗濯婦に物品や洗濯物を盗まれる記述がたびたび登場する。その際に「洗濯女は西藤，伊藤，菅の三人で10づつなぐる。女を打つは文明人の恥ずる処なるも手段なきを如何せん。我は一女をなぐるに非ず，実に不逞極はまる比島人の悪徳をこらすのみ」[66]と，暴力が問題であることを理解しながらそれを正当化した。「南方建設」のためにフィリピンへやってきて，フィリピン人も日本人をも「指導」する，という強烈な選民意識を持った伊藤は，たしかに「南方建設」の日本人への幻滅や批判を生み出した。しかし彼の日記からは，フィリピン人との「共存共栄」が実現することもなかった，という現実を読みとることができるだろう。

4．日記の余白——不可視化された女たち

(1) 在留邦人女性

　それでは，占領後に日本企業の新入社員としてフィリピンへ移住した伊藤の目に映らなかった女性たちについて考えてみよう。伊藤はタルラック州とマニラ市で暮らしているが，日記を見てまず気づくのは，戦前からの在留邦人女性

たちの不在である。40年代におけるタルラック州日本人統計は不明だが，第3節で見たように，1940年の段階でヌエバエシハ日本人会には12名の女性がいた。もっとも，日本人会会員は男性のみであるため，男性会員の配偶者や子どもと考えられる。ヌエバエシハ日本人会会長でオリエンタルバザーを経営する安上又一は，1940年には鶴子（妻）とサエ子（三女），豊治（三男）と暮らしていた記録がある[67]。日常的に伊藤が接していたタルラックバザー店主の田頭義夫は，1936年には静子（妻），敬子（長女），俊三（次男）と暮らしていた記録がある一方で[68]，1940年には家族の記載は消えている[69]。ヌエバエシハ日本人会が記述するように，開戦前の不安定な情勢により家族を帰国させるケースもあり，タルラックでの伊藤の行動範囲には，そもそも在留邦人女性が少なかった可能性もある。

　一方でマニラおよびその近郊には，1940年10月の統計で男性3,145名，女性1,465名が，43年7月には男性5,575名，女性1,761名の日本人が在住している[70]（早瀬2023：75）。しかし伊藤が日記に描くのは，マニラの日本人女性は前述の通り芸者，娼婦，料亭等の酌婦と想定される女性のみである。「南方の花嫁」はもちろん，教員やタイピストなどのホワイトカラー女性は出てこない。1938年職業別統計によれば，会社員・銀行員・商店員・事務員の女性は，本業・家族併せて271名，「官公吏・雇傭」は18名，宗教関係者は9名，教育関係者10名，「医務ニ関スル業」14名，「書家・彫刻家・音楽家・写真師」は10名いる。確かに占領前には，ホワイトカラーのいわゆる「職業婦人」の数は少ないが，20歳の企業社員とは接触することのない，関心の外にある存在だったともいえるのではないだろうか。1942年末で46名いた倉敷紡績比島出張所の社員のなかには女性はいなかった[71]が，社内の文書をタイプする仕事として雇用された女性がいた可能性はある。しかしやはり伊藤の日記には登場していない。

　では，占領後に「南方建設」を担う日本人女性たちは存在しなかったのだろうか。市川（1944）は，「大東亜共栄圏建設への婦人の協力」という項目を立て，南方地域は「一般婦人の渡航は制限されているので，現地軍政機関乃至は

特殊事業会社商店出張所等の使用人として，又タイピスト，店員，看護婦等と
して若い少数の婦人が渡航している程度」という。そのうち 4 つの主要な事項
として，女流報道班員，宗教挺身隊，南方派遣女教員，資源婦人調査員を挙げ
た。女流報道班員とは，陸軍報道部から派遣された女性作家の林芙美子，美川
きよ，窪川いね子，小山いと子，水木洋子である。陸軍は，女性作家たちに現
地報告や現地の体験を内地向けに発信させ，「南進女性」のあるべき姿を語ら
せた。そのほか，阿部艶子，川上喜久子も女性作家として南方へ渡航してい
る。宗教挺身隊とは，「日本婦道」と日本語の普及を目的とした，軍属のカト
リック女子挺身隊[72] のことで，20 名が 1944 年 1 月にマニラに到着している。
南方派遣女教員は，第 2 節で述べたように 1942 年 10 月から始まった公募で，
第一回公募での合格者女性 16 名は 1944 年 1 月軍属としてフィリピンへ渡っ
た。第二回公募の合格者女性 50 名は，マライ，ビルマ，ジャワ方面へと派遣
されている。応募者のなかには，血書を添えて志願した女性が 7 名いたとい
う。最後に資源婦人調査員とは，油田調査を行う女性科学者 3 名である[73]。こ
のように，「少数の婦人」とはいうものの，積極的に「南方建設」を担う女性
たちが，特にフィリピンに渡っていた。

(2) 職業婦人としての「南進女性」

確かに兵士や軍属の男性，民間人男性に比べれば職業婦人の実際の渡航者数
は少数であったかもしれない。しかし 1940 年代に軍部やメディアは，積極的
に南方へ進出する「南進女性」イメージを形成し，また女性たちもそれに呼応
して，熱烈に渡航を希望した。40 年代の「南進女性」表象について分析した
張雅（2023）によれば，新聞記事は「南方の花嫁」よりも，軍属として占領地
へ向かう女性の手記など，南方へ働きに行く記事の数のほうが多かったとい
う。南方へ行く女性たちの職種は，看護婦，ホテル員，タイピスト，教員，事
務員，電話交換手，酒保販売員などに限定されていた。また同盟通信社の雑誌
『同盟グラフ』と『大東亜報』には「南進女性」記事が多く，座談会に参加し
た女性の職業は，貿易会社，病院，民政部，百貨店売り場など多岐にわたって

いたという。さらに，前述の陸軍徴用女性作家の小山いと子，美川きよ，水木洋子らの記事は，日本女性たちにはタイピストや事務員として「建設」に貢献し「原住民」の女たちを指導するという役割以上に，現地の日本人男性の士気をあげ「内助の功」によって慰安することを求めるものだったと分析した。例えば，先に挙げた市川（1944）で「南進女性の為の指針」として引用されている，美川きよの記事を挙げてみよう[74]。

> 今のところ女に與へられた仕事は非常に地味で，どちらかというと下積みの目立たない仕事であるから，花やかな南国の生活を夢見て来たならば大変な間違ひである。仕事は地味でも共栄圏の生活の再建には，ぜひ必要な仕事なのであるから，最初から下積みの覚悟でやって来なければうそである。／もう一つ気づいたことは，現在の南進女性は勝気な進取的な女性が多いが，大体未婚の人であるから，いはゞ女としては未完成な方々といえよう。（略）男性は兎も角として女は女らしいつゝましさを衣食住のどの方面にも失ひたくない。／今後どっかり腰を据ゑた指導を行ふには，本当の日本婦人，立派な家庭の主婦がどし〳〵南進し，内助の功を積まなければならないのではないか――もうその時期が来てゐるやうに感じられた。
> （『朝日新聞』1943 年 3 月 4 日）

拓士と同様に，「南進女性」にも現地住民の「指導者」であることを求めている点は興味深い。しかし張が述べるように，現地女性に対しては優位だが，タイピストなどの華やかな仕事よりは地味な仕事で「南方建設」に貢献し，女らしく日本人男性に従属せよ，という軍部のメッセージを，女性作家たちは忠実に伝えて誘導していた。そしてそれはまた内地の女性運動家たちにも共有されていたのである。

　なぜ，こうしたメッセージが繰り返しメディアで発信されなければならなかったのだろうか。それは現実には「勝気で進取的な」女性たちが華やかさを求めて南方を目指したからではないだろうか。「大陸の花嫁」と「南方の花嫁」

の両方の送出に関わった海外中央同胞会婦人部理事の杉谷壽賀は，「どうして義勇隊の花嫁を送るか？」という座談会のなかで，若い女性は満洲に魅力を感じているかと聞かれて，少ない，と返答する。その理由は，満洲の開拓生活は未整備であり，南方のほうに魅力を感ずる女性が多いからだという。以下，当時南方への渡航を熱望した女性たちの心情と，それを憂うる杉谷の言葉を引用する[75]。

　　……今は一寸南方の話でもしやうものなら一月に五百人位押掛けて参ります。一日に二十人は来るのでへとへとになるのでございます。さうしてその年齢が，今迄満洲に行かうとした人は二十五，六歳の人ですが，今押掛けて来て居る娘さんは十八から二十二，三の若い人ばかりです。さうしてその五百人の中で，九十何名は結婚なんです。後の四百名は就職でございます。（略）兎に角内地の生活はつまらない。家庭のことをするのもつまらないと云ふのですね。それで私共が「農業をやることも，家庭のことをやることもお国のためではないか」と申しますと，そんな間接的なことは生甲斐がないから嫌だ。兵隊さんは命を投げ打って居る。我々も女ながら生命を投げ打って，同じ苦労をするなら引立つ苦労をしたい，死ねば九段の桜になる方が，内地で苦しさにじっと堪へて行くよりもいゝと云ふのですね。

軍部が，知的で洗練された，国際性やビジネス感覚もあって「原住民」を指導できる人格を持ち，それでいて地味な仕事ができて夫に従属的な「南方の花嫁」や「南進女性」を求めた一方で，現実の女性たちは軽々とその意図を超えていく。兵士同様に国に命を捧げたい，と軍部の論理を盾にとり，結婚よりも職業婦人としての渡航を望む女性が圧倒的に多かった。高等女学校を卒業した知的で洗練された女性は，満洲よりも南方占領地を，その主体的な社会進出の場として選んだのである。冒頭の熊野彰もまた，親族からの結婚のプレッシャーや，女性が技術を身に付けて仕事を持つことへの偏見を嫌悪し，自立を

求めて「やはりマニラに行って，新しい世界をみつけよう。女のわたしでも何かお役にたつことがあるだろう」[76]と渡航したのだった。

お わ り に

　以上のように本章では，40年代南進ブームのなかで南方を目指す男女両方に着目し，当時の男女の視点にたって南方渡航の方法や，南方占領地の空間を描くことを試みた。その結果，これまでは男性を中心として語られてきた「南方建設」に対して，軍部はそのプロパガンダで女性作家を利用し，女性の動員を図ったこと，女性たちはそのプロパガンダに乗りながらも，その意図を超えて自らの社会進出の場として南方を目指す姿が見えてきた。むろん，女性たちが積極的に南方占領地へ渡航し「南方建設」に関わったということは，女性たちにも植民地支配責任があるという点は強調しておかなければならない。一方，政府肝煎りの訓練機関で「南方建設」要員として養成された伊藤敏夫は，18歳から20歳までを過ごしたフィリピンで，女遊びと慰安所通いと性病が蔓延する「指導者」日本人の現実を見て幻滅する。また彼の男性に対するジェンダー観は，自分自身をも苦しめることになったのは皮肉な結果であった。また伊藤自身もフィリピン人雇用者や街での出会いや個としてのフィリピン人男性やフィリピン人女性との接触を通して，その帝国意識を揺るがされる可能性はあったのかもしれないが，それは実現しなかった。一方的な「胸襟を開いて日比親善」では，「共存共栄」は困難だったのである。

　今後の課題は，陸軍軍属や企業の雇用者などの民間人，特に女性の実数を把握することである。また「南方の花嫁」の送出は，「大東亜共栄圏」建設のための「大和民族」の配置と密接な関係があると考えられるため，人口政策との関係でも検討される必要があるだろう。戦後への連続性を考えるためには，拓士や兵士の引揚だけでなく〈南進女性〉の引揚と戦後社会への影響についても考える必要がある。さらに，第1節で示した訓練機関には，現在も続く教育機関が数多く含まれていることにも注目したい。軍の方針により南方渡航者は訓

練を受ける流れになっていたが，これらの機関として戦時に設立された機関もあれば，既存の教育機関が担った例もある。それらは戦後教育へ連続性をもったのか否か，教育のポストコロニアルという視角から再検討する必要もあるだろう。これらの課題に応えることが，南方占領地の「解像度」をジェンダー，階級，民族の視点から上げていき，新たな戦後史像の形成への挑戦になるのではないだろうか。

1) 新美彰『わたしのフィリッピンものがたり』（私家版）1976 年，4 頁。
2) もともとは日本婦人海外協会として設立され，1936 年 7 月に海外婦人協会と改名された。「本邦ニ於ケル協会及文化団体関係雑件 第二巻 1．K（20）海外婦人協会」JACAR（アジア歴史資料センター）Ref. B04012376500，本邦ニ於ケル協会及文化団体関係雑件 第二巻（I.1.10.0.2_002）（外務省外交史料館）より。会長の松平俊子は，佐賀藩主鍋島直大の六女で，社会事業家として活動し，日本女子高等学院の校長を務めた（東京連合婦人会 1935）。この学校は，現在は昭和女子大学となっている。
3) 例えば相庭和彦ほか（1996）などを参照のこと。
4) このほか，井上亮（2015:18）は『南進女性』（1940），『南進日本の歌』（1941），『南進ざくら』（1942）という流行歌の存在を指摘している。また女優高峰三枝子が歌う『南の花嫁さん』（1942）は，当時よりもむしろ戦後にさかんに歌われていた（兵灯至夫，1954：454-455）。戦後の南米移民の配偶者を想起して歌われたものと考えられる。
5) 静岡県沼津市にあった愛鷹拓南青年訓練所（のちの拓南錬成所）の回想録『拓開萬里波濤 第二集』（拓南会 1988：3）の来歴のなかでも，この歌が当時の南進熱を示す例として引用されている。
6) このうち 1944 年版については，早川タダノリ（2019）が「海外に羽ばたく『大東亜就活』」として取り上げ，解説を行っている。
7) 「凄い若人の南進熱 拓南塾への照会状の殺到」『東京朝日新聞』1941 年 2 月 23 日。石田保夫氏所蔵。
8) 南洋協会が 1929 年から 1940 年まで実施した南方人材育成のための南洋商業実習生制度との連続性が考えられるが，詳細は不明である。南洋商業実習生制度と井上雅二については，河西（2003）および横井（2018）を参照のこと。
9) 「本會拾四回南洋實業練習生配属表」『南洋』29（5），1943 年 5 月，122-123 頁。
10) 佐藤（2004）は，明治から存在する開拓のための人材養成機関のうち，文部省が内地に設置した学校のみを「拓殖関係学校」と定義し，盛岡高等農林学校内に設置された第一拓殖訓練所，三重高等農林学校に設置された第二拓殖訓練所，第三拓殖訓練所および東京高等農林学校について分析している。

11) 出典は，国会図書館所蔵『全国国家主義団体一覧　昭和16年10月現在』1941年，529-150頁。出版社不明であるが，表紙に「極秘」とあるため，政府関係者の極秘調査ファイルと考えられるので信憑性が高いと判断した。

12) 南洋学院については，亀山哲三『南洋学院—戦時下ベトナムにつくられた外地校』芙蓉書房出版，1996年を参照。

13) 「南方開拓養成塾開塾式」『日本ニュース』第48号，1941年5月6日。「南方への戦士訓練　拓南塾」『アサヒグラフ』37巻3号，1941年7月。「"南方を墳墓の地に……"決意も新た・四君拓南塾入り」『福島読売』1941年5月7日。

14) 拓南塾に関する記述は，大久保（2005）および大久保（2023）を参照。

15) 理事の田原（1942）によれば，世界各国にある居留民団，居留民会，開拓団，日本人会を会員とする団体で，会員数は凡そ1300，会長は外交官で政治家の白鳥敏夫。南方各地の日本人会190余りも在外会員となっており，「海外在住同胞に関する開発であれ，第二世の事であれ，すべて本会でやっている」という。主要事業は7項目あり，① 海外各地邦人諸団体との連絡，② 海外同胞諸団体の内地用務の代行，③ 海外同胞に対する諸斡旋事項，④ 海外同胞娯楽慰安に関する事項，⑤ 海外同胞を対象とする寄付及び行商に関する事項，⑥ 海外同胞公益施設に関する事項，⑦ 海外同胞中央訓練所の経営である。このうち③に海外同胞の結婚の媒介が，⑥に海外同胞花嫁学校の経営が入っており，婦人部はこの点を担ったと考えられる（田原，1942，310-315頁）。

16) 「海外同胞婦人懇親会」『朝日新聞』1940年11月14日。

17) 「南洋の花嫁を訓練」『朝日新聞』1940年9月25日。

18) 「生まれる"南洋の花嫁"強い覚悟と独立心が大切」『朝日新聞』1940年10月22日。なお，「南洋行花嫁講習会」と表記する記事もあるが（「『花嫁』南洋へ行く　海外婦人協会から斡旋」『朝日新聞』1940年12月16日），この講習会の講義速記録として，飯島泉三『南洋概観（女子南方事情講習会速記録　第1輯）（海外婦人協会，1941年）が出版されていることから，本章では「南方事情講習会」の名称を使用する。

19) 「"何時でもゆきます"大東亜海を渡る日待つ19人　"南の花嫁"は錬成する」『朝日新聞』1942年12月15日。

20) 「南方の花嫁志願者　錬成所の入所試験」『読売新聞』1942年10月17日。

21) 「南の花嫁錬成卒業式」『読売新聞』1943年1月31日。

22) 註19）を参照。

23) 杉谷壽賀「海外花嫁の問題」『海を越えて』1943年1月号，35頁。

24) 註19）を参照。

25) 「洗練された娘さん　相手は商会社員の青年たちです　近く開校　南洋行花嫁学校」『読売新聞』1940年9月27日，および前掲，『朝日新聞』1940年10月22日。

26) 「阿部正子女史に南進花嫁志願者心得を訊く婦人座談会」『海を越えて』（1941年1月号），71-79頁。別の対談では，阿部は1939年段階で海外生活24年となり，

第3章　南進する男女の「大東亜共栄圏」建設　*105*

1931 年から満洲に在住したと語っている。(「海外発展と婦人座談会」『海を越え
て』1939 年 3 月号，10-22 頁）

27）杉谷壽賀「海外発展にも夫唱婦随」『海を越えて』1941 年 1 月号，50 頁。

28）註 23）を参照。

29）新庄市は，拓南塾顧問の 1 人で陸軍の南方通であった小磯国昭陸軍大将と，
ジャワで南洋商会を設立した実業家の堤林数衛の出身地でもある。小磯の父と堤
林の父はともに新庄藩藩士であり，数衛は小磯の父と親交があったという（小野
2012：9）。2 人の胸像は現在，新庄市郊外に並んで立てられている。伊藤敏夫の
「南進熱」が本籍地のこうした歴史と関わりがあったかどうかは現時点では不明
だが，興味深い事実である。

30）伊藤茂巳「はじめに」伊藤茂巳編『伊藤敏夫の修養記録　拓南塾記（昭和
16.4.24-17.1.8)』私家版（ワープロ翻刻製本），1985 年より。

31）同，『拓南塾記』34 頁。封書に 1941 年 5 月 30 日のメモあり。

32）同，『拓南塾記』14 頁。1941 年 5 月 9 日。

33）註 13）を参照。

34）伊藤茂巳編『伊藤敏夫の修養記録　修養日記帳』（私家版ワープロ翻刻製本），
1944 年 4 月 28 日。

35）同，『修養日記帳』1942 年 11 月 8 日。

36）同，『修養日記帳』1943 年 8 月 16 日。「会社としての固定資本を卸す事が大事
だと宮尾氏が云ふ，それには異論なきも尚一歩進めて民心の把握とまで何故云は
んのかと一寸物足らなく思はれる」

37）同上。

38）同，『修養日記帳』1944 年 1 月 20 日。

39）倉敷紡績のフィリピンにおける企業活動については，大久保（2023）を参照。

40）三木哲持「比島棉作の思い出」『倉紡』101 号（1976 年秋），11-18 頁。

41）配給の手配が日記に最初に記載されるのは 1942 年 12 月 19 日で，1943 年 1 月
3 日より本格的に配給が始まっている。

42）疋田（1995）は，多面的に展開された日本経済支配の既存社会との接点におけ
る実像が進出企業活動であると述べ，受命企業の企業活動が利益インセンティブ
で活動しても必ずしも利益が保証されず，その物資調達や配給が被占領下では過
酷な収奪にも，物価政策上の廉価な物資供給者としての活動にもなったという多
面性を指摘している。

43）大谷純一編『比律賓年鑑　昭和 16 年度版』（大谷純一，1940 年），476-477 頁。

44）前掲，『修養日記帳』1942 年 12 月 8 日。

45）大谷純一編『比律賓年鑑　昭和 12 年度版』（大谷純一，1936 年），523 頁。

46）前掲，『修養日記帳』1943 年 5 月 20 日。なお「大上」とは，ヌエバエシハ日本
人会会長でオリエンタルバザー経営者の安上又一の子弟である可能性あり。

47）同，『修養日記帳』1942 年 9 月 10 日。

48）同，『修養日記帳』1942 年 10 月 28 日。

49）同，『修養日記帳』1942 年 9 月 25 日。

50）同，『修養日記帳』1942 年 8 月 3 日。

51）当時のタルラック市にあった慰安所については二つの証言が残されており，①フィリピン人女性 20 名ほどを要する慰安所があったことや，②1944 年段階では軍指定の慰安所が 1 軒しかなく，フィリピン人女性が 2 人で，1 日 100 人ほどの兵隊の相手をしていた，という。wam アクティブ・ミュージアム女達の戦争と平和資料館「日本軍慰安所マップ」https://wam-peace.org/ianjo/area/area-ph/（最終アクセス　2024 年 9 月 10 日）。

52）同，『修養日記帳』1944 年 1 月 15 日。文中の人名は引用者の判断でアルファベットにしている。

53）同，『修養日記帳』1944 年 6 月 6 日。

54）同，『修養日記帳』1944 年 6 月 20 日。

55）同，『修養日記帳』1943 年 8 月 3 日。

56）同，『修養日記帳』1944 年 1 月 29 日。

57）同，『修養日記帳』1943 年 11 月 2 日。

58）同，『修養日記帳』1942 年 11 月 23 日。

59）同，『修養日記帳』1944 年 5 月 1 日。

60）同，『修養日記帳』1944 年 5 月 16 日。

61）同，『修養日記帳』1943 年 9 月 14 日。

62）同，『修養日記帳』1943 年 4 月 30 日。

63）同，『修養日記帳』1944 年 3 月 23 日。

64）同，『修養日記帳』1943 年 4 月 21 日。

65）同，『修養日記帳』1943 年 4 月 25 日。

66）同，『修養日記帳』1944 年 6 月 18 日。

67）大谷純一編『比律賓年鑑　昭和 16 年度版』（大谷純一，1940 年），659 頁。

68）大谷純一編『比律賓年鑑』昭和 12 年度版（大谷純一，1936 年），523-524 頁。

69）大谷純一編『比律賓年鑑　昭和 16 年度版』（大谷純一，1940 年），645 頁。

70）早瀬晋三『電子版　戦前期フィリピン在住日本人関係資料―解説，総目録』（龍渓書舎，2023 年），75 頁［表 0-2：フィリピン在留日本人人口（1889-1943）。

71）『倉敷時報』1943 年 1 月 1 日発行。ただし，タイピストは社員として計上されていなかった可能性もある。

72）『日本のフィリピン占領期に関する史料調査フォーラム編『インタビュー記録　日本のフィリピン占領』（龍渓書舎 1994）には，カトリック宗教部隊の 1 人だった山北タツエのインタビュー記録が収録されている。マニラへの到着時期と人数が少しずつ違っているが，おそらく宗教挺身隊と同一団体だと考えられる。627-682 頁。

73）市川房枝編『婦人界の動向』（文松堂，1944 年），231-233 頁。『婦人年鑑 7　昭和 19 年版』日本図書センター，1988 年所収。

74）同上。

75）「どうして義勇隊の花嫁を送るか」『開拓』6（12），1942 年 12 月，76-77 頁。

76）新美，前掲書，5 頁。

参 考 文 献

相庭和彦ほか編著（1996）『満洲「大陸の花嫁」はどうつくられたか』明石書店。

東栄一郎（飯島真里子ほか訳）（2022）『帝国のフロンティアをもとめて―日本人の
　環太平洋移動と入植者植民地主義』名古屋大学出版会。

市川房枝編（1944）『婦人年報・第 1 集―婦人界の動向』文松堂（復刻版『婦人年
　鑑 7　昭和 19 年版』日本図書センター，1988 年）。

井上亮（2015）『忘れられた島々―「南洋群島」の現代史』平凡社［平凡社新書］。

大久保由理（2005）「『移民』から『拓士』へ―拓南塾にみる拓務省の南方移民政策」
　『年報　日本現代史』第 10 号，現代史料出版，85-121 頁。

―――（2020）「移民研究におけるジェンダー ―南方国策移民を軸として」鳴子博
　子編著『ジェンダー・暴力・権力』晃洋書房，65-85 頁。

―――（2023）『「大東亜共栄圏」における南方国策移民―「南方雄飛」のゆくえ』
　晃洋書房。

大阪南方院（1943）『大東亜共栄圏の常識』大阪南方院。

大谷純一編（1936）『比律賓年鑑　昭和 12 年度版』大谷純一。

―――（1940）『比律賓年鑑　昭和 16 年度版』大谷純一。

丘灯至夫（1954）『歌暦五十年』全音楽譜出版社。

小野正一（2012）『葛山　小磯国昭―陸軍大将・総理としての波乱の生涯と激動の
　時代』私家版。

亀山哲三（1996）『南洋学院―戦時下ベトナムにつくられた外地校』芙蓉書房出版。

河西晃祐（2003）「外務省と南洋協会の連携にみる 1930 年代南方進出政策の一断面
　―「南洋商業実習生制度」の分析を中心として―」『アジア経済』第 44 巻第 2 号，
　40-60 頁。

―――（2012）『帝国日本の拡張と崩壊―「大東亜共栄圏」への歴史的展開』法政
　大学出版局。

熊本好宏（2012）「国士舘高等拓植学校と移民教育」国士舘百年史編纂委員会専門
　委員会ほか編『楓原：国士舘史研究年報 2011』第 3 号，国士舘，43-70 頁。

坂口満宏（2010）「誰が移民を送り出したのか」『立命館言語文化研究所』第 21 巻 4
　号，53-66 頁。

佐藤一也（2004）『もうひとつの学校史―日本の拓殖教育』光陽出版社。

拓南会（1988）『拓開萬里波濤　第二集』拓南会事務局。

拓南塾史刊行委員会編（1978）『拓南塾史』拓南塾刊行委員会。

田原春次（1942）『南方雄飛案内』清水書房。

張雅（2023）「1940 年代に南洋へ移動する女性作家をめぐる研究」博士論文，名古
　屋大学。

東京連合婦人会（1935）『婦人年鑑　昭和 11 年版』（復刻版『婦人年鑑 7　昭和 19

年版』日本図書センター，1988年）。

中野聡（2012）『東南アジア占領と日本人―帝国・日本の解体』岩波書店。

永野善子（1986）『比律賓経済紙研究―糖業資本と地主制』勁草書房。

南進青年会編（1942）『大南洋を拓く―南進青年の手引き』拓南社

新美彰（1976）『わたしのフィリッピンものがたり』新美彰。

早川タダノリ（2019）『「日本スゴイ」のディストピア　戦時下自画自賛の系譜』朝日文庫。

早瀬晋三（1989）『「ベンゲット移民」の虚像と実像―近代日本・東南アジア関係史の一考察』同文舘出版。

―――（2012）『フィリピン近現代史のなかの日本人―植民地社会の形成と移民・商品』東京大学出版会。

―――（2023）『電子版　戦前期フィリピン在住日本人関係資料：解説，総目録』早稲田大学アジア太平洋研究センター。

疋田康行編（1995）『南方共栄圏―戦時日本の東南アジア支配』多賀出版。

三平将晴（1942）『共栄圏発展案内書』大日本海外青年会。

―――（1943）『共栄圏発展案内書 改版』大日本海外青年会。

―――（1944）『共栄圏発展案内書』大日本海外青年会。

横井香織（2018）『帝国日本のアジア認識―統治下台湾における調査と人材育成』岩田書院。

吉見義明（1987）『草の根ファシズム』東京大学出版会。

与野市総務部市史編纂室編（1988）『与野市史 通史編 下巻』与野市。

第 4 章

日本における女子大学の発展可能性への期待

——アメリカの取り組みと成瀬仁蔵の思想から
女子大学のリベラルなコア・バリューを考える——

青 木 裕 子

は じ め に

　近年，男女別学教育の意義が夙に問われている。全国の県立高校の共学化が進む中，埼玉県立の男子校と女子校の共学化の是非をめぐる論争は，主として別学維持を望む同窓生，在校生を中心に盛り上がりを見せている[1]。このような議論が高まる背景は，大きく二つある。一つは，別学は差別的であるという意見の高まりである。「ジェンダー平等」，「ダイバーシティ」，「インクルージョン」が叫ばれる中で，男女別学は，もはや時代にマッチせず，存在意義が薄れているのではないかという議論の高まりである。もう一つは，我が国において少子化が進み，別学，特に女子校の多くが財政難に陥って久しいことが挙げられる。人口が減少する中での学校経営の合理化が進められ，共学化へと舵が切られているのである[2]。

　このように共学化が進む今日において，特に大学については，「男子大学」がない中で「女子大学」の存在意義がますます問われているのである。

　女子大学をめぐる議論，特に女子大不要論は，大きく次の四つのタイプに分類し得る。

　タイプ1.「女子にも高等教育を」という女子大学の歴史的役割は終わった。
　　　　　普遍的人権の観点からは，女子大学は過渡的な措置に過ぎなかっ

たというもの，

タイプ2. 多くの女子大学の目的は良妻賢母を輩出することにあったが，もはや時代にそぐわないというもの，

タイプ3. 少子化が進展し学校経営全般の展望が厳しい中，女子だけを集めようとするのは合理的ではないというもの，

タイプ4. 女子だけしか入学資格がないというのは，ジェンダー平等，ダイバーシティとインクルージョンが叫ばれる時代にそぐわない，あるいは差別に当たるというもの，

　この四つに共通している視点は，「女子大学はもはや時代のニーズに合わなくなった」ということである。これらのことを踏まえて改めて問う。「女子大学」は，存在意義が薄れ，消滅していく運命にあるものなのだろうか？　私はそうは思わない。女子大学不要論に対する女子大学必要論に共感している。つまり，先述の四つのタイプの議論を踏まえても，女子大学は今後も大きな社会的役割を果たすべきであり，豊かな発展可能性を秘めていると考える。

　日本において今後女子大学が果たすべき役割については，次のように考える。周知のとおり日本は，甚だしく大きい男女格差が改善されておらず，また，改善しにくい国である。2024年6月12日に世界経済フォーラムが発表したジェンダー・ギャップ指数のランキングは146か国中118位で，毎年のことながら下位に位置し，先進諸国の中では最下位にある[3]。日本は，男女格差の解消をはじめ，ダイバーシティ・アンド・インクルージョンの実現は進んでいないという意味で，残念ながら「人権意識が低い国」というレッテルを貼られているのが現状と言えるだろう。一方，ジェンダー・ギャップ指数には，教育分野においては日本は男女平等が実現されてきたことが表れている。しかし逆説的ではあるが，だからこそ，社会的な男女差別が解消されてこなかったという高橋裕子の示唆は熟考に値するのである[4]。日本では，国際的な指標では男女格差が大きいものの，学校教育において男女間が平等で対等であったからこそ，当の日本人はそれほど男女格差を自覚していない感がある。つまり，国際

社会からの評価と，当の日本人の自己認識の間に大きな隔たりがある原因は，学校において男女が平等な教育を受けてきたことにあり，だからこそ，社会の中で男女格差が厳然と存在しても，女性の側は「そんなはずはない」あるいは「自分が差別されているはずはない」と目を背け，現実を直視せずに妥協し，諦めてしまうことがあったのではないか。また，女性に対する優遇や配慮についても，男女平等の学校教育を受けてきたからこそ，女性側は，「女性だから」という配慮はフェアではないと，平等について「潔癖症」的な考えを持つ傾向にあったのではないか。このようなことから日本では，格差について女性側は声を上げることに遠慮がちであった一方で，男性側は格差解消を目的とする女性への配慮を「逆差別だ」と主張し，遠慮なく強い抵抗感を示す傾向があり，アファーマティブ・アクションも実施されにくい国であると言える。しかしながら，このような格差に対する自覚のなさや，女性側の男性に対する遠慮と気遣い，男性側の逆差別意識こそが問題なのではないだろうか。日本における「女性の生きづらさ」を直視し，改善していこうとする声を大きくしていく必要性がある。

　その際，女子大学が果たし得る役割は大きいと考える。我が国において女子大学は，創立時における理念が，良妻賢母育成主義であったか，自由主義的であったかにより分類し得る。本章では後者について考察した上で，期待をかける。女子大学は，元来，日本がよりリベラルな社会になり，日本の社会の人権意識を高めていく上で大きな役割を果たす使命を持っていたし，今後も一層その使命を自覚すべきと考える。

　そして，この問題は女子大学に限定されない，大学の在り方，ひいては社会全体の在り方を問う上でも重要な問題である。共学の大学がなし得ないことをなし得る女子大学の豊かな可能性は，女子大学が建学当時そうであったように，大学の新しい先進的なモデルを提示し，体現していくことなのではないかと考える。

　本章は，日本の女子大学の豊かな可能性に期待をかけるための「試論」としたい。そのために，第一に，日本の女子大学を取り巻く厳しい現況とその社会

的背景を検討し，第二に，アメリカにおける女子大学，本章ではマウント・ホリョーク大学（Mount Holyoke College）の取り組みを検討し，そのような取り組みを基礎付けている同大学のコア・バリュー（核となる価値）を検討する。そして第三に，日本最初の私立の女子大学である日本女子大学（1901年創立時は女子大学校）の創立者成瀬仁蔵（1858-1919）の教育思想を検討し，今後の女子大学の在り方の土台となるべき日本の女子大学のコア・バリューについて考察し，第四に，日本の女子大学が取り組むべきことを検討する。日米の女子大学の存在意義の考察については主として安東由則，高橋裕子，金野美奈子の先行研究，成瀬の教育思想については主として影山礼子の先行研究から学んだ。これらの重要な先行研究を踏まえて，日本の女子大学が果たすべき役割についての結論を得たい。

1．女子大学は減っているのか？

　近年，女子校と男子校の共学化が進んでいる。共学化は，少子化が進む日本で注目される学校改革の手法の一つである。概ね過去20年間で別学は半減しており，2022年には過去40年間で女子校の数は約3分の1に，男子校の数は約4分の1になった[5]。一方，大学に目を向けると，女子大学は女子校ほど共学化が進んでいない。このことについて，武庫川女子大学教育研究所がまとめた統計に依拠して作成した表4-1で，過去40年間の女子大学と短期大学の数の変化を見てみよう[6]。2023年の時点で，日本には大学が810校あり，その内女子大学は73校ある。短期大学は別にカウントされ，300校ある。過去40年

表4-1　日本における過去40年間の女子大学と短期大学の数の変化

	1983年	ピーク年	2023年
女子大学の数	86校	96校（1998年）	73校
短期大学の数	532校	598校（1996年）	300校
大学の数	457校	810校（2023年）	810校

出所：武庫川女子大学教育研究所（2023）により作成。

間の数の変化を見ると，短期大学はピーク時に比べ半減しているが，女子大学は 1998 年 96 校のピークから急速に減少しているかというとそうでもない。

　つまり，表 4-1 が示すように，過去 40 年間で女子大学の数は減少しているが，短期大学と比べると緩やかな減少である。女子校の数が過去 40 年間で 3 分の 1 にまで減少したのとは大きな違いである。世界で女子大学のある国は数か国に過ぎない[7] 中，また，日本と並ぶ「女子大学大国」であり続けてきたアメリカにおいてトランスジェンダー受け入れが進み女子大学の定義が困難になってきている中でのこの数字は，世界の中での日本の女子大学大国健在ぶりを示しているのだろうか。また，18 歳人口が減少の一途をたどっているのと反比例するように，大学の数は全体としては増加していることも注目に値する。

　一方，入学定員割れについて 2023 年度入試で見てみると，私立大学全体の入学定員割れ大学数の割合は 53.3％と過去最大を記録したが，私立女子大学の 77.1％も過去最大であった[8]。このことは少子化が進む中で大学の経営が全般的に厳しくなっていることを示しているが，これに関連して，近年，共学化や共学大学との統合化，募集停止を表明している女子大学の動向も目立っている[9]。

　なお，2023 年度の大学進学率は，女子 54.5％，男子 60.7％となっており，女子は男子よりも低くなっているものの，1990 年度から 2023 年度の伸び率は，女子 359％，男子 182％であり，女子の伸び率は男子の約二倍となっている[10]。

　これらの数字から，女子大学は減少傾向にあるが，女子の大学進学率は上昇傾向にあることから，今後少数精鋭になった女子大学が女子学生を呼び込める可能性も低くはないと，希望的な観測もできるのである。

2．アメリカの女子大学の歴史的転換──マウント・ホリヨーク大学の 2014 年のアドミッション・ポリシー公表

　それでは，今日において女子大学の魅力とは，あるいは存在意義とはどのよ

うなものなのか？この難問に，アメリカは私立女子大学先進国として，日本よりも早くから対峙してきた。アメリカの「セブン・シスターズ」[11] の一つで，アメリカ最古の女子大学であるマウント・ホリヨーク大学（1837 年創立）が 2014 年 8 月 27 日に発表したアドミッション・ポリシー（入学者受け入れ方針）は，セブン・シスターズの中で，トランスジェンダー受け入れをいち早く表明したものとして歴史的意義を持つ[12]。そしてその内容は，高橋によると，その後続いた他のセブン・シスターズと比べて，「最もインクルーシブで，最も包摂的なポリシー」[13] であった。つまり，男女差別だけではなくあらゆる差別を許さないという同大学のポリシー[14] に基づき，リベラルな理念を貫こうとする同大学の徹底したラディカルさを世に示し，女子大学，ひいては大学の在り方を示す一つのモデルになったという点で，注目に値する。

　それでは，マウント・ホリヨーク大学が 2014 年に発表したアドミッション・ポリシーはどのようなものであったか，表 4-2 を見てみよう。同大学が，学力

表 4-2　マウント・ホリヨーク大学が 2014 年に公表したアドミッション・ポリシー

The following academically qualified students can apply for admission consideration:

- Biologically born female; identifies as a woman
- Biologically born female; identifies as a man
- Biologically born female; identifies as other/they/ze
- Biologically born female; does not identify as either woman or man
- Biologically born male; identifies as woman
- Biologically born male; identifies as other/they/ze and when "other/they" identity includes woman
- Biologically born with both male and female anatomy (Intersex); identifies as a woman

The following academically qualified students cannot apply for admission consideration:

- Biologically born male; identifies as man

出所：Mount Holyoke（2024c）により作成。

第4章　日本における女子大学の発展可能性への期待　*115*

上の資格要件を満たしていることを所与として発表した入学資格要件を，高橋
の説明を参照しながら要約する。

　要件1.　生物学的に女性として生まれた者[15]で，かつ，次の①から④のい
　　　　　ずれかに該当する者。すなわち，①女性のアイデンティティを持
　　　　　つ者，②男性のアイデンティティを持つ者，③ "other"，"they"，
　　　　　"ze" というアイデンティティを持つ者（男でも女でもない，あるいは，
　　　　　二つの性別カテゴリーではないアイデンティティを持つ者），④男でも女
　　　　　でもないアイデンティティを持つ者（"they" とあるいは "ze" というア
　　　　　イデンティティでもない者も含まれる）。

　要件2.　生物学的に男性として生まれた者で，かつ，次の①②のいずれか
　　　　　に該当する者。すなわち，①女性のアイデンティティを持つ者，②
　　　　　"other"，"they"，"ze" というアイデンティティを持つ者で，"other"
　　　　　"they" に女性を含めている者。

　要件3.　生まれた時に性の判別が難しかったが，女性のアイデンティティ
　　　　　を持つ者。

　要件4.　受験資格がない者は，生物学的に男性として生まれた者で，男性
　　　　　のアイデンティティを持つ者。

　以上のことから，男性のシスジェンダー（cisgender）以外は受け入れ可能で
あり，女性アイデンティティを軸としていることを明示している。また，入学
後，学生が性別を変更しても卒業するまで支援するとしている。[16]

　このアドミッション・ポリシーが発表されてから10年[17]，同大学は，他に
先駆けて女性トランスジェンダー（MtF および FtM のトランスジェンダー），ノ
ンバイナリーの学生の出願を認めた大学として，存在意義を高めてきた[18]。

　このようにマウント・ホリヨーク大学が先陣を切ったアメリカの諸大学の取
り組みは，もちろん，時代的要請があってのことであった。しかしながら，そ
れは，経営難を乗り越えるためのその場しのぎ的なものでは決してない。高橋
によると，当時のマウント・ホリヨーク大学リン・パスケッラ学長は，新ア

ドミッション・ポリシーを策定するにあたり，大学のコア・バリューを基礎と
する必要性があった旨述べている[19]。つまり，トランスジェンダーを受け入れ
るアドミッション・ポリシーは，「女子大学」としての普遍的な理念に照らし
て正当でなくてはならなかったということだ。次節では，女子大学のコア・バ
リューについて検討する。

3．マウント・ホリヨーク大学が「女子大学」であり続けることの意味——同大学のコア・バリューとは？

　女子大学は，元々男子にしか許されていなかった高等教育の機会を，女子に
も開くために設立された。高橋の言葉を借りると，女性は社会の中で「インク
ルードされていない」存在だったのであり，もちろん高等教育の機会からは排
除されていたのである。その理由付けは，女性は精神的，身体的に高等教育を
受ける能力が先天的に備わっていないから，「女性には無理だから」，「女性に
は難しいから」というものだった。しかし，このような精神論や身体論にもと
づく差別を，偏見による科学的根拠のないものとして否定し，「女子にも男子
と同等の学びの機会を」と平等な社会の実現を主張したのが，女子大学を創立
した人々である。しかし，時を経て女子大学は，女性だけを集める排他性は自
己矛盾ではないか，という問題に頭を悩ませるようになった[20]。
　マウント・ホリヨーク大学は，トランスジェンダー受け入れを表明した後
も，「女子大学（women's university）」としての創立以来の歴史的使命を果たす
方針であることを堅持している。「女子大学」，そして「シスターズ」等のジェ
ンダード・ランゲージ（性差を表した／性を特定化した言葉）を使い続けることを
宣言し，そこに矛盾はないことを説明した。すなわち，表4-2で示したよう
に，マウント・ホリヨーク大学は，トランスジェンダー受け入れ方針の中で，
女性という性自認を軸としており，女性を支援し，女性が中心の大学であると
いう特色を持っている[21]。高橋によると，女性蔑視と抑圧という差別問題に向
き合ってきた同大学の歴史的使命と，「ジェンダーアイデンティティと身体の

第4章　日本における女子大学の発展可能性への期待　*117*

表4-3　マウント・ホリヨーク大学の "NON-DISCRIMINATION POLICY"

Mount Holyoke College is a women's college that is gender diverse. The College is committed to providing equal access and opportunity in employment and education to all employees and students. In compliance with state and federal law, Mount Holyoke College does not discriminate on the basis of race, ethnicity, color, genetic information, sex, national or ethnic origin, religion, age, physical or mental disability, marital status, sexual orientation, pregnancy, gender identity or expression, ancestry, veteran or military status, or any other legally protected status under federal, state or local law.

出所：Mount Holyoke（2024a）により作成。

問題を過去の歴史的な経緯を踏まえながら，どうすればいいかと考えた」結果として，トランスジェンダー受け入れと「女子大学」の堅持というポリシーが確認されたという[22]。女子大学としてのコア・バリューを体現するものとしてのトランスジェンダーの受け入れなので，矛盾はないということである[23]。

　そして，表4-3に示されているように，あらゆる差別のない大学であることを同大学のポリシーとして挙げているのである。

　Non-Discrimination Policy，すなわち，あらゆる差別のない大学をつくることは，歴史的に差別と闘い差別のない社会の実現を担ってきた女子大学としての使命なのである。

4．成瀬仁蔵の「新しい女性像」vs. 良妻賢母主義の女子教育思想

⑴　何故，成瀬と日本女子大学か？

　次に，翻って我が国について考察する。そのために，成瀬仁蔵の日本女子大設立時の教育思想と構想について考察するが，はじめに，何故ここで成瀬と日本女子大を取り上げるのかを説明する。

　成瀬が1901年に創立した日本女子大学校は，「高等普通教育に基づく，わが

国最初の組織的女子高等教育機関」[24] で，我が国で最も早く設立された私立の女子大であった。女子大創立は，当時の日本社会では「画期的な出来事」で，また，「その発表が華々しく世論を喚起した」ため，反発も大きく，反対の世論も根強くあった[25]。

　また，日本女子大は，他に日本で設立された女性教員養成などを目的とした女子大とは異なる独自の志向性を持っていた[26]。このため，特に創立時から大正デモクラシー期にかけてここに集まった人々の先頭には，非常にリベラルな思想を持った前衛的な人々がいた。大正デモクラシーの日本を象徴するようなこのような人々については，また別の機会に紹介し，考察したいと考えているが，このような人々を輩出した日本女子大のコア・バリューと言えるものを改めて問い直すことによって，今日の女子大学の在り方を考える上で，重要なプリンシプルと方向性が見えてくるかもしれない。つまり，元来の理念が良妻賢母主義ではなく，明治と大正の時代的背景の中でリベラルな理念の下で誕生した女子大学は，今日においてもその先取性を武器に，存在意義を高められるのではないかと考える。

　成瀬が日本女子大設立時において抱いていた女子教育思想の特徴として，次の六点を挙げる。

　第一に，女性を「人として，女性として，国民として」教育するというものであったこと，

　第二に，当時主流であった良妻賢母主義の女子教育観とは一線を画すものであったとこと，

　第三に，キリスト教に根差していたこと，

　第四に，アメリカ思想の潮流，プラグマティズムに影響を受けたこと（成瀬は，プラグマティズムを代表する思想家ウィリアム・ジェイムズやジョン・デューイと交流があった），

　第五に，アメリカに滞在し学んだ経験により，アメリカの教育の在り方や文化に感銘を受けていたこと，

　第六に，日本女子大のコア・バリューとして，同大の三大綱領（「信念徹底」，

「自発創生」,「共同奉仕」)が挙げられること。

　本章では,これらすべてについて論じることができず,第一,第二の特徴を中心に検討する。その他の点については,今後の研究課題とする。

(2)　成瀬の基本的な女子教育観

1)　「日本女子大学校設立之趣旨」(1896-1897 年)

　成瀬が明治 29 年 (1896 年) 末から 30 年 (1897 年) の間に執筆したパンフレット「日本女子大学校設立之趣旨」は,女子大学設立を決意した成瀬が賛同者,援助者を増やすために,配布し,説得するために書かれたものだ。この中で,成瀬は「教育の主義方針」を次のとおりに明らかにした。

　　吾人が執る所の教育上の主義方針たるや第一に女子を人として第二に婦人として第三に国民として教育するに在り。[27]

　ここには,女子を,何よりもまず人間として,次に女性として,そして国民として教育するという成瀬の基本的な女子教育観が表れている[28]。これら三つに込められた成瀬の考えを,「日本女子大学校設立之趣旨」の内容に沿って見てみよう。

　第一に,「人として」の教育の必要性については,成瀬は次のとおり説明している。すなわち,それまでの女性教育は,女性を「器械」や「芸人」として「目前実用の知識芸能を授ける」ばかりだった。しかし,「人として」教育するということは,男女を問わずということであり,また,何かの専門家になるために教育するのではなく,「心身の能力」を発展させ,「円満完備の人」となり,「優に高尚有為の人」となり,いかなる境遇にあってもいかなる職業についても人として不可欠な資質を修養させることである。

　第二に,「婦人として」の教育の必要性については,影山の重要な指摘をここで引用すると,成瀬は「女性には女性独自の「使命天職」(社会改良) があり,

女性を社会改良の担い手として教育する」[29] と考えていた。

第三に,「国民として」の教育の必要性については,「国家の進歩のために」女子が日本国民としての自覚を持つように教育するということである。影山によると,日本女子大学校設立のために成瀬が政財界の人々に寄付を募っていた際,「女子と小人は養い難し」という儒教の教えに根差して,成瀬への協力を躊躇していた渋沢栄一は,女子を「国民として」教育し,日本の発展のために役立つ人材にするという成瀬の熱意に惹かれ協力するようなった[30]。

2)「今後の女子教育」(1918年)

「日本女子大学校設立之趣旨」から約20年後,ヨーロッパで戦争(第一次世界大戦)が起きている最中の大正7年(1918年)に書かれた「今後の女子教育」においては,成瀬の基本的な女子教育観には揺らぎはないものの,時代の変化に伴い成瀬の意見に変化がみられる。次の成瀬の文章を見てみよう。

> そもそも時代の要求に対する女子教育の問題はもはや久しい前から種々研究されつつあるもので昨今にわかに起こった問題ではない。しかるに,その結果は常に同程度のところを往来しているに止っていっこうに進歩の見るべきほどのものがないのはなぜであろうか。私は考える。畢竟,これは女子教育の方法にのみ走ってその根本——女子自身——において真の覚醒がないからではあるまいか。この意味において私はこの時局と女子教育を論ずるに当たっても,まず女子自らの考え方また態度なりが変わってこなければならぬということをせつに思う。[31]

成瀬によると,当時はヨーロッパで戦争が起きていたこともあり,戦後も見据えて,日本女性の体格改善や,科学教育の必要性など教育改革を説く者がいた。しかしながら,それらは重要な指摘ではあるものの,女子の受け身の姿勢や「女子自身」の自覚を変えなければ,「教育方法」をいくら改善しても,元も子もないと成瀬は考えた。そして,女子教育に必要なのは,女子が,第一に

「人として自覚を持つ」こと，第二に「高く理想に生きる」こと，第三に「国民的人類的に自覚する」こと[32]であると論じている。

　第一の「人として自覚を持つ」ことについて，成瀬は次のように述べている。これは「日本女子大学校設立趣旨」で説いていた「人としての教育」をバージョンアップしたものとも言えるものである。

　　男も女も人間という人間がまず知らねばならぬことはこれである。しかるに今日までの日本の女子教育は，多く女としてのみの教育であった。それはやがて女子をして自ら「女は三界に家なき者」というごとき考えを持たしむるものとなった。今やその時代は過ぎている。けれどもその思想はやはり婦人の心の根にくい入っているようである。この思想は夫人をして人形の生活，機械の生活に止まらしめて，進んで人格者としての価値を知らしめないものである。自己の尊重ということを婦人の行くべき道でないかのごとく考えしめている。けれどもそれは大いに内省しなくてはならぬことである。人間はその自己というものについて深く考えれば考えるほどそこには動かすことのできない尊いものがある。これを育てて行くのが教育であり，その進歩発展が人間の価値のあるところである。いかに生活の改善をほどこしてもそれはいわゆる外面的な改善であって，花ならば造花，細工ならば鍍金物に属するものである。真実の改善，真実の覚醒は深く胸の内に醒めるということでなければならぬ。[33]

　自己の自覚，自己の探求，真実の探求をするようになる人格の形成こそが，教育の目的であると成瀬は主張する。成瀬の主張は，正にソクラテスが説いたように，各人が己に対して不断に哲学的な問いをすることで生まれる人格形成を促すことが教育の役割であるということであろう。成瀬の教育思想が20年の間に深まり，円熟したことが窺える。

　第二の「高く理想に生きる」は，題目はだいぶ異なるが，日本女子大設立前に説いていた「婦人としての教育」がバージョンアップしたものと言えるもの

である。ここで成瀬が述べていることを見てみよう。成瀬によると，第一の
「人として自覚を持つ」，すなわち，人間が自己に目覚め，人格を尊重するよう
になることは，己の理想に目覚めることと同じである。換言すると，「物質的
器械的な境涯を超越」し，「天の力を信じ，天とともに生きる」ようになるこ
とである。しかしながら，己の理想に生きようとすると多くの困難が立ちはだ
かる。その際人間はどうすればよいのか。成瀬は次のように説く。

> それらの圧迫束縛を脱して，その理想要求に向かって真に公明正大な道を
> 自由自在に往来するということが大切なことである。この時人間の本来の
> 要求を育て，本心を指導するものはその人の信念にほかはない。いかなる
> 困難にも，いかなる誘惑にも迷わず恐れず終始一貫して行くことのできる
> ものは，その理想を信じ確信を保つ者にのみ与えられる偉大な力である。
> これすなわち天の心を心とし，高く理想に生きることである。[34]

　つまり，己の理想に立ちはだかる困難にくじけそうになっても，「信念」を
持って進んでいけということである。成瀬が掲げた日本女子大学の三大綱領の
一つは「信念徹底」であるが，女子大学設立という理想を数々の困難を乗り越
え貫徹した成瀬だからこそ，信念を持つことの重要性を説得力をもって論じて
いる。
　第三の「国民的人類的に自覚する」ことも，日本女子大設立前に説いていた
「国民としての教育」がバージョンアップしたものと言える。成瀬によると，
国家に対して，そして世界に対して，人道という広い視点から力を尽くすとい
う確信を持って，すべての生活を律していかなくてはならない。女子の生活の
興味の範囲は今や「家」から国家，そして世界にまで拡大している。そして，
次のように述べる。

> 世界の平和，人類の幸福をかち得るものは決して狭隘なる利己主義，横暴
> な権力意志ではなく，天地の公道に基づく道徳意志である。しかもこの信

念をもって国際的大憲法を建設し，世界的良心を養うものは霊性に豊かな婦人の使命である，責任である。[35]

「日本女子大学校設立之趣旨」と比べて，国家から世界へと成瀬の視座が広がっており，また，成瀬が説く女性が持つべき問題意識の範囲が広がっていることが特徴的ある。第一次世界大戦下であることから，「人類の幸福」，「世界平和」，「人道」に対する女性の使命が論じられている。成瀬の言う「国際的大憲法」とは，今日でいうところの国連憲章に近いもの，また，「世界的良心」の「良心」とはボン・サンス（良識：コモン・センス）とも言い換えられるものと考えるが，女性こそがこれらを打ち立て，養い，平和の礎を築くのに適していると述べている。女性の社会的役割に対する成瀬の期待と，成瀬の教育観のスケールが大きくなっていることが見て取れる。

3）　男子と同じ教育を

　このような基本的な教育観を持っていた成瀬は，日本女子大のカリキュラムに「主行主義（pragmatism）」の教育思想を具現しようとしていた[36]。影山によると，将来的に大学院の設置も計画していた成瀬は，教授招聘にあたって，日本女子大学の講義のレベルは男子学生が大学で受ける講義内容と同等であるべきとの教育方針を伝え，教育方法については，学生の自発性を重視する教育法を主張した。

　このような成瀬の意向に対して，日本女子大に集められた開明的であるはずの教授陣も，当時の男性の考え方を反映してか，少なからず困惑したようであった[37]。影山によると，化学を担当していた東京帝国大学教授は，成瀬が帝大と同様に教育してほしいと依頼したのに対して，「帝大と異なった女性の領域として講義するのでなければ教授することはできない」と主張した。影山は，このことについて次のように主張した。

　　ここに日本の女子高等教育の大部分が男性の手によってなされていたとい

う限界が如実に現れていよう。日本女子大学校の理事，教授も大多数が男性であるので，その例外ではない。更には，成瀬が多額の寄付金を政界・知識人から募ったことによって，その人たちから教育内容に関して制約を受けたことは想像に難くない。[38]

このエピソードに見られるような，日本女子大創立期において成瀬の理念に共鳴して集まったはずなのに，成瀬の考えを受け付けることができない男性教授の女子高等教育に対する考え方は，一体どこから来るのだろうか。「女子だからこの程度でよい」，「女子にそこまでしなくてもよい」，「女子には無理」，あるいは「女子には女子の役割がある」というような「特性論」，「母性論」，「男女役割分業論」に分類し得るようなラベル貼りこそが，日本の男女格差の解消を妨げ続けてきた根深い要因なのではないかと思われ，今日にまで続いていると考える。

(3)　成瀬への批判

1)　『女鑑』からの批判

このような教育思想を持つ成瀬に対しては，先述のように批判も多かった。そして特に，良妻賢母主義教育思想からの批判は顕著であった。このことについて，影山の説明に依拠しながら見ていこう。

成瀬が日本女子大学校を創立した当時の主流の女子教育思想は，良妻賢母主義教育思想であり，この思想の下では，女性が妻として国の担い手である夫に尽くし，母として未来の国民である男児を産み育てることは，男性の社会活動に優ること劣らない重要な仕事である[39]。良妻賢母は，体制イデオロギーとして公認された。そして，女性を国家の担い手とするために，女性の初等・中等教育の必要性が認められたのである[40]。

良妻賢母主義教育の典型的なイデオローグとして三輪田真佐子を，そして，その立場を支持する代表的な雑誌として『女鑑』を挙げることができる。『女鑑』は明治24年から31年まで国光社から毎月2回発行された[41]。この『女鑑』

第141号に掲載された高角正人著「成瀬仁蔵君の女子教育問題を読む」は，成瀬を批判する論説だった。

高角の成瀬批判の主要な論点を，影山の説明を参照して要約する。①女子は，男子とともに天下国家について論じる必要はない。②キリスト教主義者であり，また，ヨーロッパから例を引き，アメリカから証をとる言わば欧米かぶれの成瀬は，日本を直視せず，日本に対する見識を持ち得ない。③成瀬は女性の天性を見誤っている。男子が外にあたるのに対して，女子は内を治めることが日本の神代より続けてきたことだ。家庭を守り，子女の教育をすることが女性の天職である。④教員などの専門家になる目的以外に，家庭に入るべき女性に大学で高等教育を授けることは不必要である。また，社会主義に女性が被れる可能性も心配だ。[42]

要するに，『女鑑』の立場からすれば，国家主義的良妻賢母養成型ではない女子校と女子大の設立は，容認しがたいものであり，この論説はそれを代弁するものだったのである。

2)　『青踏』後の成瀬への批判

日本女子大創立から15年後，平塚雷鳥を中心とする卒業生たちが明治44年（1911年）に『青踏』を出版し，女性による女性解放運動の先頭に立った。彼女たちは，キリスト教徒でも社会主義者でもない新しいタイプの女性解放運動家たちであり，良家出身で，大学卒の知識と教養ある女性たちであったため，「新しい女」と称された。日本女子大卒業生を中心とする「新しい女」の登場と活躍によって，成瀬と日本女子大に対する批判が再燃した。これに対して成瀬は，女子教育に対する根強い偏見を批判するために，女子には男子と同様に，精神的にも身体的にも高等教育を受ける能力があることを科学的根拠とともに示そうとした。[43]

成瀬の取り組みは，「女子の高等教育の可能力」（大正7年）に表れている。成瀬は，ショーペンハウアー，カント，ナポレオン，ニーチェなどを批判しながら論じる。そして，「偏見的思想に囚われなかったギリシアやアングロサク

ソンの国々では早くから婦人自身が自由に進歩している」[44] と述べ，二人の女性の学者を例に挙げる．4世紀末から5世紀初の古代ローマのハイペーシアと，同時代人のイタリアのモンテッソーリである．また，日本女子大卒業生のデータを分析し，客観的な根拠を提示した上で，女子には精神的にも身体的にも高等教育を受ける能力が男子と同様にあることを主張したのである．

5．女子大学が取り組むべきことは？

⑴　女子大学は戦い続けるべき

　成瀬の教育思想と女子教育への社会的偏見との戦いを概観したが，成瀬そして日本女子大をはじめとする「非良妻賢母主義型」女子大学が戦ってきたことは，今日の私たちへと引き継がれていると感じられる．時代が変わっても，同じようなことが常に堂々巡りのように日本社会では起きており，根本的なところが中々改善されない．

　女子大学は，歴史的に担ってきた使命と果たしてきた役割から，これからも先頭に立って戦うべきである．共学の大学では問題が可視化され難く，女性も男性も問題意識を持ちにくいからである．つまり，女子大学は，男女格差解消，そして，それを許してきた人権意識の低さとあらゆる差別と理不尽に反対する牙城になるべきである．

　日本の女子大学はアメリカの女子大学をロールモデルとして，①女性リーダーの育成，②トランスジェンダーの受け入れ，③リカレント教育の充実と女性のキャリア支援，などを進めている過程にある．特に，日本の女子大学のトランスジェンダー受け入れの公表は，2018年のお茶の水女子大を皮切りに，奈良女子大，宮城学院女子大，日本女子大，ノートルダム清心女子大，津田塾大と続いた[45]．今後またこれらの取り組みの進捗について見ることは，今後の研究課題としたい．しかし，ここで一つ，現時点で声高に言いたいこととして，今日の日本の克服すべき重要課題として挙げるのは，「日本の女子大学の

女性学長数を増やすこと」である。

(2) 日本の女子大学の女性学長数を増やす必要性

日本にはアメリカと同様に女子大学が多数存在する。しかしながら，アメリカと大きく異なる点がある。女子大学の学長を務めているのは日本では主に男性であるのに対し，アメリカでは主に女性であるという点だ。

安東の調査に則って日米の四年制女子大学の女性学長の数を比較する。表4-4 を見てみよう。既述のように，2014 年のマウント・ホリーヨークのアドミッション・ポリシー公表以降，アメリカにおいて女子大学の定義が困難になっているため，2014 年時点での比較とした。

表4-4 に示されているように，2014 年 1 月時点でのアメリカの四年制女子大学の数は 44 校で，そのうち女性学長は 40 人で，90.9％である。これに対して，日本の女子大学における女性学長の割合は，28.9％にとどまっている。この数字は，日本の女子大学が男性に占拠されていることを示していないだろうか。創立以来一度も女性が学長になったことのない女子大学もある。女子大学が設立された理念からすると，このような事態が続いていることこそが，日本の高い男女格差の原因であり，ここを改善していかなければ，日本の未来は危ういと思うが，大げさだろうか。

表 4-4 四年制女子大学の女性学長数の日米比較（2014 年時点）

	日本	アメリカ
女子大学の数	76 校	44 校
女子大学における女性学長の数	22 人	40 人
女子大学における男性学長の数	54 人	4 人
女子大学における女性学長の割合	28.9％	90.9％

出所：安東（2014）により作成。

おわりに——女子大学だからできることはあるのか？

　4. で挙げた日本の女子大学が取り組むべきことは，アメリカをモデルに以前から指摘されてきたことだが，中々進められてこなかった。今後に期待したい。一方でこれから，女子大学の数は減っていくことは必定である。しかし，今後も残っていく少数精鋭の女子大学は，その取り組みによって，女子にとって魅力的なものになる潜在性をもっている。

　振り返れば女子大学は，日本女子大が元々そうであったように新しいものを求めた「とんがった」人たちの集まる，前衛的な場所でもあった。これから，その基本形に立ち返り，なお一層，社会の理不尽に物申す先頭に立ってほしい。男性社会とは別のコアとなる価値観を打ち出して，あらゆるラベル貼りに反対し，女性の立場から意見を表明する牙城をつくることは，日本の社会に必要である。本章は，女子大学の可能性を考察するための試論であった。今後，日本における女子大学，ひいては大学，社会全体の在り方と可能性について考えるために，成瀬とキリスト教，成瀬とプラグマティズム，そして，日本女子大に集まったリベラルな前衛的な人々についても研究課題としたい。

1)　『産経新聞』記事（2024）；NHK 記事（2024）。
2)　文部科学省（2023）；E-Stat（2024）；Hatena Blog（2022）；CBC MAGAZINE（2023）。
3)　World Economic Forum（2024）；男女共同参画局（2024）。
4)　高橋裕子は次のように述べている。「男女共学が当たり前のこととなって久しい。そのことが，高等教育は男女平等であるという認識に取り違えられている感がある。そのような男女平等神話が日本で女性学長を輩出する困難な状況を覆い隠してきたのではないか。」（高橋・河野（2022）i 頁。）
5)　文部科学省（2023）；E-Stat（2024）；Hatena Blog（2022）；CBC MAGAZINE（2023）。
6)　武庫川女子大学教育研究所（2023）。
7)　女子大学がヨーロッパで設立されてこなかった大きな理由の一つとして，ヨーロッパの大学はほとんどが伝統的に国公立大学であったことが挙げられよう。
8)　寺田（2024）。

9) 同上。

10) 同上。

11) 「セブン・シスターズ」とは，アメリカ北東部にある私立大学連合である。女子大学として創立された七校から構成された。現在ではその内二校が共学化されている。

12) 全米では，その前週にトランスジェンダー受け入れを表明したカルフォルニア州のミルズ大学が最も早い。

13) 高橋（2019），126 頁。

14) Mount Holyoke（2024d）。

15) 「生物学的に○○として生まれた」というのは，次のことが織り込まれた慎重を期した表現であることを高橋が指摘している。すなわち，人間は，それぞれが生まれたときに性別を選び取っているわけではなく，医療従事者が性別を決定しているため，医療従事者が誤った決定をすることがあるということである。だからこそ，生物学的に女性として生まれたけれども男性と自認している人も受け入れるという方針となるのである。（高橋（2019），127-8 頁。）

16) Mount Holyoke（2024c）；高橋（2019），127-8 頁。

17) Mount Holyoke News（2024）。

18) Mount Holyoke（2024a）；安東（2023），47-8 頁。

19) 高橋（2019），126-7 頁。

20) 高橋（2019），127 頁；成瀬（1984f）。

21) Mount Holyoke（2024c）；高橋（2019），129 頁。

22) 高橋（2019），127 頁。

23) 高橋によると，コア・バリューとして当時の学長が挙げたのは，「個人の自由（individual freedom）」，「社会正義（social justice）」，「ダイバーシティ・アンド・インクルージョン（diversity and inclusion）」である。（高橋（2019），127 頁。）

24) 影山（1994），161 頁。

25) 影山（1994），165 頁。

26) 1890 年に開設された女子高等師範学校（現在のお茶の水女子大学と奈良女子大学）は，高等女学校などの女子教員を養成する目的でつくられたが，良妻賢母主義の女子教育観と，良妻賢母主義の女教員観にもとづいていた（水原（2011））；しかし両校は，国家的要請の下で設立された国立の専門学校であったことは考慮しなくてはならない。影山は次のように述べている。「国家による女子教員養成の面から考えれば女子高等師範学校の存在は重要であり，国家の手厚い配慮の下に，これらの学校が女子教育の中核をなしたとも言えようが，やはりその目的が教養を目的としたのではなく，教員養成と限定されたがために，教育機関としては特殊な性格のものであったことは否めない。そして，このような国家による女子高等師範重視政策は，女子教育全体の発展から考えると，真の意味の女子高等教育の普及を妨げ，国家目的の中に女子教育を包み込むものとなり，ここに日本

における女子高等教育の開放は，国家以外の民間人の努力によって実現されざるを得ない歴史的な要因があったともいえる。」影山（1994），160 頁。

27) 成瀬（1984e），65 頁；影山（1994），172-3 頁。

28)「女子教育振興策」（明治 30 年）にもこの教育方針が示されていた。（成瀬（1984a），22 頁。）

29) 影山（1994），173 頁。

30) 影山（1994），163 頁。

31) 成瀬（1984b），30 頁。

32) 成瀬（1984b），30-33 頁。

33) 成瀬（1984b），30-31 頁。

34) 成瀬（1984b），31-32 頁。

35) 成瀬（1984b），32-33 頁。

36) 影山（1994），169 頁；成瀬の「主行主義（pragmatism）」の教育思想と実践については，影山（1994），203-226 頁（「第三章　日本女子大学校における教育実践とその成果」の「第一節　「主行主義（pragmatism）」の教育の実践」）に詳しく述べられている。

37) 影山（1994），169 頁。

38) 影山（1994），197 頁，注 37。

39) 影山（1994），177 頁。

40) 影山（1994），178-9 頁。

41) 影山（1994），180 頁。

42) 影山（1994），183-4 頁。

43) 影山（1994），185 頁。

44) 成瀬（1984f），41 頁。

45) 奥野（2023）。

参 考 文 献

Jaschik, Scott（2014）"Trans Applicants Welcome," released on Sept. 2, 2014, viewed on August 12, 2024（https://www.insidehighered.com/news/2014/09/03/mount-holyoke-will-now-accept-applications-transgender-women）.

Mount Holyoke（2024a）"Inclusive Admission," viewed on August 12, 2024（https://www.mtholyoke.edu/admission/inclusion）.

Mount Holyoke（2024b）"Diversity, Equity and Inclusion," viewed on August 12, 2024（https://www.mtholyoke.edu/why-mount-holyoke/diversity-equity-and-inclusion）.

Mount Holyoke（2024c）"Admission of Transgender Students," Internet Archive Wayback Machine, released on October 7, 2014, viewed on August 13, 2024（https://web.archive.org/web/20141007185618/https://www.mtholyoke.edu/policies/admission-transgender-students）.

Mount Holyoke（2024d）"NON-DISCRIMINATION POLICY," viewed on August 12, 2024（https://www.mtholyoke.edu/admission/inclusion）.

Mount Holyoke News（2024）"Mount Holyoke celebrates 10 years of gender-inclusive admissions," released on February 16, 2024, viewed on August 12, 2024（https://www.mountholyokenews.com/news/2024/2/16/mount-holyoke-celebrates-10-years-of-gender-inclusive-admissions）.

Williams, Michelle（2014）"Mount Holyoke College changes admission policy, will allow transgender students to enroll," published on Sep. 2, 2014, viewed on August 12, 2024（https://www.masslive.com/news/2014/09/mount_holyoke_college_changes.html）.

World Economic Forum（2024）"Global Gender Gap 2024: Insight Report June 2024," the World Economic Forum（https://www3.weforum.org/docs/WEF_GGGR_2024.pdf）.

安東由則（2014）「アメリカにおける女子大学のプロフィールと現状」，『武庫川女子大学教育研究所 研究レポート』第 44 号，武庫川女子大学教育研究所，59-88 頁（https://mukogawa.repo.nii.ac.jp/record/1371/files/P059-088.pdf）。

安東由則（2022）「アメリカ・日本・韓国における 女子大学の動向と特性比較」，『実践女子大学下田歌子記念女性総合研究所 年報』第 8 号，実践女子大学下田歌子記念女性総合研究所，37-55 頁。

安東由則（2023）「アメリカの女子大学におけるトランスジェンダー女性受け入れ方針表明の翻訳」，『武庫川女子大学教育研究所 研究レポート』54 号，武庫川女子大学教育研究所，43-55 頁（https://kyoken.mukogawa-u.ac.jp/wp-content/uploads/2023/12/report-No.54-c.pdf）。

生田久美子編著（2011）『男女共学を問いなおす―新しい議論のステージへ―』東洋舘出版社。

奥野斐（2023）「女子大にトランスジェンダー女性も受け入れ，じわり広がる 日本女子大も津田塾大も」，2023 年 9 月 3 日 6 時配信，東京新聞 TOKYO Web（https://www.tokyo-np.co.jp/article/274460）。

影山礼子（1994）『成瀬仁蔵の教育思想―成瀬的プラグマティズムと日本女子大学校における教育―』風間書房。

加藤靖子（2014）「アメリカにおける女子大学研究の動向と課題」，『東京大学大学院教育学研究科紀要』第 54 巻，73-80 頁。

小山聡子・中西裕二・浅田誠・行田恵・西尾亜希子・安東由則編集「日本女子大学におけるトランスジェンダー女性受け入れ 決定に至る経緯と迎え入れ準備―小山聡子教授らへのインタビュー調査から―」，『武庫川女子大学教育研究所 研究レポート』第 54 号，1-25 頁。

金野美奈子（2018）「【レビュー】 女子大学の今日的意義―アメリカ合衆国における女子高等教育比較研究の展開―」，『東京女子大学社会学年報』第 6 号，55-62 頁。

佐々木啓子（2022）「第三章　女性学長のキャリアパス：日本の構造的特徴」，高橋・河野編著（2022），24-35頁。

『産経新聞』記事（2024）「埼玉県立高校共学化問題大詰め　別学は差別的か，意見聴取ではほぼ「反対」」，2024年3月21日12:34配信（https://www.sankei.com/article/20240321-CKCZRPTHQFIO3GK5P7XE4HPWNA/）。

高橋裕子（2018）「「心は女性」の学生を女子大が受け入れる意味―トランスジェンダーを巡る歴史的経緯とは？」，2018年7月14日配信，東洋経済オンライン（https://toyokeizai.net/articles/-/229478）。

高橋裕子（2019）「【講義録】　21世紀における女子大学の存在意義―セブンシスターズにおけるトランスジェンダーの学生をめぐるアドミッションポリシーを通して考える―」，『女性学評論』第33号，119-135頁。

高橋裕子・河野銀子編著（2022）『女性学長はどうすれば増えるのか―国内外の現状分析と女性学長からのメッセージ』東信堂。

高橋裕子・河野銀子（2022）「はじめに―女性学長はなぜ増えないのか」，高橋・河野編著（2022），i-iii頁。（高橋執筆部分i-ii頁；河野執筆部分ii-iii頁。）

男女共同参画局（2024）「男女共同参画に関する国際的な指数　GGIジェンダー・ギャップ指数」（https://www.gender.go.jp/international/int_syogaikoku/int_shihyo/index.html）。

寺田拓司（2024）「77％が入学定員割れの女子大学！　人気下落の5つの理由とそれでも女子大学を選ぶメリットは？」2024年7月1日11時54分配信（DIAMOND教育ラボ，https://diamond.jp/educate/articles/tera_method/400071/）。

成瀬仁蔵著，日本女子大学女子教育研究所編（1984）『新版　今後の女子教育　成瀬仁蔵・女子大学論選集』日本女子大学。

成瀬仁蔵（1984a）「女子高等教育論―女子教育振興策」（明治30年神戸市帝国教育会における演説），成瀬著，日本女子大学女子教育研究所編（1984），2-28頁。

成瀬仁蔵（1984b）「女子高等教育論―今後の女子教育」（大正7年2月『家庭週報』第452号），成瀬著，日本女子大学女子教育研究所編（1984），29-33頁。

成瀬仁蔵（1984c）「女子高等教育論―女子高等教育の可動力」（大正7年9月『女子教育改善意見』所載），成瀬著，日本女子大学女子教育研究所編（1984），34-53頁。

成瀬仁蔵（1984d）「女子高等教育論―男女共学問題」（大正7年9月『女子教育改善意見』所載），成瀬著，日本女子大学女子教育研究所編（1984），54-61頁。

成瀬仁蔵（1984e）「日本女子大学論―日本女子大学校設立之趣旨」（パンフレット　明治29年末から明治30年の間），成瀬著，日本女子大学女子教育研究所編（1984），64-72頁。

成瀬仁蔵（1984f）「女子高等教育論―女子の高等教育の可能力」（大正7年9月『女子教育改善意見』所載），成瀬著，日本女子大学女子教育研究所編（1984），34-53頁。

水原克敏（2011）「第2章　良妻賢母主義時代の女教員観」，生田編著（2011），

37-74 頁。

南麻理江 (2022)「女子大って，今の時代に必要ですか？ 日本女子大学の篠原聡子学長に聞く」，2022 年 3 月 8 日更新，ハフポスト NEWS (https://www.huffingtonpost.jp/entry/story_jp_6221ff5ce4b03bc49a99b40b)。

武庫川女子大学教育研究所 (2023)「表 2. 大学・短期大学・女子大学数と 18 歳人口の推移」(https://kyoken.mukogawa-u.ac.jp/wp-content/uploads/2023/12/23_12_02.pdf)。

武庫川女子大学教育研究所 (2024)「研究成果　女子大学統計・大学基礎統計」(https://kyoken.mukogawa-u.ac.jp/statistics/)。

文部科学省 (2023)「令和 5 年度学校基本統計（学校基本調査の結果）」(https://www.mext.go.jp/content/20230823-mxt_chousa01-000031377_001.pdf)。

米澤彰純 (2022)「第一章　女性学長をめぐる国際的な趨勢と日本の課題」，高橋裕子・河野銀子編著 (2022)，4-11 頁。

CBC MAGAZINE (2023)「激減する男子校・女子高　40 年で 3 分の 1 に　少子化に伴う共学化への道」，CBC テレビ「チャント！」3 月 29 日放送，2022 年 4 月 12 日 19 時 6 分配信，CBC Web (https://hicbc.com/magazine/article/?id=post-6547)。

E-Stat (2024)「政府統計窓口　統計で見る日本」(https://www.e-stat.go.jp/stat-search/files?page=2&query= 男女別学校数 &layout=dataset&toukei=00400001&tstat=000001011528&metadata=1&data=1)。

Hatena Blog (2022)「日本における男子校 女子校 共学校の推移」，2021 年 8 月 16 日配信 (https://o-juken.hatenablog.com/entry/2021/08/16/200728)。

NHK 記事 (2024)「埼玉県立高校共学化 反対する高校生が 3 万人余の署名提出」，2024 年 7 月 23 日 17 時 50 分配信，NHK 首都圏 NEWS WEB (https://www3.nhk.or.jp/shutoken-news/20240723/1000106772.html)。

第 5 章
戦後中央大学の女子学生
──その学びと課外活動と──

奥 平　　晋

は じ め に

　戦前期の私立大学においては，限られた事例を除き，女子学生の入学はみられなかった。同志社大学に始まり，明治大学，東洋大学，法政大学，早稲田大学と続く女子学生入学の系譜はあるものの，数的には限られたものに留まっていた。そもそも，それを担保すべき，法的裏付けが無かったのである。この点からみれば，かつての私立大学の多くは事実上の男子大学であったといえよう。そして，制度上の改革・整備がなされ，私立各大学で女子学生の入学が果たされるようになるのは，敗戦の翌年，1946 年 4 月以降のことであった。但し，この時点での志願者は未だ少数であり，当然ながら女性の合格者・入学者は，ともに限られていた。

　戦後の女子学生誕生には，実質的に米国単独による占領管理体制の下，強力に推し進められた教育改革政策が背景にあった。占領軍はワシントンの政策決定やミッション（米国教育使節団）の勧告を，文書による指令や担当官の口頭による示唆によって実現した。そして，間接占領（間接統治）の文脈から，現地・東京における占領軍の諸政策の実施には，日本側の文部省が対応した。日本の無条件降伏が予想外に早かったこともあり，また政策実施に関わる専門スタッフの不足もあり，日本側の政策協力は占領軍には不可欠であった。その点で

は，戦後の教育改革は，領域により濃淡は見られるものの，占領軍と日本側との協業の成果であるといえる。

　さて，以上の歴史的経緯をふまえ，本章では，まず第1節において，先行諸研究に学び，女子学生の入学に関わる戦後教育改革の展開を素描する。そのうえで，事例分析の対象として戦前期に女子学生の入学実績の無かった中央大学を取り上げ，初の女子学生入学に至る当時の政策対応や学内事情について検討を加えるものとする。

　続く第2節においては，女子学生の学修・課外活動の実際に焦点をあて，関係資料を手掛かりに歴史的叙述に努めるものとする。その際，特に注目するのは課外活動の母体となった女子学生会である。後に学友会所属の団体として公認されるこの組織は，元々は厚生補導の観点から大学当局の政策意図によって作られたものであった。そして，結成の後に数年を経て，昼間部と夜間部の団体とに分岐する。同じ女子学生の団体とはいえ，構成する学生層（年齢，職業の有無等）が全く異なる両団体では活動の方向性には自ずと相違があった。その詳細を明らかにする。また，ジェンダーという考え方もフェミニズムという理念も存在せず，雇用機会均等法（1986年）の恩恵も無かった1960年代の時代状況が生み出した「女子学生亡国論」に対する女子学生による異議申し立てについても言及するものとしたい。

　加えて，2つの女子学生会とは異なる目的で，近接する年代にあって中央大学に設立（1952年2月）された緑法会にも焦点をあてる。緑法会は司法試験を中心とする国家試験の合格を目指す女子学生が結集した学術研究団体である。一般的な学生たちが集まった2つの女子学生会と，高度職業人志向の学生が選抜試験（入室試験）を経て加入を許された緑法会との比較から見えることもあろう。

　なお，繰り返しとなるが，本章では戦後の女子学生とその活動に焦点をあてる。なかには在学時に顕著な業績を挙げ，或いは特定の活動により後世に名を遺した女子学生も存在しようが，あくまで対象とするのは戦後の雑然としたキャンパスに生きた無名の女子学生たちの姿である。目を転じると，分析対象

とする同時代には東大紛争時の 1960 年に不慮の事故で亡くなった樺美智子（当時東京大学文学部生）がいる。或いは，やや年代が下るが，1969 年の没後，数年を経て個人日記が『二十歳の原点』として書籍化された高野悦子（当時立命館大学文学部生）がいる。ともに，高揚する学生運動に深く関わった女子学生である。本章では，敢えて，こういった周知の女子学生は分析対象より捨象し，その他多くの女子学生とその活動に焦点を定めるものとしたい。

　筆者は，前稿において中央大学学友会に属する 2 つの女子学生会（昼間部・夜間部）の概要紹介に努めた。そこでは，引用に供した学内移管資料に関するアーカイブズ学的関心からの叙述に紙幅を費やし，必ずしも女子学生会自体に関する考察に注意を払ったとはいえない。本章では，この欠缺を埋め，依然として資料の残存状況の偏差に制約されつつも，当該期（1950 〜 60 年代）の女子学生の活動について再考することを企図している。

1．戦後占領期の教育改革と女子学生

⑴　教育改革の推移

　戦後の教育改革は，占領軍総司令部（GHQ / SCAP）の一部局である民間情報教育局（Civil Information and Education Section，CI & E）が政策立案と実施の中枢を担い，日本側の文部省がこれに対応する形で進められた。語学に堪能な要員確保の問題もあり，日本側の政策協力は不可欠であった。教育改革の中核となる，この民間情報教育局（CI & E）や，後に新憲法の制定過程で中心となる民政局（Government Section，GS）を幕僚部（Special Staff Section）に置く総司令部が設置されたのは 1945 年 10 月 2 日であった。

　その 2 日後の 10 月 4 日には，「人権指令」が最高司令官のマッカーサーより日本側に手交される。これは，思想，信仰，集会及び言論の自由を制限していたあらゆる法令の廃止，内務大臣・特高警察職員約 4,000 名の罷免・解雇，政治犯の釈放，特高の廃止等を内容とした。当時の東久邇宮内閣は，これを履行

不可能として翌5日に総辞職する[1]。よって，この人権指令に対応したのは後継の幣原内閣である。

さらに，10月11日には「人権確保の5大改革」が同様にマッカーサーより発令される。その内容は① 女性解放，② 労働者の団結権の保障，③ 教育の民主化，④ 秘密警察制度の禁止，⑤ 経済の民主化，であった[2]。そして早くも，翌12日には閣議により婦人参政権付与が決定する。これは，同年12月17日に法改正のうえ公布に至る[3]。

一方，女子教育に目を向けると，文部省において1945年10月中旬過ぎより改革の具体案作りに着手していたという[4]。そして，1945年10月27日には「女子教育刷新要綱（案）」が作成され，12月4日には「女子教育刷新要綱」として閣議諒解を得ている。その基本方針は，① 男女の教育の機会均等，② 教育内容の平準化，③ 男女の相互尊重の促進，というものであった。これらを目途として女性に対する教育の刷新を図るものとした[5]。

そして，1946年3月には第一次米国教育使節団が来日するが，これに備えて民間情報教育局（CI & E）にあっては『日本の教育』を同年2月15日付けで完成させた。日本の教育の歴史と現状について基礎知識を提供する目的で用意されたものである[6]。第一次米国教育使節団は日本側との折衝を繰り返し，国内の各大学を見学し，報告書を最高司令官であるマッカーサーに提出して同年4月1日に帰国している。

以上が敗戦から1946年3月の第一次米国教育使節団が来日する前後までの国内状況である。女子学生誕生への道は，米国の占領政策の下，民間情報教育局（CI & E）と文部省との政策上の連携により，ここに開かれたということになろう。

(2) 中央大学の政策対応（女子学生の入学）

敗戦後の占領軍による教育改革政策，特に女子学生への門戸開放要請に対し，中央大学はどのように対応したのであろうか。中央大学は1946年度入学生より門戸を女子学生に開放すべく，これに先立つ戦後初の入学試験における

女子学生の受験を許可している。この結果により，戦前期より実質的に男子大学の様相であった中央大学にも，少数ながらも女子学生が誕生した訳である。入学試験は1946年4月12日より19日まで，学部ごとに実施され，合格発表の後，入学式は5月15日に大講堂で行われた[7]。このあたりの経緯については，総司令部（GHQ / SCAP）側も注視しており，1946年11月時点で，所管の文部省を通じて各大学に女子学生の入学状況に関する調査報告を求めている。事実上，命令した政策の履行内容の確認である。

　これは1946年11月22日，「学部入学女子学生について」という標題の照会文書[8]において内容が確認可能である。文部省学校教育局長名により，各官立私立大学の学長・総長宛に送付された当該文書には，大きく3つの確認項目が設定されていた。すなわち，1946年4月時点における①「女子の入学者数調」，②「女子入学者に関する調査」，③「女子学生に関する概況」の3点である。この照会文書には記入のフォーマットも示されていた。この3点に，総司令部側で教育政策を所管する，民間情報教育局（CI & E）の問題関心が集約されていたとみて良かろう。

　これに対して中央大学は，学長の林頼三郎名により，1946年11月30日付で回答をしている[9]。現存する控え文書によれば，各項目について以下のような回答がみられる。

①　「女子の入学者数調」については，昼夜各学部（法・経済・商）に関する男女別の入学者数を一覧表として提出している。とはいえ，中央大学への女子入学者は僅か3名であり，報告はこれを示すに留まるものであった。また，女子学生が入学した学部における男子学生に対する女子学生の比率も「0.8％」と報告されるに過ぎなかった。

②　「女子入学者に関する調査」については，3名の女子入学生達に関わる個別情報が報告されている。ここでは，入学者の選抜試験における成績順や最終学歴を問う項目があるが，後述するように3名はともに，明治大学専門部法科を卒業した同期生であった。

③　「女子学生に関する概況」については，問いがさらに3つに分かれてい

る。すなわち，a)「女子の入学に対する一般的感想」，b)「女子学生に対する厚生補導の対策」，c)「其の他女子学生に関する概況」である。a)に関しては，志願者が少なく入学者も3名に留まったものの「然し女子にも向学の門戸を開いたと謂ふことは文化のため誠に喜しきこと〻思料す。」と回答している。b)については「別に女子学生に対して厚生補導の対策は講じていない。」と記すに留まる。最後のc)に関しても，b)と同様の回答内容で「特別の施設等を行はない。」とだけ記している。

　ところで，同様の照会はその他の官立私立大学にも送付されている。例えば，中央大学同様に戦後に女子学生を受け入れた立教大学にあっては，a)について「一般に研学精神旺盛にして明朗孜々とし努力しあり，又一般男子学徒間に於ける和可にして特記すべき事項も認めず。」と記し，b)については「衛生方面補導のため健康相談所を利用す，又女子学生の為に内職斡旋も目下考慮し対策中なり。」と回答している[10]。他方，戦前から女子学生の受け入れ実績のある同志社大学においては，b)について「女子学生控室ヲ備ヘ休憩所ニ当フ女子学生専任ノ女性学生主事ヲ置クコト望マシ。」と回答している[11]。受け入れの対応は，各大学において差があったようである。

　これらの報告に対して，総司令部の民間情報教育局（CI & E）がどういった所見を抱き，その後，文部省に対して政策対応を命じたか否かについて，詳細は不明である。改めて，当該時期の中央大学と文部省との往復文書を精査するとともに，民間情報教育局（CI & E）が大学ごとに作成した調査ファイルを確認する必要があろう。併せて，当時の民間情報教育局教育課の業務日誌（Daily Report）により政策動向を把握し，局長クラスに事案を説明するために作られる担当者研究（Staff Studies）に代表される，関係文書を確認する必要もあろう[12]。

　ところで，上述した文部省からの照会に関して，中央大学は殊更に女子学生に関わる厚生補導の施策を執っていないことを述べている。しかし，女子学生会の創設や会室の確保については，本来は厚生補導の一環として位置付けられるものである。この照会事案があって以後，何らかの学内議論があって，重要

な政策変更が行われた可能性が高いものと推察される。この資料的な裏付けも，学内文書から確認の必要がある。

　なお，この照会事案があって後，女子学生を取り巻く学修環境に変化が生じた可能性は，女子学生会創設は別として，必ずしも高いものでは無い。特に施設面でいえば，1950年代に入ってからも大幅な改善傾向は見られなかったようである。中央大学の旧制学部自治委員会の発行による機関誌『批判と主張』第6号（1950年1月23日）には，「女子学生の為に便所の鍵を完全にせよ」という，トイレの整備を主張する記事が見られる。投稿記事（無署名）と思われるが，具体的には「学校当局は何をおいても便所の鍵を完全にすべきである。」[13]と記されている。戦後1950年に至ってなお，女子学生の利用を想定した学内整備は万全ではなかったということであろう。女子学生の入学という所期の目的は，3名の入学と，規模は小さいながらも果たされたものの，未だ校舎環境の改善は果たされていなかった。少なくとも，それが1950年初頭における中央大学の現実であった訳である。

(3)　女子学生の誕生

　戦前期の私立大学にあっては，限られた事例を除き，女子学生の入学は制度的に認められておらず，それは中央大学においても例外ではなかった。女子学生による入学試験の受験が認められ，これに合格した者の入学が実現したのは，敗戦後の1946年5月になってからのことであった。これは，何より先述した戦後教育改革による政策効果が如実に表れたものであった。事ここに及んで，女子学生の「誕生」に至ったのである。

　この時，中央大学に入学した女子学生は法学部（夜間）3名，専門部7名の合計10名である[14]。そのうち3名の法学部生は，もともと明治大学女子専門部女子部（法科）を1943年9月に卒業した同期生であった。卒業は，男子学生同様に学徒出陣による在籍年数短縮が適用された時期である。この3名は中村恵美子，箕輪イネ，永石泰子である[15]。

　このうち，永石泰子は学部在籍中の1948年に司法試験に合格。1949年3月

の卒業後は 1951 年に裁判官として任官。1976 年の退官後は弁護士として活動する傍ら，明治大学の法学部に講師として出講した[16]。法曹としてのキャリアのなかで，永石は 1973 年当時，静岡地裁沼津支部の裁判官として 12 月に「男女の定年格差」を違憲とする判決を下している[17]。なお，永石は任官当時のことを回想して「憲法の守り手になろうとの使命感に燃えて裁判所の門をくぐった，ういういしい世代がそこにはあった。戦後誕生した司法研修所を出た新米の裁判官であっても新しい日本を担う気概に燃えていた，といえよう」と後年述べている[18]。

さて，初の女子学生の入学に関しては『中央大学新聞』が当事者への聴き取り（座談会）を交え，「女子学生を囲む座談会　中大に何を求めるか？」なるタイトルで比較的詳しい記事にまとめている[19]。一問一答形式による，この聴取企画では紙上をみる限り，合計 6 項目が女子学生 3 名（紙上匿名 A・B・C）に問われた。この 3 名が，前記の女子学生に対応するものであろう。

すなわち，問 1「志望理由」，問 2「大学での学びと国家試験」，問 3「本学の感想」，問 4「男女共学について」，問 5「支持政党」，問 6「婦人代議士について」である。問 4 までの回答をまとめると以下のようになる。問 1 については，「農村女性をめざめさす女性指導者となるため」（A），「国家試験にパスして女性のためになる仕事をしたい」（B），「代議士か弁護士になるため」（C）。問 2 については「国家試験至上主義の勉強はしたくない」（A），「（回答なし）」（B），「現在は一心にただ法律の中身を勉強すれば良いと思う」（C）。問 3 については「妙に冷たい感じを受けた」（A），「女子用便所，その他女子の為の設備は今のところ全く無い」（B），「質問しても男子学生が親切に教えてくれて嬉しい」（C）。問 4 については「男女共学は良い」（A），「大学における男女共学は良い」（B），「（回答なし）」（C）。以上のような回答が並ぶ。女子学生からの回答をみる限り，A と C に個性が際立ち，問 2 にあるように特に C の法律学修に賭ける思いが強い。紙上匿名の座談会ながら，発言者はおおよそ推察がつくところである。

一方，女子学生の入学について周囲はどのようにみていたのであろうか。当

該期の『中央大学新聞』の紙面からは，女子学生に対する男子学生の否定的な所見はおおよそみられない。時代は少し下るが，1950年代の刊行物には次のような記述が見られる。戦前期の卒業生の所見である。「女子学生が，これからどんどんはいってきて，中央大学に新風を入れてくれたら，どんなにいいか，分りきったことじゃないですか」[20]。男子学生ばかりの戦前の教育を受けた卒業生からして，女子学生の母校への入学は歓迎すべきことであったようである。女子学生を迎え入れるための設備面における各種の不備（女子トイレの不足等）はともあれ，人的対応に関しては問題は生じなかったようである。

2．中央大学における女子学生

(1) 学 修 環 境

　戦後，初めての女子学生を迎え入れた中央大学の学内環境は，実際どのようなものであったのであろうか。当時の学生や教員による回想の記述を手掛かりにこれに目を向けると，未だ癒えない戦争の傷跡の存在が改めて浮かび上がる。それは，都市空襲被害を免れたという中央大学においても有効な指摘なのである。

　例えば，神保博行教授（教育学）の回想によれば，敗戦間も無く，ようやく授業が再開された頃には，夜間部の授業終了後にも帰らない者がいて，住宅難により大学の校舎（教室）に寝泊まりする学生の存在が指摘されている[21]。また，学徒出陣により1943年に海軍に入団し，南方海域での激戦をくぐり抜けて復員後は法学部に復学した野村泰治[22]によれば，教室内における復員学徒の精神的な苦悩の様子が語られる[23]。戦争がもたらした負の側面は，敗戦後も依然として大学内に残存していた訳である。

　そして，野村に代表される学徒出陣世代が学窓を旅立って以後は，急激な学生数の増加と施設拡充・整備の遅延による様々な矛盾が学生をして苦しめることとなる。「青年像を造る会」の一員として，戦後1940年代後半から50年代

初頭にかけて広範な運動を主導した岡本明久によれば，入学試験時にコンクリートの校舎と中庭（土の無い）には何か拒絶する冷たい心象を感じたという。さらに，入学後には学生たちで溢れかえる中庭は喧騒を極めたものの，岡本自身は孤独を感じていた。学生たちは街を素通りする他人と同じであり，談笑し，親しく語り合う余裕は無く，やがてやり切れない気持ちに至ったというのである[24]。岡本はここで，欠けたる何かに気が付いたと指摘する[25]。

中央大学は戦後，旧制の予科や専門部を閉鎖する一方で1950年に通信教育部を開設し，1951年には戦前より待望されていた文学部を開設し総合大学としての体裁を整えた。そして，1955年に創立70周年を迎え，1965年には80周年を迎えた[26]。女子学生の姿が記録写真において確認されるようになるのは，創立70周年の1955年頃からである。周年記念の横断幕を手にパレードで街頭を行く女子学生の姿は，戦前期の男子学生のみで構成されていたかつての中央大学とは全く異なる印象を見る者に与えた。

以上のように，戦後の中央大学は戦争の傷跡を内包しながらも，多くの学生を迎え入れて巨大化の道を歩み，新学部の設置や周年記念事業を行うのであった。しかし，大学の発展状況は必ずしも学生たちの学修環境の向上へは直結せず，先述の岡本の指摘にみられるように矛盾の蓄積が顕著となる。学長の林頼三郎が折に触れて言及するスローガンの1つ「家族的情味」[27]とは異なる実態が戦後の中央大学にはあった。そういった状況下，女子学生たちは入学してきたのである。

(2) 女子学生会の設立

初の女子学生の入学をみた1946年には，早くも女子学生会が結成される。これは，そもそも大学当局による厚生補導[28]の視点において用意されたものであり，本来的に女子学生自身の意思を反映したものではない。後年，編集された女子学生会の会誌を見る限り，大学側の配慮による施策であったことが明らかにされている[29]。

そして，ここでいう厚生補導とはすなわち，未だ学内で少数に過ぎない女子

第5章　戦後中央大学の女子学生　145

学生たちの精神的安寧を保障する「居場所」作りを目的に団体が立ち上げられ，その活動の拠点としての会室が設けられた，ということを意味する。つまり，依然として男子学生が大多数を占める大学にあって，同じ境遇に置かれた女子学生がいて，相応の場（不完全ながら）が用意されて，初めて当局の厚生補導は成立したということでもあろう。

　女子学生会は，結成の翌1947年10月には学友会より公認されるに至る。ここに組織の歴史は始まるが，当初の女子学生会は，昼間部と夜間部の学生が同一組織内に存在するものであった。活動の時間帯が異なる学生が，同一組織内に混在することで生じる運営上の支障は大きかった。それゆえ，後述するように1950年になると夜間部学生たちは設立申請書を提出して，新たに独自組織を立ち上げることとなる[30]。夜間部の女子学生会が学友会に公認されるのは，翌1951年になってからである[31]。

　ところで，女子学生会に充てられた会室は他の類縁部会と同室のものであって，必ずしも恵まれたものでは無かった模様である。加えて，会員の女子学生をして折々に「もぐら」と自嘲的に語らせるように，会室は駿河台校舎2号館の地階に置かれていたという[32]。このように決して環境的には恵まれなかった女子学生会であったものの，会長の人選に関しては配慮がみられた。すなわち，発足当初は寺田四郎教授（1946年〜）や守屋善輝教授（1949年〜）であったものが，後には女性の佐藤富枝教授[33]（1954〜1973年3月）が会長職に就くに至ったものである。なお，この佐藤教授の在職期間までは会長職は昼夜の団体で兼務であった。

　守屋善輝教授が会長職にあった1953年当時の学友会の部会紹介にあって，女子学生会は次のように刊行物にはミルトンの言葉を引きつつ記されていた。草創期の女子学生会の概要が分かる紹介である。「昭和二十二年「習性を破る力が最も偉大な力だ」と叫んだミルトンに学んで真の人間生活の発展のために，月2回の懇談会，討論会，茶道，華道の研究を行い，女性の明日を担わんものと，真剣な研鑽をつんでいる。会室本館地下。会長はフェミニストの代表者守屋善輝教授。」[34]。

因みに，以上のような駿河台に学ぶ女子学生を対象とした昼夜の組織の他に，後楽園に学ぶ女子学生を対象とした後楽園女子学生会なる組織も存在したようである。これは1958年1月付けの記録[35]に現れる団体であるが，活動の痕跡は極めて少ない[36]。しかも，学友会に属さない団体として大学当局には認識されていたものである。これに関しては，別途の解明が必要となろう。

(3) 分岐する女子学生会（昼間部・夜間部）の活動

1) 第一女子学生会（昼間部／学友会文化連盟）の活動全般

先述のように，当初は昼間部と夜間部の女子学生がともに所属する合同団体であった女子学生会が結成されたのは1946年のことであった。文化部所属の部会としての学友会による公認は，翌1947年10月のことである。創立目的は「女子学生の少ない中大に於る女子学生の憩いの場として設けられ，お茶やお花を中心活動とする趣味サークルであったが，その後数名の活動家諸姉の手により婦人問題を研究するサークルとして確立され」[37]たというものであった。そして，会の創設当初より「婦人問題研究会」というもう1つの名称も併せ持っていたという。会員の問題関心は女子労働者の問題にあり，これは経済的差別の撤廃と婦人解放両側面から，取り組むべき主要課題と位置付けられていたのである。

第一女子学生会による会誌の創刊は1952年であった。創刊当初は正式なタイトルが無く，『女子学生会　機関誌』とのみ題字として記されていた。これが，会員間の公募により『こだま』となり，後に1957年11月の刊行より『タンポポ』（『たんぽぽ』）と改題している。『こだま』以降の発行においては，毎号，表紙に編集担当者による特徴的なイラストが掲載された小冊子の体裁となった[38]。

会誌は会員学生による寄稿が誌面の大半を埋めた。具体的には，現状分析，問題提起，書評・新刊紹介，映画評，詩歌作品，ゼミや講演会等の活動報告等である。何れも，当時の女子学生たちが置かれた社会的・学内的な状況を背景に記された寄稿であり，実態解明に資する手掛かりとなろう。また，定期発行

の機関誌の他に白門祭参加時の『報告書』[39] が作成されたり，会員の論考５本を集成した論文集[40] も発行されている。論文集の発行事例は僅かに１件と少ないが，当時の会員の問題関心が凝縮された資料として，歴史的価値が高い。

会の日常活動は，会誌の年間活動報告の欄に詳述されている。通年開催のテーマ別ゼミの開催，外部講師による講演会の開催，関係機関への社会見学，シンポジウムの開催，母親大会への参加，そして専門講師によるコーラスや華道（草月流）・茶道の講習も開催されたという。自分が属する生活世界に端を発する日常的な社会問題全般や婦人問題へ注視しつつも，同時に女性として身に付けておくべき作法やたしなみに関する学びの欲求も，学生には根強くあった模様である。この点は，その重要性を会長（顧問教員）の佐藤富枝教授も強調するところである[41]。

ところで，昼夜の女子学生会に共通する特徴であるが，両団体ともに別表のように図書購入の実績が高い。図書館の蔵書とは別に，実質的に会室が専門図

表5-1　第一女子学生会（昼間部）の基本情報

	女子学生会（昼間部／第一女子学生会）	
1	設立年次	1946 年，昼夜の合同部会として設立。1949 年より昼間部の単独部会に。
2	学友会公認年次	1947 年 10 月公認。
3	会長 （顧問教員）	1946 年より寺田四郎教授（法）→ 1949 年より守屋善輝教授（法）→ 1954 年より 1973 年 3 月まで佐藤富枝教授（文→経済）→（1974 年以降略）
4	部会名称の変遷	女子学生会（1946 年）→第一女子学生会（1947 年）→第一婦人問題研究会（1968 年 6 月 18 日）→女性問題研究会（1980 年 9 月）
5	会誌名称	『女子学生会機関誌』（1952 年）→『こだま』（1954 年 6 月）→『タンポポ』（1957 年 11 月）→『女子学新聞』（1963 年）→『KLARA』（1980 年）
6	その他刊行物	『大学祭総括』，論文集『さらふぁん』（1964 年 3 月）など。
7	白門祭学術企画	展示「母親運動の歴史」（1958 年秋季），「期待される婦人像」（1966 年秋季），「大卒女子労働者の権利と実情」（1967 年秋季）他。
8	解散年次	2005 年 10 月。
9	備考	活動停止期間（1969 ～ 1977 年度）あり。1978 年度より活動再開。

表 5-2　第二女子学生会（夜間部）の基本情報

		女子学生会（夜間部／第二女子学生会）
1	設立年次	1949 年，会則有効により女子学生会（合同部会）より分離独立。
2	学友会公認年次	1951 年 2 月 5 日公認。前年 1950 年 9 月に設立申請書を提出。
3	会長 （顧問教員）	1946 年より寺田四郎教授（法）→ 1949 年より守屋善輝教授（法）→ 1954 年より 1973 年 3 月まで佐藤富枝教授（文→経済）→（1974 年以降略）
4	部会名称の変遷	女子学生会（1946 年）→第二女子学生会（1949 年）→第二婦人問題研究会（1980 年）
5	会誌名称	『うしお』（1951 年）→『いぶき』（1975 年頃）
6	その他刊行物	歌集『うたいましょう』（1961 年 5 月）など。
7	白門祭学術企画	「婦人と職業」（1958 年秋季），「最低賃金」（1960 年秋季），「大学教育制度について」（1962 年秋季），「農村婦人の立場」（1966 年秋季）他。
8	解散年次	1992 年 10 月。
9	備考	1975 年 3 月に新たに会則を施行。

書室の機能を備えていた可能性もある。主に学友会への購入申請による蔵書の構築だったものであろう。図書の購入は，すなわち会の活動の根幹にあたるゼミ活動での文献講読に備えてのものであったことは明白である。選書の幅は，文学・歴史・婦人問題と昼夜両団体ともに存外に広い。会員が日常的に参集する会室に多くの魅力的な図書（会員自らが選書にあたった）があり，そこに学びの場としてのゼミが運営されることにより，活動が展開した。女子学生会の当初の活動の根幹はこの点にあったものといえよう。

2）「女子学生亡国論」と第一女子学生会

　ともすれば分散傾向にあった会員の興味関心や，定まらない会運営の方向性に，行きつ戻りつする昼間部の女子学生だったが，迷いながらも日常の活動を重ねた。女性としての教養，たしなみとして華道の教授を定期的に受けながらも，学問的研鑽としてゼミ活動も行っていた。学園祭でその成果を展示として発表することもあった。かかる状況下，1960 年代になると社会情勢が彼女た

第5章　戦後中央大学の女子学生　*149*

ちの活動に刺激を与えることとなった。それが，当時の世情を賑わせた「女子学生亡国論」[42) である。標的とされた意識もあり，以後，これに対する反論を展開することとなる。

　そもそも女子学生亡国論とは，早稲田大学の暉峻康隆教授が学内誌『早稲田公論』[43) で述べた内容が学外の一般誌（『婦人公論』，『週刊新潮』，『週刊朝日』[44)）に掲載されたことで，一気に拡散した言説であった。マスコミが意図的に内容を増幅したこともあり，当初，暉峻教授が意図したものとは異なる内容で流布された可能性が高い。さらに暉峻以外にもこの議論に加わった大学教員がいる。慶應義塾大学の奥野信太郎教授であり，その大学での同僚である池田弥三郎教授である。池田教授は「大学女禍論」[45) を説いた。女子学生亡国論は，当時大幅な増加傾向にあった女子学生が対象となったこと，そして論者に早慶という私学の雄の教員たちが加わったことも手伝って，社会的に波紋を投げかけるものとなった。

　これに対して，第一女子学生会の学生たちは，関連する講演会の開催やアンケート活動，或いは論考の発表をもって異議申し立てを展開する。そこには当事者として，捨て置けない事案としての認識が強くあったのであろう。ジェンダーという考えも，フェミニズムの理念も無い時代の旧世代の大学教員の発言が，女子学生を大きく刺激した訳である。

　さて，異議申し立ての具体的内容に目を向けたい。もちろん，ここで注目するのは第一女子学生会の会員たちの反応である。この問題は，そもそも有職者の多い第二女子学生会では話題には上ってはいないのである。主として反論は会誌において個別に示され，それが発展する形で学園祭（白門祭）の企画において，外部講師を招いた議論の場で，俎上に載せられてゆくという経緯をたどる[46)。会誌においては，「女子学生亡国論」が「婦人は家庭に帰れ」等の問題と合わせて議論されていた様子が記されている。女子学生を標的とした論難（＝亡国論）は，すなわち女性全体に関わる問題として，当事者としての女子学生には認識されていたのである。第一女子学生会で開かれていた婦人問題ゼミナールでは，基本的にそのように認識されていた。と，同時に，この理不尽と

もみえる論難に対して「如何せん女子学生の社会における重要さは増大している。女子学生の社会的活動が社会を変革する可能性は非常に多い。」[47] という指摘もある。旧世代から発せられた問いに対して，実は当の女子学生側においては，比較的冷静な分析眼をもって観察していた可能性もある。亡国論を主唱した旧世代が否定しようにも，女子学生は数的に増加基調にあり，その影響力により社会の構造変革につながる可能性もある訳なのである。

　以上のような会誌を中心とする意見表明は，学園祭に議論の場を移す。1963年の春季白門祭では，5月18日に講師としてジャーナリストで婦人運動家の松岡洋子を招いて講演討論会「女子学生亡国論・反論」を駿河台校舎の地下会議室で開催している。当日配布された資料によれば「私たち女子学生会は，学生の在り方，大学の在り方，更に発展して社会と大学，勉学との関係について考えてみなければならない重要な問題として取り上げた」[48] ものと，開催趣旨が説明されている。続けて資料は，女子学生亡国論の概要を主要論者ごとにまとめて提示する。もちろん，冒頭には暉峻康隆教授が配置される。論点を紹介したうえで，亡国論に関する，中央大学の男女学生を対象としたアンケート結果を示す。これを一瞥する限り，女子学生による拒否反応が非常に強い反面，男子学生の無関心ぶりが顕著なものとして浮き彫りとなる。また，女性の社会進出に関する問いでは，6割を超える女子学生から「必要」との回答があった一方，男子学生からは「必要性無し」との回答が半数近く寄せられている。問題に関する認識の断層が改めて明らかとなったアンケートの結果であった訳である。

　この白門祭における講演討論企画の後，翌1964年3月には企画を主催した第一女子学生会から短編を集成した論文集が発行されている。ここには，当該企画に関する要約の論考も掲載されており，女子学生たちの主張も盛り込まれている。それは，会誌に記されたこと同様に抑制が効いた内容でありつつも，亡国論の内包する問題性を突く記述となっている。曰く「亡国論が同じ人間，同じ学生である男子には起らず女子に起るというのは日本女子に対する劣悪ではないだろうか。」と述べる。また，これも現状の置かれた状況の分析で「戦

後男子大学への女子の進出が多くなってきた今日，女子の自覚も含めてその社会的立場，待遇など改善，発展させる過渡期なのかもしれない。」と指摘する。そのうえで，「私たちは後輩の女子に対して基盤を作る責任を感じなければならない。結局大きな目で見たら女子学生亡国論も女子と男子との差別が根底に流れていると思う。」[49] と述べる。マスコミが意図的に増幅した内容が「亡国論」の実体ながら，それに対する情緒的な反発というよりもむしろ，怜悧な分析眼をもって腑分けを試みる女子学生の姿がそこにある。というのが，亡国論なる論難に立ち向かった女子学生たちが得た戦果といえるのではないか。

　そして，現役の女子学生たちは後進に対しても「基盤」，すなわち大学において女性として学び，教訓を蓄積し，社会進出の成果を挙げることについて自覚的であることの必要性を，強調しているのではないか。ここにおいて，女子学生は亡国論の主唱者たちの意図を遥かに超えたようにも思えるのである。亡国論は，主唱者の当初の意図に反して，実は対象とされた女子学生に貴重な考える機会を与え，その成長を促したようにも，実は見えるのである。

3)　第二女子学生会（夜間部／学友会学友連盟）の活動全般

　夜間部学生による第二女子学生会は，当初は昼夜混成の組織であった女子学生会の内より，夜間部学生の有志によって分離・結成されたものであった。1949年4月が夜間部女子学生会の会則有効日であることから，ここにおいて新組織が編成されたものであろう。委員長をはじめ，9名の委員による「設立趣意書」[50] が学友会総務部に提出されたのが，翌1950年9月のこと。これが受理されて公認に至るのは，さらに1年後の1951年2月5日のことであった。この趣意書によれば，夜間部団体の分離申請当時で，女子学生会は150名ほどの会員数であったとのことだった。昼夜で活動の時間帯が異なるとはいえ，1団体で150名の会員というのは，かなりの大所帯であったといえる。そして，趣意書は置かれた現状の問題点を次のように指摘していた。

　　私達夜間部女子学生は昼間職業をもっており種々事情が異なるので実際上

これらの活動の全部を昼間部の女子学生とは全然別個に行っておりただ一
　　つ予算面だけは一つに拘束されなければならない状態におかれておりま
　　す。しかしこのことは，事実上，昼夜全然別個の活動をなし，会の運営を
　　計るとき，種々な面において非常に障害を来たし，運営にも困難であり
　　……（後略）

　この設立趣意書に記された現状の問題分析と夜間部会員の支持を背景とし
て，女子学生会の有志会員は組織の分離・再編を主張したものであった。後年
に至り，学内刊行物にあっては「会員の増加」による分離・再編を説明する事
例もみられる[51]。しかし，これはいってみれば公式見解に過ぎず，実態として
は予算の問題が第一にあり，また勤労学生と昼間部学生との価値観の相違と
いった面も深層部にはあったものと推察されよう。世代幅の異なる学生を，同
じ女子学生という括りで同一の組織に加入させるというのでは，最初から会務
運営に支障を招くのは明らかであろう。女子学生会という組織の発想の根源を
考える時，それは大学当局にあり，厚生補導の視点からそれが作られた事情を
思い起こせば，大学当局の見立ての甘さがそこにあると気が付くことになろ
う。第二女子学生会の成立は，以上の事情を後景に置いて，進行したもので
あったのである。

　ところで，夜間部の女子学生会にあっても会誌の発行は積極的に行われてい
た。創刊時期は，公式には 1951 年 4 月 20 日とされる。昼間部団体の会誌の創
刊時期に近接した 1952 年 9 月の段階で既に第 5 号の会誌が発行されており，
夜間部学生の執筆意欲がうかがえるところである。発行の年代によって冊子体
と一枚物（新聞体裁）の相違がみられるが，誌名は一貫して『うしお』であり，
昼間部団体の会誌同様に表紙には特徴的なイラストがみられる。時にそれは母
親と子どもを描いたものもあり，母性を感じさせる仕上がりであった。会誌の
内容は昼間部団体のものと大きく変わるものでは無いが，見学会の参加記の掲
載が多くみられる。夜間部という時間的制約が大きい学修環境ながら，長期休
暇等を利用して，積極的な課外活動を展開していたことが誌面から看取できる

のである。定期発行の会誌の他に，1960年代になると，中央大学の校歌や各種の学生歌に，労働歌等を加えて編集した軽易な歌集[52]も作られた。

夜間部団体の会誌を読む限り，団体の活動に昼間部団体との大差は見られない。講演会の開催や読書会やゼミの開催など，昼夜団体に共通する要素は多い。しかし，有職者が多く構成年齢が比較的高いこと，或いは必然的な活動時間の制約もあり，取り組む姿勢には片時も無駄にはできないという，危機感と表裏一体のモチベーションの高さが感じられるのである。ここに，目的を同じくしながらも，昼夜両団体の在り方に大きな違いがみられることが明らかになるのである。

4）　第二女子学生会と現地調査活動

有職者が多くを占める夜間部学生が参集した団体であり，活動時間も授業終了後に限られていた第二女子学生会であったが，存外にその活動は積極的なものだった。特に，長期休暇期間における現地調査活動（フィールドワーク）には積極的に取り組んでいた様子が，当時編集されていた会誌からうかがえる。調査地域は学生同士の話し合いで決められていたもので，興味関心により農村地域や都市部を対象として設定して計画立案のうえフィールドに入った。基本的に学生たちの興味関心の中核は都市の女性労働者であり，農村部の女性であった。そして，成果が学園祭で展示として発表されたケースもみられた。

そのなかで特筆すべきは，近江絹糸の労働争議に関する実態調査[53]である。この1954年6月から同年9月にかけて発生した大規模労働争議について，第二女子学生会は現地調査を展開している。会誌『うしお』第11号（1954年10月）[54]を見れば，以下に示す夜間部学生たちの強い問題意識と当事者への共感（連帯意識）がうかがえる。

　私達働く女性の苦しみを典型的に表わしているのが紡績の女工さん，更に極端に肉眼にまで感じるのが近江絹糸の女工さん達であると，それ故この近江絹糸の女工さん達の実態調査をすれば私達の置かれている社会での地

位，或いはそれを許す社会規定そのものが一番はっきりと掴み出せるのではないかと，この様な見解からかく近江絹糸の研究テーマに取り上げたのです。

　そして，この会誌には「近江絹糸調査目録」の表題の下，一般的考察，専門的考察，補足と，3部構成からなる報告書の素案が掲げられている[55]。そこには，各項目の執筆担当者の氏名も配列されており，当時，少なくとも分担までは決まっていたようである。また，この調査活動にあたっては女子学生会の前会長である守屋善輝教授や嶋津千利世[56] その他，専門研究者による支援・助力があったことも明示されている。他方，編集上，或いは研究上の遅延により未だ報告書の刊行に至っていない苦しい状況が語られている。

　本章の執筆時点で，関係資料の残存状況による制約もあり，当該報告書の所在は不明のままである。よって，最終的に原稿が出揃って刊行に至ったものか，或いは中途で挫折したものなのか，それは分からない。しかし，近江絹糸労働争議の調査が，創立以来の第二女子学生会の活動において，特筆すべき存在であったことは，もはや間違いないところであろう。

　なお，第二女子学生会による現地調査活動（フィールドワーク）の系譜は，その後も対象地域やテーマを変えて続けられてゆく。1965年から翌66年と，2年越しで第二女子学生会は農村婦人を調査対象に，新潟県東頸城郡へ赴いている。都市部の婦人労働者と並び，農村婦人への関心が会の志向性であったということであろう。同時に，現地調査を重視する姿勢からは，机上の理論に埋没せず，現場をわが目で見て話を聴いて事実確認する会員の実践志向がうかがえるのである。

5）　白門祭と2つの女子学生会

　中央大学にあっては春季5月と秋季11月の2回，学園祭が開催され現在に至る。その名称は「白門祭」と呼ばれる[57]。この，年間2回の学生主導による学内行事において，昼夜2つの女子学生会は，それぞれに展示会や外部講師を

招聘しての講演会を開催し，或いは共催の行事を行っていた。それは，両団体による共催もあれば，他の学生諸団体との複合的共催形式もみられた。名称が白門祭となり，第1回目が開催された1956年から，学生紛争により開催が中止される前年の1968年までをまとめると，その概要は表5-3の通りとなる。関係資料（白門祭パンフレット等）の欠落年があるが，おおよその白門祭における女子学生会（昼夜）の動向は把握可能である。そこには，観察によってみえてくる特徴や傾向がある。

　昼夜の女子学生会とも，実施する企画は① 学術展示会，② 作品展示（華道・手芸），③ 学術講演会，④ 映画上映会，⑤ パフォーマンス（ステージ，屋外），⑥ その他，に大別される。概ね，企画は昼夜の団体別に開催されるが，②や⑤は両団体による共催となる事例もみられた。結成後に組織が昼夜別に分岐したとはいえ，両団体には相応の協力関係や交流があったものといえよう。

①　学術展示会は，両団体にとって各年の研究成果を発表する中核的企画であった。よって，テーマ選定にも会場準備にも多くの時間を割いたことが会誌からもうかがえるところである。テーマ的には，女子学生の団体らしく婦人問題やその労働環境に焦点をあてた内容が選ばれることが多くみられる。最低賃金，社会保障，女性差別，結婚等々，女子学生の視点が注がれるテーマは尽きなかった。そういったなか，第二女子学生会が企画した展示「農村婦人の立場」（1966年秋季）は複数年にわたり重ねた現地調査の成果を反映させたものであり，活動成果としては特筆されよう。この時の調査対象地域は，新潟県東頸城郡であったとのこと[58]。視点は都市と並んで農村地域にも注がれていた。

②　作品展示（華道・手芸）は昼夜の両団体に共通する分野でもあり，共催されることもあった。華道（草月流）や手芸の展示は，学術活動とは異なる，女子学生の課外活動のもう一面を表す機会ともなった。大学における学びの多様性を象徴する企画ともなったものといえよう。ゼミにおける研究活動がある一方で，華道・手芸があっての女子学生会という訳である。

③　学術講演会は，外部講師の招聘により実施されるもので，女子学生の興

表5-3 昼夜女子学生会と白門祭 (1956～1958年)

年次	回数	白門祭テーマ	第一女子学生会（昼間部）	第二女子学生会（夜間部）
1956	秋季01	*	*	*
1957	秋季02	*	上映（16ミリフィルム）：劇映画「女教師の記録」（小講堂）11/15（金）11:00～ 養護施設児招待音楽。創作民話劇、人形劇、コーラス。ゲーム（小講堂）11/17（日）11:00～15:00 ※YMCA、教育研究会、音楽研究会、こだま会、文化科学研究会 詩友会と共催。 華道（草月流）・第一・第二女子学生会の共同企画。11/14（水）～17（日）8:30～20:00。会場不明。 フォークダンス：於中庭（11/17（日）14:00～16:30 ※自治会。こだま会と共催。	展示：「売春禁止法施行を前にして―原生問題の発明―」（312号室） 講演会：神近市子「売春禁止法施行を前にして」（317号室）11/17（日）13:00～16:00
1958	秋季03	スローガン5点（平和と民主主義擁護のための、学園の自治と学問の自由のための、働く学生の生活と権利を守るための、新しい文化創造のための、社会と学園を結ぶための、白門祭）	前夜祭（舞踊）「春の海」「フィンランドの森の生活」「花のすがた」「キャラバン」（大講堂）。昼夜女子学生会の共同企画。11/9（日）17:50～18:30。 展示：「母親運動の歴史―母親運動当面の課題と今後の展望」（大講堂2F） 「恵まれぬ子供たちを招待する会」：人形劇、話術、16ミリフィルム映画上映。マンドリン演奏（於小講堂）11/9（日）11:00～15:20。※こだま会、音楽研究会、女子学生会、YMCA. 華道（草月流）・手芸展示：華道作品を25点展示。会場不明。 展示：「母親運動の歴史―母親運動当面の課題と今後の展望」（大講堂2F）	展示：「婦人と職業―職業を通じての女性の地位と今後の問題―」（大講堂2F）
1959	秋季04	*	*	*
1960	秋季05	スローガン5点（新らしい文化の創造と豊かな学園生活の建設の、平和と民主主義を守り学問の自由と勉学条件改善の、学園の民主化と学生の生活と権利を守る、クラス・サークル・ゼミナール活動の発展充実のための、白門祭）	展示：「社会問題」「男女賃金格差は何故存在するか」（203号室）	展示：「最低賃金」（204号室）

年	季・回	スローガン	企画①	企画②
1961	秋季06	スローガン6点（憲法擁護、平和と民主主義を守る、新しい文化の創造と新しい社会の建設の為の自治、学問、思想の自由を守る。現代社会に於る疎外の打破と人間性の回復の、健全な精神の昂揚の、学園の民主化、基本規定改正のために。	展示：社会問題「資本主義社会に於ける婦人労働者の歴史」（312号室）	展示：社会問題「合理化攻勢が女子労働者に求めるもの」（311号室）
1962	秋季07	明日へのいぶき 旧い中大くたばれ！	展示：社会問題「近代的一夫一婦制の危機」（123号室）	展示：社会問題「大学教育制度について」（201号室）
	春季07	※	講演討論会：松岡洋子「女子学生亡国論・反論」（地下会議室）5/18（土）14:00～16:00	映画会：「異母兄弟」（音楽鑑賞室）5/17（金18:30～20:00 溤田中絹代、三國連太郎主演。
1963	秋季08	氾濫！この状況を前に我々はどうする！―宙ぶらりんの位置に訣別を	展示：社会問題「結婚と職業」（309号室）	展示：社会問題「男女差別問題」（311号室）
	春季08	我が行く手を守れ この現状を守れ！学生としての自覚を！前に大学生として 間の再検討を！	講演会：「文化における真の国際性とは何か」5/16（土）12:00～14:00 ※開催中止 下会議室	映画：「（タイトル不明）」（音楽鑑賞室）17日(日)19:00～20:00
1964	秋季09	沼地から抜け出せ！―近代化と福祉の―	展示：社会部門「家庭生活、近代のひずみ―青少年問題と家庭生活―」（2号館219号室）	展示：社会部門「社会保障―保育問題―」（2号館315号室）
	秋季10	対話の回復 権利の意識の創造 の為に	展示：「不況の中の女子学生」（2号館325室）	展示：社会問題「日本農学の実態と私達の立場」（2号館316室）
1965	秋季11	擬制の自治に怒りを組織せよ	講演：松岡洋子「ベトナムにおける女性」（大講堂）11/1（火）14:00～16:00	※
1966	秋季11	共同体イデオロギーの中にたたきこめ！	展示：社会問題「期待される婦人像―真の男女平等のために―」（4号館60号室）	展示：社会問題「農村婦人の立場」（2号館314号室）
	春季12	※	※	講演会：橋本宏子「戦後婦人は進歩したか」（151号室）4/28（金）19:00～22:00
1967	秋季12	※	展示：「大学女子労働者の権利と実情」（5号館671号室）	※
	春季13	資本主義1968年―その残された未来へのクロニカルな序章―	映画会：「メコンの炎」（51号室）5/17（金）13:30～前夜祭	展示：「合理化と婦人労働者」（2号館231号室）
1968	春季13	※	※	※
1968	秋季13	※	※	※

注1：白門祭の開催情報は各年発行のパンフレットを参照した。併せて『中央大学新聞』の記事を参照した。何れも、中央大学資料館事務所所蔵。

注2：白門祭は春季と秋季に開催されるが、春季（新入生歓迎白門祭）のパンフレットの残存はない。よって、上表は確認できた年次のみの情報を加えた。

注3：1969～1977年度は白門祭は公式には開催中止。1978年度（多摩）より再開。1978年秋季白門祭（第14回）の統一テーマは「多摩の地に甦る文化の地平」。

味関心を反映させたテーマ選択・講師の人選となっている。開催数は多くは無いが，展示と連携させて開催されることもあり，企画に賭ける学生達の熱意が伝わるところである。例えば，1957年秋季には当時衆議院議員であった神近市子（社会党左派）[59]が，第二女子学生会主催講演会「売春禁止法施行を前にして」（11月17日）で登壇しているが，この時，神近の政治的主張に連動した形ではあるものの，展示「売春禁止法施行を前にして──原生問題の究明──」が同時に開催されている[60]。一方，第一女子学生会にあっては展示企画との直接的連携こそみられないが，春季白門祭で招聘した講師を再度秋季の白門祭に講演会で呼ぶ事例がみられる。1963年春季の講演会「女子学生亡国論・反論」（5月18日）で登壇した松岡洋子が，1966年秋季に講演会「ベトナムにおける女性」（11月1日）で，今度は大講堂に登壇した事例である。講演会の開催もまた，女子学生会にとっては重要な思考の場となり，或いは対外的アピールの場となったということであろう。

④　映画上映会も，数は少ないが昼夜両団体で開催されている。1957年秋季には，第一女子学生会の主催で，小講堂を会場に劇映画「女教師の記録」[61]が上映（11月15日）されている。本作品は1955年11月公開で，伊豆諸島最南端の青ヶ島を舞台としたものであった。当時の国内における映画事情を考えあわせれば，この企画の大衆性がうかがえ，また主催する女子学生たちの関心が感じられるものである。他方，第二女子学生会は1963年春季白門祭で映画「異母兄弟」[62]（1957年6月公開）を音楽鑑賞室で上映している。複雑な家庭環境に置かれた女性の苦悩を描き出した内容の濃い問題作にして大衆作品である。映画上映もまた，女子学生が考える機会となり，また一般的関心を呼ぶ機会となったものであろう。

⑤　パフォーマンス（ステージ，屋外）も，初期の白門祭の場でみられた企画である。中央大学において，女子学生の姿が公式に視覚的に現れるのは，恐らくは1955年11月の創立70周年記念式典からであり，この街頭パレードで横断幕を手にする女子学生たちの姿が，服装や髪型から，戦後女

子学生の定型的なものではないかと思われる。春秋の白門祭で展開された
パフォーマンスも，恐らくこれに近い雰囲気であったものと推察される。
具体的には，第一女子学生会が自治会やこだま会と共催した駿河台校舎中
庭を会場とするフォークダンス（1957 年秋季／ 11 月 17 日）が指摘される。
改めての考察の準備は，現状において無いが，男女協同の 1 つの形が，
フォークダンスであったように思われる。この時期，開催の形式は多々あ
れど，学内ではフォークダンスの催しが多くみられた。もとより，これに
特化された学生団体（フォークダンス研究会／民族舞踊研究会）も当時から存
在するのである。また，昼夜の女子学生会が共催で行ったパフォーマンス
もある。1958 年秋季の前夜祭（11 月 9 日）で，大講堂を会場に行われた各
種の舞踊（「春の海」「フィンランドの森の生活」「花のすがた」等）がこれにあ
たる。昼夜団体による共同企画の実施は，1950 年代白門祭の特徴でもあっ
た。

⑥　その他の企画としては，当時の時代状況を反映させたと思われるものが
みられる。未だ戦争の傷跡が残る当時の状況にあって，戦災孤児の問題は
捨象できない。企画タイトルとしては「養護施設児招待会」（1957 年秋季）
或いは「恵まれぬ子供たちを招待する会」（1958 年秋季）とあるが，ともに
戦災孤児を対象とした催しであると推察されよう。両企画とも，小講堂を
会場とした第一女子学生会と文化科学研究会等の学生団体による共同主催
であり，内容的には人形劇，コーラス，児童劇，映画上映，マンドリン演
奏など，多岐にわたるものであった。1958 年の秋季白門祭パンフには「私
たちがよき兄姉となり，彼らと共に観劇し，歌い，彼らに楽しい一日を
送ってもらう。そして子供たちに楽しい夢を送る。」と趣旨が記されてい
た[63]。この学生団体共同企画は後に文化科学研究会の単独企画となるが，
初期は複数団体による参加企画であった。女子学生会は関心テーマの 1 つ
である社会福祉の観点から，ここに参画したものであろう。これもまた，
当時の団体としての活動方向性がみて取れる局面である。

160

6) 会誌に見る2つの女子学生会

　昼夜2つの女子学生会により，それぞれに会誌が定期発行されていたことは既に述べた通りである。手書きのガリ版印刷によるそれらを精読すると，会の運営に関わる悩みのみならず，当時の女子学生たちの日常的な学生生活における喜びと悲しみが行間からみえてくる。会誌は事務所管の学友会へ提出するものでもあり，公衆の目に触れるものとして，書き手個々によるバイアスがかかったものとみなければならず，必ずしも本音が語られているとは限らないが，参照する価値はあろう。以下にあっては，昼夜の団体別にその内容を分析するものとしたい。

　第一女子学生会（昼間部）においては，数回のタイトル変更や体裁の変更を経て会誌の編集・発行が進められている。この昼間部団体の特徴は，会の在り方や折々の運営方針を巡る議論が繰り返し行われる点にあり，会誌の度重なるタイトル変更も，そういった議論の延長線上に現れたものと思われる。活動の停滞と活性化が周期的にあったのが昼間部女子学生会の特徴ともいえる。発行された会誌をみると，時折，自らのアイデンティティを確認するかのように，巻頭部において会の在り方を訴える一文が「はじめの言葉」として並べられる事例がみられる。

　　はじめの言葉

　　　私達の女子学生会が　明るく明朗であることは

　　　学校中が　明るく健康になることです

　　　婦人こそが平和の力であると　同じように

　　　私達こそ　明るい学園を築く　力なのです

　　　私達の女子学生会が　常に春の野のように　明るく

　　　秋の空の様に　深くなるために

　　　みんなで手をつないで　がんばりましょう

　　　　　　　　　　　　　　　　　[『こだま』No. 4，1955年][64]

第5章　戦後中央大学の女子学生　*161*

　この巻頭に置かれた一文は，すなわち，女子学生会の大学における在り方
(「明るい学園を築く力」)と婦人(女性)の戦後社会における存在意義(「平和の
力」)を同時に明示したものといえよう。奇しくも，男性優位の当時の社会を
適正に制御する2つの力を持っているのが女性ということにもなろう。ここ
に，当時の学生達の認識が集約されている。

　もちろん，会誌の中身は上記のようなスローガン的な文章により占められる
ものでは無い。会の運営に関わる日常的苦悩や，人で溢れかえるキャンパスで
の学生生活の喜怒哀楽を率直に反映させたものとなっている。例えば，活動の
停滞状況に関して，会の存在目的に関する曖昧な現状を憂う記述が並ぶ。例え
ば，1954年2月1日発行の『女子学生会機関誌』[65]では前年度の活動状況に関
する総括がある。「その前半は殆ど無活動の状態であった(中略)。お茶，お花
の会としての活動，それは現代の女子学生会として立って行くには，余りにも
偏則的で一面的な存在でしかなかった。」つまり，活動の重点が定例開催の茶
道・華道の受講に置かれる一方で，研究要素が欠落する状況にあったという訳
である。しかし，9月の役員改選後は世界婦人大会報告会や大学祭展示会，或
いは女性史ゼミ等において研究活動を重ねたことを成果として指摘する。「研
究らしい研究活動をしていなかった女子学生会が，これだけの成果を収める事
が出来た事は女子学生として婦人として自覚め，自分の権利を主張して来た事
である。」，つまり，停滞する会の活動にも前年後半から変化が生じつつあると
いうことになろう。

　そして，会の活性化の状況は対外的活動にも及び，1954年6月14日発行の
会誌『こだま』第3号[66]によれば，選挙により第一女子学生会から4名の自
治会委員の選出をみたという。また，この年の新歓では30名近い新会員の獲
得に成功したという。研究活動を基軸とした会の活性化は多方面に良い影響を
波及させたということになろう。同誌には「今迄色々と会内部の不統一の問題
で苦しみつづけて来たが，今はそれもおさまって漸次統一の方向にある。」と
の現状分析も記されている。

　もちろん，ここで問題が全面解決に至った訳ではなく，これ以後も繰り返し

同種の議論が誌上で繰り返されることとなる。焦点は会の活動の位置付けにあった。明確な活動方針（目的）とメインテーマが無い処に学生が集まるという，女子学生会が持つ固有の組織的脆弱さがあった。ゆえに，入会者のベクトルはそれぞれに別方向へ向いており，女子学生の安息の場として認識する者がいれば，婦人問題の本格的研究を志向する者も居て，異なる両者が同一組織内に混在する状況にあったのである。会員の女子学生自らが告白した「不統一の問題」の本質は，ここに存在するのである。さらにいえば，これは組織が学生主導の要望による結成ではなく，あくまで厚生補導の視点から大学当局によって与えられたものであるという，決定的な問題点へと行き着くのである。

　以上のように，会誌の記事は会の活動・運営を巡る議論に収斂される傾向にあるものの，学生の日常生活に関わるものも多い。その１つには，女子学生にとっての中央大学の学修環境が入会経緯と合わせて語られる例が挙げられる。狭く殺風景なキャンパスは多数の男子学生たちが埋め尽くす状況にあり，そのなかでため息をつくこともあったといい，女子学生会に入会したのは，食事をする場所と気安く話せる機会を求めたことによるものと述べられる。また，「血の通わないロボットの様な人間の群，冷やかに流し目を送る男性の群。知っている目を捜しても一日中見つからない。」[67] と，キャンパスの雑踏に疲れ果てた心境を綴るものもある。或いは，収容数を遥かに超えた教室には入ることすらままならず，立ち見の受講を強いられる「立ちん坊授業」への不満を述べ，楽しかるべき学生生活への幻滅を語りながらも，「本会は唯一の憩いの場所となった」とする[68]。

　一方で，会の在り方に対する痛烈な批判も散見される。「たゞ女のくだらなさ，ばからしさをいやという程見られた」[69] といい，女子学生会は単なる休憩所でも化粧室でも無いと主張する。或いは別の寄稿においては，「中央大学の根本精神が，質実剛健であるならばそのまゝ女子学生会にもあてはまる言葉であって，我々は内部だけでもその基礎をしっかり固めて着実にその指命を」果たす必要性を説く。これらは何れも目的意識，すなわち婦人問題に関する研究志向の強い者ほど，こういった主張をする傾向にある。これは，多様な会員の

在り方の，1つの表れでもある。

　以上，多岐にわたる主張の他に，頻発する会室での盗難事件により，会を去った学生がいたことも指摘されている。会室も安寧の場所とはなり得なかった訳である。さらに，女子学生会の活動をして「赤」と評する外部の学生がいたという指摘もみられる[70]。これは夜間部の女子学生会でもみられたことであり，当時の会に対する外からの認識の実態が明らかとなろう。女子学生会が目的を持って行動すること，主張することに対するこの評言は，実態とは大きくかけ離れたものであり核心は突いていない。そして，「女子学生亡国論」に及ぶまでもない「落書き」レベルに留まるものであろう。但し，この種の評言は社会的に根強く，しかも同様のことを考える者は多い。

　ところで，昼間部女子学生会の会誌を通読すると興味深いことに気が付く。それは，「雑記帖」の存在である。今日，伝存する昼夜女子学生会の関係資料は所管部署（学友会事務室）からの移管文書である。そこに「雑記帖」は含まれない。会誌とは異なり，公費による支援を得ていない，私的なノートであるからである。その実体は断片的にしか分からないが，「ひとりごと」[71]なる標題が付けられ，会員達が折々に自由に記入していたものであるという。会誌『タンポポ』第1号（1957年11月1日）[72]には，そこに記された内容の一部が紹介されている。

　　どんなにわずかでも，真剣に自分自身で悩み，考え行動する。そんな生活をのぞみます。この会は身上相談所でも，化粧室でもないけれど，この学校にたった一つしかない私達女子学生の会室なのです　　　　　　［M子］

　　人間は皆頼みもしない願いもしないのに，この世に生存する事を強いられています。（中略）長く生きてみてだんだん分かるのではないでしょうか。あせると華厳の滝へ飛び込んだ藤村みさおと同じ事になりますもの。二十年近く生きて“何も分らない　ではサヨウナラ”と死ぬのはつまらない話です。　　　　　　　　　　　　　　　　　　　　　　　　　　　　　　［無署名］

会誌は本来公的な物であり，そこに記されたこともまた公的な発言としての意味を持つことになる。その点では，書き手が記すことは常に有り得べき表現となる。しかし，ここに一部を紹介した「雑記帖」はその範疇には留まらない。読み手を余り意識していないからである。必ずしも，何か有効な提案や問題提起をするものでは無いが，当時の女子学生達の深層心理を知るには，貴重な手掛かりともなろう。以上が，第一学生会の会誌から見られた特徴的な記述である。

一方，第二女子学生会（夜間部）では，体裁の変更を伴いつつも，一貫して「うしお」の誌名で会誌の編集・発行が進められていた。昼間部団体と異なり，会誌タイトルに変更が見られないことからも分かるように，会の運営は概ね安定していた模様である。昼間部団体の会誌タイトルの度重なる変更は，会務運営の不安定さを反映したものであった。しかし，夜間部団体にしても昼間に仕事を持つ学生が参集した団体だけに，必然的に活動時間が限定されることになり，その点での悩みは会員において尽きなかった。そのあたりの事情は記事の端々から読み取れるところである。

さて，夜間部団体としての第二女子学生会の自己認識と活動の方向性をどのように考えていたのであろうか。会誌『うしお』第5号（1952年9月15日）[73]には冒頭で以下のような記述がみられる。

　　この時に当って，幸福にも男性と共に最高学府に机を並べ，教えを学ぶ選ばれたる女性として，私達は何を為すべきか。それは云う迄もなく全女性の先駆者として，女性の幸福のため，性的差別，人種的差別を超越して世界人類幸福のために常に下積みに喘いでいる女性に，女性としての真の誇と自覚に目覚めさせることこそ，私達に擔はされた一大使命ではなかろうか。

これは，夏季休暇中の中央大学5号館において開催された婦人問題夏期公開講座[74]の開催記録の冒頭に記された一文である。講座は1952年7月16日か

第5章　戦後中央大学の女子学生　*165*

ら19日までの4日間にわたり，18時から21時の時間帯で行われたもので，夜間の開催にも拘らず多数の聴講者があったという。やや硬い表現ながら，夜間部の女子学生会がこの時点で考えていたことを文章化したもので，団体の「活動宣言」に類するものと読めよう。

　会の運営が，昼間部団体に比して安定していたようにみえる第二女子学生会であるが，やはり停滞期は訪れるようで，この2年後の会誌をみると積極的活動を会員に訴える文章が巻頭に掲載されるようになる。『うしお』第11号（1954年10月8日）[75]には，「停滞する会の空気革新」のためとして拡大委員会が開催され，そこで出た論点が紹介される。

　　「会の曖昧さが会員の希望を満たし得ない」
　　「はっきりと女性解放を指標に」
　　「婦人問題の研究が中心に，否，総てでなければならない」
　　「研究活動の構成を速やかに」
　　「女性の女性たる自覚の二重の圧迫を再認識」
　　「婦人問題は自分にそして他人に呼びかけなければならない」
　　「女子学生会が旧い女性の脱皮，新しい女性像の開拓場所とならなければ」

　以上の論点を回収し，今後は明確に女性解放を検討課題とし，婦人問題研究を進めることが確認され，新たに作られた共同ゼミ懇談会とその下に置かれる各種部会において研究活動が進められることに，この時には合意されたという。そして，「貴方は軸であり歯車です」との見出しの下，「貴方の一つの動作が会全体を左右するのです。「さあ，貴方が会を発展させて行くのです。」」とまとめる。夜間部団体にしても，運営上の停滞はあり，それを解決するための話し合いに追われたということでもあろう。

　このように，女子学生会は昼夜団体共に活動の停滞という「内なる敵」との闘いに意を尽くした訳であるが，外から団体に注がれる視線，ある種の「偏見」との闘いも存在した。そのひとつは，「女子学生会は赤だよ」[76]という，

大人の男性から無造作に投げかけられた言葉である。これは昼間部団体にも見られたことで，女性団体が活動することの意味を考えずに単純なレッテル貼りで完結してしまう。この時代の，そして現在も存在するかも知れない未成熟な社会的理解の為せる業であろう。因みに，これに類する話題も会誌には記述がある。講演会の講師選定時に山口シヅエ（当時，右派社会党）を候補に挙げたところ，大学当局より1つの政党に偏るのは良くないとの指摘を受け，中止に追い込まれたことが明らかにされている[77]。大学当局における，事の理解の詳細は，必ずしも明らかではないがそういった判断がその時点で下されたことだけは確かである。

　さて，夜間部団体の会誌にも，過密化する夜の大学内の様子が描かれている。『うしお』第9号（1954年4月1日）[78]によれば，廊下には学生が溢れ，背伸びをしながら必死に講義を聴こうとする様子があり，また，窓から下を眺めると「薄暗い中庭では疲れ切った体をロボットのようにブラブラ動かして体育の単位をかせいでいる学生」の姿がみられたという。さらに「玄関は受験届を出すため，おしめきひしめきのラッシュ，長蛇の列，といった光景──。」というのが，実態であった。当時の中央大学は，昼夜を問わず狭いキャンパスに学生が溢れかえり，その精神的・肉体的負荷を，女子学生達は受け止めていたということであろう。

　そういった劣悪な学修環境のなか，会の運営に悩みつつも女子学生たちは各種のイベント実施にも精を出した。とりわけ，春の新歓期は新会員の受け入れもあり，取り組みには熱が入った。『うしお』第10号（1954年6月25日）[79]の冒頭には，新入生歓迎大会を終えた会員たちの安堵と達成感に満ちた様子が記されている。

　　大会を終ってふりかえるとき，長いシュプレヒコールでありながらヤジ一
　　つ入れさせない皆の意気投合が，又この機会に於て女子学生が結集出来た
　　ということの二つ，成功を得られたと思う。

第5章　戦後中央大学の女子学生　*167*

　ところで，珍しいことに夜間部団体の会誌には他のサークルからのメッセージが寄せられている。これは，夜間部自治会の活動を通じて交流のある諸団体からのもので，同じ夜間部団体として日常的理解を深めたうえでのものであったと思われる。『うしお』第12号（1955年6月20日）[80] には「女子学生会によせて"独自の姿で活動せよ　明るく強く皆の力で"」の標題の下6団体からのメッセージが並ぶ。夜間部自治会からは「机上の理論より基づいた今一歩進んだ社会への経験を我々は恐れずに体験し消化して進んで行こう。」。社会研究会からは「何時も聞く事は女子学生会の性格の持つ困難な会運営についてである。謂わば研究会とサロンの中間物的なものとして運営はいつも多くの障害に突き当った。しかしこれは克服出来る客観的な条件を持っている。」。詩友会からは「女子学生会，仕事は「女子学生会」の存在理由を一日も早く消失させること。つまり，人間の中で，男とか女とかの区別を無くさせることだと思います。」。等のメッセージが並んだ。詩友会のものは奇を衒った印象を受けるが，問題の核心を突いていると読んで良かろう。

　夜間部団体の会誌は書き手の年齢層が高いこともあり，テーマ選択も文体も一定水準を維持している。そのなかには，電車のなかで偶然に出逢った潑溂と朝鮮語を話す少女達の姿から，故郷での体験を告白したものもある。「朝鮮の少女から」と題されたその一文には，戦時下の小学校時代に，僅かな接点のあった同級生の在日の少女のことが書かれていた。我々の「非人間的な侮辱と冷笑の中でじっと耐えていねばならなかった」という少女は，いつも運動場の片隅や教室の後ろで怯えたように凭れて座っていたという。その少女は本当に稀にではあったが，黒い瞳でじっとその他の生徒たちを凝視することがあったという。その時のことを，「彼女の眼の光が不思議な程はっきりと蘇ってくる。そしてそれは私を，一生消えることのない一種の罪の意識を呼び起こすのである。」と述懐する。そして，「決して「彼女」の顔に浮ばなかった笑いをたゝえ嬉々として語り合う少女たちをみている私の胸の中に，未来に対する確信が湧いて来るのであった。（中略）この時私には「彼女」は決して忘れてはならぬ人となった。」[81] とする。日常の風景が，ふとしたきっかけで過去の記憶と結

びつき，再び活性化し，そこから未来へと思考を発展させたという事例である。

　以上は1950年代の会誌の記事であるが，1960年代になるとまた事情が変わり，記述にも変化がみられるようになる。『うしお』第17号（1961年3月31日）[82] には，会員たちそれぞれが持つ，1960年代という時代状況による危機意識が反映されている。巻頭には「女子学生会の抱負」として以下の長い一節がある。

　　戦後の企業化され，マスプロ化されてしまった学園の姿を観察し，加えて法律的には対等化された男女の地位が，現実には経済的にも社会的にも甚しく受けている事に対し，苦しい，激しい態度で挑んでいる現代女性の姿を見，更に，国民すべての要求である平和と民主主義による国造りに背行している日本の戦後の歴史の移行を認識するとき，時代に生きる真剣な女子学生の要求は，従来の会の目的と性格では満たされず，社会的観点から諸問題を研究していく研究会として成長させていく事に女子学生会の目標があると確認されました。

　この記述個所や，他の部分をみると，1950年代後半に夜間部団体において活動の停滞期があり，これを復原・再生に努めた学生たちが1961年3月に卒業を迎えるという事実に行きあたる。「女子学生会の社会的使命を明らかにし，お花の女子学生会から，社会的問題を婦人の立場から研究する会に飛躍的に発展させたこの卒業生の力は（後略）」という記述が，これを裏書きしよう。停滞と活性の反復により，団体の活動が前進したことは，これまでの記事の紹介で触れた通りであり，昼夜両団体に共通するものであった。行きつ戻りつを繰り返して，組織も人も成長したのである。

⑷ 「緑法会」高度職業人への道

1) 女性受験団体「緑法会」の成立

　昼夜2つの女子学生会が多様な思考やニーズを持つ学生を回収した総合的サークルであったのに対して，ここで紹介する緑法会は法曹を中心とする高度職業人を志す女子学生を選抜試験（入室試験）によって集めた受験団体であった。入室を志願する女子学生の多くは，当初より卒業後の進路選択に確信を持っていた。この点において，会の方向性に揺れがあり，そこに属する学生にも統一化された志向性の乏しい女子学生会とは大きな懸隔があった。そして，中央大学には戦前期より多くの司法試験受験団体が存在したが，戦後に誕生した緑法会が今日に至るまで唯一の女性団体であった。

　さて，緑法会の創立は1952年2月[83]のことだった。既に2つの女子学生会は活動を始めており，会誌の定期発行も進められていた。もちろん，置かれた当時の学内状況は同様ながら，当局による厚生補導の視点から組織造りが進められた女子学生会に対して，緑法会はこれとは異なる経緯を経て創立に至っている。

　1952年2月7日付の設立趣意書には，緑法会設立準備委員会の発起人として10名の女子学生氏名が連記され，顧問として升本喜兵衛と守屋善輝が名を連ねている。そして，冒頭には「茲に本学女子学生の現状を考うる時其の研究室設立の必要を痛感する」とあり，また「最高学府に研鑽の機会を得ながらも学内に於て著しくその地位を疎まれ自信を奪われ司法試験突破を以て象徴される初志を不測の間に挫折する者遺憾ながら少くない」と現状の分析を提示する[84]。その一方，「ひとり司法試験突破のみならず識見を広くし円満なる人格の育成のために真に志を同じくする者集い将来発展の礎を固め置き得る事を望むものであります「法律の中央か」「中央の法律か」と謳われる本学に於て従来他校に奪われ勝ちであった法律女子学生としての名誉を併せ持つ日の近からん事を深く心に期する」という点をとりわけ強調する[85]。

　ここにおいて明らかなように，緑法会は法曹を始めとする高度職業人を目指

す女子学生のために設立された団体ながら，その背景には女子学生の学修を巡る当時の劣悪な学内状況があった。特に女子学生のために研究室を確保し，そこに定席を設けることは，戦後の女子学生入学と連動させて大学側が対応すべき課題であったのである。

また，設立趣意書の後段にあるように人格陶冶の要素もここでは考慮されていた。緑法会の会長職にも就いた川添利幸教授が指摘するように，「決して単なる司法試験の受験予備校的な性格の団体ではないのです。学生時代という，貴重な青春のひとときを，いろいろな意味で，一層充実して過ごすための修練の道場」[86] という性格を備えていたのである。

ところで，緑法会の初代会長は戦前期より中央大学において教鞭を執った奥田剛郎教授であった[87]。東京帝国大学を卒業し民間企業での勤務の後，弁護士，検事を経て1939年には法学部教授に就任している。奥田の回想によれば，有志の女子学生数人による要請により会長職に就いたとのことである[88]。これに関連して，横井芳弘教授の回想によると，設立趣意書の発起人として名を連ねた女子学生たち数名から相談を受けたのが，事の発端であろうとのこと[89]。女子学生だけの学術研究団体の創立に至るまでには，学内に理解者が存在した訳である。

また，ここで留意すべきは緑法会の創立，その発想自体が有志の女子学生にあったということである。この点が，少なくとも当局お手盛りの組織としてスタートした女子学生会とは異なる点である。緑法会は決して上から与えられたものではなく，女子学生自らの学術的な欲求から生まれた組織なのである。

2) 緑法会の活動

女子学生だけの高度職業人を目指す学術研究団体としての緑法会は，先述のような経緯を経て創立に至った。多様な学生の集まる，総合サークルとしての女子学生会とは性格的に異なり，入室試験の存在もあり，そのモチベーションは高かったと思われる。元会員たちの回想をみると，当時の会員の意識や緑法会の活動状況，学修環境の実際がみえてくる。

第5章　戦後中央大学の女子学生　*171*

　緑法会への入会理由として存外に目立つのは，学内における居場所の確保の問題。もちろん，学術研究を標榜する会には不似合いな理由であるが，それほどまでに当時の中央大学（駿河台校舎）は学生たちで過密状態にあったということであろう。しかも，圧倒的に多かったのは男子学生であり女子学生は少なかった。それゆえ，「当時男性ばかりで図書館は勉強する人でいっぱいですし……。だからどこか安心して授業の間にちょっと荷物を置くスペースが欲しいと。また緑法会が女性だけだと聞いたから応募したのです。」[90]といった声が出るのも無理からぬことである。

　また，興味深いことに女子学生会と緑法会との接点があったという指摘も見られる。女子学生会に入会したら緑法会の室員がいて，勧誘を受けて入会を決めたという女子学生もいる。曰く「やはり男性があまりにも多いので，女子学生会というのが地下にありまして――古い校舎の――それに入ったのです。お弁当を食べる場所として。」[91]。それほどまでに，大学構内の過密状態（主に男子学生による）が深刻であった訳であるが，その避難所として実質機能していたのが女子学生会であり，緑法会ということになろう。皮肉な一致であるが，収容定員を遥かに上回る学生を抱えた大学の欠けたる部分を補塡したのが，これら女性団体ということになろう。存立目的は全く異なるが，予期せずも，副次的に果たした役割は共通であったのである。

　もちろん，緑法会の室員は本務たる司法試験の勉強にも力を入れ，創立5年目にあたる1957年には第1号の合格者を輩出している。入室試験の高倍率により，他の研究室には入ることすら叶わぬ厳しい状況のなか，比較的入室が容易であった緑法会は，志ある女子学生にとって学修機会を得る貴重な場ともなった。「絶対に男性にひけをとらないように，負けちゃあいけないというような勉強の仕方ですね。バンカラな女子校というか，そういう雰囲気が緑法会にあったと思うんです。」[92]と，当時の室員は回想する。

　ところで，緑法会出身で大学卒業後に国家公務員を経て法曹の道に入った元室員は興味深い指摘をする。「緑法会の歴史というのは，ある意味で，日本の女性法曹の歴史に連携していますね。良い意味と悪い意味があって，どちらと

は言えない——功罪半ばすると思うのですが，日本の女性法曹の草分けを私達がやってきたという感じは致します。」[93]。この元室員の指摘は「きちんと記録をとっておくこと」[94] の重要性にも及ぶが，これは女子学生会の記録保存収集とも通底する重要な指摘であろう。緑法会も女子学生会も，今や存在しない団体なのであるから。

おわりに——模索する女子学生／変わる女子学生

　本章においては，戦後の中央大学に入学し，学修と課外活動に励んだ無名の女子学生達の姿に焦点をあて，関係資料により叙述を進めた。その際，前提となる戦後占領期の政策を総司令部民間情報教育局（CI & E）と文部省の動向の素描から始め，大学側の対応を分析した。戦後の教育改革は，占領主体となった米国がミッション（米国教育使節団）を本国より招聘するほどに重要視した政策分野であった。そして，対応する文部省にあっても敗戦後の比較的早い時期より基礎研究を進め，1945 年 12 月には完成させた「女子教育刷新要綱」の閣議諒解を得ている。また，総司令部側においても民間情報教育局（CI & E）が主体となり，第一次米国教育使節団に対する説明用資料として『日本の教育』を 1946 年 2 月 15 日付けで完成させている。ここに，戦後の女子教育に関わる政策的な基本要件が整ったといえよう。

　一方，大学側にあっては不完全ながらも，主に厚生補導の視点から女子学生を迎える準備をした。その 1 つが，学生の課外活動団体としての女子学生会の創設である。狭いながらも会室を確保し，未だ男子学生が多数を占める大学内にあって，ひと時の精神的安寧を得るための，いわば女子学生の「居場所」造りの目的がそこにあった。これは，女子学生による自発的意思によるものではなく，大学当局から与えられたものながら，学生たちはそこに集い，各種の活動を重ねた。会誌の編集・発行，婦人問題に関するゼミ活動，或いは学園祭における展示準備など，その活動は多岐にわたった。長期休暇を利用しての，現地調査活動も行われていた。

しかし，女子学生たちの悩みは尽きず，周期的に訪れる活動の停滞に苦悩し，再び活性化の方向へ復原することに意を尽くした。女子学生会の活動は，概ね，停滞と活性化の繰り返しであったといえる。ここに，当時の女子学生達の苦悩の1つがあった。謂わば，組織運営の方向性を巡る，内なる「敵」との闘いであった。団体の活動方針と内容に確たるものが無かったゆえに，女子学生会は折に触れて，その確認と会員間における周知に追われた訳である。当時の会誌をみると，その状況が詳細に描かれており，女子学生の苦悩の一端を知ることが可能となる。

一方，本章においては以上のような女子学生会に加え，高度職業人を目指す女子学生が参集した緑法会に焦点をあてた。異なるベクトルを持つ学生が集まった女子学生会に対して，入室試験を経て初めて入会が許される緑法会とでは，団体の在り方が本来的に異なっていたという訳である。しかし，その緑法会も女子学生会と同様に今日存在しない。これら女子学生団体が消滅したことにより，歴史的使命を終えたとすることは容易であろうが，今後はその実証的な解明をすることが必要となろう。残された課題の1つである。

ところで，今日に伝存する歴史資料や編纂物（特に緑法会に関して）をみていて気が付くことがある。それは，戦後の中央大学の学生数の増加によるキャンパスの過密化であり，それによる精神的なストレスが，特に女子学生にとっては過大な負担となっていたという事実である。これに対して，大学当局がどういった対策を講じていたのかという疑問も生じる訳である。これについても，戦後の大学側の政策推移を跡付けることから実証する必要があろう。戦後，大衆化する大学にあって，マスプロ化する授業，学生増加に追い付かない設備面の貧困，そして1960年代中盤より顕在化する学生紛争の問題など，解明すべき課題は多い。それらを統一的にフォローするのが，筆者にとっての今後の大きな課題となる。その延長線上に，異なる戦後の女子学生像が結ばれる可能性もあろう。

なお，昼夜2つの女子学生会は1960年代中盤からの学生紛争高揚により，長い活動の停滞期に入ったようである。昼間部団体に関しては，1969年をもっ

て活動が停止し，蔵書等の備品はこの時期に消失している。この停滞期を経て，昼間部団体の活動が再生するのは校舎の多摩移転後の1978年のことである。この間，団体の再興に尽力したのは，実は元会長の佐藤富枝教授であった。一方，夜間部団体にあっては，昼間部団体より早い時期に再生の動きがあり，1975年3月には新しい会則が作られ，会誌の名称変更（『うしお』から『いぶき』へ）もなされている。両団体とも，学生紛争期を経て，新しい展開を模索し始めたものであろう。

　しかし，大学の多摩移転は学生生活のすべての面において，都心の駿河台時代とは変わってしまった。その影響は女子学生会の存立にも関わるものとなった。それからのこと，そして，学生紛争昂揚期前後の女子学生会のことなどは，新資料の発掘を交え改めて別稿を用意するものとしたい。

1)「自由の指令」，国立国会図書館，https://www.ndl.go.jp/constitution/etc/yogo.html#:～:text=（参照 2024-08-01）。正式には「政治的，公民的及び宗教的自由に対する制限の除去の件（覚書）」。「人権指令」とも呼ばれる。
2)「幣原首相・マッカーサー会談 1945年10月11日」，国立国会図書館，https://www.ndl.go.jp/constitution/shiryo/01/033shoshi.html（参照 2024-08-01）。
3)「衆議院議員選挙法中ヲ改正ス」，国立公文書館，https://www.digital.archives.go.jp/das/image-j/M0000000000001776422（参照 2024-08-01）。
4) 湯川次義，2022，『戦後教育改革と女性の大学教育の成立　共学・別学の並立と特性教育の行方』早稲田大学出版部，61頁。なお，この時期，文相前田多門の指示により教科書局長の有光次郎が案の策定にあたっていたという。
5) 湯川次義，2022，『戦後教育改革と女性の大学教育の成立　共学・別学の並立と特性教育の行方』早稲田大学出版部，67頁。
6) 湯川次義，2022，『戦後教育改革と女性の大学教育の成立　共学・別学の並立と特性教育の行方』早稲田大学出版部，75頁。
7) 中央大学百年史編集委員会専門委員会編，2004，『中央大学百年史（年表・索引編）』，310頁。
8) 文部省学校教育局長日高第四郎「学部入学女子学生について」，1946年11月22日，中央大学資料館事務室所蔵。
9) 中央大学総長林頼三郎「「学部入学女子学生について」に関し調査報告に関する件」，1946年11月30日，中央大学資料館事務室所蔵。
10) 湯川次義，2022，『戦後教育改革と女性の大学教育の成立　共学・別学の並立と特性教育の行方』早稲田大学出版部，109頁。

第 5 章　戦後中央大学の女子学生　*175*

11）湯川次義, 2022,『戦後教育改革と女性の大学教育の成立　共学・別学の並立と特性教育の行方』早稲田大学出版部, 109 頁。

12）湯川次義の研究では, **CI & E** の動向について, 当時の女子教育担当者だったドノヴァン（**Eileen R. Donovan**）の「女子教育刷新要綱」に対する分析を紹介している。（湯川, 前掲書73頁。）

13）旧制学部自治委員会,『批判と主張』, 第 6 号, 1950 年 1 月 23 日。

14）中央大学入学センター事務部大学史編纂課編, 2011,『タイムトラベル中大 125（第 2 版）』, 66-67 頁。中央大学百年史編集委員会専門委員会編, 2003,『中央大学百年史（通史編下巻）』, 241-242 頁。

15）中央大学入学センター事務部大学史編纂課編, 2011,『タイムトラベル中大 125（第 2 版）』, 66-67 頁。3 名のうち, 永石泰子（ながいし・たいこ）が司法試験に合格し, 法曹の道へ進んだ。

16）永石泰子, 2024,「女性法曹に開かれた裁判所の扉―民事事件をめぐる裁判官と弁護士―」, 三淵嘉子他『女性法律家』有斐閣（復刻版）, 24 頁。

17）中央大学入学センター事務部大学史編纂課編, 2011,『タイムトラベル中大 125（第 2 版）』, 66-67 頁。中央大学百年史編集委員会専門委員会編, 2003,『中央大学百年史（通史編下巻）』, 241-242 頁。

18）永石泰子, 2024,「女性法曹に開かれた裁判所の扉―民事事件をめぐる裁判官と弁護士―」, 三淵嘉子他『女性法律家』有斐閣（復刻版）, 26 頁。

19）中央大学新聞学会, 1989,『中央大学新聞（縮刷版）第 2 巻』, 第 252 号, 1946 年 10 月 5 日掲載記事。

20）菊森英夫編, 1953,『中大生活　1953 年版』, 現代思潮社, 42 頁。

21）神保博行, 1992,「終戦直後」,『Hakumon ちゅうおう』, 34 頁。

22）元 **NHK** アナウンサーで退職後はフリーとなる。1943 年 10 月の「学徒出陣」で海軍へ入団。戦後, 復学後に中央大学法学部を卒業。在学中は学生研究団体の中桜会に所属。

23）野村泰治, 1965,「あの頃のこと」,『中央大学学報』, 28-5, 93 頁。

24）岡本明久, 1965,「若人は語りあい　そして歩むのが好きだ」,『中央大学学報』, 28-5, 94-95 頁。

25）岡本明久が指摘する, 当時の中央大学に欠けたるものとは「人間的なスピリチュアルな何か」であるという。そして, 仲間たちと建設運動を起こした「青年像」から, その「何か」を感じて欲しいという。（岡本, 前掲論文, 1965）

26）中央大学の周年行事開催については, 中央大学百年史編集委員会専門委員会編, 2004,『中央大学百年史（年表・索引編）』, を参照。なお, 70 年・80 年周年事業の詳細に関しては, 中央大学百年史編集委員会専門委員会編, 2003,『中央大学百年史（通史編下巻）』を参照。70 周年は 255-284 頁, 80 周年は 334-344 頁に記事掲載がある。

27）林頼三郎が戦前期より主張する主義精神として（1）質実剛健の精神,（2）自主的の信念,（3）家族的情味の 3 点がある。林は戦後になると,（1）学風の顕揚,

（2）積極進取の方針，（3）民主的運営，の三大方針を理事会で決定する。

28)「学生生活と厚生補導」，文部科学省，https://www.mext.go.jp/b_menu/hakusho/html/others/detail/1318396.htm（参照 2024-08-03）。

29) 昼間部団体の会誌では『こだま』第 4 号，1955，『たんぽぽ』第 1 号，1957 に関係記事の掲載あり。夜間部団体の会誌では『うしお』，第 12 号，1955 に関係記事がある。何れも，中央大学資料館事務室所蔵。

30)「設立趣意書」1950，中央大学資料館事務室所蔵。

31)「学友会創立沿革表」（中央大学資料館事務室所蔵）を参照。

32) 会室の 2 号館地階への移転は 1952 年 7 月 19 日。この時，学友会文化連盟所属の 14 団体が移動したという。1952 年発行の『女子学生会　機関誌』（創刊号）に当時の事情が記されている。（中央大学資料館事務室所蔵）

33) 佐藤富枝は語学（英語）教員で，戦前期は中央大学予科講師の任にあり，戦後文学部へ移籍。その後，1950 年 4 月に経済学部に着任し，1973 年 3 月に定年退職。米国のハイスクールを卒業した帰国子女である。姓名は通名で佐藤富枝と書かれるが，佐藤富江が正式名。佐藤の履歴については『中央大学経済学部 100 年の歩み』2005，及び『中央大学文学部の五十年』2001 を参照。

34) 法学部教授。女子学生会の第 2 代会長であった当時，守屋は学生部長との兼務であった。守屋善輝の経歴は『英米法学』第 34 号，1994 に掲載のエッセイに詳しい。

35) 後楽園女子学生会は，調査室『中央大学々生団体発行の機関誌等についての調査』1958 に見られる。本資料では，後楽園女子学生会を「学友会に所属しない団体」と位置付けている。

36) 後楽園女子学生会の活動が見られる事例は少ないが『中央大学新聞』（第 450 号，1956 年 10 月 25 日付）に記事がある。1 面掲載の「大学祭演芸プログラム」に 11 月 2 日の大講堂開催として「ダンス　後楽園女子学生会」（15:50-16:05）とある。

37)『学友会の栞　創立五十周年記念号』，1961，50 頁。

38) 発行された会誌は体裁が各号で異なり統一性に乏しかったが，表紙イラストや本文中に挿入される小ぶりのカット絵からは，担当者がかなり凝った様子が伺える。

39) 報告書『働く婦人の保護とその実態』1959，『男女賃金格差その客観的条件と背景』1960。（中央大学資料館事務室所蔵）

40) 論文集『さらふぁん』1964。（中央大学資料館事務室所蔵）この論文集の特徴的な名称は，ロシアの女性民族衣装に由来すると思われる。当時の旧ソ連や東欧圏文化への学生達の憧憬が反映されたものであろう。

41) 会長の佐藤富枝教授は，折に触れて会誌の巻頭言においてその点を強調する。例えば，『たんぽぽ』（第 2 号，1959）。（中央大学資料館事務室所蔵）

42)「女子学生亡国論」については，その発信元となった早稲田大学において，近年改めて検討が試みられている。以下は最新の研究である。長谷川鷹士，2024，

「1960 年代の早稲田大学と「女子学生問題」―「女子学生亡国論」と教育学部での入学制限に注目して―」『早稲田大学史記要』第 55 巻通巻 59 号。なお「亡国論」の一方で，慶應義塾大学の池井優教授は勤務校のゼミ運営から得た教訓により 1990 年初頭には「女子学生興国論」を唱えた。その詳細は以下を参照のこと。

池井優，1990，「女子学生興国論」『文藝春秋』第 68 巻第 7 号。

池井優，1996，『女子学生興国論』中央公論社（文庫 760）。

43）『早稲田公論』は早稲田大学の学内総合雑誌であり，早稲田に限らず幅広い社会問題を扱っていたという。（長谷川，前掲論文，2024，参照。）

44）関係記事を掲載した週刊各誌を挙げると，以下の通りとなる。「女子学生世にはばかる」『婦人公論』1962，通巻 548 号，「女子学生亡国論」『週刊新潮』1962，通巻 315 号，「女子学生は亡国か興国か」『週刊朝日』1962，通巻 2245 号，その他の関連記事や対談記録は以下の通りとなる。藤井治枝，1966，「女子職業の開発をめざして　教育成果の社会的還元について」『朝日ジャーナル（増刊論文特集）』vol. 8，No. 30，暉峻康隆×樋口恵子［対談］，1981，「家元と語る亡国論いま むかし　男も女も自分の人生をもて」『月刊教育の森』第 6 巻 12 号通巻第 61 号，毎日新聞社。

45）池田は婦人公論誌上で「大学女禍論―女子学生世にはだかる―」（通巻 549 号，1962）を説いた。

46）第一女子学生会は新入生歓迎白門祭で講師に松岡洋子を招聘して「女子学生亡国論について」（1963 年）という講演討論会を企画する。対外的な異義申し立ての実践である。

47）『女子学新聞』第 2 号，1964，中央大学資料館事務室所蔵。

48）新歓白門祭シンポジウム資料「女子学生亡国論について」1963，中央大学資料館事務室所蔵。

49）論文集『さらふぁん』，1964，中央大学資料館事務室所蔵。

50）「設立趣意書」1950，中央大学資料館事務室所蔵。

51）『学友会の栞　創立五十周年記念号』，1961，57 頁。

52）『うたいましょう』，1961，中央大学資料館事務室所蔵。収載作品は「インターナショナル」，「国際学連の歌」，「ラ・マルセイエーズ」，「青年よ団結せよ」等。

53）近江絹糸紡績株式会社で起きた労働争議。1954 年 6 月 2 日の第二組合結成（大阪本社）を契機に彦根工場など各地の工場がストライキに突入。22 項目の要求内容から「人権争議」とも呼ばれた。二十歳前後の若い組合員により闘われた争議は広く世論の支持を受けたという。（『日本女性史大辞典』吉川弘文館，2008 を参照）

54）『うしお』第 11 号，1954，中央大学資料館事務室所蔵。

55）素案を見る限り，報告書の執筆規模はかなり大きかった。(1) 一般的考察で論考が 7 本（紡績業における婦人労働の役割），(2) 専門的考察で論考が 7 本（近江絹糸の経営の内情），(3) 補足で論考 2 本（新聞報道の分析）。当初予定では，執筆予定者が延べ 15 名，論考の合計が 16 本だった。

56) 女性労働問題の研究者。日本母親大会や働く婦人の中央集会に助言者として出席した。後年，中央大学が多摩に移転後も講演会等で来講した。著作に『嶋津千利世著作選集』学習の友社，1993年。

57) 中央大学における学園祭が白門祭と改称されたのは，1957年からである。中央大学入学センター事務部大学史編纂課編，2011，『タイムトラベル中大125（第2版）』，154-155頁，参照。

58) 『白門祭』（1966年度パンフレット），1966，中央大学資料館事務室所蔵。

59) 神近市子（1888-1981）は，当時左派社会党の衆議院議員。1957年の売春防止法の成立に尽力。学術出版会より『神近市子著作集』1〜6巻（2008年）の刊行あり。

60) 『白門祭』（1957年度パンフレット），1957，中央大学資料館事務室所蔵。

61) 映画『青ヶ島の子供たち　女教師の記録』（1955年公開）。中川信夫監督。新東宝製作配給のモノクロ作品（96分間）。出演は左幸子，宇野重吉，杉村春子ほか。

62) 映画『異母兄弟』（1957年公開）。家城巳代治監督作品。製作・配給とも独立映画。出演は三国連太郎，田中絹代ほか。

63) 『白門祭』（1958年度パンフレット），1958，中央大学資料館事務室所蔵。

64) 『こだま』No. 4, 1955, 中央大学資料館事務室所蔵。

65) 『女子学生会機関誌』No. 2, 1954, 中央大学資料館事務室所蔵。

66) 『こだま』No. 3, 1954, 中央大学資料館事務室所蔵。

67) 『女子学新聞』No. 2, 1964, 中央大学資料館事務室所蔵。

68) 『こだま』No. 3, 1954, 中央大学資料館事務室所蔵。

69) 『タンポポ』No. 1, 1957, 中央大学資料館事務室所蔵。

70) 『こだま』No. 4, 1955, 中央大学資料館事務室所蔵。

71) 『タンポポ』No. 1, 1957, 中央大学資料館事務室所蔵．学生団体の所蔵資料には大きく2つの系統がある。1つは大学当局から公費による支援を得た会誌・報告書等の成果物であり，会務運営の会計帳簿である。いま1つは，団体の私的なもので，会員が自由記入した雑記帳（連絡帳）もこれにあたる。後者は大学当局への提出義務が無いために組織解散時には減失の危険が高い。

72) 『タンポポ』No. 1, 1957, 中央大学資料館事務室所蔵。

73) 『うしお』No. 5, 1952, 中央大学資料館事務室所蔵。

74) 婦人問題夏期公開講座の講師とテーマは以下の通り。4日間で4名の講師が出講。西成静子「家庭裁判所よりみた婦人問題」（7月16日㈬），玉城　肇「家族と愛情」（7月17日㈭），石垣綾子「アメリカ婦人の社会生活」（7月18日㈮），高桑範夫「現代社会と婦人の使命」（7月19日㈯）。

75) 『うしお』No. 11, 1954, 中央大学資料館事務室所蔵。

76) 『うしお』No. 11, 1954, 中央大学資料館事務室所蔵．「女子学生会は赤だよ」という言葉は，会室の鍵の返納時に1年生会員が担当職員から言われたとのこと。この経緯が記されている会誌『うしお』No. 11は学友会事務室からの移管資料であるが，学友会においても当時は気になった記述だった模様で，該当部に傍線が

第 5 章　戦後中央大学の女子学生　*179*

引かれている。

77）『うしお』No. 11, 1954, 中央大学資料館事務室所蔵。

78）『うしお』No. 9, 1954, 中央大学資料館事務室所蔵。

79）『うしお』No. 10, 1954, 中央大学資料館事務室所蔵。

80）『うしお』No. 12, 1955, 中央大学資料館事務室所蔵。

81）『うしお』No. 12, 1955, 中央大学資料館事務室所蔵。会誌に掲載の文章では在日の少女の姓が記されているが，本章では「彼女」と置き換えた。

82）『うしお』No. 17, 1961, 中央大学資料館事務室所蔵。

83）川添利幸「緑法会の性格について」，中央大学緑法会編，1994,『中央大学緑法会―40 年のあゆみ―』，34-36 頁。緑法会の創設経緯は，会長を務めた川添利幸教授が，文集『よせがき』（第 1 号，1964）に掲載の「女子学生研究室設立趣意書」を引いて的確にまとめられている。

84）川添利幸「緑法会の性格について」，中央大学緑法会編，1994,『中央大学緑法会―40 年のあゆみ―』，35 頁。

85）川添利幸「緑法会の性格について」，中央大学緑法会編，1994,『中央大学緑法会―40 年のあゆみ―』，85 頁。設立趣意書の眼目は引用部にあると思われる。「法律女子学生」に研鑽の場を提供するのが緑法会の役割ということであろう。

86）川添利幸「緑法会の性格について」，中央大学緑法会編，1994,『中央大学緑法会―40 年のあゆみ―』，39 頁。

87）緑法会の初代会長で法学部教授の奥田剛郎の父親は中央大学の創立者 18 名の内の一人，奥田義人であった。

88）奥田剛郎「緑法会の産声」，中央大学緑法会編，1994,『中央大学緑法会―40 年のあゆみ―』，44-45 頁。

89）横井芳弘「奥田先生と緑法会草創期」，中央大学緑法会編，1994,『中央大学緑法会―40 年のあゆみ―』，40-43 頁。

90）「40 周年記念座談会」，中央大学緑法会編，1994,『中央大学緑法会―40 年のあゆみ―』，13 頁。

91）「40 周年記念座談会」，中央大学緑法会編，1994,『中央大学緑法会―40 年のあゆみ―』，13 頁。座談会は 1994 年 7 月 9 日に開催。出席は川添利幸教授（会長），卒業生 5 名，及び現役会員 8 名。

92）「40 周年記念座談会」，中央大学緑法会編，1994,『中央大学緑法会―40 年のあゆみ―』，17 頁。

93）「40 周年記念座談会」，中央大学緑法会編，1994,『中央大学緑法会―40 年のあゆみ―』，10 頁。

94）「40 周年記念座談会」，中央大学緑法会編，1994,『中央大学緑法会―40 年のあゆみ―』，10 頁。記録保存の重要性に関わる発言である。大学内に存在する学生による任意団体（学生サークル，学術研究団体連合会加盟団体など）の持つ記録・資料の保存管理をどのようにしてゆくのか，検討を要する課題である。

参 考 文 献

天野郁夫（2016）『新制大学の誕生（上）』名古屋大学出版会。

天野郁夫（2016）『新制大学の誕生（下）』名古屋大学出版会。

池井優（1990）「女子学生興国論」『文藝春秋』第68巻第7号。

池井優（1996）『女子学生興国論』中央公論社（文庫760）。

猪俣大輝（2024）「戦後日本における女子学生数の量的変遷と早稲田大学―1960年代の全国の共学・女子大学との比較を中心に―」『早稲田大学史記要』第55巻通巻59号。

大崎仁（1999）『大学改革1945-1999』有斐閣（選書）。

大西陸子（1975）「女子学生の今日的状況」『思想の科学』思想の科学社，No.52通巻260号。

奥平晋（2021）「［資料研究］学友会資料と戦後女子学生会」『中央大学史紀要』第21号。

学生問題研究所編（1959）『大学生の課外活動―サークル活動について―』学生問題研究所（学生問題研究所研究懇談会記録第7冊）。

学生問題研究所編（1959）『大学新聞紙上に現れた現代学生の生活意識について』学生問題研究所（学生問題研究所研究中間報告第3冊）。

学生問題研究所編（1960）『大学生活のあり方―女子大生の意見』学生問題研究所（学生問題研究所研究懇談会記録第18冊）。

学生問題研究所第3班編（1959）『現代学生の生活意識についての研究』学生問題研究所（学生問題研究所研究中間報告第3冊）。

学生問題研究所第3班編（1962）『女子大生の生活意識についての研究』学生問題研究所（学生問題研究所研究報告第5冊）。

菊森英夫編（1953）『中大生活　1953年版』現代思潮社。

日下田岳史（2020）『女性の大学進学拡大と機会格差』東信堂。

日下部禧代子（1981）「女子大生の自立を阻むもの　意識と現実の壁のはざまで」『月刊教育の森』第6巻12号通巻第61号，毎日新聞社。

黒田展之・田中美智子編著（1969）『女子学生』三一書房（新書641）。

経済学部創立100周年記念委員会編（2005）『中央大学経済学部100年の歩み』。

小林和幸編著（2023）『東京10大学の150年史』筑摩書房（筑摩選書0247）。

週刊朝日編集部（1962）「女子学生は亡国か興国か」『週刊朝日』通巻2245号。

竹前栄治（1992）『占領戦後史』岩波書店（同時代ライブラリー119）。

中央大学新聞学会（1989～1998）『中央大学新聞（縮刷版）』（第2巻～第6巻）。

中央大学総務部校友課編（1965）『中央大学学報（創立80周年記念号)』中央大学，第28巻第5号。

中央大学入学センター事務部大学史編纂課編（2011）『タイムトラベル中大125（第2版)』。

中央大学白門婦人会（1981）『女性の職業と大学教育　女子中央大学卒業生の意識調査から』ミツワ印刷。

中央大学百年史編集委員会専門委員会編（2003）『中央大学百年史（通史編下巻）』。

中央大学百年史編集委員会専門委員会編（2004）『中央大学百年史（年表・索引編）』。

中央大学百年史編集委員会専門委員会編（2005）『中央大学百年史（資料編）』。

中央大学夜間部闘争小史編纂委員会（2024）『篝火　中央大学夜間部学生の闘い　記録と証言』あけほの印刷。

中央大学緑法会編（1994）『中央大学緑法会―40年のあゆみ―』。

『中央評論（特集：白門祭見たまゝ―展示から）』（1961）第12巻第6号・通巻72号，中央大学。

『中央評論（特集：4年間の学生生活体験記）』（1961）第13巻第1号・通巻73号，中央大学。

『中央評論（特集：科学と宗教）』（1962）第13巻第6号・通巻78号，中央大学。

『中央評論（特集：大学の自治と学問の自由）』（1962）第14巻第1号・通巻79号，中央大学。

『中央評論（特集：外国人の見た日本）』（1963）第14巻第3号・通巻81号，中央大学。

『中央評論（特集：大学のビジョン）』（1968）第20巻第1号・通巻102号，中央大学。

『中央評論（特集：私の大学論）』（1972）第24巻第1号・通巻117号，中央大学。

『中央大学　要覧』（1964），中央大学。

土持ゲーリー法一（1996）『新制大学の誕生　戦後私立大学政策の展開』玉川大学出版部。

土持ゲーリー法一（2006）『戦後日本の高等教育改革政策　「教養教育」の構築』玉川大学出版部。

津村明子（1981）「男性優位の職場に抗して　一人の大卒女性の生きた道」『月刊教育の森』第6巻12号通巻第61号，毎日新聞社。

暉峻康隆×樋口恵子［対談］（1981）「家元と語る亡国論いま　むかし　男も女も自分の人生をもて」『月刊教育の森』第6巻12号通巻第61号，毎日新聞社。

日本女子大学女子教育研究所編（1995）『女子大学論』ドメス出版（女子教育研究叢書10）。

長谷川鷹士（2024）「1960年代の早稲田大学と「女子学生問題」―「女子学生亡国論」と教育学部での入学制限に注目して―」『早稲田大学史記要』第55巻通巻59号。

羽田貴史（1999）『戦後大学改革』玉川大学出版部。

藤井治枝（1966）「女子職業の開発をめざして　教育成果の社会的還元について」『朝日ジャーナル（増刊論文特集）』Vol. 8，No. 30。

文学部創立50周年記念事業企画委員会（2001）『中央大学文学部の50年』。

三淵嘉子他（2024）『女性法律家』有斐閣（復刻版）。

湯川次義（2022）『戦後教育改革と女性の大学教育の成立　共学・別学の並立と特

性教育の行方』早稲田大学出版部。

湯川次義（2024）「新学制下の共学大学の成立とその課題―早稲田大学の事例を中心に―」『早稲田大学史記要』第 55 巻通巻 59 号。

付表

昼夜女子学生会の購入図書

		第一女子学生会（昼間部）			
	受入年次	著者	書名	刊行年	発行元
1	—	岩波講座	文学 1	1954 年 4 月 5 日	岩波書店
2	—	岩波講座	文学 2	1954 年 4 月 5 日	岩波書店
3	—	岩波講座	文学 3	1954 年 4 月 5 日	岩波書店
4	—	岩波講座	文学 4	1954 年 4 月 5 日	岩波書店
5	—	岩波講座	文学 5	1954 年 4 月 5 日	岩波書店
6	—	岩波講座	文学 6	1954 年 4 月 5 日	岩波書店
7	—	岩波講座	文学 7	1954 年 4 月 5 日	岩波書店
8	—	岩波講座	文学 8	1954 年 4 月 5 日	岩波書店
9	—	宇佐美誠次郎	日本資本主義講座	1954 年 1 月 30 日	岩波書店
10	—	マルクス	資本論	1927 年 12 月 3 日	改造社
11	—	マルクス	資本論	1927 年 12 月 3 日	改造社
12	1958 年 11 月 3 日	ロマン・ロラン	ジャン・クリストフⅠ	1958 年 4 月 20 日	河出書房
13	1958 年 11 月 3 日	ロマン・ロラン	ジャン・クリストフⅡ	1958 年 4 月 20 日	河出書房
14	1958 年 10 月 24 日	帯刀貞代	日本の婦人	1957 年 7 月 17 日	岩波書店
15	1958 年 11 月 3 日	井上清	日本の女性史　上	1958 年 9 月 20 日	三一書房
16	1958 年 11 月 3 日	井上清	日本の女性史　下	1958 年 9 月 20 日	三一書房
17	1958 年 11 月 3 日	川島武宣	結婚	1958 年 1 月 30 日	岩波書店
18	1958 年 11 月 3 日	嶋津千利世	女子労働者	1958 年 2 月 20 日	岩波書店
19	—	ロイ・イネス	危機にたつ科学	1955 年 5 月 20 日	蒼樹社
20	—	金子和代	エミーよ　―愛の遺書	1954 年 8 月 1 日	日本織物出版社
21	—	石母田正	続歴史と民族の発見	1954 年 11 月 25 日	東大出版会
22	—	田宮虎彦	愛するということ	1957 年 7 月	東都書房
23	—	袋一平	文学の社会的意義	1953 年 5 月 15 日	岩崎書店
24	—	福尾猛市郎	日本家族制度史	1955 年 11 月 15 日	吉川弘文館
25	—	龍居松之助	日本女性史	1935 年 5 月 5 日	章草社
26	—	モーパッサン	女の一生	1958 年 10 月 15 日	新潮社
27	—	—	作法	1956 年 4 月 20 日	主婦の友社
28	—	鵜飼信成	憲法	1956 年 4 月 20 日	岩波書店
29	—	久保栄	築地演劇論	1948 年 4 月 15 日	平凡社
30	1959 年 5 月 13 日	—	ベーベル婦人論　上下	—	—
31	1959 年 5 月 13 日	宮本百合子	現代日本文学全集	—	—
32	1959 年 5 月 13 日	—	女性史	—	—
33	1959 年 5 月 13 日	—	中央公論 (5-7)	1959 年	—
34	1959 年 7 月 3 日	—	婦人公論　6 月	1959 年	—
35	1959 年 7 月 3 日	—	婦人公論　7 月	1959 年	—
36	1959 年 7 月 3 日	—	婦人公論　8 月	1959 年	—
37	1959 年 7 月 3 日	—	世界　6 月	1959 年	—
38	1959 年 7 月 3 日	—	世界　7 月	1959 年	—
39	1959 年 7 月 3 日	—	世界　8 月	1959 年	—
40	1959 年 7 月 3 日	—	哲学辞典	—	—
41	1959 年 7 月 3 日	—	弁証法読本	—	—
42	1959 年 7 月 3 日	—	パールバック	—	—
43	1959 年 7 月 3 日	—	幸福について	—	—

44	1959 年 7 月 3 日	—	唯物論の哲学	—	—
45	1959 年 10 月 6 日	—	労働法講座婦人労働	—	—
46	1959 年 10 月 6 日	—	労働基準法　上	—	—
47	1959 年 10 月 6 日	—	労働基準法　下	—	—
48	1959 年 10 月 6 日	—	社会政策　下	—	—
49	1959 年 10 月 6 日	—	はたらく女性の歩み	—	—
50	1959 年 10 月 6 日	—	女性の歴史	—	—
51	1959 年 10 月 6 日	—	労働法	—	—
52	1959 年 10 月 6 日	—	中央公論（7-11 月）	1959 年	—

	第二女子学生会（夜間部）				
	受入年次	著者	書名	刊行年	発行元
1	1950 年 11 月 4 日	池田潔	自由と規律	—	岩波書店
2	1950 年 11 月 4 日	ホイットマン	草の葉　上	—	三笠書房
3	1951 年 6 月 14 日	ホイットマン	草の葉　下	—	三笠書房
4	1950 年 11 月 4 日	小泉信三	読書論	—	岩波書店
5	1950 年 11 月 4 日	樺俊雄	歴史哲学	—	小石川書房
6	1950 年	久保勉訳	国家論　プラトン	—	岩波書店
7	—	デュ・ガール	チボー家の人々 I	—	白水社
8	—	丁玲	太陽は桑乾河を照す 上	—	ハト書房
9	—	丁玲	太陽は桑乾河を照す 下	—	ハト書房
10	—	ロマン・ロラン	魅せられたる魂 II	—	みすず書房
11	—	ロマン・ロラン	魅せられたる魂 III	—	みすず書房
12	—	沢田美喜	混血の母	—	毎日新聞社
13	—	ロマン・ロラン	ジャンクリストフ 2	—	みすず書房
14	—	ロマン・ロラン	ジャンクリストフ 3	—	みすず書房
15	—	ロマン・ロラン	ジャンクリストフ 4	—	みすず書房
16	—	安田徳太郎	人間の歴史 1	—	光文社
17	—	安田徳太郎	人間の歴史 2	—	光文社
18	—	安田徳太郎	人間の歴史 3	—	光文社
19	—	A. S. マカレンコ	愛と規律の家庭教育	—	三一書房
20	—	井上清	日本女性史	—	三一書房
21	—	黄谷柳	蝦球物語	—	三一書房
22	—	黄谷柳	続蝦球物語	—	三一書房
23	—	黄谷柳	英和対照新約聖書	—	日本聖書協会
24	—	伊藤整	火の鳥	—	光文社
25	—	壷井栄	私の花物語	—	筑摩書房
26	—	壷井栄	母の地図 野の草のように	—	光文社
27	—	ロマン・ロラン	魅せられたる魂 5	—	みすず書房
28	—	ロマン・ロラン	魅せられたる魂 6	—	みすず書房
29	—	ロマン・ロラン	魅せられたる魂 7	—	みすず書房
30	—	ロマン・ロラン	魅せられたる魂 9	—	みすず書房
31	—	ロマン・ロラン	魅せられたる魂 10	—	みすず書房
32	—	ロマン・ロラン	魅せられたる魂 4	—	みすず書房
33	—	山本芳樹編	日本名歌三百曲集	—	新興音楽出版社
34	—	平井義太郎監修、世界経済研究所編	世界経済政治地図	—	大月書店

35	1950 年	高山岩男	哲学用語辞典	—	弘文堂
36	—	中山久四郎	模範辞典	—	金鈴社
37	1952 年	現代常識百科 精典編集部	現代常識百科精典	—	光文書院
38		ラスキ, 飯坂良明訳	近代国家における自由	—	岩波書店
39		嶋津千利世	女子労働者	—	岩波書店
40	1954 年 6 月 29 日	戒能通孝	裁判	—	岩波新書
41	1954 年 6 月 29 日	ラスキ	信仰・理性・文明	—	岩波現代叢書
42	1954 年 6 月 29 日	ラスキ	近代国家における自由	—	岩波現代叢書
43	1954 年 5 月 26 日	尾高朝雄	自由論	—	勁草書房
44	1955 年 3 月 28 日	塩尻公明	女性論	—	現代教養文庫
45	1955 年 3 月 28 日	塩尻公明	青年と倫理	—	河出新書
46	1954 年 9 月 17 日	ベネディクト, 長谷川松治訳	菊と刀　上	—	現代教養文庫
47	1954 年 9 月 17 日	ベネディクト, 長谷川松治訳	菊と刀　下	—	現代教養文庫
48	1954 年 7 月 16 日	—	日本資本主義講座 1-10	—	—
49	1954 年 8 月 12 日	南博	日本人の心理	—	岩波新書
50	1954 年 8 月 12 日	嶋津千利世	女子労働者	—	岩波新書
51	1955 年 3 月 28 日	ベーベル	婦人論	—	—
52	—	平井潔	婦人問題	—	唯物論研究所
53	—	高桑りん三	近代の思想	—	近代文庫社
54	—	ミル, 大久保・高崎訳	婦人論	—	春秋社
55	—	木下順二・ 鶴見和子編	母の歴史	—	河出書房
56	1955 年 6 月 22 日	川島武宜	結婚	—	岩波書店
57	1955 年 6 月 24 日	川島武宜	日本社会の家族的構成	—	日本評論社
58	1955 年 12 月 19 日	平出禾 編	日本社会の病理解剖 1	—	春秋社
59	1955 年 12 月 19 日	平出禾 編	日本社会の病理解剖 2	—	春秋社
60	1955 年 12 月 19 日	平出禾 編	日本社会の病理解剖 3	—	春秋社
61	1955 年 12 月 19 日	平出禾 編	日本社会の病理解剖 4	—	春秋社
62	1955 年 12 月 19 日	平出禾 編	日本社会の病理解剖 5	—	春秋社
63	—	中川善之助	妻の座	—	有信堂
64	—	石垣綾子	女は自由である	—	文藝春秋新社
65	—	椎名りん三	美しい女	—	中央公論社
66	1955 年 7 月	ロマンロラン, 片山敏彦訳	ジャン・クリストフ	—	みすず書房
67	1956 年 5 月 31 日	安部知二	女性の危機　新しい女性	—	河出書房
68	1956 年 5 月 31 日	安部知二・羽仁 説子・石垣綾子	女性の恋愛　新しい女性 II	—	河出書房
69	1956 年 6 月 5 日	安部知二・羽仁 説子・石垣綾子	女性の結婚　新しい女性 III	—	河出書房
70	1956 年 6 月 11 日	柳田謙十郎	真実に生きる道	—	文理書院
71	1956 年 7 月 2 日	阿部知ほか編	女性の自由　新しい女性 4	—	河出書房
72	—	山川菊栄	女二代の記	—	日本評論社

73	1956 年 7 月 6 日	山川菊栄	婦人	—	有斐閣
74	1957 年 1 月 18 日	末川博編	法学辞典	—	日本評論新社
75	1957 年 6 月 7 日	田宮虎彦	愛するという事	—	東都書房
76	1957 年 6 月 15 日	アルベル・カミュ	転落	—	新潮社
77	1957 年 6 月 15 日	デュ・モーリア	儀性	—	三笠書房
78	1957 年 6 月 21 日	川島武宜	家族制度	—	岩波書店
79	1957 年 8 月 31 日	伊藤五郎	苦学生	—	陽光書房
80	1958 年 3 月 5 日	—	いけばな草月	—	—
81	1958 年 3 月 10 日	柳田謙十郎	人生哲学	—	文理書院
82	1957 年 10 月 16 日	—	売春	—	—
83	1957 年 10 月 16 日	雪吹周	売春婦の性生活：日本における性の報告大集；第 2 巻	1953 年	文藝出版
84	1957 年 10 月 16 日	原浩三	売春風俗史	1955 年	鱒書房
85	1957 年 10 月 17 日	—	戦後の売春問題	—	—
86	1957 年 10 月 17 日	本庄しげ子	人身売買	1954	同光社
87	1957 年 10 月 26 日	—	結婚の社会学的研究	—	—
88	1958 年 5 月 13 日	尾高朝雄	法の究極にあるもの	—	有斐閣
89	1958 年 5 月 13 日	沢田美喜,影山光洋	歴史のおとし子	1958 年	読売新聞社
90	1958 年 8 月 7 日	五味川純平	人間の條件 1	1956 年	三一書房
91	1958 年 8 月 7 日	五味川純平	人間の條件 2	1956 年	三一書房
92	1958 年 8 月 7 日	五味川純平	人間の條件 3	1957 年	三一書房
93	1958 年 8 月 7 日	五味川純平	人間の條件 4	1957 年	三一書房
94	1958 年 8 月 7 日	五味川純平	人間の條件 5	1957 年	三一書房
95	1958 年 8 月 7 日	五味川純平	人間の條件 6	1958 年	三一書房
96	—	—	女性の歴史（続）	—	—
97	1958 年 10 月 15 日	大河和夫	婦人労働	—	—
98	—	—	はたらく女性の歩み	—	—

注 1：本表は，学友会において作成された昼夜女子学生会（第一・第二）の「図書目録」を参照に作成したものである。作表にあたり，価格や頁数は除外した。

2：「図書目録」は購入図書の記録であり，昼夜団体の別に調製されていた。

3：図書の重複購入が一部に見られるが，図書の減失によるもの補充購入と推察する。

4：昼夜の女子学生会で購入数に差が生じているが，理由は不明である。また，書架の設置など，図書の配架管理に関わる事情も現状では分からない。

5：購入図書のタイトルには，今日不適切な表現と思われる個所も見られるが，歴史的資料との認識から，本タイトルはそのまま本表に記載した。

第 6 章
女性蔑視の構造
——フェミニズム理論，ジェンダーの検証——

三　船　　毅

は じ め に

　男女の不平等，女性差別という問題に対して，政府は 1986 年に男女雇用機会均等法，1994 年に男女共同参画社会基本法，2021 年には政治分野における男女共同参画の推進に関する法律を施行してきた。これらの法律は 1970 年代から 80 年代に生起した男女平等，女性への抑圧からの解放を求める声を背景として，リブ運動，フェミニズム，ジェンダー思想の後押しから成立してきたと考えられる。しかしながら，これらの法律が制定，施行されてもなお，現実に男女の不平等，女性差別は日本社会に残っており，男女格差の解消は進展していないのが現状であろう。このような状況がなぜ残存しているのであろうか。今から 40 年以上前に第 2 波フェミニズムが登場し，女性団体や研究者により問題提起がなされ，そして政府までもが様々な啓発をおこなっているが，多くの人々にこれらの問題に関する認識が浸透しているとはいえない。また男女格差，女性の社会進出とは別次元の問題かもしれないが，社会的地位のある男性による女性を対象としたハラスメントや性的暴力はあとを絶たない。このようなことは，男性が女性よりも優位にあるという，大きな勘違いをしている男性が多くいるということである。なぜ，この勘違いが 50 年近く解消されずに残っているのであろうか。

　人間は生まれ，そしていつかは死ぬことになる。つまり，社会に存在する人

間は時が経てばその多くは入れ替わる。つまり50年間も同じような状況が続いているのであるから，戦前の男尊女卑が当たり前の社会のなかで男性優位の思想を纏った男性と同じように，男女格差の解消が叫ばれた1970～80年代以降に生まれた男性も男性優位の思想を纏っているのである。このことは男女格差や女性の社会進出を阻む要因が過去と現在で同じであるのか，それとも異なるのかという新たな問題を提起する。1980年代から40年の間に日本社会は大きく変化した。この変化が新たな格差を是認する意識の要因を作り出している可能性もある。たとえば，結婚という問題に対峙したときに女性は男性を値踏みする。その結果，結婚対象外とされた男性は怨嗟を抱くであろう。バブル崩壊後このような状況が長く続くことにより，結婚の数が減少してきた可能性もある。このような状況は，男女格差解消のための女性の社会進出を推進させる制度設計に対する国民の認識が十分に浸透することを阻むかもしれない。

　男女の不平等，特に女性の社会進出を阻む要因はいったい何なのであろうか，が本章の基本的な問題意識である。国民の男女格差解消の認識はどのような要因によって形成されているのであろうか。それら要因の関連性はいかなる構造なのであろうか。本章の目的はこれらの要因の関連性を明らかにして，日本人のジェンダー問題に関する認識の一端を明らかにすることである。

　この問題意識はフェミニズム研究者やジェンダー研究者からすれば，あまりにも稚拙な問いかけかもしれない。このような問いかけに対する解答は，1970年代から現在まで，時代状況に合わせた形で提出され，政府による対策や制度変更がおこなわれてきた。しかし，それらの対策や制度変更解答に対して，国民の男女格差や女性の社会進出に関する意識の変化は乏しく，対策や制度変更も実効性に乏しいのが現状であろう。

　本章では，人々の「女性の格差解消と女性差別の根源である家父長制に係わる態度・意識」を1983年から2022年までのサーベイデータを用いた実証分析から，日本人のジェンダー格差意識の構造を検証する。

1. フェミニズム理論とジェンダーからの分析枠組み

　現代のジェンダー研究では，それまでのフェミニズム理論で提起された差別の構造，つまり家父長制に起因する差別意識の構造に関する実証分析は少ない（鳥谷部 2020）[1]。なぜならば，男性の女性に対する差別意識を直接調査することは困難であり[2]，サーベイデータが乏しいことによる。よって，多くの実証研究は女性の地位達成などを対象として，女性が社会でいかに低く貶められているかを描き出してきたといえる。本節ではその間隙を埋めるべく，限られたデータではあるが1983年から2022年までの調査データで，ほぼ同一の質問項目を用いて，女性差別を作り出す要因，差別意識の構造を分析する。

(1) フェミニズム理論とジェンダーにおける男女差別生成の要因

　フェミニズム理論とジェンダーは，男女格差および女性の社会進出に対して，どのような理論を構築してきたのであろうか。第1波フェミニズムは女性の政治的権利獲得を目指して，その獲得を達成してきた。だが参政権の獲得のみであり，社会・経済的領域での女性の活動は男性と比較して低く，文化的領域における差別も残存していた。それ故に第2波フェミニズムが1960年代に始まったのである。

　第2波フェミニズムは法の下での平等では解決されない社会的，経済的，文化的女性差別の廃絶を目指してきた。第2波フェミニズムは細分化しており，いくつもの理論的潮流を作っている。本節では井上（2006）[3]による論考を基に，ラディカルフェミニズムとマルクス主義的フェミニズムの理論を概観して，分析の理論的枠組みを構築する。

　これら2つのフェミニズム理論は男女差別，女性抑圧の構造をどのように描いてきたのであろうか。ラディカルフェミニズムは，男性による女性支配，抑圧の構造としての家父長制が近代的家族のなかに残存しており，これが男性優位主義の思想を作り出しているとする。この考えは，男女間の支配，服従関係

を権力関係として捉え直す契機となり，社会科学としての分析対象とすることを可能にした。このことは，公的領域における権力関係が私的領域に起因することを明確にしたのであり，公的領域における抑圧や差別の原因が家庭などの私的領域の世界における男女の不平等な関係であるとした。

　他方，マルクス主義的フェミニズムは，家父長制を男性優位主義に基づく意識や文化ではなく，経済生活における男性による支配構造として捉えた。つまり，現代社会における男女不平等の原因を家事や育児などの社会の再生産労働の分担が過度に女性の負担につながっており，通常は女性が無償で家事育児を担っていることを男性優位社会の基礎としたのである。さらに，この家庭内の再生産労働が社会全体の労働市場における男女の不平等な関係を構築している。

　ラディカルフェミニズムとマルクス主義的フェミニズムも男女差，格差の根源を家父長制に求める。しかし，ラディカルフェミニズムは家父長制の表出形態を男女間の従属的な権力関係として捉える。この家父長制が私的領域から公的領域までに影響を及ぼすことにより，社会において男女格差を生じさせることになるのである（Millett 1970）[4]。マルクス主義的フェミニズムは家父長制の表出形態を家庭における家事などの再生産労働における男女間の不平等とする。しかし，両者は家父長制は男性を優位とした女性への権力関係，男性による女性に対する抑圧関係としているのである（井上 2006）[5]。

(2) フェミニズム理論，ジェンダーによる分析枠組み

　フェミニズムの中心的な理論によれば，男女格差，差別の根源は家父長制である。しかし，家父長制は社会のなかで1つの実態として存在しているわけではなく，多くの慣習や人々の考え，行動様式として存在している。よって，家父長制を構成するいくつかの意識・態度と，男女差別に対する意識・態度との関連や構造を検証できるモデルを構築する。

　分析は2つ行う。まず第1の分析として，女性蔑視の態度と家父長制を構成する伝統的な保守性の意識・態度の構造が経時変化してるのか否かを検証す

る。第2の分析として，女性蔑視の態度が家父長制を構成すると考えられる要素といかなる関係にあるのかを検証する。第1の分析は第2節，第2の分析は第3節でおこなう。

では，用いるデータを説明する。第1の分析で用いるデータは1983年のJESデータ[6]，1993年のJESⅡデータ[7]である。2017年と2022年のデータは中央大学社会科学研究所が衆議院選挙，参議院選挙でおこなった調査のデータである[8]。

女性蔑視に対する態度に関しては，男女差別や格差を解消する意識として，「女性をより高い地位や職業に就けるように政府は特別な制度を設けるべきだ」という設問に対する肯定的態度から否定的態度の5点尺度の回答を用いる。以下ではこの設問を「女性格差解消」という変数名で用いる。本章の目的は，日本で女性差別に対する理解が進展しない要因を解明することであるから，この質問に対する回答を用いることは適当であろう。また，この質問を用いる理由はもう1つある。この質問は1983年の学術調査から用いられており，2017年，2022年にも筆者らがおこなった学術調査で同じ質問を用いており，ある程度の経時変化を辿ることが可能だからである。

次いで，分析で用いる女性蔑視をもたらす変数を検討する。フェミニズム理論は現代社会における男女差別，女性への抑圧の原因を家父長制としている。よって，人々が抱く家父長制的な態度を形成する要因，および家父長制に抗う要因との関連性から，女性蔑視の構造を分析する。家父長制は日本に限定して考えるならば，伝統的な家族制度を擁護するような保守的意識を中心にしていると考えられる。よって，保守・革新のイデオロギーを構成している政策意識・態度として以下の4つを用いる。第1に「社会福祉は財政が苦しくても極力充実すべき」である。この質問は分析では「社会福祉充実」という変数として用いる。第2に「天皇は政治に対して，現在よりもっと強い発言権をもつべきだ」である。この質問は分析では「天皇の発言権」という変数として用いる。第3に「労働者は重要な決定に関して，もっと強い発言権をもつべきだ」である。この質問は分析では「労働者の発言権強化」という変数として用い

る。これら3つの変数は保守・革新イデオロギーの一部を構成する重要な変数であることは先行研究（蒲島・竹中 2012）[9] からも明らかである。

第4に「政府のサービスが悪くなっても金のかからない小さな政府のほうがよい」である。この質問は以下では「小さな政府」という変数として用いる。この質問は蒲島・竹中 (1996) [10] らの一連の研究では新自由主義を構成する変数である。「小さな政府」を用いる理由は，従来の保守的な態度とは異なり，1980年代から新たな政治的イデオロギーとして登場してきた新自由主義を構成する要素としての「小さな政府」は，1980年代から現在までに，その意味を変化させてきており，1980年代は「小さな政府」というスローガンの下で政府の無駄遣いを止めると人々に解釈された。しかし，現代ではそのような単純な意味だけではなく，保守政権が革新側の政策を先取りするような側面までをも含むと考えられる。よって，現代では家父長制との関連を強めていると考えられるからである。これらの変数は1983年から1993年のデータの分析で用いる[11]。分析ではこれらの変数はまとめて「政策変数」として記述する場合もある。2017年と2022年のデータでは「天皇の発言権」がないので，「日米安保体制は現在よりもっと強化するべきだ」という質問を用いることとして，分析では「安保体制強化」という変数として用いる[12]。またこれ以外に回答者の属性を示す変数として「年齢」[13]「学歴」「保革イデオロギー」[14] を用いる。

次に第2の分析で用いるデータを検討する。第2の分析で用いるのは中央大学社会科学研究所がおこなった「2017年衆議院選挙調査」「2022年参議院選挙調査」のデータである。第2の分析では，第1の分析で用いる変数の他に家父長制を構成すると考えられる要素となる変数を加える。まず第1に「公正世界信念」であり，「今の日本は，努力した人が報われる社会である」という質問を用いる。第2に「寛容性」であり「外国から来て日本に住む人が増えていくことは，日本のために役立つ」という質問を用いる[15]。第3に「不動産保有」である。家父長制を構成する要素として保有資産，特に「不動産」の保有の有無を用いる。男女差別，女性蔑視の態度や意識・態度を有する人の存在は，社会では学歴や所得に関係なくみられる。よって，家父長制という意識は，家の

中において自身の存在を絶対視することとは無関係でないと考えられる。このような意味においては，家とその基盤となる土地など不動産を所有することは，男性に不動産＝家の中心が自身であるかのような意識を作り出し，家父長制の根源となっているように考えられるからである。これら3つの変数に関しては，第3節で詳細に検討を加える。

　分析方法は，グラフィカルモデリングという方法を用いる。グラフィカルモデリングは，分析に用いる全変数間の偏相関係数を算出し，全変数の間に辺を持つ無向独立グラフを作成し，これをフルモデルとする。このフルモデルから偏相関係数の小さい変数間の辺を削除して無向独立グラフを再構築して AIC を計算する。この操作を共分散選択という（Dempster 1972）[16]。この共分散選択を繰り返し，AIC が最小となる無向独立グラフを最終モデルつまり分析結果として，変数間の条件付き独立を考慮して変数間の関係を解釈するのがグラフィカルモデリングであり，多変量データの関連構造を理解する1つの方法である（宮川 1997）[17]。

2．基本モデルの分析

　第2節では第1の分析をおこなう。まず，分析の中心となる「女性格差解消」に対して，人々がどのような態度を有しているのかを概観する。図6-1-1が1983年と1993年のデータから作成したグラフである。図6-1-2が2017年と2022年のデータから作成したグラフである。データは5点尺度であるから，数値は肯定的態度の2つのカテゴリーの合計である。図を2つに分けたのは，調査方法が面接調査とインターネット調査で異なり，回答の比率が異なるからである。しかし，回答の傾向は同じであり，女性よりも男性の方が「女性格差解消」に肯定的な回答をしている。なぜ女性は当事者意識が低いのかという理由は明確には解らないが，多くの女性は無理してまで男性社会で活躍する必要性を感じていないと考えられる。

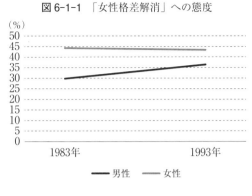

図 6-1-1 「女性格差解消」への態度

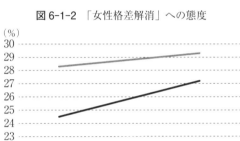

図 6-1-2 「女性格差解消」への態度

(1) 1983年と1993年のデータによる分析

では1983年と1993年のデータから「女性差別解消」「労働者の発言権強化」「天皇の発言権」「社会福祉充実」「小さな政府」「保革イデオロギー」の他に「年齢」「学歴」の変数から構成されるモデルを本章における基本モデルとしてグラフィカルモデリングの分析をおこなう。なお，分析は男性と女性に分けておこなう。なぜならば「女性差別解消」に対する考え方は，男女間で差があるであろうし，その差を作り出す要因が男性の家父長制であるのに対して，女性では異なると考えられるからである。たとえば女性は自身のライフコースを考えたときに，無理してまで社会のなかにおいて出世を望まないかもしれない。

また所得を多くして夫の扶養家族から外れるのを望まないかもしれないなど，いくつかの要因が考えられる。よって，男女別に分析する。

　図6-2-1が1983年の女性標本，図6-2-2が1983年の男性標本の分析結果である。まず図6-2-1の1983年の女性標本の分析結果から検討する。無向独立グラフには辺の数が多く，ほとんどの変数間には偏相関係数が存在している[18]。しかし，ある特徴が見えてくる。X_5「年齢」に着目すると，X_5「年齢」からX_2「女性格差解消」に進むには，いくつもの道があるが，それらの道はX_1「保革イデオロギー」X_8「労働者の発言権強化」X_6「社会福祉充実」のいずれかを通ることになる。そのときX_1「保革イデオロギー」X_8「労働者の発言権」X_6「社会福祉充実」が同じような傾向を持つ人を集めればX_5「年齢」とX_2「女性格差解消」は無関係になることを無向独立グラフは示しているのである。X_1「保革イデオロギー」X_8「労働者の発言権強化」X_6「社会福祉充実」で同じような傾向の人を集めることは，X_1「保革イデオロギー」で保守，X_8「労働者の発言権強化」で否定的態度，X_6「社会福祉充実」で否定的態度をとる人であり，全体的に保守的な政策志向を持つ人であるから難しいことではない。その逆も同じである。グラフの数値から解釈するならば年齢に拘らず，女性は革新的政策を志向する人は「女性格差解消」に肯定的な態度を有しているということができる。偏相関係数をみると，X_1「保革イデオロギー」からX_2「女性格差解消」へ-.051，X_8「労働者の発言権強化」からX_2「男女格差解消」へ.124，X_6「社会福祉充実」からX_2「女性格差解消」へ.144である。これらは保守的態度と反対の革新的態度を示す人は「女性格差解消」で格差解消の態度を示しているのである。よって，女性は年齢層が同じならば保革イデオロギーや政策変数で革新的態度を示す人は格差解消を求め，保革イデオロギーや政策変数で保守的態度を示す人は格差解消を求めない態度を示すのである。

　次に図6-2-2の1983年の男性標本の分析結果をみる。これも女性と同じように，ほとんどの変数間に辺があり偏相関係数が存在している。女性との違いはX_5「年齢」とX_4「学歴」からX_2「女性格差解消」に辺を持っていることである。つまり男性はX_2「女性格差解消」と他の政策態度変数が直接関連する

図 6-2-1　1983 年女性

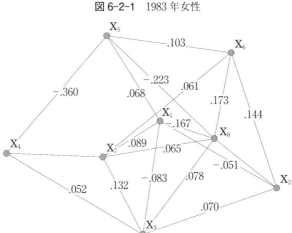

X₁：保革イデオロギー　X₂：女性格差解消　X₃：小さな政府　X₄：学歴　X₅：年齢　X₆：社会福祉充実　X₇：天皇の発言権　X₈：労働者の発言強化

図 6-2-2　1983 年男性

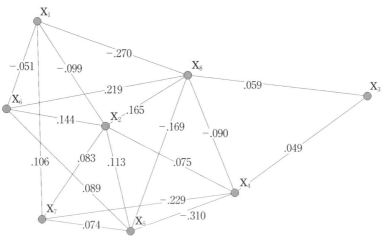

X₁：保革イデオロギー　X₂：女性格差解消　X₃：小さな政府　X₄：学歴　X₅：年齢　X₆：社会福祉充実　X₇：天皇の発言権　X₈：労働者の発言強化

のと同時に，X_5「年齢」も X_4「学歴」も直接関連しているのである。X_2「女性格差解消」と X_5「年齢」の偏相関係数は .113 であり，年齢の高い男性の方が女性格差解消を求める態度を示している。X_2「女性格差解消」と X_4「学歴」の偏相関係数は .075 と小さいが，学歴の高い男性の方が女性格差解消を求める態度を示している。

　では，次に 1993 年のデータによる分析結果をみる。図 6-3-1 が女性標本，図 6-3-2 が男性標本の分析結果である。まず図 6-3-1 の女性標本の分析結果からみる。X_3「学歴」と X_4「小さな政府」を除いて，全ての変数が X_2「女性格差解消」と辺を持っている。偏相関係数の符号と大きさから解釈すると，X_1「保革イデオロギー」と「政策態度変数」で革新的な態度を示す人は，女性格差解消の態度を示すである。また，逆に「保革イデオロギー」，「政策態度変数」で保守的な態度を示す人は，女性格差解消の態度を示さないのである。ここで図 6-2-1 との違いをみておく。図 6-2-1 では X_4「学歴」を一定にすると，X_5「年齢」と X_2「女性格差解消」は無相関であった。つまり学歴の高い女性が女性格差解消を支持している。しかし図 6-3-1 では，X_5「年齢」を一定にすると X_3「学歴」と X_2「女性格差解消」は無相関になることを示している。つまり，若い女性が格差解消の態度を示している。

　1983 年は年齢に関係なく学歴が高い人が女性格差解消の態度を示すが，1993 年では学歴に関係なく若い人が女性格差解消の態度を示すのである。このことは 2 つの解釈が成り立つ。1 つは女性全体の中に女性格差解消を目指すことが浸透してきたという解釈である。もう 1 つは「保革イデオロギー」，「政策態度変数」で革新的な態度を示す人は，女性格差解消の態度を示すのである。1983 年から 1993 年にかけて女性の高学歴化が進展したということである。

　次に図 6-3-2 の 1993 年の男性標本の分析結果をみる。このグラフも X_2「女性格差解消」に対して，X_3「学歴」以外の全ての変数が辺を有している。よって，X_1「保革イデオロギー」と「政策的態度変数」を一定にすれば，X_3「学歴」と X_2「女性格差解消」は無相関になる。X_1「保革イデオロギー」と「政策態度変数」と X_2「女性格差解消」との辺の偏相関係数をみて判断すると，

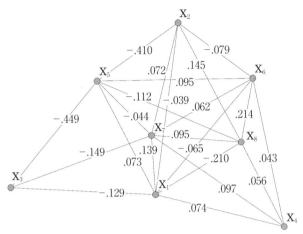

図 6-3-1 1993 年女性

X_1：保革イデオロギー　X_2：女性格差解消　X_3：学歴　X_4：小さな政府　X_5：年齢　X_6：社会福祉充実　X_7：天皇の発言権　X_8：労働者の発言強化

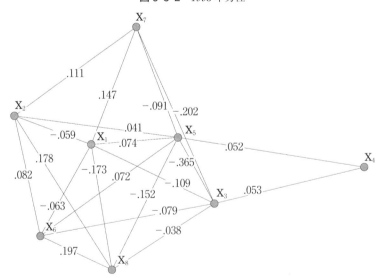

図 6-3-2 1993 年男性

X_1：保革イデオロギー　X_2：女性格差解消　X_3：学歴　X_4：小さな政府　X_5：年齢　X_6：社会福祉充実　X_7：天皇の発言権　X_8：労働者の発言強化

革新的態度を示す人は女性格差解消の態度を示し，保守的態度をとる人は女性格差解消の態度を示さないのである。

では，これら2つの時期の分析結果をまとめておく。1983年は第2波フェミニズムが登場して10数年が経過しているが，多くの人々に女性格差解消に対する理解が浸透しているとは言いがたい。1993年になると男女雇用機会均等法も議論され始め，男女格差が多くの人々に理解が浸透してきた時期かもしれないが，男性女性ともに「女性格差解消」に対する態度は「保革イデオロギー」「労働者の発言強化」「社会福祉充実」に規定されており，女性差別の多くは人々の保守的態度と深い関係を有していると考えられる。

(2) 基本的分析：2017年と2022年のデータ

前項の分析で用いたデータから約30年後のデータでは女性格差解消に対する人々の意識・態度はどのような構造になっているのかを検証する。

まず，2017年のデータ[19]による分析結果である。図6-4-1は女性標本による分析結果である。1983年，1993年と比較すると，1993年はX_3「学歴」とX_2「女性格差解消」との間に辺は無いが，1983年，2017年では辺が存在している。しかし，偏相関係数は1983年が.052，2017年が-.047であり，効果は小さいが符号が逆転しており，学歴の高い女性は女性格差解消に関心を示していないのである。1983年・1993年と比較すると，2017年ではX_3「女性格差解消」と他の変数間との辺は少なくなっている。これは主に標本数の影響と考えられる。また，従来のイデオロギー研究で明らかになっているように，イデオロギーが1970年代から2000年代までに，その次元数を多くして細分化していることも影響があると考えられる。しかし，X_3「女性格差解消」に対する「政策態度変数」との関係は，それらの偏相関係数から判断すると，「政策態度変数」で革新的態度をとる人は女性格差解消を示す態度をとり，保守的態度をとる人は女性格差解消を示さない態度をとる。

この分析結果で特徴的なことは，それまでX_3「女性格差解消」と直接に辺を持たなかったX_4「小さな政府」が.132の偏相関係数の辺を持っていること

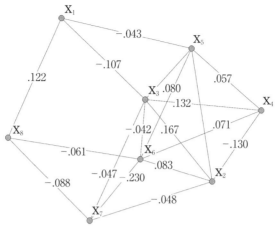

図6-4-1　2017年女性

X_1：保革イデオロギー　X_2：社会福祉充実　X_3：女性格差解消　X_4：小さな政府　X_5：労働者の発言強化　X_6：年齢　X_7：学歴　X_8：日米安保強化

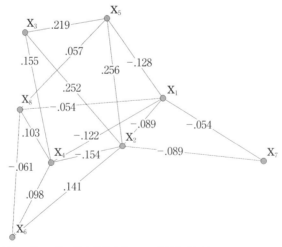

図6-4-2　2017年男性

X_1：保革イデオロギー　X_2：社会福祉充実　X_3：女性格差解消　X_4：小さな政府　X_5：労働者の発言強化　X_6：年齢　X_7：学歴　X_8：日米安保強化

である。小さな政府を志向するという，従来では保守的態度と考えられていた政策態度が，女性格差解消の方向と連動しているのである。

次に図6-4-2の男性標本の分析結果をみる。図6-3-1，図6-3-2と比較すると図6-4-2の男性も女性と同様に辺が減少しているが，特にX_3「女性格差解消」と「政策態度変数」との辺が減少している。また属性変数のX_6「年齢」とX_7「学歴」がX_3「女性格差解消」と辺を持たなくなっている。X_3「女性格差解消」とX_5「労働者の発言権強化」X_2「社会福祉充実」の偏相関係数はこれまでと同じ関連を示しており，X_5「労働者の発言権強化」X_2「社会福祉充実」の革新的態度が女性格差解消を志向する態度と関連している。また，X_3「女性格差解消」とX_4「小さな政府」の関係は図6-4-1の女性と同じように，偏相関係数が正値であることから，小さな政府を求める従来の保守的態度が女性格差解消を求めていることになる。X_4「小さな政府」とX_1「保革イデオロギー」X_2「社会福祉充実」の辺は負値であるから，X_4「小さな政府」で小さな政府を志向する態度は，保守的であると考えられる。よって「小さな政府」は直接的な対人間への政策に関しては「小さな政府＝無駄をしない」ことを求めて，そのぶん人間への政策投資を求める態度とみることができる。

次に2022年のデータ[20]による分析結果をみる。図6-5-1が女性標本，図6-5-2が男性標本の分析結果である。まず，図6-5-1の女性標本の分析結果からみる。分析結果では無向独立グラフの辺が2017年よりも減少している。X_6「年齢」とX_7「学歴」はX_3「女性格差解消」と直接辺を持たない。これは1983年，1993年と大きく異なっており，女性も高学歴化が進展し，学歴の効果が消失したといえる。X_3「女性格差解消」と「政策態度変数」の辺における偏相関係数は符号から判断すると，これまでと変化はなく，「政策態度変数」で革新的態度を示す人は女性格差解消を志向する態度をとるのである。しかし，ここでもX_4「小さな政府」で保守的態度を示す人が女性格差解消を志向する態度を示している。

次に図6-5-2の男性標本の分析結果をみる。この結果も女性と同様に2017年よりも無向独立グラフの辺を減少させており，X_7「学歴」はどの変数とも辺

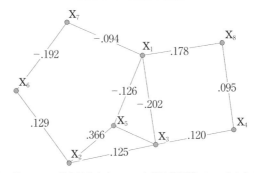

図 6-5-1　2022 年女性

X_1：保革イデオロギー　X_2：社会福祉充実　X_3：女性格差解消　X_4：小さな政府　X_5：労働者の発言強化　X_6：年齢　X_7：学歴　X_8：日米安保強化

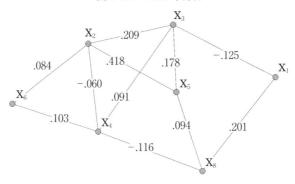

図 6-5-2　2022 年男性

X_1：保革イデオロギー　X_2：社会福祉充実　X_3：女性格差解消　X_4：小さな政府　X_5：労働者の発言強化　X_6：年齢　X_7：学歴　X_8：日米安保強化

を持っていない。X_3「女性格差解消」と「政策態度変数」との関係は，図6-5-1 の女性標本および 1983 年，1993 年の分析結果における「政策態度変数」との関係と同じであり，他の政策態度で革新的態度を示す人が女性格差解消を志向している。また，女性と同じく X_4「小さな政府」は保守的態度を示す人

が，女性の格差解消を志向している。

3．家父長制の意味

⑴　家父長制の本質と仮説

　第3節では第2の分析をおこなう。第2節における第1の分析では，「女性格差解消」を求める態度が保守的な政策態度と負の関連があることを検証した。人々の家父長制と連関する政策的態度の多くは保守的であると考えられるから，これは妥当な結論である。しかし，家父長制はそれだけではないと考えられる。日本社会に即して考えるならば，従来の家制度における家長の特質を表すような変数が必要であると考えられる。

　家父長制における女性抑圧の構造は，男性による女性支配，抑圧が近代家族の中にも残存しており，女性を家庭内における再生産活動に従事させるものである。つまり，女性に対する抑圧，蔑視をもたらすのは，男性による男性優位の考え，女性の謙遜的態度，男性が家庭のなかで自身が主人であるという考えに他ならないであろう。もし，そうであるのならば，男性を家庭のなかで自身が最重要人物であると認識させる要因は，保有する資産などであると考えられる。しかし，それは単純に金銭の量で計れるものではない。女性に対する抑圧，差別，DVは男性の収入の高低，保有資産額によって決まるものではない。なぜならば，女性に対する抑圧，差別，DVは社会のあらゆる階層でみられるからである。したがって，男性の女性差別，抑圧の意識をもたらすのは，保有する金銭的な量に拘らず，家や家庭の基盤となる「不動産の保有」などに求めることができると考えられる。家父長制が女性差別の根源であるならば，他者に対する差別的態度を形成する要因も家父長制を構成する重要な要因であり，先行研究からも社会的弱者への差別的態度と関連する要因が検証されている。ここでは他者に対する差別的態度と関連する要因として，「公正世界信念」と「寛容性」を用いる。

今野（2018）[21] によれば，「公正世界信念」とは「努力は報われる」という信念であり（Lerner and Miller 1978）[22] ラーナー（Lerner 1965）[23] により理論化され，計量分析に適用可能な尺度として開発された。「公正世界信念」が強い人は自分の周囲に起こる出来事を自身の信念に合わせて理解する傾向がある（Lerner 1980）[24] とされ，社会格差に苦しむ人を見ても，それは努力や実力に見合った差異が生じていると解釈し，現状に問題はないと見なすのである（今野 2018）[25]。このような特質から「努力次第で成功できる社会である」という社会観が，社会への肯定的態度になるのである。しかし，この「公正世界信念」は悪い側面も持ち合わせていることが多くの研究で実証されており，「公正世界信念」は社会的弱者を否定的に見る傾向があり（Rubin and Peplau 1975）[26]，公正世界信念が高い人ほど弱者を否定的に評価する（Lerner 1980）[27] のである（今野 2018）[28]。よって，本章の分析モデルでは「女性格差解消」と「公正世界信念」は正の相関があると考えられる。「公正世界信念」を文字通りに受け止めれば，「世の中には差別があるのだから，女性の社会進出には特別な制度があってもよい」と考えて，政府が女性のために特別な制度を設けることに肯定的な態度をとると考えられるからである。公正世界信念の悪い側面を考えれば，「女性のために特別な制度を設ける」ことに対して肯定的態度を持つ人は，「女性は能力が低いのである」として，政府が女性のために特別な制度を設けることに肯定的な態度をとると考えられるからである。分析に用いる「公正世界信念」は，「今の日本は，努力した人が報われる社会である」という質問の回答を用いる[29]。

「寛容性」とはある物，事象について拒絶するのではなく，受容する態度であり，特に「自分と異質な意見を持つ集団に対しても，彼らの言論に関する自由を認めること」（Mutz 2002）[30] を政治的寛容性という[31]。寛容性を形成する1つの要因は権威主義である（Adorno et al. 1950）[32]。また，日本では家父長制意識は排外的態度と関連があることが先行研究で検証（伊達 2015）[33] されている。よって，家父長制の特徴の1つが権威主義的態度であるならば，「女性格差解消」と「寛容性」は正の相関を持つことが考えられる。分析に用いる「寛容

性」は「外国から来て日本に住む人が増えていくことは日本のために役立つ」という質問の回答を用いる。

(2) 分　　析

前節の図 6-5-1, 図 6-5-2 で用いた変数で「日米安保強化」「小さな政府」を取り除いて, 代わりに X_7「不動産の保有」[34] X_8「公正世界信念」X_6「寛容性」[35] を用いて分析をおこなう。「日米安保強化」「小さな政府」を取り除いた理由は, 図 6-5-1, 図 6-5-2 で「女性格差解消」と直接に辺を持たないか, または偏相関が小さいからである。

図 6-6-1 が女性標本の分析結果, 図 6-6-2 が男性標本による分析結果である。

まず, 図 6-6-1 の女性標本の分析結果から検証する。X_3「女性格差解消」は X_1「保革イデオロギー」と「政策態度変数」と全て辺を有している。偏相関係数の値から判断すると, X_1「保革イデオロギー」と「政策態度変数」で革新的な態度の方が女性格差解消の態度を志向している。X_6「寛容性」は X_3「女性格差解消」と偏相関係数が .214 であるから寛容性の高い方が女性格差解消を志向する態度を示す。しかし, X_8「公正世界信念」は X_2「女性格差解消」と辺を持たない。また X_7「不動産保有」も X_3「女性格差解消」と直接に辺を持たない。よって, 女性の「女性格差解消」の態度を規定する要因は従来の保革イデオロギーと政策態度変数が革新的態度の場合に, 女性格差解消を志向する態度を示している。

次に図 6-6-2 の男性標本の分析結果を検証する。X_3「女性格差解消」と X_8「公正世界信念」X_6「寛容性」は辺を持っている。X_3「女性格差解消」と X_8「公正世界信念」の偏相関係数は .183 であり, 公正世界信念が高いほど女性格差解消の態度を示す。X_3「女性格差解消」と X_6「寛容性」の偏相関係数は .169 であり, 寛容性が高いほど女性格差解消の態度を示す。男性で特徴的な 2 つめのことは, X_1「保革イデオロギー」と X_6「寛容性」X_8「公正世界信念」の関係である。X_1「保革イデオロギー」と X_6「寛容性」の偏相関係数は -.176 であ

図 6-6-1　2022 年女性　拡張モデル

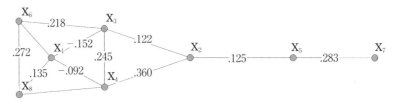

X₁：保革イデオロギー　X₂：社会福祉充実　X₃：女性格差解消　X₄：労働者の発言強化　X₅：年齢　X₆：寛容性　X₇：不動産保有　X₈：公正世界信念

図 6-6-2　2022 年男性　拡張モデル

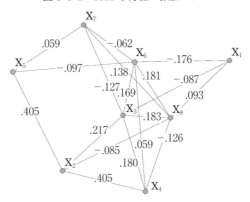

X₁：保革イデオロギー　X₂：社会福祉充実　X₃：女性格差解消　X₄：労働者の発言強化　X₅：年齢　X₆：寛容性　X₇：不動産保有　X₈：公正世界信念

る。X_1「保革イデオロギー」と X_8「公正世界信念」の偏相関係数は .093 である。つまり，X_1「保革イデオロギー」と X_6「寛容性」そして X_1「保革イデオロギー」と X_8「公正世界信念」では関連が逆になっているのである。しかし，X_6「寛容性」と X_8「公正世界信念」の偏相関係数は .181 である。このことは，保守的な人は公正世界信念が高く，革新的な人は寛容性が高いが，X_1「保革イデオロギー」を一定にすれば，つまり同じイデオロギーの人を集めると，X_6「寛容性」と X_8「公正世界信念」は .181 の偏相関係数を持つのである。したがって，X_6「寛容性」と X_8「公正世界信念」は，X_1「保革イデオロギー」に

関係なく X_3「女性格差解消」と正の相関を持つことから,「女性格差解消」に効果を示すのである。

ここで特徴的なことは,女性とは異なり X_7「不動産保有」が X_3「女性格差解消」と直接に辺を有し,偏相関係数が -.127 を示していることである。偏相関係数が負値であるから,不動産を保有している人は女性格差解消に否定的態度を示しているのである。また $X_3 \perp X_5 | X_7$ の関係があるから,不動産保有を一定とすれば,つまり不動産を保有している人だけを集めると,またその逆でも,X_5「年齢」と X_3「女性格差解消」は無相関になるのである。このことはどのような年齢層でも不動産保有が女性格差解消の態度に否定的な効果を示すということである。

お わ り に

本研究は「女性格差解消」に対する態度が,家父長制と連関する政策態度,および社会のなかで差別と連関を持ち家父長制を構成する要素である「公正世界信念」「寛容性」とどのような構造であるのかグラフィカルモデリングの手法で検証した。2つの分析の結果から解ったことは2つある。

まず第1の分析の結果(図6-2-1,図6-4-2)では,女性も男性も「女性格差解消」を志向する態度は,「保革イデオロギー」「政策態度変数」と比較的強い関連を持っていることである。このことは「保革イデオロギー」「政策態度変数」において保守的な態度を示す人は,女性格差解消に対して否定的態度を有することを示しており,1983年から2022年の現代まで関連構造に大きな変化はない。この結果はこれまでのジェンダー研究における理論および実証研究と一致するであろう。

第2の分析の結果(図6-6-1,図6-6-2)では2020年のデータを用いて,これまでのジェンダー研究では取り上げられることの少なかった「公正世界信念」「寛容性」という態度,および「不動産保有」を家父長制を特徴付ける変数として用いて,「女性格差解消」との関連構造を検証した。

その結果，女性は「女性格差解消」と強い関連を示すのは「保革イデオロギー」「社会福祉充実」「労働者の発言権強化」であり，政策態度変数における革新的態度が女性格差解消を志向させていると考えられる。また「寛容性」が高い方が女性格差解消を志向させていると考えられる。男性で，「保革イデオロギー」「政策態度変数」における革新的態度が女性格差解消を志向させている構造は女性とかわりない。しかし，男性では「保革イデオロギー」に関係なく「公正世界信念」「寛容性」の高い人が，女性格差解消を志向しているのである。さらに特徴的なことは，「不動産保有」で保有している人は，女性格差解消を志向しない態度を示すことである。このことは「不動産保有＝家の保有」ということが，男性にとっては家父長制の主要な構成要素となっていることを示している[36]。

「不動産保有」が「女性格差解消」と直接関連していることは，従来の女性政策に対して再考を迫ることをもたらすかもしれない。なぜならば，これまでの女性政策は公的領域における女性の地位，また私的領域における女性の人権を巡るものまで包括的であった。しかし，「不動産保有」がもつ「女性格差解消」への効果は差別や人権意識に基づくものではなく家が作り出す雰囲気である。よって，このような私的領域における男性の女性に対する意識・態度を法や権力により規制することは困難であり，長期的な取り組みが必要となるからである。

1) ただし，社会心理学ではフェミニズム理論とは異なる枠組みで，女性差別や家父長制および関連する権威主義などの実証研究は多くある。鳥谷部貴大「なぜ男女差別は起こるのか？—差別の動学理論と実証分析」『日本労働研究雑誌』No. 721, 2020 年，77-78 頁。
2) たとえば，社会調査で「女性は男性より能力が劣るか」という質問に対して，正直に答えるかどうかは不明である。もし，回答者が劣ると思っていても，現在のコンプライアンス，法令遵守という規範意識により簡単なアンケートの回答でも，本心とは異なる回答をすることはありうるであろう。
3) 井上匡子「フェミニズムと政治理論」川崎修・杉田敦編『現代政治理論』有斐閣，2006 年，196-204 頁。
4) Kate Millett, *Sexual Politics*, Garden City, New York: Doubleday, 1970.

第6章　女性蔑視の構造　*209*

5）井上，前掲書，196-204 頁。

6）JES 調査データ：1983 年 6 月 26 日の第 13 回参議院選挙直後，同年 12 月 18 日の第 37 回衆議院総選挙の前後に行われた 3 つのデータからなるパネル調査である。調査企画者は，綿貫譲治，三宅一郎，猪口孝，蒲島郁夫である。JES 調査データはレヴァイアサンデータバンクより入手した。データの使用を許諾してくださった先生方に感謝申し上げる。

7）JES Ⅱ調査データ：1993 年 7 月 18 日の第 40 回衆議院総選挙の前後に実施された 2 つの面接調査によるパネルデータ，1994 年 2 月の郵送調査，1995 年の 7 月後半の郵送調査，1996 年 10 月 20 日の第 40 回衆議院総選挙の前後に実施された 2 つの面接調査によるパネルデータの全部で 7 つのデータから構成される，大規模パネルデータである。本研究ではこのなかで 1993 年衆議院総選挙の前後のパネルデータを用いている。調査企画者は，綿貫譲治，三宅一郎，蒲島郁夫，小林良彰，池田謙一である。JES Ⅱ調査データは慶應義塾大学 web（http://www.kh-web.org/）で（2004 年当時）公開されていたデータである。データの使用を許諾してくださった先生方に感謝申し上げる。

8）2017 年中央大学社会科学研究所調査は，宮野勝（文学部教授）を研究代表として行った調査である。(1) 調査実施日：2017 年 1 月 22 日㈬〜 27 日㈪ (2) 調査実施形態：調査手法 インターネット調査，調査地域 全国，調査対象 18 歳〜 69 歳 男女，対象者抽出ソース 日経リサーチアクセスパネル。2022 年中央大学社会科学研究所調査は，三船毅（経済部教授）を研究代表としておこなった調査である。(1) 調査実施日：2022 年 7 月 22 日㈭〜 19 日㈪ (2) 調査実施形態：調査手法 インターネット調査，調査地域 全国，調査対象 18 歳〜 69 歳 男女，対象者抽出ソース 日経リサーチアクセスパネル。

9）蒲島郁夫・竹中佳彦『現代日本人のイデオロギー』東京大学出版会，1996 年。

10）蒲島郁夫・竹中佳彦『イデオロギー』東京大学出版会，2012 年。

11）これらの質問項目に対する回答は，1 ＝賛成，2 ＝どちらかといえば賛成，3 ＝どちらともいえない，4 ＝どちらかといえば反対，5 ＝反対，6 ＝わからない，である。分析では 6 を 3 に含めてある。分析のなかでデータの尺度は，各質問文に対して最も保守的と考えられる選択肢を 5 として，最も革新的と考えられる選択肢を 1 とした。もとの回答で「6 ＝わからない」は 3 とした。

12）これらの質問項目に対する回答は，1 ＝賛成，2 ＝どちらかといえば賛成，3 ＝どちらともいえない，4 ＝どちらかといえば反対，5 ＝反対，6 ＝わからない，である。分析では 6 を 3 に含めてある。分析のなかでデータの尺度は，各質問文に対して最も保守的と考えられる選択肢を 5 として，最も革新的と考えられる選択肢を 1 とした。もとの回答で「6 ＝わからない」は 3 とした。

13）「年齢」は実年齢である。

14）「学歴」は 1983 年，1993 年は 3 点尺度である。2017 年，2022 年は 4 点尺度である。「保革イデオロギー」は全ての年で 5 点尺度である。

15）これらの質問項目に対する回答は，1 ＝賛成，2 ＝どちらかといえば賛成，3 ＝

どちらともいえない，4 = どちらかといえば反対，5 = 反対，6 = わからない，である。分析では 6 を 3 に含めてある。分析のなかでデータの尺度は，各質問文に対して最も保守的と考えられる選択肢を 5 として，最も革新的と考えられる選択肢を 1 とした。もとの回答で「6 = わからない」は 3 とした。

16) Dempster, A.P., "Covariance selection", *Biometrics*, 28, 1972, pp.157-175.

17) 宮川雅巳『グラフィカルモデリング』朝倉書店，1997 年。

18) ほとんどの変数間の偏相関係数が 5 ％有意水準で有意であるから，このようなグラフになったのである。この理由としては，第 1 に標本数が多いためであると考えられる。2027 年と 2022 年では標本数は少なく，有意として検出される偏相関係数が減少したと考えられる。第 2 の理由としては，蒲島・竹中（1988）の分析のように，イデオロギーの経時変化として細分化されてきたことによると考えられる。蒲島・竹中，前掲書。

19) 各変数の尺度は，1983 年と 1993 年と同じく 5 段階尺度である。

20) 各変数の尺度は，1983 年と 1993 年と同じく 5 段階尺度である。

21) 今野裕之「公正世界信念からみた大学生の社会観」『青年心理学研究』29，2018 年，123-127 頁。

22) Lerner, M., and Miller, D., "Just world research and the attribution process: Looking back and ahead", *Psychological Bulletin*, 85, 1978, pp.1030-1051.

23) Lerner, M., *"Evaluation of performance as a function of performer's reward and attractiveness"*, *Journal of Personality and Social Psychology*, 1, 1965, pp.355-360.

24) Lerner, M., *The belief in a just world*, New York, Plenum, 1980.

25) 今野，前掲書。

26) Rubin, Z., and Peplau, A. (1975). Who believes in a just world? Journal of Social Issues, 31, pp.65-89.

27) Lerner, M., op.sit.

28) 今野，前掲書。

29) これらの質問項目に対する回答は，1 = 賛成，2 = どちらかといえば賛成，3 = どちらともいえない，4 = どちらかといえば反対，5 = 反対，6 = わからない，である。分析では 6 を 3 に含めてある。分析のなかでデータの尺度は，各質問文に対して最も保守的と考えられる選択肢を 5 として，最も革新的と考えられる選択肢を 1 とした。もとの回答で「6 = わからない」は 3 とした。

30) Mutz, Diana C., "Cross-Cutting Social Networks: Testing Democratic Theory in Practice." *American Political Science Review*, 96 (01), 2002, pp.111-126.

31) 一寸木英多良「『寛容性』の実証的研究における概念の定義と操作化について」『青山総合文化政策学』第 4 巻 (2)，2012 年，453-482 頁。

32) Adorno, T. W. et al., *The Authoritarian Personality*. New York: Harper and Brothers, 1950.

33) 伊達平和「家父長制意識と排外的態度：EASS 2008 を用いた中台日韓の比較社

会学」『ソシオロジ』60 巻 2 号，2015 年，75-93 頁。

34）データは「不動産保有している」＝ 1，「不動産保有していない」＝ 0 のダミー変数である。

35）「公正世界信念」「寛容性」の質問項目に対する回答は，7 ＝「とてもそう思う」，6 ＝「そう思う」，5 ＝「少しそう思う」，4 ＝「どちらともいえない」，3 ＝「あまりそう思わない」，2 ＝「そう思わない」，1 ＝「全くそう思わない」である。

36）ただし，「不動産保有」の解釈には若干の注意が必要かもしれない．日本においては大都市以外，つまり地方においては若くして一軒の家を所有することも珍しくなく，伝統的な農村地帯では普通であろう．よって，伝統的な保守的イデオロギーが混交している可能性もある．しかし，「保革イデオロギー」も取り入れて分析しているので，その可能性は低いと考えられる。

第 7 章
アイスランドにおける女性ストライキの形成要因

塩 田 　 潤

は じ め に

　北欧の島国，アイスランドは世界で初めての民選女性大統領を誕生させた国である。2024 年 6 月の選挙では，28 年ぶり 2 人目の女性大統領が誕生した。また，この選挙では得票率の 1 位から 3 位までを女性が独占した。

　人口わずか 38 万人程度のこの極小国は近年，「ジェンダー平等世界一の国」として紹介されるようになっている。しばしばその根拠とされるのは，世界経済フォーラム（World Economic Forum）が毎年発表しているジェンダー・ギャップ指数に基づく世界ランキングである。アイスランドは 2009 年以来，現在まで 25 年連続で 1 位を維持しつづけている。ジェンダー・ギャップに関する国際指標は他にもあるが，例えば国連開発計画が報告するジェンダー不平等指数でもアイスランドは高数値を維持しており，「世界一」かどうかは別としても，ジェンダー平等が比較的進んだ国であることは間違いないだろう。

　では，アイスランドがジェンダー平等のほうへと進み出すきっかけはどこにあったのだろうか。大きな転機としてよく知られているのは，1975 年 10 月 24 日に女性たちが起こした大規模なストライキである。「女性の休日（Kvennafrídagurinn）」と呼ばれるこのストライキには，当時の女性人口の 90％以上が参加したとも言われており，政治・社会に大きな衝撃をもたらした。アイスランドの女性たちは，一斉に仕事を放棄し，男女平等のために蜂起

したのである。

　しかしながら，これほど大規模なストライキは容易には起こらない。一体，どのようにしてアイスランドの女性たちはこの歴史的出来事を作り上げたのだろうか。本章では，資源とネットワーク，政治的機会構造，アクターの主体的努力という３つの視角から「女性の休日」の形成要因を紐解く。なお，本章では当時の状況や実態，アクターの心象を記述するにあたって，当時の新聞の報道資料，当事者による回顧録，当事者への聞き取りを行っているメディア資料，二次資料を活用する。

　本章は次のように展開される。第１節では，他の北欧諸国との比較からジェンダー平等に関するアイスランドの後発性を指摘する。そのうえで，第２節では「女性の休日」の展開について記述する。第３節では，上記した視角に沿って「女性の休日」の形成要因を分析する。第４節では，「女性の休日」で中心的役割を果たした女性運動・団体のイデオロギーと運動レパートリーの特徴から女性たちの連帯を検討する。第５節では，「女性の休日」の政治的意味について考察する。

1．ジェンダー平等後発国，アイスランド

　まず指摘しておかなければならないのは，北欧においてアイスランドはむしろジェンダー平等後発国だという点である。表 7-1 は北欧諸国の国内議会（下院）に占める女性議員割合の変化を示している。アイスランド以外の北欧諸国（デンマーク，フィンランド，ノルウェー，スウェーデン）は 1970 年代にすでに議会における女性議員の割合が 20％を超えていたのに対し，当時のアイスランドはわずか 5％ほどであった。アイスランド議会において女性議員割合が 30％を超えるのも，他の北欧よりも 10 年以上遅れている。さらに，初の女性閣僚の誕生に関してはデンマークやフィンランドで 1920 年代，ノルウェーとスウェーデンで 1940 年代であるのに対し，アイスランドでは 1970 年まで待たなければならなかった（Raaum 2005：880）。

第 7 章　アイスランドにおける女性ストライキの形成要因　*215*

表 7-1　国内議会に占める女性議員割合の変化

	デンマーク	フィンランド	アイスランド	ノルウェー	スウェーデン
10%	1966 年	1907 年	1983 年	1973 年	1953 年
20%	1979 年	1970 年	1987 年	1977 年	1973 年
30%	1988 年	1983 年	1999 年	1985 年	1986 年
40%	2022 年	2007 年	2009 年	2017 年	1994 年

出所：列国議会同盟データベース[1] を参考に筆者作成。

表 7-2　国内議会に初めて女性議員が進出した時期

	デンマーク	フィンランド	アイスランド	ノルウェー	スウェーデン
女性議員の議会への初進出	1918 年	1907 年	1922 年	1911 年	1921 年

出所：列国議会同盟データベースを参考に筆者作成。

表 7-2 は北欧各国の議会において初めて女性議員が誕生した時期を示している。アイスランドの国政選挙において，女性が男性と同等の選挙権および被選挙権を獲得したのは 1920 年であり，1922 年には初の女性国会議員が誕生している。これらはいずれも他の北欧諸国と比較して決して遅いわけではない。

しかし，それ以降 1946 年までは女性当選者が 1 人以上となった選挙はなく，1938 年から 1946 年までは女性議員がいない時期さえあった。女性の国政進出が始まって以来 1983 年の選挙まで，約 60 年もの間，女性当選者が 4 人以上となった選挙はなく，議席割合でいえば一度も 5％を超えたことはなかった。男女に同等の参政権が付与されていたにもかかわらず，長い間アイスランド政治は強固な男性中心的構造を維持していたのである。

社会におけるジェンダー・ギャップも大きかった。1975 年の時点で女性の平均賃金は男性の 75％程度にすぎなかった。また，1980 年にレイキャビク市が行った調査によると，既婚女性が子育てを含む家事に費やす時間は週平均 33 時間であるのに対し，既婚男性は週平均 6 時間であった（Esther and

Sigríður 1985)。当時は保育サービスも十分に整えられておらず，男女間でケア負担の格差が歴然であった（Bergqvist, Kuusipalo, Styrkarsdottir 1999：151-156）。そのために，女性が家庭内で背負わなければならない子育ての負担は大きかった。実際，この時期に25歳から45歳までの女性の就業率は著しく低下しており，子育てのために離職する女性が多かったことも示唆されている（Kristmundsdóttir 1997：113-114）。

　アイスランドがジェンダー平等へと進み出したのは比較的最近のことであるし，北欧諸国の間ではかなり出遅れている感が否めない。他方で，アイスランドの特徴は，ジェンダー平等の進展が比較的短期間に，急激な形で起こった点にある。表7-1を見てもわかるとおり，他の北欧諸国が半世紀かそれ以上をかけて女性議員を増加させてきたのに対し，アイスランドはわずか四半世紀ほどで同程度の割合へと女性議員を増加させてきた。また，政策的な進展に関しても2000年の育児休業改革や2018年に制定された罰則付きの男女同一賃金認証法など，21世紀に入って以降ユニークな男女平等政策が実現している。こうした激変を生み出したひとつのきっかけは，ストライキによって社会全体を一時停止させるという女性たちの急進的な行為であった。

2．「女性の休日」

　1975年10月24日，アイスランドの女性たちは家事育児を含む一切の仕事を止めた。首都レイキャビクで行われた集会には，当時の人口の10分の1を超える約2万5,000人が集まり，他にも全国各地20カ所以上で集会が開かれた。後述するように，1975年は国連が国際女性年に定めた年であり，世界各地で男女平等に向けた取組みがなされている。女性たちによるストライキも必ずしもアイスランドに特有のものではない。しかし，女性人口の90％という参加規模の点でアイスランドの「女性の休日」は際立っていた。

　事前配布された告知ビラでは，「女性の休日」を行う理由について「数多くあり，ほんのいくつかを挙げれば」と断りを入れながら次のように述べられている。

- 劣悪で地位の低い仕事の募集広告は女性向けとされるからである。
- 小売業や事務職における女性の平均賃金は同じ労働に従事する男性の平均賃金の73%にすぎないからである。
- アイスランドの労働組合の頂上団体には女性の代表者がいないからである。
- 女性労働者と男性労働者の平均月収が3万アイスランド・クローナも違うからである。
- 農家の妻は農業協同組合の組合員として完全には受け入れられないからである。
- 一般的に主婦は「家事をしているだけで，働いていない」と言われるからである。
- 権力的立場にある男性たちは，保育所が現代社会に必要不可欠であることを理解できていないし，理解しようとしないからである。
- 農家の妻の働きが，年間17万5,000アイスランド・クローナ以上は評価されないからである。
- 求職者が男性か女性かということが，教育や能力よりも重要視されるからである。
- 主婦の経験が労働市場において一切価値を持たないと考えられているからである。

　男女の賃金格差，労使交渉における女性の不在，農家女性の労働の過小評価，就労時の採用における女性差別，家事労働の軽視，つまりは「社会における女性の貢献が過小評価されていること」への異議申し立てであり，「女性の存在の重要性」を可視化させるためにストライキは行われたのであった（Framkvæmdanefnd um kvennafrí 1975）[2]。
　「女性の休日」では計画段階から，家庭外での有給職だけでなく家庭内の家事育児も同様に「労働」であると位置づけられ，10月24日は女性によるすべての「労働」を止めることが呼びかけられた。

当日は多くの保育所や学校が休所・休校となった。大きな商店や水産物加工工場，劇場は休業を余儀なくされた。新聞はタイピストがいなくなったために休刊し，国内線の飛行機は客室乗務員不足で欠航した。電話交換手が不在になり国内の通信は極めて困難となった。女性たちは家庭内での家事育児も放棄した。食事は作られず，多くの男性が子どもを連れて会社に出勤した。当時の新聞では，集会に参加した女性が「今日，私はすべての家事から解放されました」と述べている（Morgunblaðið 1975. 10. 25）。

レイキャビクでの集会は午後2時から2時間にわたって行われた。路上には様々なプラカードが掲げられた――「いますぐ平等を」「発展，平和，賃金の平等を」「一日の休暇，それから？」。集会のステージでは主婦，労働者，女性団体の代表者，国会議員など様々な立場の女性たちがスピーチし，女性による女性のための歌が歌われた。レイキャビクの街なかにはオープンハウスが設置され，集会後，女性たちはコーヒーを飲みながら話し合い，演者や歌手が即興で芝居やライブを行った。夜にはストライキの中心を担った女性たちがラジオ番組に出演し，全国各地の様子も伝えられた。

女性たちの放棄／蜂起は，文字どおり，アイスランド社会を一時的な機能停止に陥れた。彼女らが意図したように，「女性の休日」は女性の団結の力を示し，女性がいなければ社会も家庭も回らないことを誰の目にも明らかにしたのである。

3.「女性の休日」の形成要因

では一体なぜ，どのようにして「女性の休日」は形作られたのだろうか。前提として，アイスランドの人口動態の特殊性を指摘しておく必要があるだろう。1975年当時の全人口が21万6,695人，18歳以上の女性人口は6万8,437人という極めて小さい人口規模であったこと，また人口の3分の1以上が首都レイキャビクに居住していたことは，情報の伝達のしやすさや周囲とのコミュニケーションの取りやすさ，集会への参加のしやすさといった点で「女性の休

日」の動員を容易にした要素である。ただし，それだけでは「女性の休日」の形成を説明することはできない。以下では，資源とネットワーク，政治的機会構造，アクターの主体的努力という３点に着目して「女性の休日」の形成要因を分析する。

⑴　先行する女性運動の影響

「女性の休日」が広範な参加を実現した背景には，多様な女性団体・運動の連帯があった。ストライキの実務を担った「女性の休日」事務局にはアイスランドでもっとも歴史のある女性団体「アイスランド女性権利協会」や全国各地に地域組織を持つ「アイスランド女性クラブ連盟」はもちろん，若い世代の女性運動「レッドストッキング運動」，アイスランドで最大のナショナルセンター「アイスランド労働総同盟（ASí）」，保守政党を含むすべての政党から女性たちが集まった。その意味で，「女性の休日」は既存の女性運動による１つの到達点でもあった。では，幅広い女性たちの連帯を実現するための資源や女性たちが連帯する契機はどこにあったのか。

「女性の休日」の立役者としてしばしば言及されるのが，レッドストッキング運動と呼ばれる女性運動である。1970年のメーデーでの行動をきっかけに始まったこの運動は，伝統的な女性団体とほとんどつながりを持たず，高学歴で，海外留学経験もある若い女性たちによって組織されていた。そもそも，レッドストッキング運動はアイスランド固有の運動ではなく，その発祥は1969年のニューヨークの女性たちである。その後，ヨーロッパにもこの運動が飛び火し，アイスランドの女性たちは直接的にはデンマークやオランダの運動と交流があった。

しかしアイスランドのレッドストッキング運動では，他国の運動が積極的に行っていたコンシャスネス・レイジング（CR）やセックス・セラピーにはほとんど従事せず，代わりに議会，行政，労働組合などへの働きかけを通じた制度政治の変革に焦点をあてた。彼女たちは，女性の労働環境の改善，中絶の合法化，保育所定員の増加などを求め，数々のデモに加えて，男女差別・格差の

実態調査を行い，その結果を組合や行政に提出するなどして女性の立場と利益を考慮するよう迫った（Styrkársdóttir 1986：142-143）。制度の中で運動を展開したことは，行政側や政党，労働組合にとって，レッドストッキング運動が国内の女性運動における中心的アクターの1つだという認識を高めた。実際，この運動は後述する国際女性年委員会発足時に，伝統的な女性団体と並んで，行政側から参加を呼びかけられた。

　レッドストッキング運動による「女性の休日」への影響についてもっとも重要であるのは，女性たちが一斉にストライキを起こすという戦術の提起であった。そもそもこの戦術は，1970年10月1日に行われたレッドストッキング運動の会議で提起されたものである。共同設立者の1人，ビグボルグ・ダグビャルスドッティルは当時レイキャビク市議会で提出されようとしていた保育所増設の動議の提出日に合わせて，「ストライキのような過激な行動を起こし，保育問題に対する女性たちの関心の高さを行動で示すべきだ」と提案した（Þjóðviljinn 1970. 10. 21）。この提起は結局実現しなかったが，5年後，「女性の休日」として，ストライキ戦術は実行に移されることとなる。

　レッドストッキング運動以外にも，既存の女性運動・団体の役割は大きかった。1974年の時点で翌年の国際女性年に向けて動き出していた女性団体や運動は，確認できるだけでも6つある。アイスランド女性クラブ連盟，アイスランド女性権利協会，レッドストッキング運動，女子学生協会，女性大学人協会，文化と平和のための女性組合である。これらの団体の所属人数は合計で3万人にのぼった（Johnson 1984：241）。当時の18歳以上の女性人口が約6万8,000人程度であったことを考えると，アイスランドにおける既存の女性団体・運動が高い組織率を誇っていたことがわかる。とりわけ，文化と平和のための女性組合以外の団体や運動は，のちに「女性の休日」事務局の構成団体としてストライキの運営母体となった。こうした既存の組織的基盤が「女性の休日」の動員を支えていたと考えられる。また，全額ではないがこれらの女性団体・運動が運営資金も拠出していた。以上のように，先行する女性運動は戦術，人材，資金といった運動資源を提供していたのである。

また，女性たちは過去の運動の中でネットワークを構築していたことも重要である。エルセ・ミーア・エイナルスドッティルとゲルズル・ステインソルスドッティルは，1969 年の婦人科病棟拡充運動における連帯の経験を「女性の休日」の実現を助けた要因の 1 つとして挙げる（Einarsdottir and Steinthorsdottir 1977）。

婦人科病棟の拡充が公に訴えられ始めたのは，1968 年 11 月に行われたアイスランド女性クラブ連盟レイキャビク支部の会合でのステイヌン・フィンボガドッティルという女性の報告においてであった（Johnson 1984：291-292）。彼女は，国内の産婦人科医療の中核を担うアイスランド国立大学病院（Landspítali）における婦人科系疾患の患者のための病床不足と子宮頸がん治療のための設備不整備を指摘した[3]。これを受けて，女性クラブ連盟レイキャビク支部はアイスランド国立大学病院の婦人科病棟の拡充と，そのための早期の予算措置を求める意見書をアイスランド議会と保健大臣に提出した。

この動きはたちまち多くの女性たちの支持と協力を得た。アイスランド女性権利協会は 1969 年 2 月 21 日の理事会で，上記の提案を「強く支持する」決議を採択した。また，婦人科病棟拡充のための募金活動も開始された。1969 年 4 月 23 日，女性権利協会の会合で全国的な募金活動を行うことが合意された。これを機に，女性権利協会と女性クラブ連盟は募金活動のための実行委員会を形成し活動を組織化させた。女性クラブ連盟は各地域の支部に募金活動への協力を呼びかけ，地方支部から多額の寄付を集めた。また，女性たちは戸別訪問を行い，各家庭の女性たちに意見書の内容を伝えて回りながら寄付集めを行った。実行委員会の女性が美容院で髪を切っていると，美容師から寄付を渡されたという話もある。さらに，女性たちは新聞への寄稿，ラジオやテレビ番組への出演などマスメディアを効果的に活用し，社会的な議論を喚起した。募金活動が始まってから 2 ヶ月もしないうちに，約 600 万アイスランド・クローナの寄付金が集められた（Bjarnadóttir 1970：29）。

1969 年 5 月 8 日には，アイスランド議会が婦人科病棟の拡充に向けて 3,000 万アイスランド・クローナという予算措置を取り決めた。わずか数ヶ月での決

着の背景には，広範かつ活発な募金活動，議員一人ひとりに手紙を送るなどの
ロビー活動と大勢の女性たちで議会傍聴に押し掛ける圧力行動，マスメディア
での議論の活発化などがあった。

　女性権利協会と女性クラブ連盟はいずれも長い歴史を持つ団体であり，前者
は国内の女性権利運動の中心的存在となってきたし，後者は当時1万6,000人
を超える会員を有する国内最大の女性団体であった[4]。両者が連携することで
実現した幅広い女性たちの多様な運動は，女性の身体をめぐる政治において重
要な成果をあげた。募金活動の実行委員会の1人であったビャルンベイグ・
ビャルナドッティルは，婦人科病棟拡充運動について「女性たちの団結による
勝利」であったと述べる（Bjarnadóttir 1970：30）。婦人科病棟拡充運動は，1
つの目標のもとに女性たちが連携する経験となり，「女性の休日」を実現させ
るための連帯ネットワークの構築に寄与したと言える。

⑵　アイスランド政治社会の変容と国際女性年

　運動における動員を実現させるためには資源を有効に活用できる機会も必要
である。以下では，「女性の休日」における政治的機会構造を考察する。

　1960年代以降，アイスランドの女性たちを取り巻く社会環境は劇的な変化
を始めていた。例えば，高等教育を受けた女性の割合は飛躍的に増加した。
1951年にはアイスランド大学学生に占める女性の割合は20％であったが，
1961年には25％，1971年には30％にまで増加した（Kristmundsdóttir 1997：
112）。また，1970年にはアイスランド大学卒業生のうち女性の占める割合は
15.3％であったが，1980年には40.9％にまで増加していた。さらに，第三次
産業の急速な発展に伴って女性の労働市場への参加が増大した。1960年の時
点で，16歳から75歳までの女性のうち何らかの有給の職についていた者は女
性人口のわずか34.3％であったが，1971年には50.7％に増加し，1981年には
65.2％に達した。とりわけ，既婚女性の労働市場参入の増加が著しかった。
1960年には19％であった既婚の賃金労働者は，1971年には42.3％へ，1981
年には63.6％へと増加した（Jónsson and Magnússon 1997：216）。

第 7 章 アイスランドにおける女性ストライキの形成要因 *223*

　女性の社会進出が進む中，政治においても女性政策への注目は高まり始めていた。例えば，1961 年 2 月には初めて出産・育児休業に関する法案が議会に提出された[5]。また，1969 年には先述したアイスランド国立大学病院の婦人科病棟拡充が女性運動の強い後押しもあって議会で議決された。さらに，1970年には当時の保健大臣が，長らく改正されてこなかった中絶法の改正に向けて検討委員会の立ち上げを決めた。それまで母子の健康や生命が著しく脅かされる場合を除いて人工妊娠中絶は原則禁止されていたが，激しい議論の末，1975年に中絶の禁止条項は実質的に撤廃された[6]。

　1971 年の選挙では，女性当選者が初めて 3 人（全 60 人中）となり，議席割合で言えば 5％に到達した。決して大幅な増加とは言えないものの，それまでのほとんどの期間で女性議員が 0 ～ 1 人程度であったことを考えると，変化の兆しが見え始めた選挙であったと言える。特に，1971 年選挙に勝利した左派の人民同盟は選挙のスローガンの 1 つとして初めて「ジェンダー平等」を掲げて戦った（Jónsson 1971：1）。また，レッドストッキング運動ともつながりの深い女性活動家，スヴァーヴァ・ヤコブスドッティルがこの選挙で人民同盟から初当選したことも象徴的であった。

　以上のように，1960 年代から 1970 年代前半にかけてアイスランド国内では女性の社会進出が進み始め，それに伴って政治空間においても女性の課題が取り上げられるようになっていた。出産・育児休業法案や中絶法改正に見られるように保守派からの抵抗はありつつも，政治社会において女性の存在が徐々に高まりつつあったことは確かである。

　こうした国内的な文脈に国際的な男女平等の流れが加わることにより，「女性の休日」のために女性たちが活用できる政治的機会構造は開かれた。1972年，国連総会は第 27 回総会において，1975 年を「国際女性年」とすることを決定し，「平等・発展・平和」という目標のもと，加盟各国に男女格差の撤廃と女性の地位向上に向けた集中的な活動を行うことを求めたのである。

　これに応じる形で，アイスランド政府も行動計画の策定に取り掛かった。1974 年 8 月，当時の教育科学文化省から国内の女性団体・運動に対して，翌

年に控えた「国際女性年」の取組みに関する意見の募集が行われた。さらに，1975 年 1 月には大統領府が複数の女性団体・運動の代表者を国際女性年委員会の構成団体として公式に任命した（Johnson 1984 : 241）。国際女性年の設定は，国内の女性運動が活用できる政治的機会を国際的に形成するものであった。アイスランドにおいては，政府が女性団体・運動の連携を促したのである。

　以上のように，国内外で形成された環境的条件が運動資源を活用できる機会，あるいは女性運動へのバックラッシュを防ぐ防波堤となり，「女性の休日」の大規模な動員を後押ししていたのである。

(3)　連帯に向けて

　1974 年 6 月，アイスランド女性クラブ連盟，アイスランド女性権利協会，レッドストッキング運動，女子学生協会，女性大学人協会，国連アイスランド本部は国際女性年に向けて合同委員会を立ち上げた。この合同委員会は，後に大統領府からの求めに応じて国際女性年委員会として組織されることになる。合同委員会の立ち上げの際に，レッドストッキング運動の代表者からストライキの提案がなされたが，他団体の受け止めは決して肯定的ではなかった。結局，この時点では国際女性年に様々な方法で行動を起こすという確認のみにとどまった。

　レッドストッキング運動の女性たちはその後もストライキにこだわった。1975 年 1 月に彼女たちといくつかの労働組合との共催で行われた，女性の低賃金についての会議でもストライキが提案された。ただし，これはレッドストッキング運動と一部の労働組合の間でのみ話し合われたにすぎない。より幅広い女性たちとの合意が得られたのは，1975 年 6 月 20 日と 21 日に国際女性年委員会が企画した女性大会である。この会議では，全国各地から様々な利益団体，女性団体・運動の代表者たちが集まり，女性の抱える問題や女性の権利について，演説やワークショップ，討論会が行われた。会議の最終盤，保守政党の党員やレッドストッキング運動，アイスランド女性権利協会のメンバーら 8 人の女性たちが連名で 10 月 24 日に「女性たちが一斉に仕事を止める」こと

を提案した[7]。この提案は賛成 72，反対 28 で承認された（Steinþórsdóttir 1980:
49）。

　提案者らは 8 月に 76 もの団体・運動に手紙を送り，10 月 24 日の行動のた
めに代表者を選出するよう呼びかけた。9 月 11 日には 50 以上の団体が一堂に
会した会議が行われた。会議では，いくつかの大規模な職場で事前に行われて
いた調査でおよそ 80％〜 100％の女性が仕事を止めることに賛成したという結
果が報告された[8]。約 20 人ほどが発言したのち，会議の終盤では 10 月 24 日に
女性たちが仕事を止めること，ストライキではなく「休日」という名称を用い
ること，具体的な運営を担う 10 人の事務局を選出することなどが議決された。
9 月 15 日には再度各団体の代表者らの会議が開かれ，10 人の女性が事務局と
して選出された[9]。また，5 つの作業部会（広報計画部会，マスメディア部会，財務
部会，地方部会，プログラム部会）が設けられ，各部会に 2 人ずつ事務局のメン
バーが参加し，そのもとで約 80 人の女性たちが動いた（Einarsdóttir 1986,
Steinþórsdóttir 1980）。

　広報計画部会は，先述した告知ビラを 4 万 7,000 部準備し，職場や各家庭に
配布して「女性の休日」について広報した。また，「10 月 24 日に共に立ちあ
がろう」と記されたポスターが 6,000 枚印刷され，職場に配布された。マスメ
ディア部会は，ラジオ，テレビ，全国紙および地方紙，アイスランドにある海
外メディア関係団体などにプレス・リリースを出し，その後の連絡や対応を
担った。財務部は 9 月の会合に代表者を送った団体を中心に資金援助を呼びか
けた。各種団体，労働組合，政治団体から資金援助が届いたほか，個人からも
援助の申し出が相次いだ。加えて，資金を集めるために国際女性年のシンボル
が描かれたステッカー 2 万 5,000 枚が販売された。地方部会は，レイキャビク
地域外の地方の女性団体や労働組合に向けて，各地域で独自に集会や行動を企
画することを促す手紙を送付した。プログラム部会は，女性の休日当日にレイ
キャビクで開催する集会の内容を準備した。女性たちは事務局も含めてすべて
ボランティアで準備に携わった。事務局を務めたゲルズル・ステインソルドッ
ティルは，以上のような適切な役割分担が「女性の休日」の成功の鍵となった

としながら，「私たちには「女性の休日」をできる限りよいものするという共通の目標があった。私たちの作業に続くように報道が増え，メディア上では男女平等に関する議論が起こり，女性たちはそれに励まされ，自分たちの立場を考え，連帯を示すようになった」と述べる（Steinþórsdóttir 1980：52）。

　もちろん，女性たちの連携はすべてがスムーズに進んだわけではない。6月の女性大会でストライキが提案された際，女性たちの間に少なくない動揺があったことも事実である。当時その場にいたある女性によれば，会議室は騒然となり，「ストライキなんてすれば共産主義者とみなされてしまう。まるで革命じゃないか。良識的な女性はそんなことをしない」といった声が上がったという（Einarsdóttir 2009）。

　また，ストライキという戦術の実現には現実的な壁があった。例えば，当時，公務員労働者などはストライキが法的に禁止されており，もし実行すれば解雇される可能性があった。また，ストライキ参加者の仕事を残された労働者が肩代わりすることも禁止されていた。さらに，保守層はストライキという闘争的な戦術に忌避感があった。伝統的に奉仕活動を行ってきた女性団体からは，ストライキの代わりに女性のための病院を設立するための募金活動が提案されたりもした（Tómasdóttir 2009：21-23）。

　長い議論の末，女性たちがくだした決断はストライキではなく，あくまで「休日」として行動することであった。そのため名称は「女性の休日」とされ，公式的には一切の要求を掲げず，上記の告知ビラにはあくまで「女性たちが休日を取る理由」が示された。休暇をとるだけでは雇用者は女性を解雇できないし，男性たちが女性たちの業務を行うことで最低限の社会機能を動かしつづける余地を残しておくことができる[10]。また，保守層の理解を得ることもできた。この判断にはもちろん批判もあったが，それでも中心的な役割を担った女性たちは，あくまで広範な連帯を築くための方法を模索した。こうした女性たちの主体的な努力も，「女性の休日」を作り上げる重要な要素となったことは間違いない。

4．女性たちの連帯を紐解く

　ここまで述べてきたことからもわかるように，「女性の休日」はある日突然自然発生的に起こったものではない。1970年に初めて提起されて以降，ストライキのアイディアは何度も拒否され，頓挫した。それでも1975年の女性たちによる放棄／蜂起が実現した背景には，先行の女性運動が蓄積してきた資源やネットワークの供給，国内外で開かれた政治的機会構造，様々な差異を乗り越える女性たちの主体的な努力があった。

　もちろん，すべての女性が同じ立場やイデオロギーを共有していたわけではないし，利害が完全に一致していたわけでもない。専業主婦（専業の家事労働者），賃金労働者（多くの場合は家事労働者も兼ねている），農家，サービス産業従事者，母親，既婚／未婚，学生，都市生活者，地方在住者。多種多様な女性たちの間の連帯が実現するために，彼女らを一定程度の社会集団として纏め上げていた既存の女性団体や運動が重要であったことはすでに述べた。しかし，女性団体や運動も多様であり，常に強固な連帯が築かれるとは限らない。

　北欧地域のジェンダー政治研究を牽引してきたダーラップらの研究によれば，1960年代から1980年代に北欧地域の女性たちを動員していた女性組織は「平等な価値（equal value）」，「平等な地位（equal status）」，「女性解放（Women's Liberation）」という3つの異なるイデオロギーに沿って腑分けすることができる（Dahlerup and Guill 1985：11-12）。彼女らによれば，「平等な価値」を代表する典型は主婦連合会のような専業の家事労働を担う女性たちの組織である。この立場は，性別役割分業自体は受け入れつつ，家事育児といった女性に割り当てられた労働の価値の切り下げに反対し，それらを男性の賃金労働と同等に価値づけすることを求める。「平等な地位」をイデオロギーの中心に持つのは，女性権利団体のような女性組織である。この立場は，女性と男性に本質的な差異はほとんどなく，したがって教育，労働市場，政治など公的空間における男女格差を是正していこうとする[11]。最後に，「女性解放」はダーラップらが「新

228

表 7-3　女性組織のイデオロギー的特徴と運動レパートリーの傾向

	「平等な価値」	「平等な地位」	「女性解放」
女性組織	アイスランド女性クラブ連盟	アイスランド女性権利協会	レッドストッキング運動
特　徴	伝統的な女性役割の価値を重視	公的空間における男女平等な地位と権利を重視	既存の家父長制／資本制社会の変革を重視
運動レパートリー	穏　健	やや穏健	急　進

しい女性解放運動」と呼ぶ，1970 年代に台頭してきたラディカルな女性運動
に関わる。この立場は，一般に社会主義フェミニズムと呼ばれるものに近く，
資本制と家父長制が連結する既存社会を変革してこそ男女平等が実現されると
考える。

　表 7-3 に示したように，上記の腑分けは「女性の休日」の中心にもなったア
イスランドの主要な女性組織にも当てはまる。これらの組織の間でもそのイデ
オロギーや運動レパートリーに大きな差異があることがわかる。先述したよう
な政治的機会構造や実践的努力によってその差異は乗り越えられたわけである
が，そうした一つひとつの要素と同時に注目すべきは，「女性の休日」におけ
るイデオロギー的志向性と運動レパートリーの絶妙な調整である。

　「女性の休日」は，確かに女性たちのゼネラル・ストライキと言っても過言
ではないほどに急進的なレパートリーであった。実際に，当時アイスランド社
会はほとんど機能停止した。他方で，告知ビラにも掲載された「女性の休日を
行う理由」には，一見したところ家父長制や資本制への直接的な批判は見当た
らない。そこではむしろ，女性たちが日々直面している困難が具体的に示され
ており，家事労働の価値の切り下げや労働市場での待遇改善などが主要な項目
となっている。つまり，「女性の休日」はやや保守的とも取れるイデオロギー
的志向性を掲げながら，極めて急進的なレパートリーを選択していたのであ
る。前者がより革新的であったなら保守派の女性が離脱し幅広い連帯が形成さ
れないおそれがあったし，後者がより穏健的であったなら政治的，社会的な影

響はより限られたものとなっていただろう。伝統的で穏健な，それゆえに大規模な動員を可能とする女性組織と新しく急進的な，それゆえに社会的な注目を集めることのできる女性運動，それぞれの特徴を調和させたところに，「女性の休日」は実現の鍵があった。

5.「女性の休日」に対する反応と政治的意味

　最後に，「女性の休日」に対するその後の反応と政治的意味について述べておこう。今日，「女性の休日」はアイスランドのジェンダー平等にとっての歴史的な転換点として，多くの場合肯定的に語られる。しかし，1970年代の言説からはより多様な反応が見て取れる。例えば，人類学的アプローチで「女性の休日」を研究したマリー・エリザベス・ジョンソンによると，レッドストッキング運動のある女性は「女性の休日」について次のように述べた。

　　　「女性の休日」は，政治的行動としては失敗しました。それは多くの女性が団結したという点では良かったのですが，政治的には衝撃をもたらすことはありませんでした（Johnson 1984：238）。

　実際，「女性の休日」は明確な政治要求を掲げたわけではなかったこともあり，それが実態としてどこまで政治的な影響を及ぼしたかという評価は難しい。1976年に男女平等法が制定され，社会省管轄の平等局というナショナル・マシーナリーが設置されたことが「女性の休日」の成果として語られることもあるが，明確な因果関係は認められない。また，労働市場での男女格差や子育て環境など女性を取り巻く状況もすぐに改善したとは言い難い。
　それでも，「女性の休日」は女性たちが政治主体として共通の利益を見出し，集合的に行為し，大規模な動員を実現したという点で，アイスランドの男女平等の進展において重要な意味を持っていた。1960年代半ばから女性の労働市場への参入が進むにつれて浮き彫りとなってきた女性たちの脆弱な社会的立場

と家庭内でのケア負担は，1975年に「女性の休日」という異議申し立てを引き起こした。女性たちは「労働」を軸に据えることで，有給／無給，公的空間／私的空間という区分を取り払い，彼女ら自身の経験に基づく男女間の平等という集合的利益を導き出し，政治的立場の違いや法律の壁を越えて，従来にはなかった幅広い連帯を形成した。そこには入念な計画と準備，骨の折れる話し合い，そして一人ひとりの女性たちの「決断」があった。1975年6月の女性大会でストライキを提起した8人のうちの1人であったビャルナル・エイナルスドッティルは，10月24日のレイキャビクの集会で次のように語った。

> 今日，私たちはこの社会にあるあたりまえを打ち破り，決まり切った日常から一歩踏み出して，いつもとは異なる景色を見ています［中略］今朝，私たち一人ひとりが，他の女性たちとともにこの集会に参加するか，いつもの場所にとどまるかを自分自身で決めたのです。この決断は，私たちの未来にとって価値ある経験です[12]。

　彼女の語りからは，女性たち一人ひとりの自己決定が歴史的な集合行為を生み出したことがわかる。「女性の休日」は，「女性の存在の重要性」を可視化させるものであったと同時に，一部の活動家たちを超えて多くの女性たちが政治的な主体化を遂げる過程でもあったのだ。また，歴史家のシグリーズル・クリストムンズドッティルは次のように述べる。

> 10月24日の出来事は，女性がいなければ社会は機能しないという事実と，女性がひとつの目標の下に団結した時の強さの両方を効果的に示すものであった。そのため，「女性の休日」は女性の社会的苦境とそれを変革する可能性の両方に対する認識を強めた。［中略］女性たちはこの出来事の重要性を認識し，自分たちが歴史の創造者であり，団結すればそれまで変えられないと思われていたことを変えることができるという意識を持つきっかけとなった（Kristmundsdóttir 1997：106）。

「女性の休日」の影響は，女性たちの政治的なエンパワーメントにあったとも言えるだろう。例えば，1980 年にアイスランドは世界で初めての民選女性大統領としてヴィグディス・フィンボガドッティルを選出した。国際女性年委員会の委員長を務めた，グズルン・エルレンスドッティルは女性の休日を経て，「女性たちはともに立ち上がれば多くのことを達成できると気づいたのです。例えば，ヴィグディス・フィンボガドッティルが大統領に当選したことは「女性の休日」と直接的に連続性のある出来事だと私は考えています」と述べている（Erlendsdóttir 2010：30）。

　実際に，ヴィグディスの選挙戦の中で運動員は「ヴィグディスに投票することで，女性たちは 1975 年の女性のストライキの精神を復活させることができると強調した」（Styrkársdóttir 1986：147-148）。また，ヴィグディス自身は後年，次のように語っている。「1975 年 10 月 24 日の後，女性たちは女性が大統領になる時代が来たと考えました。その指は私を指していたのです。そして，私は挑戦することを引き受けました」（Rúdólfsdóttir 2005）。「女性の休日」は多くの女性をエンパワーし，アイスランドの女性政治の興隆に寄与した点で，まさに政治的な「目覚まし時計」の役割を果たしたと言える。

お わ り に

　「女性の休日」はその後，1985 年，2005 年，2010 年，2016 年，2018 年，2023 年と繰り返し行われており，いまやジェンダー平等への絶え間ない努力を示す象徴的行為として，アイスランドだけでなく世界中の人々を鼓舞するものになっている。2023 年の「女性の休日」には，当時のカトリン・ヤコブスドッティル首相含め推計 10 万人が参加した。

　それは，ジェンダー平等が比較的進んだ国であっても，いまだ女性たちには困難があり，彼女らが声をあげつづけているということでもある。アイスランドにもなお男女の賃金格差は存在し，約 40% もの女性が生涯のうちに何らかの性暴力被害を経験しているとする調査もある[13]。性的少数者への偏見も消え

去ったわけではないし，外国人女性は社会的，経済的に極めて脆弱な立場に立たされている。2023年の「女性の休日」のスローガンは次のようなものであった——「KALLARÐU ÞETTA JAFNRÉTTI? これを平等と呼ぶのか？」。ジェンダー平等後発国から「世界一」と言われるまでになったいまも自分たちの社会を問い直し，ジェンダー平等へと進みつづけようとするアイスランドの人々の具体的な努力からわれわれが学ぶことも多そうだ[14]。

1）列国議会同盟データベース（https://data.ipu.org/）。
2）「女性の休日」実行委員会（Framkvæmdanefnd um kvennafrí）が，当時ストライキの周知のために配布したビラは，現在アイスランド国立博物館女性歴史資料室のウェブサイトでも確認することができる（https://kvennasogusafn.is/index.php?page=kvennafri_1975）。
3）当時，アイスランド国立大学病院産婦人科は合計53床を有していた。そのうち，24床は褥婦部屋として産科に割り当てられており，残る29床は婦人科に割り当てられていた。婦人科の持つ病床のうち，10床が妊娠期で疾患のある女性に，3床が妊婦に，16床が婦人科系疾患の患者に充てられていた。また，ステイヌンは設備不足によりアイスランドは他の北欧諸国に比べ子宮頸がん治療の成功率が低い点も指摘している（Finnbogadóttir 1969：19-21）。
4）アイスランド女性クラブ連盟の年報誌「Húsfreyjan」（1969）によると，当時同連盟には，20地域227団体が所属しており，会員の総数は1万6,832人にのぼると記されている。
5）人民党の女性議員，マルグレッタ・シグルザルドッティルによって提出されたこの法案は，保守政党や使用者団体からの強い反発を受け，結果的に廃案となった（Þjóðviljinn 1961. 2. 15）。
6）ただし，保守派の抵抗によって改正内容はリプロダクティブ・ヘルスの権利を十分に確立させるものとはならなかった。改正法では，医師による判断に基づいて中絶が認められると定められたからである。中絶の権利は認められたが，女性の自己決定権の観点からは不十分な改正と言わざるを得ない。しかし実際には，ほとんどの場合，医師は現場で女性の意向に沿う形で判断したと言われている。
7）提出者は以下の8人である。ベッシ・ヨハンスドッティル，ビョルグ・エイナルスドッティル，エリザベート・グンナラスドッティル，ゲルズル・ステインソルドッティル，リルヤ・オラフスドッティル，シグリーズル・フリーズリクスドッティル，バルボルグ・ベントスドッティル，ソールビョルグ・ヨンスドッティル。
8）例えば，あるレイキャビクの職場での調査では346人の女性従業員のうち，320人が当日に仕事を止めストライキに参加したいと答えた（Þjóðviljinn 1975. 9.

17）。

9）事務局には以下の 10 人が選出された。エリザベート・グンナラスドッティル，バルボルグ・ベントスドッティル，アウスディス・グズムンドスドッティル，アウスシルドゥル・オラフスドッティル，アザルヘイズル・ビャルンフレズスドッティル，ビョルク・ソムセン，エルナ・ラグナルスドッティル，ゲルズル・ステインソルドッティル，マルグレット・S・エイナルスドッティル，ステラ・ステファンスドッティル。

10）実際に，銀行の窓口業務は専ら女性が担当していたが，10 月 24 日は男性が代わりに担うことで，どうにか業務を遂行した。

11）ダーラップらは，「平等な地位」を掲げる女性団体に政党内の女性組織も含めている。また，彼女らは専業主婦や自営農家などが減少するにつれて，家庭外で働く賃金労働者は増加し，女性たちは家庭内外でダブルワークを強いられることになるため，「平等な価値」と「平等な地位」との差異は消滅するだろうと述べている。

12）Ávarp Björg Einarsdóttir. Kvennasögusagn Ísland ウェブサイト（https://kvennasogusafn.is/index.php?page=avarp-bjorg-einarsdottir）。

13）Áfallasaga kvenna ウェブサイト（https://afallasaga.is/nidurstodur/）。

14）本章は，塩田潤「一九七五，放棄 / 蜂起するアイスランドの女性たち」（『地平』2024 年 8 月号）を加筆・修正をしたものである。

参 考 文 献

Bergqvist, Christina, Jaana Kuusipalo and Auður Styrkarsdottir "The Debate on Childcare Policies" In *Equal Democracies? Gender and Politics in the Nordic Countries*, edited by Christina Bergqvist, Anette Borchorst, Ann-Dorte Christensen, Viveca Ramstedt-Silén, Nina C. Raaum, and Auður Styrkársdóttir, Oslo: Scandinavian University Press, 1999, pp. 137-156.

Bjarnadóttir Bjarnveig. "Landspítalasöfnun kvenna", *19. Júní*, 20（1）, 1970, pp. 28-30.

Dahlerup, Drude and Brita Gulli. "Women's organizations in the Nordic countries: lack of force or counterforce?" In *Unfinished Democracy: Women in Nordic Politics*, edited by Elina Haavio-Mannila, Drude Dahlerup, Maud Eduards et al., trans Christine Badcock, Oxford: Pergamon Press, 1985, pp. 6-36.

Einarsdottir, Else Mia and Gerdur Steinthorsdottir. "The Day the children came to the offices", *Scandinavian Review*, 3, 1977, pp. 60-64.

Einarsdóttir, Björg. "Kveikja að kvennafríi", *Húsfreyjan*, 37（1）, 1986, pp. 9-18.

Einarsdóttir, Halla Kristín. *Konur á rauðum sokkum*, Heimildamynd, 2009.

Erlendsdóttir, Guðrún. "Áhrifin eru enn að skila sér í þjóðfélaginu: Guðrún Erlendsdóttir rifjar upp Kvennafrídaginn 1975", *19. Júní*, 59（1）, 2010, pp. 28-

30.

Finnbogadóttir, Steinunn. "Skortur á sjúkrarými vegna fæðingarhjálpar og lækningaaðstöðu vegna kvensjúkdóma", *Húsfreyjan*, 20 (1), 1969, pp. 19-21.

Framkvæmdanefnd um kvennafrí. *Hvers vegan kvennafrí?* 1975.

Guðmundsdóttir, Esther and Vilhjálmsdóttir, Sigríður. *Staðreyndir um stöðu kvenna á vinnumarkaðnum*. Reykjavík, Framkvæmdanefnd um launamál kvenna. 1985.

Johnson, Marie Elizabeth. *Women in Iceland*. PhD.thesis, Durham University. 1984.

Jónsson, Guðmundur and Magnús S. Magnússon. *Hagskinna: Sögulegar hagtölur um Ísland*. Reykjavík: Hagstofa Íslands, 1997.

Jónsson, Stefán. "Á morgun kfósum vió rétt", *Alþýðubandalagsblaðið*, 12, Júní, 1971.

Kristmundsdóttir, Dúna Sigríður. *Doing and becoming: women's movements and women's personhood in Iceland, 1870-1990*. Reykjavík: Social Science Research Institute, University Press, University of Iceland, 1997.

Kvenfélagasamband Íslands. "ÚTDÁTTUR ÚR FUNDARGERÐ 18. LANDSÞINGS KVENFÉLAGASAMBANDS ÍSLANDS", *Húsfreyjan*, 20 (3), 1969, pp. 43-45.

Morgunblaðið. "Launajafnrétti er höfuðmálið", *Morgunblaðið*, 25 Október, 1975.

Raaum, Nina C. "Gender equality and political representation: A nordic comparison", *Western European Politics*, 28 (4), 2005, pp. 872-897.

Rúdólfsdóttir, Annadís. "The day the women went on strike", *The Guardian*, 18 October, 2005.

Steinþórsdóttir, Gerður. "Í samstöðunni felst sigur kvenna—Framlag íslenskra kvenna til alþjóðlega kvennaársins" Í *Konur skrifa: til heiðurs Önnu Sigurðardóttur*, ritnefd Valborg Bentsdóttir, Guðrún Gísladóttir og Svanlaug Baldursdóttir, Reykjavík: Sögufélag, 1980, pp. 45-55.

Styrkársdóttir, Auður. "From Social Movement to Political Party: The New Women's Movement in Iceland", In *The New Women's Movement: Feminism and Political Power in Europe and the USA*, edited by Drude Dahlerup, London: SAGE Publication, 1986, pp. 140-157.

Tómasdóttir, Svava Kristín. "24. október 1975 - kvennafrí eða kvennaverkfall?" , *Sagnir* 29 (1), 2009, pp. 19-25.

Þjóðviljinn. "Ríkinssstjórn og vinnuveitendaklíkan móti lögfestingu fæðingarorlofs", *Þjóðviljinn*, 15 Febrúar, 1961.

―――, "Rauðsokkahreyfingin Myndar Marga Fjölþætta Starfshopa", *Þjóðviljinn*, 21 Október, 1970.

―――, "Horfur á almennri þátttöku", *Þjóðviljinn*, 17 September, 1975.

第 8 章
自律と言論
──個人主義的自律から関係的自律へ──

金　　慧

は じ め に

　これまで言論の自由を正当化する根拠としてさまざまな理念や価値が挙げられてきたが，なかでも代表的なものとして，デモクラシー，真理，自律の３つを挙げてもそれほど異論は出ないだろう[1)]。本章はこれら３つのなかでも，特に自律に焦点を当てて，自律と言論がどのような関係にあるのかを再考する[2)]。

　言論の自由をめぐる従来の研究において取り上げられてきたのは，主に個人主義的自律とでも呼ぶことのできる自律の構想であったように思われる。とはいえ，自律にはこの他にもさまざまな構想がある。とりわけ本章で注目したいのは，個人主義的自律に対する批判から出発し，その後に多様な展開を見せている関係的自律の構想である。個人主義的構想から関係的構想へと自律の構想が変容することによって，言論の自由についての理解はどのような影響を被るのだろうか。これが，本章が取り組む中心的な問いである。

　以下ではまず，個人主義的自律の構想を代表するエドウィン・ベイカーとトマス・スキャンロンの２人を取り上げて自律と言論の関係について検討する。それを踏まえて，関係的自律の構想の内実をナタリエ・ストルジャーとポール・ベンソンの議論にそくして明らかにする。最後に，スーザン・ウィリアムズとスーザン・ブライソンの議論に依拠して，関係的自律と言論の自由の関係

について考察する。

1．話し手の自律

　言論が自由であるべき根拠は話し手の自律にある。このように主張した論者の1人がベイカーである。自律とは，一言でいえば，自分自身について決定を下す能力や権利のことである（Baker 2011：254）。ベイカーが「形式的自律」（formal autonomy）と呼ぶこの自律には，自分の感情や考えを表明したり，他者と議論や交流を行ったりすることなどが含まれる。もし人が他者の指示や命令にしたがって行為せざるをえないとき，その人は明らかに他律的な状態にある。これに対して，自分自身の考えにしたがって自らの行動を決定できるときに，人ははじめて自律的でありうる。言いかえれば，自分自身の言動に自らの意志や価値観が反映されているとき，そうした言動は典型的な意味で自律的である（Baker 2009：990）。

　ただしこれは，理想に向かって自分自身の人生を作り上げていこうとする，いわゆる「人生の作者」という考えを重視する自律の構想とは異なる[3]。たしかにこの意味での自律——ベイカーはこれを形式的自律から区別して「実質的自律」（substantive autonomy）と呼ぶ——は望ましいかもしれないが，これを実現するためにはさまざまな種類の資源，たとえば，お金や医療へのアクセス，高等学校への進学機会などが必要である。実際に，政府は市民の福祉を向上させたり，あるいは機会の平等を目指したりすることによって市民の「実質的自律」を促進しようとする。しかしながら，ベイカーによれば，政府が資源の分配を行ったとしても，人生のあらゆる理想の実現に寄与することはできない。法や政策は，どうしてもある特定の目標を優先し，他の目標をいくらか犠牲にするというかたちで不平等に実施せざるをえない。そのため，政府が推進する政策によってあらゆる市民の実質的平等が同じ程度に実現されることはありえない，ということになる。この意味で，人びとの実質的自律は必ずしも相互に両立するとはいえない関係にある。これに対して形式的自律は，他者の同

様な自律と十分に両立可能であり，国家がまず保障するべきなのは形式的自律のほうなのである。言いかえれば，国家のどのような政策も市民の形式的自律を制約しないように実施されなければならない[4]。

　形式的自律と呼ぶことのできる行為にはさまざまな種類のものがあるが，そのもっとも基本的な事例とは，人が言論をつうじて自らの価値観を表現することである。ここでは，自律と言論は切っても切れない関係にある。そのため，個人の自律を重視するということは，とりもなおさず言論の自由を擁護するということを意味する。「鍵となる倫理的前提は，個人の統合性と自律を尊重するためには，人は自らの価値に対応するような仕方で自分自身を成長させるために，あるいは他者に影響を与えたり，他者と交流したりするために，言論を使用する権利があることを承認しなければならないということである」（Baker 1989：59）。たしかに言論はさまざまな目的を実現するための汎用的な手段であり，その意味で自律という概念を持ち出さなくても言論に価値があるのは明らかである。それでも，言論に価値があることを示すもっとも適切な根拠は個人の自律にあるというのがベイカーの主張である（Baker 2011：251）。

　私たちは言論をつうじて自らの意見や態度，あるいは価値観や世界観を表す。そのため，「ある人が自らの見解を体現する表現を用いる権利が法によって否定されるならば，その人は形式的に自律的な存在として扱われていない」（Baker 2012：63）ことになる。しかも言論は，市民が自らの見解や態度を表すための手段であるだけではない。私たちは言論を表明することをつうじて，自分が何者なのかを開示し，自らがそうでありたいと望む存在へ近づこうとする。

　このように考えれば，言論の役割は意見を表明することにのみあるのではない。それと同じくらい重要な言論の役割は，自己を表現することである。世界や他者に向けてメッセージを伝えているように見えても，実際には「自己表現」（self-expression）という側面をそなえた言論活動はそれほど珍しいものではない。たとえば，路上で「戦争反対！」と叫ぶ人物の行為は，たとえそれによって権力者の行動や世論を変化させることができないとしても，決して無意

味になるわけではない。というのも，その人は「戦争に反対することによって公的に自らを定義し，そして自らに対して自らを定義する」からである（Baker 1989：53）。話し手はそうした言論活動をつうじて自身のアイデンティティを表現し，確認する。そしてそれが場合によっては自己実現につながるのである。

　したがって言論が重要なのは，なにもコミュニケーションをつうじて他者に影響を与えるとか，言論の「内容」（content）に聞くべき価値が含まれているとか，そうした理由によるものばかりではない。たとえその言論に誰も耳を傾けることがないとしても，言論の「源泉」（source）が話し手にあるという点が重要なのである（ibid., 52）。言論に価値を与えるのは，その内容ではなく，源泉（話し手）である。ここからわかるように，言論の自由を擁護する際にベイカーが主眼をおくのは，あくまでも話し手であって聞き手ではない。

　ところで，こうした意味での自己表現は，必ずしも他者とのコミュニケーションというかたちで行われるわけではない。むしろ，他者へのメッセージの伝達を伴わない言論の表明，すなわち「孤独な言論の使用」が自己実現につながることもある。たとえば，日記をつけて日々の生活を記録したり，物語を創作して楽しんだり，あるいは祈りを捧げることで義務を果たしたりする場合がそうである（ibid., 51）。

　このような「孤独な言論の使用」への言及は，話し手の立場に主軸をおくベイカーと聞き手の立場を強調するアプローチとの違いを浮き彫りにしている。聞き手の立場に照準を合わせる論者は，言論がコミュニケーション的性格をもつことを強調する。すなわち，言論が価値をもつのは，話し手から聞き手へと言論内容が伝達されるからである。これに対してベイカーの主張の興味深いところは，たとえ言論がまったく他者に伝達されないとしても，そこに話し手の価値観が反映されている以上，言論には価値があると考える点である。彼の立場から見れば，コミュニケーション的性格を重視する言論観は，上述したような「孤独な言論の使用」を度外視するうえに，言論の価値はその内容によってではなく，話し手という源泉によって生じるという事実を適切に把握できていない（ibid., 51-52）。

一部の自己表現は，最後まで聞き手や読み手が存在しないか，あるいは少なくともそうした存在を想定せずに行われる。自己表現が人間の生にとって重要なものであるとすれば，聞き手や読み手のいないそうした「孤独な言論の使用」もまた人間の生にとって少なからぬ意味をもつのは間違いない。もちろん，聞き手や読み手がいないなかで行われる言論の使用が法規制の対象になることは考えられないかもしれない。しかしながら，政府がこうした言論を規制する動機づけをもたないという事実は，そうした言論に価値がないということを意味するわけでは決してないのである。

　このような言論をめぐるベイカーの主張から導かれる帰結は重大である。なぜなら，差別的な言論もまた差別主義者の価値観や世界観を表している以上は保障されなければならない，ということになるからである[5]。ベイカーは次のように述べている。

　　一般的に人種差別主義的なヘイトスピーチは，少なくともその時点での話し手の世界観を体現しており，そのかぎりでその人の価値観を表している。もちろん，彼女の言論は他者の平等あるいは尊厳を尊重していない。しかしながら，法秩序の内容を評価する際に問題となるのは，彼女ではなく国家の正統性なのである。彼女の人種差別的言論ないしヘイトスピーチをある目的のために制限することが彼女の形式的な自律を侵害するのに対して，彼女のヘイトスピーチは，たとえそれが時に他者の実質的な自律の侵食を含むような危害を引き起こすとしても，誰かの形式的自律に干渉していない，あるいはそれに反していない。(Baker 2012 : 64)

　もちろん，制限されるべき言論があることをベイカーは否定しない。それでは，どういった言論が，どのような理由から法によって規制されるべきなのだろうか。まず確認する必要があるのは，何らかの意味で言論が危険であるという事実は必ずしも規制を正当化する理由にはならないという点である。たとえば，特定の人物への暴行を煽るような言論は，他者への危害を招く恐れがある

という点でたしかに危険な言論である。とはいえ，たとえ言論によって危害が生じたとしても，即座にその責任を話し手に求めることはできない。なぜなら，言論が危害をもたらしうるのは，あくまで聞き手がその発言を理解し，その発言から一定の行為の指針を導き出すからである。すなわち，言論そのものが他者に危害を加えるわけではない。言論は，説得や情報提供というかたちをとることによってはじめて他者を動かす力を発揮する。ということは，言論と危害とのあいだには，聞き手の精神的媒介が存在していることになる。「言論は情報や説得によって——他者の心をつうじて作用することによって——危害を加えるのであって，その際に少なくとも他者には，メッセージを拒絶する，ないしはそれに自分が選択した重要性を付与する理論的可能性が与えられている」(Baker 2011：258)。

　ここから，言論とモノとでは人間への影響のおよぼし方に違いがあることがわかる。ある人物が提供した刃物によって他者が危害をおよぼしたとすれば，その人物は危害の「手段」を提供したことになる。これに対して，話し手の言論をつうじて聞き手が危害におよんだ場合，言論は刃物のような手段ではなく，「理由」あるいは「動機」として機能している (Baker 1997：990)。話し手の言論を自身の行為の理由として採用するかどうかは聞き手の判断に委ねられている。そうだとすれば，言論が危害をもたらすことがあるとしても，それは聞き手の自律的決定によるものと考えなければならない。こうした場合に危害の責任を負うべきなのは，話し手ではなく，聞き手の方である。それにもかかわらず，危害の責任を話し手に求めるとすれば，それは聞き手の自律や責任能力に対する軽視あるいは侮辱を意味することになるだろう (Baker 1989：56)[6]。

　こうした洞察は，話し手が責任を負うべきではない場合と同時に，話し手が責任を負うべき条件をも指し示している。基準となるのは，聞き手の精神的媒介が問題なく作用しているかどうかである。言論によって危害が引き起こされるとしても，それが聞き手による精神作用をへている場合は話し手の責任を問うことはできない。これに対して，話し手の言論が聞き手の精神作用を何らかのかたちで歪める場合，聞き手ではなく話し手の責任が追及される可能性があ

る。そうした言論として挙げられるのは，たとえば脅迫や嘘などである。脅迫によって聞き手が一定の言動をとるとしても，それは聞き手が言論内容に同意したからではなく，ある種の強制によるものである。そのため，聞き手が言論内容に同意したり否定したりする自由がここには存在せず，精神的媒介には明らかに障害が生じている[7]。さらに，嘘もまた聞き手の精神的媒介に障害が生じている事例である。嘘とは，語られた言論が話し手の信念を反映しているように見えるが，実際にはそうではないような言論である，と定義することができる。たとえば，一週間後に返済するという話し手の嘘を信じてお金を貸すことを決めた人物の理解あるいは同意は無意味であり空虚である。こうした場合，聞き手の理解や同意といった精神的媒介は話し手によって操作されているといえる。

このように考えれば，脅迫は「強制的な」（coercive）言論として，嘘は「操作的な」（manipulative）言論として，どちらも他者の精神的媒介を侵害するような言論である（Baker 2011 : 256）[8]。以上の議論からわかるのは，ベイカーが言論の力を2つに分けて理解していることである。1つは，言論内容に聞き手が同意したり，その結果として行為へと動機づけられたりする場合である。ここでは，言論は聞き手の精神的媒介をつうじて力を行使する。もう1つは，脅迫や嘘であり，言論は聞き手の精神的媒介を歪めるような仕方でその人物に影響をおよぼす。前者の種類の言論は，他者の精神作用に何ら障害を引き起こすことがないため，聞き手の自律への毀損は生じない。そのため，話し手の自律と聞き手の自律は両立している。これに対して後者の種類の言論は，聞き手の自律を毀損しているため，ベイカーによれば，法によって規制されることがありうるのである。

2．聞き手の自律

ベイカーにとって自律とは，まさしく話し手の自律であった。これに対して，聞き手の自律をモデルにして言論の自由について考察したのがスキャンロ

ンの「表現の自由の理論」である（Scanlon 2003a）。スキャンロンが議論を展開するうえで前提にしているのは次のような人間観である。すなわち，「何を信じるべきかを決定し，行為についての競合する理由を衡量するにあたって，人は自分自身を主権者であるとみなさなければならない」(ibid., 15)。表現の内容に同意するかどうか，またそれにしたがって行為するかどうかを決めることができるのは聞き手である本人だけである。たとえ，第三者の観点から見て，ある表現が愚かであるとか，誤っているように思われるとしても，それを根拠として表現を規制するべきであると主張するのは不当である。なぜならそうした主張は，聞き手に判断能力が欠けており，自らの決断に対して責任を取ることができないと述べているのに等しいからである。

　そうだとすれば，政府は市民の判断力や合理性の能力に反しないような仕方でしか市民の自由を制限することはできない。それゆえに，「正統な政府とは，市民が自らを平等かつ自律的で合理的な行為者であるとみなしながらも，その権威を承認することができるような政府である」(ibid., 14-15)。スキャンロンによれば，私たちはこのような見解をカントから受け継いでいるのである。

　こうした人間観は，当然のことながら，表現を規制する政府の権限をできるだけ切り詰めるようにはたらく。表現内容を理由にした規制は，市民の自律を軽視することにつながらざるをえない。とはいえ，あらゆる表現が規制を免れるわけでもない。それでは，表現規制の基準をどこに求めればいいのだろうか。まず，規制の境界線を行為と表現のあいだに引くことはできない。表現だとしても，名誉毀損や脅迫などのように，有害な帰結を根拠に規制されるべき表現が存在するのは明らかだからだ。

　スキャンロンによれば，引かれるべき境界線は行為と言論のあいだにではなく，行為の理由を与える表現と行為の手段を与える表現のあいだにこそある(ibid., 13)。たとえば，銀行強盗を行うことは社会正義にかなうという主張にどういうわけか説得されて，実際に銀行強盗が起きたとしても，そうした主張を行った人物が罰せられるべきであるとは考えられない。これに対して，銀行にかんする内部情報を提供された人物が実際に銀行強盗を起こした場合，情報

提供を行った人物もまた罰せられるべきであるように感じられる。主張を行った場合であれ，情報提供を行った場合であれ，表現活動の帰結として犯罪行為が生じたことに変わりはない。それにもかかわらず，私たちはこれら２つの事例に対して異なる直観を抱く。その理由は，スキャンロンによれば，市民とは「自律的で合理的な行為者」であるという上記の見解を私たちが保持しているからである。すなわち，「自律した人間は，自分が何を信じるべきか，何をなすべきかについて，他人の判断を独立した考慮なしに受け入れることはできない。他人の判断に依存することはできるが，そうする場合には，その判断が正しいと考える独立した理由を述べ，その意見の証拠としての価値を反対の証拠と比較検討する用意がなければならない」(ibid., 16)。

　ある人物の表現活動に説得されて行為におよんだ人物は，表現内容に同意し，それにもとづいて行為することを自ら選択した。したがって，犯罪行為の責任は話し手ではなく聞き手に着せられるべきなのである。以上の考察からいえるのは，たとえ有害な帰結を引き起こすとしても，それでも罰することが許されない表現活動があるということである。ここからスキャンロンは，以下のような「表現の自由の基本原理」(ibid., 15) を導き出す。

　　ある種の表現行為がなければ危害が生じなかったにもかかわらず，それでもこれらの行為に対する法的制限を正当化する理由の一部とみなすことができない危害がある。これらの危害とは，(a) そうした表現行為の結果としてある個人が誤った信念を抱くに至ったことに起因する，その個人への危害，(b) そうした表現行為の結果としてなされた行為がもたらす有害な帰結であり，そこでは，表現行為とその後に起こる有害な行為との関係は，たんに表現行為によって行為者がその行為を遂行するに値すると信じるに至った（あるいは信じる傾向が強まった）という事実にしかないという場合である。(ibid., 14)

　スキャンロンは，これがJ・S・ミルの『自由論』の議論の延長線上にある

と考えているため，これを「ミル原理」とも呼んでいる。(a)は，聞き手が虚偽の言論や差別的言論のような誤った意見や情報を受け入れた場合であり，(b)は，聞き手が，先ほどの銀行強盗や煽動の事例のような，受け入れた表現にもとづいて危害をもたらす行為を行った場合である。いずれの場合においても，危害は表現活動を規制する根拠にはならない。その理由は，すでに述べたように，そうした表現を規制することが聞き手の自律に反するからである。聞き手が熟慮のうえで他者の表現内容を受け入れたのであれば，その表現がもたらす危害の責任は聞き手に転移するのである。「他者の表現行為から得た理由にもとづいて行為する人は，自分自身が信じるに至ったことにもとづいて，また行為の十分な根拠であると判断したことにもとづいて行為しているのである。表現行為がその人がなした行為の発生に一役買っているが，これは，言ってみれば，行為者自身の判断に取って代わられるのである」(ibid., 13)。ミル原理は，聞き手としての市民の自律的な地位を否定するか，過小評価するような理由にもとづく表現規制を排除するのである。

　聞き手の自律を重視するスキャンロンの議論が，話し手の自律に主眼を置いたベイカーの議論といくつかの点で酷似している。1点目に，聞き手の判断能力を根拠にして，危険な言論を表明した話し手の責任を免除している点である。2人がともに強調しているのは，たとえ表現が危害を引き起こすとしても，表現と危害のあいだに聞き手の精神的媒介が存在している場合には話し手に責任を負わせることはできない，ということである。精神的媒介とは，話し手が提示する主張や理由を聞き手が受容ないし否定することである。もし，政府が聞き手の利益を考慮して話し手の表現活動を規制するとすれば，それは聞き手の自律を軽視したパターナリスティックな態度であることになる。2点目に，どちらも自律を市民の地位にともなう所与と想定している点である。すなわち，市民はその地位にふさわしい一定の判断能力や責任能力を有しているとみなされるのであって，実際にどのような能力をもつのかは問われない。あくまで自律は，政府の干渉に対する制約として機能するべきなのである。

　とはいえ，スキャンロンが市民の自律を所与として想定しえない事例に触れ

ていないわけではない。それは，暗い混雑した映画館で「火事だ！」と虚偽の叫び声を発してパニックを引き起こすような事例である。こうした場合に叫び声に反応する市民は「合理的な熟慮の能力を低下させる状況」（ibid., 20）におかれる。そのため，たとえ危害が生じたとしても，その責任は理性的に行為することが困難な聞き手ではなく，発言を行った話し手が負うべきである。おそらくベイカーも，これは聞き手の精神的媒介が健全に機能しない事例であり，それゆえパニックの責任は聞き手ではなく話し手が負うべきであると考えるように思われる。「主権者」にもなぞらえられる市民は，あらゆる認知的負荷に耐えられるわけではない。一定の発言が聞き手の熟慮の能力を奪うとすれば，そうした状況では聞き手の自律という設定が解除され，話し手の発言の責任が問われる可能性が開かれることになる。ところが，スキャンロンにとってこの事例は，表現が聞き手の自律を損なう事例や基準を探求するための出発点にはならなかった。それどころかむしろ「瑣末な事例」であり，ミル原理の「例外」にすぎない（ibid., 20）。

　聞き手の自律を前提としたミル原理は，表現規制を退ける強力な原理として機能する。かりにこの原理が実際に適用されれば，ヘイトスピーチのような差別言論，虚偽広告のような虚偽言論，他者への暴行や暴動を正当化するような煽動などの言論，こうした言論の話し手の責任を追及することはできなくなるだろう[9]。発言内容の真偽や正当性を判断するべきなのは，政府ではなく「主権者」としての市民一人ひとりだからである。このように，自律は市民の地位に付随する所与とみなされているため，上述した「火事だ！」という発言を別とすれば，差別言論や虚偽言論によって聞き手の自律の能力が掘り崩されるという事態は考慮されていない。そのため，地位にともなう所与としての自律の観点から見れば，ヘイトスピーチや虚偽広告のような表現に対する法的規制は，市民の判断能力を軽視しているという理由から自律の侵害として捉えられる。これに対して，状況によっては低下しうる能力としての自律という観点から見れば，同一の表現規制がむしろ理性的な自己決定のための条件を保障するものとして自律の促進であると理解されるかもしれない[10]。

後者の事態を考慮に入れるということは，表現規制によって聞き手の自律が促進されるという可能性を肯定することを意味する。しかし，そうした可能性がミル原理と両立しないことは明らかである。ミル原理はあくまで自律を所与とみなすような理論的前提から出発してはじめて可能なのである。のちにスキャンロンはこうした自身の立場を修正することになるが，そこでは，聞き手の利益にとって表現の自由が有する重要性は数ある要素のなかの1つにまで引き下げられている[11]。いずれにせよ，スキャンロンによる「表現の自由の理論」は，所与としての聞き手の自律という理論的前提から，きわめて一貫した仕方で表現の自由を正当化した試みであるといえる。

　これまで見てきた自律の構想についてまとめておこう。ベイカーの自律理解にしたがえば，誰にでも固有の価値観があり，言論の自由はそれらを表明する手段として価値がある。そこでは，まず確固とした自己があり，その自己が個々の言動を選択することをとおして自らを表現する。個々人が表明する言論はそれらの人びとの価値観を反映しており，その意味で，言論を表明することは自律そのものである。これに対してスキャンロンは聞き手の自律に焦点を当てている。どのような言論を信じるべきか，どのような言論にもとづいて行動するべきかを決めるのは聞き手をおいて他にない。言論が自由であるべき根拠は聞き手の自律にある。おおまかにまとめれば，これがベイカーとスキャンロンが提示した自律の構想である。そこでは，自律が市民の地位に付随するものとして前提とされているため，他者との関係や個人のおかれた環境によって影響を被るという可能性はほとんど考慮されていない。そのため，こうした自律の構想は個人主義的な性格をそなえているといえよう。

　もちろん自律は，ベイカーやスキャンロンが提示したようなあり方だけではない。こうした自律の構想を批判し，より現実にそくした自律の構想を提示しようとする試みがある。そうした構想のバリエーションには小さくはない幅があるが，以下ではこれらの構想のなかでも関係的自律と呼ばれている構想について見ることにする。

3. 関係的自律

すでに見たように，ベイカーらの自律の構想は，個人の価値観を体現する言動を自律とみなすものであった。そこでは，そうした価値観が本当に自律的であるといえるのか，という問いが生じる余地はほとんどない。これに対して，価値観や選好がその個人を取り巻く関係や環境によって形成されることを重視し，そうした関係や環境に応じて自律性には程度の違いがあると考えるのが関係的自律の構想である[12]。たとえば，適応的選好形成のように，何らかの点で抑圧的環境に長期間おかれたために，他者に対してきわめて従属的な価値観を形成した人物がいるとする。この人物の価値観とその言動ははたして自律的であるといえるのだろうか。ベイカーであれば，脅迫などの強制のもとにおかれているのが明らかでないかぎり，そうした人物の言動を自律的であるとみなすだろう。

しかし，関係的自律はまさにその点に批判の眼を向ける。つまり，個人主義的な自律の問題点は，個人の価値観を自律の名のもとに神聖視し，その結果として個人のおかれた抑圧的環境を議論の俎上に載せることがないという点にある。私たちは，どのように形成されたものであれ，あるいはどのような内容のものであれ，他者の抱く価値観を尊重するべきなのだろうか。

こうした問いに対して，関係的自律は個人のおかれた関係や環境がその個人の自律に多大な影響をおよぼすことがあることを認める。そのため，どのような価値観や言動であっても無条件に自律的であるわけではない。それでは，自律的であるための条件とはどのようなものだろうか。まず，ストルジャーの見解を紹介しよう。ストルジャーは，1970年代にクリスティン・ルーカーがカリフォルニアの中絶クリニックで行った調査結果を材料にして自らの自律理解を説明している（Stoljar 2000）。ルーカーは，避妊と中絶の関係を明らかにするためにこのクリニックに通う女性にインタビューを行った。とりわけ彼女が究明しようとしたのは次の問いだった。なぜ一部の女性たちは，避妊が可能で

あったにもかかわらず，避妊を行わなかったために，望まない妊娠をし，結果的に中絶するに至ったのか。これらの女性は，避妊にかんして無知であったわけでも，その手段にアクセスできなかったわけでもなかった。こうした女性に対する一般的な反応は，避妊をしないという被験者の決断は非合理的であるというものである。ところが，ルーカーの解釈では，被験者は避妊の費用と便益をめぐって暗黙のうちに計算を行った結果として妊娠のリスクをとることを選択したのであって，たとえリスキーではあるとしても，決して非合理的ではないというものであった。

　これに対してストルジャーは，被験者の決断は自律的ではないと判断せざるをえないと主張する。なぜなら，「彼女らは，避妊をめぐる決断において，女性らしさと性的な行為者性についての固定観念にしたがった誤った規範の影響を過度に受けているからである」（ibid., 98）。ここでいう「固定観念にしたがった誤った規範」とは，女性は性的に積極的であってはならないとか，妊娠可能であり子育てすることができる女性だけが結婚相手に値するといった規範のことである。ルーカーの被験者が妊娠の可能性の少ない性行為を選択することが困難であったのは，こうした規範を内面化していたためである。ストルジャーによれば，誤った規範あるいは抑圧的な規範のもとでリスクをとるような選択をする場合，「そうした人びとは自律的ではないという直観が呼び起こされる」（ibid., 99）。彼女はこれを「フェミニズム的な直観」（ibid., 98）と呼んでいる。もし，個人の決断に大きな影響をおよぼす規範が歪んでいる場合，そうした決断を自律的であると断言することにはためらいが生じるはずである。かくしてストルジャーは次のように結論づける。「女性らしさという抑圧的な規範の影響を受けた選好は自律的ではありえない」（ibid., 95）。

　ストルジャーは，こうした「フェミニズム的な直観」を引き起こす事例を喫煙の事例と比較している。喫煙者もまた，ルーカーの被験者と同様に，暗黙のうちに計算を行った結果として喫煙というリスクのある行為をとっていると考えられる。つまり，喫煙を続けることにともなう金銭的かつ健康上の負担と，喫煙が与えてくれる快楽やリラックス効果などの便益とを天秤にかけているの

である。たしかに，こうした計算を行う喫煙者は，意志が弱いとか，医療にかかるコストを過小に見積もっている点で誤っているとか，そうした印象を与えるかもしれない。それでも，その決断が自律的ではないと判断されることはまずない，とストルジャーは指摘する。なぜなら，「喫煙者は通常，誤った抑圧的な規範にもとづいて喫煙を選択しているわけではない」(ibid., 99) からである。これに対して，もし喫煙者が，抑圧的で誤った規範，たとえばタバコを吸うことは魅力に満ちていて自らの望ましさを促進するというイメージにもとづいて喫煙を選択する場合，「そうした人びとは自律的ではないという直観が呼び起こされる」(ibid., 99)。

　避妊と喫煙のいずれの事例においても，一定の人びとの言動が自律的ではないという直観が観察者に生じるのは，当事者が「誤った」規範を内面化し，その規範にしたがっているからである。ストルジャーによれば，これこそが「フェミニズム的な直観」が生じる理由をもっともよく説明してくれるのである。

　しかも，誤った規範を内面化しているのだから，そうした人びとが持ち出す欲求や行為の理由もまた誤っていたり歪められたりしているはずである。だからこそ，妊娠は女性の価値を高めるという規範を受け入れている人びとは，避妊がもたらす便益よりもその不利益を過大に見積もり，その結果としてリスクのある行為を選択する。つまり，そうした人びとは，誤った規範を内面化したことによって，自らの抱く欲求や理由が誤っていることを認識できない状態にある。それらの人びとの言動が自律的ではないという直観を呼び覚ますのは，誤った規範を内面化した結果として，正しい欲求や理由と誤ったそれとを区別する「規範的能力」を欠いているためである。誤った規範は，それを内面化した人の「規範的能力」を損なうことによって自律を掘り崩す。そのため，ストルジャーの考えでは，自律的であるかどうかを判定する基準となるのは，自らの言動を決定するプロセスのあり方ではなく，その人の言動を左右する規範の内容が誤っているかどうかなのである (ibid., 109)。このように，ストルジャーによる自律についての議論は，人がどのような規範を内面化しているのかに注

目する。すなわち，理にかなった自律の構想は，規範の内容に制約を課すものでなければならない。こうしたストルジャーの解釈は，人びとが抱く規範の内容に踏み込むという意味で，自律についての強い実質的説明に分類されることがある。

　たしかにストルジャーの自律理解は，「フェミニズム的な直観」だけでなく，他の似たような事例，たとえば「平等主義的な直観」のようなものを説明する手助けになるかもしれない。たとえば，ある個人が幼少期から親によって人種差別的な価値観を植えつけられ，それを内面化したとする。この価値観にひたすら忠実に従い，自分とは異なる人種の人間に対して差別的な言辞を振りまく人間の言動ははたして自律的であるといえるだろうか。私たちは，たとえ差別的な内容の価値観であっても，それを尊重したり自律的であるとみなしたりしなければならないのだろうか。もしそうではないとすれば，この人物の言動が自律的であると断言できないのは誤った規範を内面化しているためだ，というストルジャーの指摘は説得力があるように見える。

　しかし，規範が何らかの点で誤っているか抑圧的であったとしても，当事者はそうした規範にしたがうよう他者に強制されているわけではなく，その規範に沿うような言動を自ら選択していることに変わりはない。それにもかかわらず，ストルジャーの考えでは，そもそも「誤った」規範を受け入れている人びとは，どのように判断を形成しているかにかかわりなく，一律に自律的ではないと判断されることになる。そうだとすると，誤った規範を内面化した人物は，ひとえにその理由から自律的な行為者であることを否定されることになるのである。

　こうした自律の構想に対して，以下の3点にわたって批判を向けたのがベンソンである。第1に，私たちが生きる社会に抑圧的な慣行や制度が広範に存在していることを踏まえると，ストルジャーの想定に反して，自律的な行為者であることと抑圧的な規範を内面化することは両立すると考えるべきである。そうでなければ，そうした慣行や制度の存在を根拠として，自律など不可能であるといった「きわめて根本的な懐疑主義」を受け入れなければならなくなる

（ibid., 130-131)。

　第2に，たとえ誰かに従属する立場にあったとしても，その立場について批判的に吟味したり，支配に抵抗したりすることは，そうした支配従属関係そのものから生じるはずである。それにもかかわらず，ストルジャーの枠組みでは，抑圧的な規範を内面化した人間は自律的ではありえないため，集団内部における批判的な吟味や抵抗の余地は生じないことになる（ibid., 131)。

　第3に，ストルジャーの構想は，自らの行為を自分自身によるものと認めることと，正しいことを行うことを区別し損ねている。つまり，ルーカーの被験者が自律的でないように見えたのは，女性が家父長制的な価値観を内面化しているためであり，その意味でストルジャーからすれば誤った規範にしたがっているからである。しかし，たとえ第三者の視点から誤っているように見えても，自らの行為を自分自身の行為と認めることができれば，自律的であると評価できるのではないだろうか。要するにストルジャーは，「自己による支配」（self-rule）と「正しさによる支配」（right-rule）を同一視しているように見える。

　　　自己による支配が正しさによる支配とは異なるものであることは，たとえ
　　　正しい理由から正しいことを行う能力が完全にはない場合でも，自らの誤
　　　りや限界を自律的に自身のものと認め，それらに縛られながらも自律的に
　　　行為することができるという観察結果を思い起こせばわかる。（ibid., 132)

　あくまで，「自己による支配」と「正しさによる支配」は切り離して考えるべきであり，後者が成立していないとしても，前者は成立しうる。自律は「正しさによる支配」と結びつくのではなく，「自己による支配」と結びつくはずである。それゆえ，たとえ正しい規範を内面化していないとしても，それでも自律的でありうるのである。もしこれが正しいとすると，ルーカーの被験者たちの選択は自律的ではないというストルジャーの判断は修正される必要がある。

そこで，ベンソンは被験者を 2 つのグループに分けてみることを提案している。どちらのグループの被験者も，女性の役割や地位にかんして「誤った規範」を内面化している点では同様かもしれない。しかしそうしたなかでも，「自身の行動から著しく乖離した，あるいは断絶した態度を示す人びと」と，自らの決断を自分自身のものと認めるような「自らの行為者性に対する再帰的態度」を示す人びととに分けることができるかもしれない（ibid., 128）。後者のグループの被験者は，必ずしも非自律的な選択を行ったとはいえないはずである。なぜなら，「それらの人びとは，自分自身を，自らの決断の十分な根拠を特定し，その決断を適切な仕方で行動に移し，他者がその理由に異議を唱えた場合には自分自身で応えるのにふさわしく，それに値するとみなしている」（ibid., 129）からである。

ベンソンにしたがえば，誤っているように見える規範を内面化したとしても，自らの行為を自分自身によるものと認め，他者の異議に対して応答しうる「行為者としての能力」（agency）までも失ったとはみなせないはずである。自分自身を行為者とみなす「再帰的態度」こそが，自律に必要な行為者としての能力が損なわれていないかどうかを判定する決め手となる（ibid., 132-133）。ここでいう再帰的態度とは「自己の価値」（self-worth）を承認することであり（Benson 1994），このような態度を前提にしてはじめて，自らの行為を決定したのは他者の命令によるものでもなければ，制御しえない何らかの内的衝動によるものでもなく，自分自身の意志によるものであるという確信を抱くことができるのである。

ベンソンの議論をまとめると，行為者が自律的であるということは，自身の行為が自らの意志に由来するという感覚をもつことである。そして，この感覚をもつためには，行為主体としての自らの価値（「自己の価値」）についての確信がなければならない。この確信によって人は，かりに自らの行為の妥当性について他者から問われたときに，行為の理由を挙げて応答することができるのである。それゆえベンソンは，自己の価値についての感覚は他者への応答可能性をともなう，と主張する。

このように見ると，ベンソンが重視する自律の条件は，個人主義的自律ともストルジャーによる自律についての強い実質的説明とも異なっていることがわかる。個人主義的自律においては，話し手による言論の表明にしても，聞き手による言論内容の受容にしても，個人の判断形成に他者がかかわることはほとんど想定されていない。その意味で，この構想が考える自律の条件はいわば主観的である。これと比較すると，ストルジャーの考える自律の条件は，ある意味で正反対である。というのも，すでに見たように，たとえ個人が自身の意志で選択を行ったとしても，「誤った規範」あるいは「抑圧的な規範」にしたがった選択は決して自律的ではありえず，その意味で自律の条件は本人の意識から独立した客観的な性格——第三者の観点から見て規範が正しいかどうか——を有しているからである。

これに対して，ベンソンが提案する自律の条件は，いわばこれら両極の中間をなしている。自律にとって重要なのは，自己内部に築かれた価値観という名の砦でもなければ，他者によって判定可能な正しい規範の内面化でもなく，自己の価値の承認にともなう他者に対する応答可能性という間主観的な要素なのである[13]。

以上のように，ひとくちに関係的自律といっても論者によってその内容には大きな違いがある。しかしながら，個人主義的自律と対比してみると，関係的自律には以下のような共通点がある。それは，その名称から明らかなように，関係的自律において，自律は他者との関係や環境の影響を強く被るという点である。ストルジャーの議論において問題となったのは，抑圧的環境におかれたために「誤った規範」を内面化し，その結果として「歪んだ」欲求を抱いた人物であった。ストルジャーが下した結論は，こうした人物は自律的ではありえないというものである。それゆえ，ストルジャーの議論の枠組みにおいて，抑圧的環境が自律を阻害するのは明らかである。

他方でベンソンが提示する自律の条件は，自らの行為の理由にかんする他者への応答可能性であった。かりに他者から行為の理由を問われる存在とみなされないとしたら，あるいはそうした経験が繰り返し生じるとしたら，それでも

自分自身が自らの行為の理由を説明しうる存在であるという自己への態度を維持できるだろうか。たとえば，ひたすら命令や指示にしたがう官僚のような組織的人間についてはどうだろうか。そうした人びとが自律的とはいえないように見えるのは，誤った規範を内面化しているからではなく，自分自身を自らの行為の理由について応答しうる行為者とみなしていないからではないだろうか。たとえ自らが引き起こした行為であっても，自分自身を行為の理由にかんして他者に応答できる存在であるとみなすことができなければ，その行為を本当の意味で自身の行為と考えることは難しいだろう。自律的存在者は，ベンソンにしたがえば，行為の理由をめぐる応答の網の目のなかで構成されるのである。その意味で，自己による行為には，他者への応答がつねに含まれているのである。

4．関係的自律と言論の自由

　それでは，こうした関係的自律と言論の自由はどのような関係にあるのだろうか。言いかえれば，個人主義的自律から関係的自律へと自律の理解が変化することによって言論の自由はどのような変容を被るのだろうか。ここでは，関係的自律の観点から言論の自由を再考するウィリアムズとブライソンの2人の議論を取り上げたい。まずウィリアムズは，自律を個人にとっての所与として想定することはできないという点を確認している。関係的自律においては「自律はすべての人格に想定されるべき所与の条件でもなければ，ひとたび実現されればそれ以後当たり前のようにあるとみなされる最終状態でもない」(Williams 2004：150)。むしろ，自律は絶えず持続する「過程」としてある(ibid., 150)。つまり，自律に影響をおよぼす環境や関係性と個人との相互作用の所産として自律はつねに変動しているのだ。

　このように考えるウィリアムズは，言論を個人による単独の活動としてではなく，社会全体におけるさまざまな環境や関係のなかで捉え直そうとする。すなわち，「自律の関係的モデルは，個々の話し手や聞き手から，大規模に言論

を支える社会構造や実践へと焦点を移すよう促す」(ibid., 210)。たしかに，言論は，個人が自律を行使する典型的なあり方である。しかしながら，関係的自律の構想を採用するならば，個人の言論活動に注目するよりも，社会全体における言論のための機会の配分や制御へと関心が移るというのである。

　そこで彼女が提示するのが「言論システム」という視点である。「言論システムは，人が話すかどうか，人が話す状況，そして何を話すことが許されるのかを管理し，言論が自律の行使として機能する機会に直接的な影響をおよぼす」(ibid., 209)。このシステムには，自律の行使にかかわるさまざまな制度や実践が含まれている。「教育システム，マスメディア，インターネット，選挙運動，芸術表現に対する政府の助成システム，言論を目的とする公的フォーラムやその他の政府の所有物の使用を規制するルール，これらすべてが言論システムの事例である」(ibid., 222)。

　ウィリアムズは，言論を個人の活動としてよりもシステム内部の作用として捉えることによって，ベイカーのような話し手中心の言論モデルから距離を取ろうとしている。しかも，こうした視点の変化には実践的な含意がある。それは，できるだけ多くの人びとの自律を促進するために，たとえ特定の個人の言論活動を制約することになるとしても，言論システムの規制や再設計といった手段をとることがありうる，という点である[14]。

　こうした事態をウィリアムズは選挙資金制度改革という論点にそくして考察している。一般に，自律にもとづいて言論の自由を擁護する論者は，話し手としての立候補者の自律を侵害するという理由から，立候補者への献金とその支出を規制することに反対してきた。たとえ資金力の格差がそのまま政治的影響力に反映されることを防ぐためであっても，選挙資金を規制することは，立候補者の言論の自由を規制することに他ならず，それゆえ修正第一条に反すると主張されてきたのである。

　これに対してウィリアムズは，以下のように反論している。まず，この規制が立候補者への献金に適用される場合である。献金はたしかに献金者による支持という象徴的意味をもつ行為ではあるが，（献金者による）言論としての性格

は限定的である。これに対して政治資金を用いた演説をはじめとする政治活動は完全に言論の行使である。したがって，支出を規制することに比べると，献金を規制することによって（献金者の）自律が侵害されると考えることは困難である（ibid., 211-212）。

　より問題になるのは，規制が政治資金の支出に適用される場合である。ウィリアムズによれば，そもそも関係的自律は「〔言論の〕機会や資源，この過程において必要な対話の相手による承認などの社会的財の提供に依存している」（ibid., 212）。選挙活動における立候補者の自律の行使も，こうした政府による社会的財の分配にもとづいている。したがって，選挙資金制度改革は，こうした選挙活動にかかわる社会的財の配分の仕方を変更しようとする提案であって，規制なき自由な言論活動をこの改革によってはじめて制約しようとするものではない。それゆえ，こうした規制によって立候補者の自律を侵害してはならないという改革反対派の主張は，「たんに放っておいてほしいという主張ではない」。むしろ，「憲法は〔立候補者の〕自律を促進する社会的財を特定の仕方で分配するよう政府に求めている，というはるかに困難な主張」なのである（ibid., 212）。

　さらに，自律にもとづいて選挙資金制度について論じるのであれば，話し手としての立候補者の自律の他にも，他の当事者の自律を考慮に入れる必要がある。たとえば，無制限の献金や支出の許容は，他の市民の政治参加の能力を相対的に低下させることで，それらの人びとの自律を侵害するのではないか（ibid., 213）。そうだとすれば，自律にもとづいて言論の自由を擁護する論者は，立候補者の自律だけでなく，政治的な対話と意思決定に参加するその他の市民の自律をも擁護しなければならないはずである。要するに，関係的自律の構想は，「話し手の自律の主張の限界と，他の当事者の潜在的な自律への関心の重要性を強調する」（ibid., 214）よう私たちを促しているのである[15]。

　このようにウィリアムズは，関係的自律の実現のためには，個々の言論活動を保障することから，選挙運動にかんする制度を含めた言論システムの規制と再設計へと焦点を移すべきであるという点を強調している。私たちは往々にし

て，個人の自由な言論活動とそれを規制する政府という二元的な構図で自律や言論を理解しがちである。しかしウィリアムズが示そうとしているのは，個々の言論活動や自律の行使も現行の言論システムのもとで可能となっているのであり，このシステムそのものが政府の規制の産物である，という事実なのである。

　次に，ブライソンの議論を見てみよう。ブライソンは特に関係的自律とヘイトスピーチの関係に焦点を当てている。ベイカーの議論において見たように，個人主義的自律にもとづいて言論の自由を擁護する論者は，ヘイトスピーチもまた話し手の価値観の表明であり，その意味で自律の行使であると考える。したがって，たとえヘイトスピーチに分類される言論であったとしても，これを規制することは許されない。これに対してブライソンが論証しようとしているのは，ヘイトスピーチがむしろ関係的自律を毀損するという点である。

　ブライソンによれば，これまで自律は多様な意味で用いられてきたが[16]，もっとも擁護に値する自律の構想は関係的説明である。彼女はこれを「ケイパビリティにもとづく説明」とも言いかえている。すなわち，「行為者の自律は，機能のための適切なケイパビリティをもつことに依存しており，ここでの《ケイパビリティ》は，センにならって，《人びとが達成することのできる諸機能（なることとすること）のさまざまな組み合わせ》と定義される」（Brison 2000：283）。「人間の福利」（well-being）は，十分な栄養を摂取できることや良い健康状態にあることなどの基本的な事柄から，自尊心をもつことやコミュニティの生活に参加するなどのより複雑なものにまでおよぶ「諸機能」にかかっている。ブライソンの主張は，人が自律的であるためには，こうした諸機能の一定の組み合わせを実現する能力がなくてはならない，というものである[17]。

　自律的であるためにはケイパビリティをもつことが必要であり，ケイパビリティは以下の3つの点で他者との関係から大きな影響を被る。第1に，自律に必要な能力を陶冶し維持するためには他者に頼らなければならない。第2に，自律的に選択するためには意味のあるさまざまな選択肢がなくてはならないが，そのためにはこうした選択肢へのアクセスを可能にする社会や他者との関

係性が必要である。第3に，こうした選択肢にアクセスし，それを実現することが自分には可能であるという認識を獲得するためには，特定の規範や慣習によって適応的選好が形成されることのない文化のもとで生活する必要がある（ibid., 283-284）。

　問題となるのは，言論の自由がケイパビリティにどのような影響をもたらすのか，である。他者の言論に触れることによって自らが利用できる選択肢を知ることができたり，自身が生きる社会や文化について発言できたりすることがケイパビリティや自律にとって重要なのはいうまでもない。しかしながら，「制約のない言論は，決定的な仕方でケイパビリティの集合を減少させることによって自律を掘り崩すことがある」（ibid., 286）。そうした言論の一つがヘイトスピーチである。人種や性別，宗教などの特徴にもとづいて個人や集団を中傷するヘイトスピーチは，標的に対して平手打ちにも似た危害を与え，その結果として聞き手に制御不能な情動反応を引き起こす。それゆえ，こうした言論は自律に必要とされる一定の能力を奪うことによってケイパビリティの集合を減少させる。さらに，「敵対的な環境を作り出すヘイトスピーチは，その人の自己評価，選択肢についての考え，自らの能力についての信念，そして選好形成に対して影響をおよぼすことによって，ケイパビリティの集合を減少させることがある」（ibid., 286）。最後に，「集団的な名誉毀損を構成するヘイトスピーチは，標的とされた人びとについての他者の信念や彼らに対する振る舞いに影響をおよぼすことによって，それらの人びとが利用できる選択肢を減少させることがある」（ibid., 288）。

　こうしたブライソンの整理から，ヘイトスピーチがケイパビリティの集合を減少させることをつうじて自律を掘り崩す3つのメカニズムがあることがわかる。1つ目は，言論をつうじて発話者が標的に対して直接に危害を与えることである。2つ目は，敵対的環境をつうじて，標的となった人物が自分自身に対して向ける態度を変化させること——たとえば自己評価の低下——である。そして3つ目は，集団的な名誉毀損をつうじて，標的となった人物に対する第三者の信念と振る舞いが変容するというものである。

ブライソンによれば，ヘイトスピーチを集団的な名誉毀損として違法化しう
るかどうかを考えるためには，言論をめぐる複数の競合する利益を衡量しなけ
ればならない。そうした利益に含まれるのは，話し手の利益，聴衆の利益，第
三者の利益などである[18]。ヘイトスピーチにおいては，さらにこれらに加えて
標的となった人物の利益が存在する。これらの利益は，表現に応じて，ときに
一致し，ときに相反する。たとえば，個人に対する名誉毀損が問題になってい
る場合には，そうした発言を行った者の利益よりも標的となった人物の利益を
重視することがある。こうした「言論の自由についての標的中心的な説明」が
個人の名誉毀損の領域において受け入れられているとすれば，「集団的な名誉
毀損の領域においてもそれを受け入れるべきである」ということになるかもし
れない（ibid., 290）。

　とはいえ，ブライソンによれば，競合する利益の衡量にかんしては事例ごと
に判断を下すほかない。つまり，言論が誰に対して，どのような効果をもつの
かは，その都度考えるほかないのである。

　　〔ヘイトスピーチのような〕言論はときに顕著な仕方でケイパビリティの
　　集合を減少させることで，標的となった人物の自律の能力を掘り崩すこと
　　がある。言論が自律を促進するのか，それともそれを損なうのかを見極め
　　るためには，話し手，聴衆，第三者，標的にとってそうした言論がもつ自
　　律を高める効果と自律を掘り崩す効果をその都度検討する必要がある。
　　（ibid., 293）

　このようにブライソンは，ウィリアムズと同様に，言論の表明をそのまま自
律の行使として正当化できるとは考えていない。同一の人物の行為として見れ
ば，言論の表明と自律の行使は同じ事態であるといえるかもしれないが，言論
が他者にもたらす影響という観点から見れば，ある人の言論は他者の自律を促
進することもあれば，掘り崩すこともある。言論はたんなる言葉ではない。そ
れは社会環境の一部となって，その内部に生きる人物が利用できる選択肢やそ

の人物の自己評価に影響をおよぼす。言論が各人のケイパビリティにどのような効果をもたらすのかをブライソンが重視するのはそのためである。

おわりに

　ここまでの議論を3点に絞ってまとめておきたい。1点目は自律の性格をめぐる相違である。個人主義的自律においては自律が地位にともなう所与として想定されているのに対して，関係的自律は自律を絶えず形成過程にあるものと考える。そのため後者の構想においては，環境や関係によって自律が促進されたり，阻害されたりすることがある。ストルジャーが想定する自律の阻害要因とは，抑圧的環境におかれることによって歪んだ規範が内面化されることであった。ベンソンの議論においてそれは，行為の理由をめぐる他者との応答関係から排除されることによって，自分自身を自らの意志にもとづく行為者とみなす態度を喪失することである。

　2点目は自律と言論の関係をめぐる相違である。個人主義的自律は，言論の規制に対してきわめて抑制的である。この立場から見れば，自律を守ることはそのまま言論を守ることを意味する。なぜなら，言論の表明やその受容は個人の意志や価値観の反映に他ならないからである。これに対して，ウィリアムズやブライソンに代表される関係的自律の論者は，言論がさまざまな主体の自律におよぼす効果を考慮に入れようとする。ウィリアムズは，たとえ一定の人びとの個々の言論活動を抑制することになるとしても，大多数の人びとの平等な自律を実現するように言論システムを再設計するべきであるという結論を引き出した。他方でブライソンは，ある人の言論が他者の自律にもたらす影響を見極めるためにケイパビリティに注目した。他者のケイパビリティの集合を減少させる言論はその人の自律とは両立しないのである。

　最後に，ベンソンやブライソンによる関係的自律の議論に見られるように，自律は必ずしも個人の価値観の表明であるとはかぎらない。それらの論者は，個人の自己に対する態度こそが自律の条件であると考える点で共通している。

かりに自律が所与だとすれば，ヘイトスピーチのような言論が他者の自律に負の影響をおよぼすと考えるのは困難であるが，自律が自己への一定の態度——自尊心や自己評価，自己信頼など——にもとづいているとすれば，ヘイトスピーチが他者のそうした自己への態度を毀損するということは十分に考えられる。ベイカーが論じるような個人主義的自律において，自律は表明された言論に体現されているから，自律のために保護されるべき対象が話し手の言論になるのは当然である。これに対してベンソンやブライソンによる関係的自律の構想は，自律は自己への一定の態度によって可能になると考えるため，自律を保護するということは，そのまま言論を保護することを意味するのではなく，場合によっては言論に抗して聞き手の自己への態度を保護することを意味する。ここにおいて，個人主義的自律に見られるような，自律を守るとは話し手の言論を守ることであるという理解は徹底して相対化されることになるのである。

1) 本章では，言論と表現を同一の意味を有する語として互換的に用いる。
2) 自律と言論の自由の関係を扱った研究として，さしあたり，Brison（1998），Mackenzie and Meyerson（2021）を挙げておきたい。
3) これはジョセフ・ラズによる自律の定義である。ラズは「人格的自律」について以下のように述べている。「人格的自律の背後にある考えとは，人びとは自分の人生を自ら切り開くべきである，というものである。自律的な人間は，自分自身の人生の作者（の一部）である。人格的自律の理念とは，人間は生涯をつうじて次々と決定を下すことによって，一定程度自身の運命をコントロールし，作り上げるという展望である」（Raz 1988：369）。
4) 市民の有する権利は「横からの制約」として，国家が追求する目的よりも優先されることがあり，ベイカーにとっての形式的自律はまさにそれに当たる（cf. Mackenzie and Meyerson 2021：68）。
5) この原理を適用すれば，一般に話し手の価値観を表しているとは考えられない商業言論は容易に法規制の対象になりうる（Baker 1989：59）。
6) この点は，後で見るように聞き手の自律を重視する論者が強調するポイントでもある。
7)「他の人物に影響をおよぼすために用いられる言論が強制的でありうるのは，話し手が他の人物の意志や他の人物の精神過程の統合をあからさまに軽視したり，掘り崩そうとしたりする場合である」（Baker 1989：59）。
8) この他にも，言論内容について熟慮する余裕を与えないまま聞き手を行動へとせき立てる言論がこれに当てはまるかもしれない。たとえば，いたずらのつもり

で暗く混雑した映画館で「火事だ！」と叫び，多くの人が非常口に殺到するような事例である（Strauss 1991：336）。この事例については次節で取り上げる。

9）J・S・ミルは，穀物商の演説の事例において，興奮した群衆の前で暴動を煽るような発言は自由でありえないと述べている（ミル 1869=2020：126）。これに対して，もし煽動がミル原理の(b)の危害に該当するとすれば，スキャンロンのミル原理はミル本人よりもさらに保護されるべき表現を広くカバーしているといえる。この点に関しては，Barendt（2009：450）も参照されたい。

10）この論点に関しては，金（2022：365-366）も参照されたい。

11）「表現への聞き手の中心的な利益は自身の信念と欲望の形成にとって良い環境のもとにあるという利益である。この利益の観点から見れば，表現の自由は多くの要素のなかの１つにすぎない。他者が私に伝えたいことを聞くことができることは重要だが，これが重要な情報や基礎的な教育にアクセスする積極的な権利よりも重要であるかは明らかではない」（Scanlon 2003b：91）。

12）関係的自律の構想のさまざまなバリエーションと共通点については，田原（2017，2022）が非常に有益である。

13）田原によれば，ストルジャーは自律的であるためには行為者の規範内容が制約されると考えているのに対して，ベンソンにとって自律の条件は規範内容そのものではなく，ある特定の自己への態度を規定するにとどまるが，それを介して間接的に行為者の欲求内容への制約となる（田原 2017：198）。それゆえ，ベンソンの構想もまた自律についての実質的説明に分類される（ibid., 198）。こうした違いのために，ベンソンはストルジャーのいわゆる「強い実質的説明」と対比して，自身の見解を自律についての「弱い実質的説明」と呼んでいる（Benson 2005：136）。

14）「市民の自律を促進するという国家の義務は，言論システムの基盤に対して規制と監督を行うことを要求し，この義務は不干渉という消極的義務をときに凌駕するかもしれない」（Mackenzie and Meyerson 2021：76）。

15）ウィリアムズは，選挙資金制度改革をめぐる論争にかんして，話し手としての立候補者の自律と聞き手としての有権者の自律の他にも，国家の中立性という論点に言及しているが（Williams 2004：214ff），ここでは上記の２つの自律にかんする議論に限定することにする。

16）ブライソンによれば，言論の自由をめぐる議論においては自律について少なくとも以下の６つの解釈が見出されるという（Brison 2000：282）。① 消極的自由，② 道徳的独立，③ 政府の干渉に対する制約，④ 合理的な自己立法の能力としての善，⑤ 自己充足あるいは自己実現，⑥ 関係的説明。

17）個人の自由の観点から見れば，特定の機能を必ず実現しなければならないわけではないので，厳密にいえば，重要なのは諸機能を達成することではなく，諸機能の組み合わせとしてのケイパビリティをもつことである（Brison 2000：283）。

18）この分類はもともとスキャンロンによるものである（Scanlon 2003b）。

第 8 章　自律と言論　*263*

参 考 文 献

Baker, Edwin C., *Human Liberty and Freedom of Speech*, New York: Oxford University Press, 1989.

Baker, Edwin C., "Harm, Liberty, and Free Speech", *Southern California Law Review*, Vol. 70, No. 4, 1997, pp. 979-1020.

Baker, Edwin C., "The First Amendment and Commercial Speech", *Indiana Law Journal*, Vol. 84, 2009, pp. 981-998.

Baker, Edwin C., "Autonomy and Free Speech", *Constitutional Commentary*, Vol. 27, No. 2, 2011, pp. 251-282.

Baker, Edwin C., "Hate Speech", in Michael Herz and Peter Molnar (eds.), *The Content and Context of Hate Speech: Rethinking Regulation and Responses*, Cambridge: Cambridge University Press, 2012, pp. 57-80.

Barendt, Eric, "Incitement to, and Glorification of, Terrorism", in Ivan Hare and James Weinstein (ed.), *Extreme Speech and Democracy*, Oxford: Oxford University Press, 2009, pp. 445-462.

Benson, Paul, "Free Agency and Self-Worth", *The Journal of Philosophy*, Vol. 91, No. 12, 1994, pp. 650-668.

Benson, Paul, "Feminist Intuitions and the Normative Substance of Autonomy", in James Stacey Taylor (ed.), *Personal Autonomy: New Essays on Personal Autonomy and its Role in Contemporary Moral Philosophy*, Cambridge: Cambridge University Press, 2005, pp. 124-142.

Brison, Susan J., "The Autonomy Defense of Free Speech", *Ethics*, Vol. 108, No. 2, 1998, pp. 312-339.

Brison, Susan J., "Relational Autonomy and Freedom of Expression", in Catriona Mackenzie and Natalie Stoljar (eds.), *Relational Autonomy: Feminist Perspectives on Autonomy, Agency, and Social Life*, New York: Oxford University Press, 2000, pp. 280-299.

Mackenzie, Catriona and Meyerson, Denise, "Autonomy and Free Speech," in Adrienne Stone and Frederick Schauer (eds.), *The Oxford Handbook of Freedom of Speech*, Oxford: Oxford University Press, 2021, pp. 61-81.

Raz, Joseph, *The Morality of Freedom*, Oxford: Oxford University Press, 1988.

Scanlon, Thomas, "A Theory of Freedom of Expression", *The Difficulty of Tolerance: Essays in Political Philosophy*, Cambridge: Cambridge University Press, 2003a.

Scanlon, Thomas, "Freedom of Expression and Categories of Expression", *The Difficulty of Tolerance: Essays in Political Philosophy*, Cambridge: Cambridge University Press, 2003b.

Stoljar, Natalie, "Autonomy and the Feminist Intuition", in Catriona Mackenzie and Natalie Stoljar (eds.), *Relational Autonomy: Feminist Perspectives on*

Autonomy, Agency, and Social Life, New York: Oxford University Press, 2000, pp. 94-111.

Strauss, David A., "Persuasion, Autonomy, and Freedom of Expression", *Columbia Law Review*, 91, 1991, pp. 334-371.

Williams, Susan, *Truth, Autonomy, and Speech: Feminist Theory and the First Amendment*, New York: New York University Press, 2004.

金慧（2022）「デモクラシーと表現の自由―表現の規制は民主的正統性を掘り崩すのか」『年報政治学』2022-Ⅰ号, 354-375頁。

田原彰太郎（2017）「自律的行為者の行方―個人主義的構想から実質的構想への展開」Waseda Rilas Journal 5号, 193-203頁。

田原彰太郎（2022）「自律の実質的構想―共通の特徴に基づくアプローチ」『人文社会科学論集』1号, 55-76頁。

ミル, J. S.（1869=2020）『自由論』関口正司訳, 岩波文庫。

第 9 章
「子どもを持つ権利」はあるか
──生殖のリベラリズム批判──

原　千砂子

は じ め に

　私たちは今，「子どもへの欲望」がかつてないほど亢進した社会を生きている。主要先進国のトップを走る少子高齢化の進行が日本経済の凋落を招くことに危機感を抱く政府は，子育て環境の整備により間接的に出生率の向上を促す段階から進んで，直接的に出産を促進する一連の施策の実施に乗り出した[1]。2004 年度から「特定不妊治療費助成事業」を開始し，2022 年度からは生殖補助医療への保険適用に踏み切った。さらに 2026 年度からは，出産費用への保険適用の実施も予定されている。政府は少子化対策を語る時，「産む産まないは個人の選択」[2]，「妊娠，出産に関する個人の自己決定権を制約してはならない」[3] などのただし書きをつけ加え，現行の少子化政策と戦前・戦中の「産めよ殖やせよ」の人口増政策との類似を否定する。しかし政策の目的が出生率向上である以上，これがソフトなプロネイタリズム（pronatalism，出生奨励主義）であることは否定できないであろう。

　政策がどの程度功を奏しているのかは不明だが，日本社会には今，「妊活ブーム」が到来している。結婚後しばらくしても妊娠しないカップルはクリニックを受診して治療に取り組むこと，一般的な治療で成功しない場合は高度な生殖補助医療に進むことが，常識となりつつある。街中に不妊クリニックが増え，ネット上に「妊活ブログ」が溢れ，SNS では「妊活アカウント」が多

数のフォロワーを集めている。「不妊を心配したことがある，または現在心配している夫婦」の割合は約 35％，5.5 組に 1 組のカップルが不妊の検査や治療を受けているとの調査結果もある[4]。2011 年の日本の体外受精実施件数 169,169 件は世界一であり，第 2 位のアメリカの 2 倍，第 3 位のフランスの 2.7 倍にのぼっている[5]。

　その一方で，1990 年代から始まった非正規雇用の急増や実質賃金の低下は，経済的事情により結婚・出産を諦める人々の数を増やしてきた。結婚をし，家族を持つこと自体のハードルが上がっているのだ。保険適用は始まったとはいえ，不妊治療の経済的，身体的，社会的な負担は大きい。そして出産に漕ぎ着けた後の子育て費用の高騰も相まって，今の日本社会では子どもは贅沢な消費財と化し，そのことがさらに，人々の「子どもへの欲望」を煽る循環が生じている。

　他方，海外に目を向けると，生殖の自由を巡る議論の焦点は，単身者や性的少数者が子どもを持つ権利へと移っている。後述のように，ヨーロッパではフランスが，2021 年の生命倫理法改正によりシングル女性や女性同性カップルに生殖補助医療を開放したことが話題になった。しかしフランスの政策転換はヨーロッパではむしろ遅い部類であり，イギリス，ベルギー，スペイン，デンマーク，フィンランド，アイルランド，ルクセンブルク，マルタ，オランダ，ポルトガル，スウェーデン，アイスランド，ノルウェーが同様の法律をすでに持っている[6]。

　女性同性カップルに生殖補助医療の門戸が開かれたのちは，男性同性カップルやトランスを含むカップルなど，生物学的に産む機能を持たない人々が子どもを持つ権利が問題となる。ヨーロッパでは同性婚の制度化が急速に広がる中，男性同性カップルが養子を育てることが認められつつある。これらの人々が遺伝的に繋がりのある子を持つには代理懐胎を利用する他ないが，代理懐胎を全面的に合法化している国は世界でもまだ少なく，代理母を海外に求めるいわゆる「生殖ツーリズム」と呼ばれる市場が拡大している。かつて，代理母の主要な供給源となっていたロシア，ウクライナ，ジョージア，インド，ネパー

ルなどでは，近年，外国人の利用は禁止される方向にあり，ツーリズムの舞台は代理懐胎に関する法規制がない国を求めて，ナイジェリア，ケニア，ガーナなどのアフリカ諸国に移っている[7]。また台湾は，シングル女性と女性同性カップルに体外受精を認めるとともに，男性同性カップルや不妊の夫婦に代理懐胎を認める法改正を近々予定している[8]。

　生命倫理を論ずる際によく使用される「滑りやすい坂道 slippery slope」という比喩がある。これは，x を認めたなら，y も，そして z もというように，厳密に論理的な理由がなくとも，もっともらしい理屈があれば次の段階に進むことが許容されることで事態が進行し，止められなくなる様を指す。生殖医療の利用について今生じている事態は，まさにこれに該当する。生殖技術の進歩により開かれた可能性と人々の間で高まる子どもへの欲望，そして国家の出産促進の欲求，これらが掛け合わされて進行していく事態を前にして，私たちは何をどう考えるべきなのか。

　フェミニズムは，このような事態に対して散発的には多くの批評や批判を行うものの，一貫した批判的視座を提供することができていないように見える。かつて，1960 年代，70 年代の第二波フェミニズムが問題にした生殖の自由は，「子どもを産まない自由」とほぼイコールであった[9]。当時，女性たちが自らの意思に反して「産まない自由」，すなわち安全な避妊手段や中絶手術へのアクセスの権利獲得のために，フェミニズムが用いた主要な理論的武器は「自律権（自己決定権）」の概念であった。しかし今，大きく変化した生殖を巡る状況の中で，生殖の自由と正義を拡大する理論的武器として，「自律権」や「身体の統合性 bodily integrity」[10] などだけでは，明らかに不十分である。フェミニズムは，「産む・産まない」の選択の自由を超えて，家父長制的な社会制度とイデオロギーから女性を解放し，また女性の生殖機能と子どもを商品化する資本の圧力に抗するための，新しい生殖のビジョンを必要としている。

　本章ではまず，フランスの事例を取り上げて，「子どもを持つ権利」が社会問題として前景化する様子を見る。次にリベラリズムの倫理学や法学が，「子どもを持つ権利」をどのように捉えているのかを見る。最後に，「子どもを持

つ権利」如何へのフェミニズムからのあるべき応答として，権利基底的な個人主義を前提としない生殖理論の可能性を探ってみたい。

1．「親になるプロジェクト」

前述のように，単身女性や女性同性カップルに生殖補助医療の利用を認める国はヨーロッパには数多いが，それを認めるに至る議論の過程を跡づけることができる実例として，フランス生命倫理法の改正を巡る議論を取り上げてみたい。

⑴ 生命倫理法の 2021 年改正

2021 年 6 月 29 日，フランス国民議会は生命倫理法の改正案を可決し，その結果，男性の同性カップルを除くすべてのカップルおよび単身女性に，生殖補助医療の利用が認められることとなった。同時に，将来の生殖補助医療での利用を想定したカップルの片方ないし両方，および未婚女性による卵の保存も認められた。関連の条文は以下のとおりである。

「L.2141-2 条　出産に対する補助医療は，親になるプロジェクト un projet parental に応えることを目的とする。男女ないし女性 2 名で構成されるすべてのカップルおよびすべての未婚女性は，L.2141-10 条に定められた条件にしたがい，多分野の専門家からなる臨床生物学的医療チームとの個別面談の後，出産補助医療にアクセスすることができる。」

「L.2141-3 条　医療技術の現状を考慮し，カップルの一員および未婚の女性は，親になるプロジェクトを後日実行する目的での受精卵の保管のため，一定数の卵子の授精を試みることに，書面をもって同意することができる。」[11]

第9章 「子どもを持つ権利」はあるか　*269*

　この改正は，生殖補助医療の目的が，不妊症の治療にとどまらず，広範な人々の「親になりたい」という要求に応えるためのものであると国が認めたことを意味し，「単なるアクセス権拡大ではなく革命」[12]であると評価されている。

　生命倫理法は1994年に制定後，現在まで定期的な見直しと改正を経てきている[13]。1994年の最初の生命倫理法は，生殖補助医療について次のように定めていた。

　　「L.152-2条　補助医療による出産は，カップルの親になりたい要望 la
　　demande parentale に応えるためのものである。その目的は，医学的に
　　病理学的性質が診断された不妊症の治療である。また，重篤な疾患の子ど
　　もへの感染を防ぐことを目的とする場合もある。」[14]

　上記の条文の前半の「親になりたい要望」を含む一文は，2011年の改正の際に問題となり，一旦，削除されている。当時，生殖補助医療の目的について，公的機関による報告書や一般人や専門家が参加するパネルなどを通じて活発な議論が行われた。その議論においては，従来どおり対象を医学的不妊のカップルに制限すべきであるという意見が優勢を占める一方，婚姻状況や性的指向に関わらず「親になりたい要望」を満たす機会を提供すべきではないかとの意見も存在感を示した。条文前半の削除は，制限派の意見が反映された結果であり，2011年改正は，生殖補助医療に関わる限り限定的なものにとどまった[15]。

　その後，2013年には国論を二分する議論を経て同性婚法が成立したことにより，同性カップルが子どもを持つ権利の問題が，生殖補助医療を巡る議論の重要テーマとして浮上した。2011年改正の時と同様に，2021年の改正を目指して2017年から一般市民および専門家の意見を聴取するための調査が実施されたが，その結論は大筋において，生殖補助医療の対象を女性一般に広げることには好意的だが，代理懐胎についてはこれまでと変わらず反対するというも

のであった[16]。同じ頃，すべての女性への生殖補助医療の開放を公約に掲げた
エマニュエル・マクロンが大統領に就任し，生殖補助医療の対象拡大を目指す
立法化の動きは加速した[17]。2019年7月に提出された改正法案の審議は上院の
強硬な反対により難航したが，2年余りの時間をかけた末に2021年8月に国
民議会において決着を見た[18]。

(2) 「親になるプロジェクト」は「子どもを持つ権利」を創設するのか

さて，1994年の「親になりたい要望」および2021年の「親になるプロジェ
クト」は，「子どもを持つ権利」を前提とするものなのか。そうでないとして
も将来的に，「子どもを持つ権利」へと発展していく可能性はあるのだろうか。
2010年1月に国民議会に提出された特命委員会報告書の第一部のタイトルは
「子どもへの欲望と子どもを持つ権利 Dédir d'enfant et droit à l'enfant」[19] で
あり，この問題が立法の際の重要な論点であったことは疑いない。

そもそも，法文中に登場する概念としては違和感のある「親になりたい要
望」「親になるプロジェクト」とは，どのような概念なのか。法学者で首相2
人の顧問を務めたクレア・ルグラによれば，「親になるプロジェクト」はまっ
たくもって法的な概念ではない。それは，「親になりたい欲望が，受精から妊
娠に至る過程を制御可能なものとした科学を媒介として，計画（プロジェ）へと移行・進化
したもの」として捉えるべきであると彼女は述べている[20]。社会学者のフィ
リップ・シャリエとゲール・クラヴァンディエも，その著書『誕生の社会学』
の中で，「親になるプロジェクト」は欲望から生まれたものであり，「子どもを
持つ権利」は人々の感情レベルでは共有されているものの，法的なそれにはな
り得ないと主張している[21]。

他方，法学者カリーン・パリザー＝クリーフは，1994年段階においては，
「親になるプロジェクト」概念は，立法過程で曖昧すぎると批判され，より実
務的であるとみなされた「親になりたい要望」という表現が採用されたと説明
している。「親になりたい要望」は，生殖補助医療を受けるべく医者に対して
申し込みを行う出発点として，より実際的で正確であると評価されたのである

と[22]。

　以上の議論を見る限り，「親になりたい要望」も「親になるプロジェクト」も，子どもを持つことを権利化させないという明確な意図を持って立法者により選択された表現であるように思われる。表現を実際的・実務的な水準にとどめることにより，抽象的で包括的な権利の水準を避けているのである。しかしながら，30年近くの時間の経過の中で，生殖技術の進歩に伴い様々な属性の人々の親になる欲望は肥大し続け，「親になるプロジェクト」と「子どもを持つ権利」との距離は急速に縮まっていったように見える。

　話を立法過程に戻そう。2021年改正案の審議中，改正案が「子どもを持つ権利」へと傾斜することを懸念した上院は，民法に「何人も子どもを持つ権利を有しない」旨の条文を設けることを第一読会において可決したが，その後同条文は，国民議会において削除された[23]。国民議会における審議においては，「子どもを持ちたいという欲求は正当であるものの，誰もが子どもを持つ権利を当然のごとく持つわけではない」点についてはおおよその合意が得られた。議論の焦点は，「親になるプロジェクト」が「子どもを持つ権利」を「創設」するものであるか否かであった模様である。改正案の提案者はそれを否定し，「子どもを持つ権利」を禁止する条文をわざわざ設けることは不要であると主張し，結果的にその通り削除された[24]。

　小門穂は，2011年の改正を巡る論議を跡づけた際，同改正が生殖補助医療の対象を男女のカップルに限定した立法意図を，「子どもを持つ権利」の否定にあったのではないかと解釈する[25]。だがその後，2021年の改正が対象を男女カップル以外にも拡大したことで，提案者の説明はどうであれ，「子どもを持つ権利」への傾斜は強まったと言わざるを得ない。生命倫理法がその冒頭に定める人体の尊重と不可侵，人体の部分の不可譲の原理は，フランスが坂道を滑っていくことに対する防壁たり得るだろうか。

2.「子どもを持つ権利」はあるか

本節からは,「子どもを持つ権利」についての理論的な検討に入ろう。

「子どもを持つ(産む)権利」が法律の中に権利として明文化されている国はほとんどない[26]。その理由は金城清子が述べるように,「性交渉という自然な生殖手段によって子どもを産むことの自由は,生殖の権利としてあらためて概念化し自由や権利として主張する必要がないまでに,広範かつ深く根付いてきている」[27]と解されていることによるのだろう。ただし,これは法律に明記するまでもないと考えた立法者の認識にすぎず,子どもを産むこと,産まないことの自由を,侵害を受けることが稀な確立した権利であるとみなすことは当然ながらできない。

生殖の自由の擁護は,中絶の権利を巡るアメリカのロウ対ウェイド判決のようにプライバシー権(自己決定権)として主張され[28],あるいは日本国憲法の場合は13条が保障する私生活上の自由の一部と解される。

たとえば佐藤幸治は,自律が人間にとってかけがえのないものであるという意味で,人格的自律の存在であり得ることを《権利》とみて,これを「人格的自律権」(自己決定権)と呼ぶ。そして13条はこの自律権の発想を導入したものであり,明文規定で掲げる諸権利を基幹的に支え,明文規定を欠く権利についても「間隙を埋める」役割を果たしているとする。13条が保障する自律権の内実としては,「① 人格価値そのものにまつわる権利(例.名誉権・プライバシーの権利),② 人格的自律権(自己決定権),③ 適正な手続き的処遇を受ける権利,④ 参政権的権利」が考えられ得る。これらの中で,②の人格的自律権(自己決定権)の内実を構成する1つが「リプロダクションに関わる事柄」である[29]。

2024年7月3日,最高裁は旧優生保護法(1948〜96年)を違憲と判断し,同法に基づき不妊手術を強制された人々に対する損害賠償を国に命じた。今回の訴訟の争点は除斥期間の適用の可否にあり,判決文中に子どもを持つ権利へ

の言及はない。しかし関連する下級審の訴訟の判決文には，「子ども（実子）を持つ権利は憲法 13 条が保障する自由にあたる」という，学説以外では目にすることの少ない主張が展開されているのを確認することができる[30]。

　ここで注意すべきは，ロウ対ウェイドにおいても，上記の判決においても，「子どもを持つ自由」とは，公権力が生殖に関する個人の決定に介入することを排除するいわゆる「消極的自由」として擁護されていることである。本章の関心は，「積極的自由」として，すなわち人にはすべからく，望めば子どもを持ち，親になる権利があり，社会はその実現のための支援を義務づけられているという主張が認められる可能性の如何にある。本節では，哲学，倫理学および法学が現状において，「子どもを持つ権利」をどのように捉えているのかを見ていこう。

(1)　哲学・倫理学における議論

　最初に紹介するのは，イギリスの哲学者メアリー・ウォーノックが一般向けに書いた『赤ん坊をつくる——子どもを持つ権利というものはあるか？』（2002年）である[31]。ウォーノックは『人間の授精と発生学に関するウォーノック・レポート』（1984 年）の執筆責任者として著名であり，生命倫理や教育哲学の分野で国際的な影響力を持つ哲学者である。

　彼女はまず，法実証主義の立場から，実定法が当該の権利を定めていない限り，潜在的にもその権利は存在しないとすることから議論を始める。自然法や神法など，実定法よりも上位に普遍的な法の存在を仮定し，そこから権利を導出する方法を，ヴィトゲンシュタインの高弟であった哲学者エリザベス・アンスコムを引きながら，否定する[32]。確かに，実定法の源泉としての道徳原則は存在する。たとえば，すべての人は平等に扱われ，彼ないし彼女が必要とするものを故意に奪われるべきではないというような。しかしながら，道徳と法は峻別されねばならない[33]。

　「子どもを持つ権利」も，実定法に定められていない以上は，存在するとは言えない。国連の世界人権宣言（1948 年）の第 16 条およびそれを踏襲した欧

州人権条約（1953年）は，婚姻し家族を形成する権利を定めている[34]。しかしながらウォーノックによれば，これは人種・国籍・宗教に関わらず家族を形成する権利を謳ったものであり，基本的には公平性についての規定であって，あらゆる人に「子どもを持つ権利」を保障したものではない。

では，権利は道徳原則からどのようにして生まれるのか。ウォーノックは，人権の源泉は法でなく，欲求_{ニーズ}であると述べる。もし誰かが欲求を持っているならば，それは社会に対して，その欲求が満たされるべきだという要求_{クレイム}を生み出す。1940年代にイギリスに導入された福祉国家の理念は，人々の基本的な欲求を国がもれなく満たすことにあった。しかしながら，基本的欲求の概念は相対的なものであり，時代により変化し，エスカレートする。ただ，人間にとって耐えがたい状態については，ある程度の合意を見出せよう。すなわち，食物や水が十分にない状態，あるいは死や拷問の恐怖に晒された状態である。これらは，基本的人権が侵害された状態であるとみなすことができる[35]。

生殖_{プロクリエーション}の権利は，一見したところでは基本的な欲求だと思えるかもしれない。生殖なしでは人類は存続も繁栄もできないからである。しかしながら，個人は食物なしで生存できないが，生殖を行わずとも生存はできる。そして人類も，あらゆる個人が生殖をせずとも存続可能である。ゆえに生殖は，食物と同じようにその欲求を満たす義務を周囲に発生させるような基本的欲求ではない。したがって，「子どもを持つ権利」は成立し得ない[36]。

確かに，子どもを持ちたいという非常に強い希望を持つ人々は存在する。子どもなしには彼ら，彼女らのライフプランが崩壊し，人生の意味を失うと考え，子どもを持てないことで強い精神的苦悩を抱える場合もある。しかしながら，願望_{ウィッシュ}と権利_{エンタイトルメント}，欲望_{ウォンツ}と欲求_{ニーズ}は区別されねばならない[37]。

以上のように，ウォーノックは「子どもを持つ権利」を否定するが，生殖補助医療が広範に利用されることに反対はしない。同性カップルによる利用も是認し，それを「反自然的」であるとして反対する意見は根拠がないとする[38]。また，キャリアを築くことを優先して出産を遅らせたいと考え，受精卵や卵子の凍結を行うことも，あるいは性交を避けて人工授精や体外受精に頼ること

第9章 「子どもを持つ権利」はあるか　*275*

も，それらを否定する道徳的根拠は存在しない[39]。ただし，誰にとってもそれ
は法的な権利ではないと主張するのである。

　次に取り上げるのは，カナダのフェミニスト哲学者クリスティーン・オー
ヴァーオールの『なぜ子どもを持つのか：倫理学的議論』（2013年）[40]である。
同書の主題は「子どもを持つ判断を正当化する道徳的根拠は何か」である。従
来，子どもを持つ決断は至極当然なもの，あるいは実際的なものとみなされ，
道徳的な理由が必要な判断とはみなされてこなかった。しかしオーヴァーオー
ルによれば，子どもを持つ（産む）という判断は，新しい生命への責任が発生
するのみならず，産む側の人間の自己定義に関連し，資源の消費や教育・医療
といった社会制度とどのような相互関係を結んでいくかに関わる，非常に道徳
的な決断である[41]。オーヴァーオールは，このような主題を論じる前提として，
本章の関心である「子どもを持つ権利」に関して次のような議論を展開してい
る。

　ウォーノックとは異なり，オーヴァーオールは法的権利と道徳的権利を区別
せず，実定法に記されているか否かに関わらず，道徳的な権利としての生殖の権
利が存在すると考える。道徳的に生殖の権利（産む自由，産まない自由）が存在
することを正当化する理由としては，帰結主義的なものと義務論的なものの2
つが考え得る。前者は，多くの人々にとって，子どもを持つ，持たないの選択
は，本人のアイデンティティーおよび人生の価値を決定する重要なものである
ため，生殖に関して本意でない決定は，本人および生まれた子どもの福祉に重
大な影響を及ぼすというものである。後者は，子どもを持つかどうかの選択
は，男性よりも女性の人生にとって大きな影響を及ぼす。ゆえに生殖の権利
は，女性の身体の自由および自律にとって必要不可欠であるというものであ
る[42]。

　次に，個人がいかなる手段を用いても「子どもを持つ権利」というものはあ
るか。オーヴァーオールによれば，一応の権利として，すなわち他の道徳原
則が優先される場合を除いて尊重されるべき権利としての「子どもを持つ権
利」は確かに存在する[43]。この権利が重要な意味を持つのは，生殖医療を含む

妊娠・出産に関わるサービスへのアクセスが，ジェンダーや人種，年齢，性的指向や婚姻上の身分によって制限されることから人々を保護する場合である[44]。

それでは，「子どもを持つ権利」を無制限に認めることを妨げるものは何か。

その第1は[45]，他者の身体が生み出した物（精子・卵子）や他者のサービス（代理懐胎）を前提としなければ子どもを持つことが不可能な場合に関連した問題である。このような場合，誰も他者からそのような物やサービスの提供を受ける権利は持たない。したがって，そのような方法で「子どもを持つ権利」は認められない。ただし「このように言うことは，必ずしもこれらの方法が間違っているということではない。道徳的な権利の行使としては，正当化できないということだ。」[46] 配偶子提供（利他的な譲渡と売買の両方を含む）や代理懐胎の否定に際してのこのような理由づけは，先に検討したフランスの生命倫理法が取る立場でもあり，またフェミニストの見解としてはごく一般的なものと言えよう。

第2の理由は，資源配分である。ある社会において妊娠・出産に関わる物質的・人的資源が有限である場合，当該社会は資源配分先に優先順位をつけざるを得ない。したがって，すべての人々に「子どもを持つ権利」を保障することは，多くの場合不可能となる。オーヴァーオールは，優先順位を決定する基準のあり方は非常に複雑な問題であり，暫定的な提案にすぎないとしつつも，次のように示唆する。すなわち，まずは通常の妊娠・出産に対するケア，次に一般的な不妊症に対する治療，そして最後に高度な生殖補助医療の順に配分されるべきであると[47]。しかしながらこのような優先順位の設定と，先述の属性によって生殖に関わる医療へのアクセスを拒まれることがあってはならないという生殖の自由の保護が，どのように両立するのかについては言及がない。

第3に，一般的な不妊治療においても，高度な生殖補助医療においても，成功して子どもが生まれる保障はない。それゆえ，「子どもを持つ権利」を万人が持つことはあり得ない[48]。この点については，ウォーノックがより明解に，以下のように述べている。

第9章 「子どもを持つ権利」はあるか　*277*

「医学的文脈においては一般的に，治療を受ける権利（エンタイトルメント）と，その治療結果の成否とを区別することが重要である。（中略）生殖補助医療の文脈においては，合理的に要求できる唯一の権利は子どもを持つべく試みる権利であろう。」[49]（傍点箇所は原文がイタリック）

(2)　法学における議論

　法学分野で積極的自由としての「子どもを持つ権利」を正面から論じた論文・著作はまだ少ない。むしろ生殖権に関しては，国家等の介入を排除する消極的自由のみを認め，積極的自由は検討の対象外とする論者が多い。たとえば，法哲学者の野崎亜紀子は，生殖は生物学的過程であり，子どもを持とうとする意思が必ずしもその通り実現する保障はないことから，「子どもをもつこと自体に権利性は認められない」[50]とする。ここでは，数少ない例外として，イギリスの法学者ムーラン・クイグリーの「生殖の権利はあるか」[51]（2010年）を取り上げたい。

　クイグリーはこの論文で，生殖医療の進歩が子どもを産み育てる積極的権利の要求に道を開いたという，本章と同様の認識に立ち，仮にそのような権利が成立するとすれば，その根拠は何かという問いを立てる。そして，法的権利が何を擁護するかに着目した古典的な分類である「利益説 interest theory」と「選択説（意思説）choice theory」の区別を用いて，生殖の権利を根拠づけるためにはどちらが適切かを検討する。

　まず，利益説に立つ場合，生殖の権利が擁護する利益として何が考え得るかが検討される。生命倫理を専門とするアメリカの哲学者ボニー・スタインボック[52]を引きながら，その候補としてクイグリーが挙げる利益は，① 自らの遺伝子を残すこと，② 子育てを経験することの2つである。そして，①についてはそれが利益であると客観的に判断するのは困難であること，②については，権利を主張する者の親としての適格性が保障されないことから，いずれもジョゼフ・ラズ Joseph Raz が言うところの「他者に義務を課すことができる

に十分な」ほど強い利益という定義には該当せず，権利の根拠とはなり得ないと結論づける[53]。

次に，選択説の代表的な主張として検討されるのが，アメリカの法学者ジョン・A・ロバートソンの『選択の子どもたち：自由と新しい生殖技術』（1994年）である。同書は「無制限な生殖の自由」の主張として，刊行当時大きな注目を集めた[54]。

ロバートソンは，生殖の自由を「基本的な人権」[55]であり，現代社会における「支配的な価値」[56]であると位置づける。生殖が道徳的な権利であるのは，「個人のアイデンティティーや人生の意味，そして個人の尊厳にとって，生殖が中心的な重要性を持っている」[57]ためである。むろんこれは絶対的な権利ではないが，「優位性を推定できる権利」であり，このような生殖の自由を制限するには，非常に高いハードルが設けられるべきである[58]。新しい生殖技術を利用して好みの遺伝形質や性を備えた子どもをもうける権利も，当然認められるべきである。さらには，配偶子や生体器官の実験利用やクローニングも，生殖の自由の範疇に含まれてよい[59]。ただし，ロバートソンが言う生殖の自由は，リバータリアンな主張がどれもそうであるように，どんな場合も消極的権利であり，社会や政府に，生殖の自由を実現する個人に対する資源の提供を義務づけてはいない[60]。

以上のようなロバートソンの主張を，クイグリーは「選択説」に分類する。なぜなら，ロバートソンにおける生殖の権利の要点は，生殖に関わる事柄についての選択の自由にあるからだ。クイグリーによれば，この種の生殖の権利は，権利保持者の自由と自律を促進することを目的としている点で，自由権一般から引き出されたものと言える[61]。クイグリーは，もし「子どもを持つ権利」が成立するとしたら，その根拠は「利益説」よりむしろ，このような「選択説」であるべきだと示唆する。

次に，ロバートソンから離れたクイグリーは，積極的権利としての生殖権を，選択説から正当化できるか否かを検討する。

クイグリーによれば，生殖に関しての個人の決定を国家の介入から保護する

ことを内容とする消極的権利は，個人の自律的決定が，社会的文脈から切り離された真空においてなされるという，事実に反する前提に基づいている。他方，積極的権利は，「個人の外部の諸要素が，個人が決定を行う能力に影響を与えている」ことを前提としている。それゆえ，子どもを持とうとする個人に対して，国家や社会は必要な資源やサービスを提供する義務を負うことになる。

　ただしクイグリーは，生殖の権利の積極的解釈は，物理的・生物学的・技術的な限界および利用できる資源の有限性以外に何の制限も受けないと主張するわけではない。自由権は，それ自体としては限界を持たず，したがって個々人のあらゆる権利は他の権利保持者の権利との間の絶え間ない衝突を帰結せざるを得ない。そこに限界を課すことができるのは，自由の平等性への配慮である。

　クイグリーが援用するのは，ジョン・ロールズの正義の第一原理，すなわち「各人は，他の人々の自由と両立する範囲の，できるだけ広範な基本的諸自由を平等に持つべきである」とする「平等な自由原理」，そしてロナルド・ドウォーキンの「すべての個人は平等な気遣いと敬意を受ける権利を持つ」というテーゼである。

　これらを生殖の権利について適用するならば，たとえば生殖補助医療の資源の配分においては，他の利用者の権利を侵害しないという条件が課され，自らの生殖の自由を行使するため望む限りの資源を，望むだけの回数利用するといった行為は許されないことになる。すなわち，積極的な意味での生殖の自由＝「子どもを持つ権利」がたとえ存在するとしても，それはすべての人々に平等に与えられる必要がある。また，資源の配分について言えば，当然ながら生殖補助以外の医療分野や，医療以外の福祉分野への配分も考慮して行われる必要がある。

　生殖の自由を以上のように捉えるならば，イギリスを初めとして生殖補助医療に公的資金が投入されている国々においては，公平性の徹底には疑問があるとしても，「子どもを持つ権利」はすでに承認されていると言い得るかもしれないと，クイグリーは述べている。

(3) リベラルな生殖の権利論の限界

前の2つの項目で紹介した議論の検討に入ろう。

いずれの論者も，生殖の権利を一応^{プリマ・ファキエ}の権利と認める点は一致しているが，実際，それをどの程度強い（法的）権利と認めるかという観点で比較した場合，ロバートソン＞クイグリー＞オーヴァーオール＞ウォーノックの順となろう[62]。

ロバートソンは生殖に関わる個人の自律的決定を重視し，生殖権はほとんど無制限にその行使を認められるべきだと主張する点において極端であり，「生殖のリバタリアニズム」と呼んでもよいかもしれない。それに対して他の3者は，これを自由主義社会において権利の行使一般が孕む問題として，極めて常識的に論じている。それゆえ，ロバートソンほど歯切れのよい議論にはなりにくい。その中でウォーノックの議論が比較的明解であるのは，彼女が法実証主義者であることによるのであろう。そこでここでは，リベラリズムの立場に立つ生殖の権利論の典型として，オーヴァーオールとクイグリーを中心に見ていきたい。

オーヴァーオールは，「子どもを持つ権利」が成立しない理由として，次の3点を挙げていた。

第1に，他者の協力を前提とした行為をなすことに個人としての権利を認めることはできない。これについては，他者の権利を侵すことなしに配偶子提供や代理懐胎のサービスを確保できるとしたらどうだろう。配偶子や代理懐胎サービスを提供する他者が，強制のない自己決定に基づいて提供を決めるとしたら，少なくとも外形的には他者の権利は侵害していない。さらには，人工的に精子や卵子を作成する技術が実用化され[63]，シュラミス・ファイアーストンが夢見た人工子宮が実現したとしたらどうだろう。人が単体で生殖することが可能になった暁には，この論点は無効となる。

第2に資源が有限であること。これについては，ウォーノックも，クイグリーも同様に，「子どもを持つ権利」が制限されざるを得ない理由として挙げ

ている。しかしながら，可能性は低いが仮に当該社会の資源が，子どもを望む
すべての人々の需要を賄うことができるほど潤沢であれば，また，当該社会が
「子どもを持つ権利」に優先権を認めるならば，制限の必要性は消滅する。

　また，クイグリーのように，資源の有限性自体よりも，自由の平等性の要請
により資源の無制限な利用が認められないとする議論はどうか。自由権自体
に，他者の権利の侵害の禁止という制限が原理的に内蔵されていると考えるな
らば，これは原理的な制約だと言える。しかしながら，自由主義的な資本主義
社会において，自由の平等が自動的に実現することはない。それは政策的に実
現される他ないのであり，その意味ではこれは外在的な制約にすぎない。

　第3に，生物学的な過程としての妊娠出産が不確実性を消去できないこと。
これについては，確かにどれほど医学が進歩したとしても不確実性は残るだろ
う。ただし，「子どもを持つことを試みる権利」さえも認めない理由にはなり
得ない。

　以上のように見てくると，ロバートソン的な生殖のリバタリアニズムはもと
より，リベラルな生殖権の理論も，「子どもを持つ権利」の要求が肥大してい
くことを押しとどめるに足る原理的な理由は持ち合わせていないと言える。と
なれば，リベラルな社会は生殖技術に関して，常に「滑りやすい坂」に直面せ
ざるを得ないことになる。

　そしてつけ加えるなら，政策もまた，生殖の自由に効果的に限界を定めるこ
とができるとは思えない。一定の生殖補助医療を公費で負担することによりあ
る程度の平等性を確保し，また特定の生殖医療を国内法によって規制したとし
ても，次々に現れる新しい技術を用いた生殖医療サービスが国境をまたいだ生
殖医療市場において売買されることを，国家が規制することは現実的に困難だ
からである。

3．生殖のコモンズへ

　本章の最初に述べたように，フェミニズムは「子どもを持つ権利」の問題に

関して，一貫した批判的視座を提供することができていないように見える。第2波フェミニズムによって定立された「リプロダクティブ・ライツ（性と生殖に関する権利）」の概念は，生殖という人間活動の領域に含まれる諸権利の総称ないし枠組みを指すにすぎない。さらに言えば，「性と生殖の権利」は，基本的には既存のリベラリズムの法理の内に見出された「新しい権利」の1つとして，女性の権利を位置づけたものである。中絶の権利は，自由権の1つであるプライバシー権として主張されたがゆえに，政治的有効性を発揮できたが，その反面，女性の自己決定権と胎児の生命権の対立という解決困難な理論的矛盾を生むことになった。

　第2波フェミニズム以降のこの50年余り，生殖の自由を巡るフェミニストの理論的な努力は，まずもって，この理論的矛盾の解決に向けられてきた。「自律（自己決定）」概念を「関係的自律 relational autonomy」として再概念化する諸研究[64]や，女性が産む体験を現象学的方法によって記述するモノグラフの蓄積[65]，あるいは人間が脆弱で依存的な存在であるという「ケアの倫理」と共通する問題意識に立つ「母性的思考 maternal thinking」[66]の探求などである。

　これらの研究の多くは，孤立して自足的な個人をモデルとするリベラリズムの哲学および法学が，女性の問題を，そして生殖の問題を適切に扱うことができないことを指摘し，リベラリズムの側に自己変革を迫るものであった。しかしながら，リベラリズムが自己変革の必要性を認識する兆しはほとんど見られない。たとえば，女性が自分と胎児との間で経験する自他関係が，個人主義的には了解不能であることをリベラリズムの側が認めたとしても，概してそれは主観的な「身体感覚」や「倫理」としての承認にすぎず，権利主体の客観的な定立自体を揺るがす類のものではないと評価される[67]。

　1つの身体の中に2つの命が存在する状態を十分に説明できない哲学や法学の欠陥をフェミニストが指摘しようとも，男性優位社会は女性を「少数者」として，妊婦を例外的な状態としてのみ扱うことを，なかなか止めない。すべての人間は，（人工子宮が実現していない現状では）母の胎内から生まれるのであり，

1つの身体の中に2つの命がある状態は例外でも何でもないにも拘らずである。

　フェミニズムは半世紀の間，リベラルな社会秩序と法秩序の中への女性の包摂を求めて理論的な洗練の努力を続けてきたが，その方向での努力は一種の膠着状態，足踏み状態に陥っているように見える。必要とされているのは，努力の方向の転換である。

　加藤秀一は，井上達夫との論争の際に次のように述べている。

　　「中絶＝産まない権利というネガティヴな内容をまず想起させる《自己決定権》という表現を超えて1970年代以降の女性解放運動が獲得した《リプロダクティブ・フリーダム》という表現に込められているよりポジティヴな志向，すなわち《産む・産まない》という選択だけでなく生殖＝生命の再生産に関わる事柄の全体を視野に入れて女性のあるべき・ありうべき生き方を考えるという思考の可能性を考察することがここから始まる筆者の大きな目的である。」[68]

　本章の関心もまた，ここで言われているような「生殖＝生命の再生産に関わる事柄の全体を視野に入れ」た生殖の理論の構築にある。ただし加藤との相違点は，産む女性だけでなく，産まない女性も，男性も，性的少数者も含む社会の成員すべてを当事者として，すなわち人間社会全体の問題として，あるべき生殖の形を考えようとするところである。

　本節では，そのような包括的な生殖の理論を考える補助線として，リベラリズムの「自己」を最も根底的な部分で支える「所有」の問題について検討し，そしてあるべき生殖を考えるヒントを現代生物学の知見の中に見つけたいと思う。

⑴　なぜ自分の子どもが欲しいのか

　　「生殖技術をそんなにも必死に求めるカップルがいるのは，なぜなのだろ

うか。なぜ，多くの人々にとって，《自分の》子どもを産むことがそんなにも重要なのだろう。」[69]

　カナダのフェミニスト哲学者スーザン・シャーウィンのこの指摘は，本章の問題意識と重なるものである。「私の子ども」という一般的に使用される表現は，「子どもは私の所有物である」，あるいは「子どもは私に属している」という認識を，私たちの多くが日常レベルで共有していることを示している。意識的・反省的な水準では，子どもは独立した人格であり，親の所有物ではないと多くの人々が考えるにも拘らずである。また，現代社会で高まる「子どもへの欲望」は，「子ども一般」への欲望ではなく，「私の子ども」への欲望である。生殖はなぜこれほどまでに，私的所有と強く結びつかなければならないのだろうか。そこにどのような必然性があるのか。所有的 proprietary でない生殖を思い描くことは不可能なのか。

　メアリー・オブライエンはかつて，『生殖の政治学』（1981 年）で次のように主張した。人の生殖において，女は月経から排卵，受胎，妊娠，出産，養育のすべての過程を継続的に経験するのに対して，男は射精の瞬間にその過程から疎外 alienate される。男は子どもを自分のものとして領有 appropriate するために，他の男たちと共に家父長制という社会制度を作る必要があった。特定の女に対する領有権を保護するために，物理的に他の男との接触を遮断する目的で作り出された社会的空間が，政治理論家が「私的領域 the private realm」と呼ぶものである。このように，父権 paternity は，「子どもとの間の自然な関係 a natural relationship to a child」ではなく，「子どもへの権利 a right to a child」として法的・社会的に定立される必要があったのである[70]。

　オブライエンの見解が正しいとすれば，子どもを所有物とする捉え方は男性特有の生殖に対する意識から生まれたものであり，生殖という生物学的な過程とは直接関係がない社会的な構築である。他方，女性の子どもとの関係の基盤は生物学的なものであり，母であることは自明で誰の承認も必要としないし，所有権を主張する必要性もない。

ただし母子関係もまた，生物学を基盤としながら，社会的に構築される。母子の場合は，父子関係とは異なり，その自然性が過度にロマン化 romanticize される。「母性愛」が生物としての本能とは無関係な構築であることは言うをまたない。しかし，現代でもなお，子どもを自分の胎内で育てることによる「母子の絆」が強調される場面は多い。

また，現代の生殖技術の発達は，本来，女性にとっては切れ目なく継続していた生殖の過程を，分節化することを可能にした。その結果，代理懐胎においては，卵子の提供者，受精卵を子宮に移植して胎内で育てて出産する者，生まれた子どもを育てる者が別々である状況，すなわち「複数の母が存在する polimaternal」状況が生まれている。それに伴い，法的手続きを経ずしては母であることが社会的に認められないケースも，あるいは，子どもの母親の地位を求めて係争になるケースも生じている[71]。このことは，母親と子どもとの関係もまた，所有的な性格のものへ変化する可能性があることを示唆している。

さらに，フランスの例で見たように，生殖を「プロジェクト」として捉える場合，子どもはプロジェクトの成果物である。そして親の欲望が成果物としての子どもの中にどれだけ忠実に実現できたかによって，そのプロジェクトの成否が評価される。クレア・ルグラはこれについて，子どもが「親の所有物としてのビジョン une vision parentale possessive」[72] の中に閉じ込められると表現する。

プロジェクトとその成果物というモデルは，消費者と選択・購入された商品というモデルにも近接する。配偶子の選択や遺伝子操作により好ましい外見や能力を備えた子どもをデザインする過程は，「消費者にとっての究極の遊び場」[73] であるとも言われる。この場合，消費者にとって子どもが自らの所有物とみなされるのは言うまでもない。

(2) 遺伝子のコモンズ

「自分の子ども」を欲しいと望む理由として最近よく耳にする，「自分の遺伝子（DNA）を残したい」という表現がある。カップルの片方の発言としては，

「配偶者の遺伝子を受け継ぐ子どもが欲しい」と表現される場合もある。従来の「血の繋がった」「血を分けた」などの表現に，遺伝子・DNA などの科学的な装いを纏った語が取って代わったのは，生殖技術の普及が背景にあるのであろう。もう 1 つの理由は，ウルリヒ・ベックが言うところの個人化である。伝統的な社会であれば，家名や家系の存続と財産の継承のため，血縁の嫡子をもうけることは個人の欲望より以前に義務であった。血縁・地縁社会の束縛が希薄になった現代社会では，子どもへの欲望はより個人的なものへと純化し，その表象が「遺伝子・DNA」だと言える。

　ドロシー・ネルキンとスーザン・M・リンディーはこの種の言説を「遺伝子本質主義 genetic essentialism」と名づけた。そしてこれを，マスコミ情報を受容した大衆が作り上げるイメージであり，「自己を分子的存在に還元し，人間をその社会的，歴史的，道徳的複雑性をひっくるめて丸ごと彼らの遺伝子と等号で結ぶ」[74] 考え方であると定義している。ここで注目すべきは，出口顕が指摘するように，遺伝子こそ本質であるとするこの考え方が，人とその遺伝子の主客の逆転を帰結する点である。すなわち，自己を正確に複製する意図を持ってヒトを細胞レベルまで分解した結果，遺伝子こそが自己の本質であることが見出される。すると，遺伝子が本質の地位を獲得し，自己は全体の統御者であることを止め，遺伝子の単なる容れ物の地位に転落するのである[75]。

　進化生物学者のリチャード・ドーキンスが言うところの「利己的遺伝子」，すなわち個体こそが遺伝子の乗り物であるという考え方は，今日ではもはや，目新しいものではない。自己複製するのは遺伝子であり，個体ではない。個体は遺伝子の自己複製を助ける「生存機械」でしかない[76]。したがって，自己を子どもという形で複製したいという欲望は，クローニングでも行わない限りは，潰えざるを得ないのである。

　そもそも，人は遺伝子に対して所有権を主張することができるのだろうか。1997 年，ユネスコ総会は，ヒトゲノムは人類共通の遺産であるとの宣言を採択した[77]。ヒト DNA 配列を含むヒトゲノムの基本データは，全人類の利益のために，世界中の科学者が自由に利用できるようにすべきであることが宣言さ

れ，米・英もこれに同調して共同声明を発表した。しかしながらこの宣言の後も，具体的な国際法規は存在せず，この分野の規制は各国の国内法にまかせられている[78]。遺伝子情報を用いた予防薬・治療薬の開発に関する特許を巡って約20年にわたって争われたアメリカのミリアッド事件は，2013年6月，連邦最高裁が「自然界に存在するDNA断片は天然物であり，単離されているという理由のみでは特許対象とはならない」との判決を下し，決着した。これ以降，少なくともアメリカにおいては，遺伝子を特許対象とすることは認められなくなった[79]。

　遺伝子が共有物（コモンズ）であるという考え方は，集団遺伝学の知見によっても補強される。それは，現在では高校の生物教科書にも登場する「遺伝子プールgene pool」の考え方である。1951年，ロシア生まれのアメリカ人進化生物学者テオドシウス・ドブジャンスキーTheodosius Dobzhanskyは，有性生殖を行う種の集団が持つ遺伝子の総体を「遺伝子プール」と名づけた。ヒトの場合は，地球上の人類全体を巨大な単一のプールと捉えることもできるし，地域ごとにより小さなプールを想定することもできる。同じ遺伝子プールを共有する集団が，「生殖の共同体reproductive community」を形成する[80]。

　遺伝子プールには，特定の集団内の特定の遺伝子座に存在するすべての遺伝子が，発現しているかどうかに関わらず含まれる。個体は，この遺伝子プールから汲み取られた遺伝子の組み合わせによって作られる。そして，受精が起こり新しい個体が発生することは，遺伝子の新しい組み合わせを遺伝子プールに付加・還元することを意味する。その遺伝子プールを共有する人々は，自ら生殖を行う，行わないに関わらず，この生殖共同体の当事者である。ゲノム研究を一般向けに解説したあるパンフレットに書かれているように，「私たち一人ひとりがもつ遺伝子の組み合わせは，世界中のヒト遺伝子を取り込んだ巨大なプールの中から，たまたますくい取られたもの」[81]なのである。（傍点は引用者）

　以上紹介した生物学におけるいくつかのエピソード[82]は，生殖が集団的な営みであること，そして人は根本において偶然的な存在であることを示唆している[83]。この2つの点への気づきは，本章で見てきた子どもへの欲望の亢進に

対する解毒の作用を持つとともに，新しい視座からの生殖の理論の構築と，新しい子産み・子育ての実践とに道を開く可能性がある。

(3) 集団的営為としての生殖

私たちが自分の子を所有物とみなしがちなのは，リベラリズムの法理論が，自己所有権 self-ownership をその基本原理としているからでもある。別の機会に論じたように[84]，所有権は資本主義の保護のためにリベラリズムに後づけされた部分などではなく，リベラリズムの基礎となる最重要の原理である。所有権なくしては，他のあらゆる自由権は成立し得ない。「自由は所有の関数」[85]なのである。そして，人が自分で手を加えた物に対して所有権を持つという労働所有権の根拠となるのが，人が自分の身体を所有し，自由に処分することができるという自己所有権 self-ownership の考え方である。

スーザン・モラー・オーキンは『正義・ジェンダー・家族』(1987年) において，リバタリアニズムの自己所有権が，論理的にグロテスクな母権制 matriarchy に帰結することを示して見せた。ノージックの自己所有権を根拠とする権原理論によれば，正当に獲得された所有物に対する個人の権原は，他のあらゆる権利，たとえば生存権にも優先する。その論理を生殖に適用するならば，妊娠した女性は彼女自身の身体と労働（出産）以外の資源を使わずに，子どもを作成することができる[86]。それゆえ，彼女の子どもに対する所有権は，少なくとも子が成長して自己所有権を与えられるまでの間は，絶対的なものとなる。オーキンによれば，「女性たちの再生産能力と再生産労働を考慮に入れるならば，権原原理の中核に位置する自己所有という考えは，まさにその原理自身によって掘り崩されてしまう」[87] のである。

私たちは，生殖を所有的な言葉で，個人の権利のみに関わる事柄として語ることを，そろそろ止めるべき段階に来ているのではないだろうか。生殖は個人的な営みであると同時に集団的な営みである。

多大な犠牲を払って「自分の子ども」を得るために不妊治療に邁進し，子どもをすでに「手に入れた」人々を羨み，治療の失敗を人生の蹉跌とみなす風潮

第9章 「子どもを持つ権利」はあるか　*289*

は，「子どもを持つこと」を個人的な達成とのみ捉える考え方が生み出したものだ。他方，「遺伝子プール」の考え方にしたがえば，私たちはただ存在するだけですでに，生殖の共同体の一員である。自分で子どもを持たずとも，人類の誕生以来，世代ごとに更新されながら継承されてきた「遺伝子のプール」を通じて，私たちは皆，将来世代に繋がっており，彼らに対して責任を負っている。したがって，子どもは親の私有物ではあり得ず，産まない女や男にも，同性愛者やトランス，バイなどすべての人々に属していると言える。すでに別の機会に紹介した[88]イギリス人のフェミニスト，ソフィー・ルイスが，ある意味では「すべての出産は代理出産」であり，「私たちはお互いの造り手 the maker of one another である」[89]と述べているのは，この意味においてである。

　生殖が集団的な営みであるとの認識は，個々人がその所属する集団のために生殖を行うべきであるとする考え方とは異なる。集団という語が，国家の人口政策を連想させるとすれば，誤解を招かないためには「共同の」営為と呼ぶ方が適当かもしれない。この点に関しては，「所有」に代えて「受託」の概念の導入を提案する鷲田清一の次の説明が参考になるだろう。

　　「〈受託〉とは，じぶんたちの財を，みなの信託を得，みなを代表して管理・運営することである。（中略）ここで《みな》というのは，一定のコミュニティーのメンバーのことである。つまりあくまで《じぶんたち》であって，じぶんたちの存在を超えた《公》もしくは《官》ではない。そういう所有のかたちとしてまず思い浮かぶのは《コモン》（共有）という関係の位相，つまりは排他的にわたしのものであるわけではないが，だからといって他有ではなく，あくまでわたしもまた与しているものという所有形態である。」[90]（傍点は原著）

　鷲田は殊更，子産み・子育てについて語っているのではないが，「受託」という概念は子どもという「財」を考える時に非常にしっくり当てはまる。また，「わたしもまた与している」という形での共同性（共有性）はまさに，遺伝

子のコモンズ（プール）を背景とする生殖のコミュニティーのあり方であるように思える。

お わ り に

不妊治療ブームに対する筆者の違和感をきっかけに始まった本章の探求は，ひとまず，生殖を集団的営為として捉え直すことを，新しい生殖の理論の方向性として提案することで終わりにしたい。

共同性に開かれたものとしての子産み・子育てを担うコミュニティーとは，具体的にどのようなものになるのか。1つ確実なのは，それが夫婦と血縁の子どもで構成される近代家族が持つ規範性に縛られない，ケアの機能を中心に編成される（拡大）家族であることだ。ここに至って，新しい生殖の理論は「ケアの倫理」と接続することがわかる。

アメリカのフェミニズム法学者マーサ・A・ファインマンは，異性愛カップルの性関係を軸に形成された「性的家族」に代えて，家族はケアをする単位として再編成されるべきであると主張する。そして具体的な家族政策として，「性的家族に対する法的支援の廃止と，《母子》対に体現されるケアの担い手と依存者とからなる養育家族単位 nurturing family unit に対して保護を講ずること」[91] を提案する。大筋として賛成だが，「ケアの倫理」の大半がそうであるように，なぜか生殖の過程そのものが，積極的には対象とされていない。また，本章で述べてきたような「polimaternal」な状況が一般化する中で，「母子対」（おそらくは「産んだ母親」が含意されている）のみを特権化することについては，再検討が必要であろう。

また，オールタナティヴな家族の形としてよく参照される実例としては，クィア・ファミリーがある。同性婚やパートナーシップが制度化される以前から，アメリカのレズビアン・マザーたちは，異性愛婚の結果生まれた子や養子を伴って新しい家族を作っていた。彼女たちは，1970年代頃から医療的でない方法での自己受精により子どもをもうけ始め，現在では，精子バンクの利用

も多い。森貴子によれば，レズビアン・コミュニティーにおいては，家族は「子どもを含み，パートナー，または必要な場合は頼れる幾人かの友人も含むもの」[92]である。その友人たちもレズビアン女性だけでなく，ヘテロの男性も，ゲイの男性も，そして場合によっては精子提供者も積極的に育児に関わる場合があるという[93]。

　誰が産んだのか，誰が遺伝上の親なのかということを排他性や私事化に結びつけることなく，自分たちの世界への新参者の誕生を皆で言祝ぎ，その子どもの生育の責任を皆で分け合う世界。これは一見，荒唐無稽に聞こえるかもしれないが，それはおそらく，私たちの想像力の貧困ゆえだろう。もしそのような世界を想像することができ，そしてその世界の到来を望むのであれば，ルイスも言うように，すべきことはただ，すでにその世界があるがごとく，私たちみなが行動することである[94]。

1) 日本政府の少子化対策 30 年の歴史を追っていくと，この政策転換は，不妊治療費助成事業が開始される前の 2002 年頃に起こっていることがわかる。
2) 厚生労働省（2002）。
3) 人口問題審議会（1997）。
4) 国立社会保障・人口問題研究所（2015）。
5) 野村総合研究所（2021）。ただし，この調査には中国のデータは含まれていない。また，人口 100 万人当たりの実施件数で見た場合は，第 1 位はイスラエルであり，日本は第 7 位である。
6) 「レズビアンや独身女性，体外受精など不妊治療の対象に　フランスで法案可決」BBC NEWS JAPAN，2021 年 6 月 30 日（https://www.bbc.com/japanese/57661435　最終閲覧　26/07/2024）。
7) 'Surrogacy Growing in Africa,' *Africa Legal*, Apr 10, 2019（https://www.africa-legal.com/news-detail/surrogacy-growing-in-africa//　最終閲覧　15/08/2024）.
8) 「不妊・同性婚カップルの出産が可能に―台湾，アジア初の《代理母の合法化》へ」『中央日報日本語版』2024 年 5 月 15 日。なお外国人の利用の可否については不明である（https://japanese.joins.com/JArticle/318704?sectcode=A00&servcode=A00　最終閲覧　22/07/2024）。
9) 上野千鶴子は，欧米のフェミニズムと異なり，日本の女性解放運動が「産む権利」を強調したことを指摘し，その理由を平塚らいてう以来の母性主義の文化的土壌に求めている。上野千鶴子（2015）230-235 頁。
10) Nussbaum（2007）。

11）LOI n°2021-1017 du 2 août 2021 relative à la bioéthique（1）（https://www. legifrance.gouv.fr/jorf/id/JORFTEXT000043884384　最終閲覧　10/07/2024）.

12）Siffrein-Blanc（2021）.

13）同法については，数度の改正の際に行われた論議の内容も含めて，小門穂氏による以下の詳細で包括的な研究が存在する。本章の記述のうち，とりわけ2011年までの状況については，同氏の研究に多くを負っている。小門穂（2015）。

14）LOI n°94-654 du 29 juillet 1994 relative au don et à l'utilisation des éléments et produits du corps humain, à l'assistance médicale à la procréation et au diagnostic prénatal（1）（https://www.legifrance.gouv.fr/jorf/id/ JORFTEXT000000549618　最終閲覧　06/07/2024）.

15）小門穂（2021）。

16）力丸祥子（2019）。

17）‘PMA : Macron répète qu'il «proposera l'ouverture à toutes les femmes» dès 2019,’ *Le Monde*, le 22 novembre 2018, modifié le 22 novembre 2018.

18）Siffrein-Blanc（2021）op. cit.

19）‘Rapport d'Information Fait au Nom de la Mission sur la Révision des Lois de Bioétique’（https://www.assemblee-nationale.fr/13/rap-info/i2235-t1. asp#P505_55666　最終閲覧　06/07/2024）.

20）Legras（2012）.

21）Charrier et Clavandier（2013）.

22）Parizer-Krief（2013）.

23）‘La PMA pour toutes’（https://actu.dalloz-etudiant.fr/a-la-une/article/la-pma-pour-toutes/h/4ecdbae7714c68b3982e2755e218918a.html　最終閲覧　16/07/2024）.

24）‘Bioéthique : les députés refusent d'inscrire dans la loi que "nul n'a le droit à l'enfant",’ *Areteia*, 29/07/2020（https://fr.aleteia.org/2020/07/29/bioethique-les-deputes-refusent-dinscrire-dans-la-loi-que-nul-na-le-droit-a-lenfant　最終閲覧 16/07/2024）.

25）小門穂（2015）160頁。

26）国家法以外では，世界人権宣言が第16条に「婚姻し家族をつくる権利」を謳っている。

27）金城清子（1996）119頁。

28）プライバシー権ではなく，憲法上の男女平等権を根拠にすべきだという見解もある。MacKinnon（1991）.

29）佐藤幸治（2002）138-140頁。

30）令和2年6月30日東京地裁判決。平成30年（ワ）第15422号　国家賠償請求事件。

31）Warnock（2002）.

32）アンスコムは中絶反対論者として有名であり，その点ではウォーノックと政治的に反対の立場にあった。「私は彼女の主張に全面的に賛成しているわけではな

第 9 章 「子どもを持つ権利」はあるか　*293*

いが」と書きつつ，論敵の論文を自論の補強に使用している。

33）Warnock（2002），pp. 17-24.

34）Ibid., pp. 28-29.「世界人権宣言」第 16 条の第 1 項の原文は以下の通りである。「成年の男女は，人種，国籍または宗教によるいかなる制限も受けることなく，婚姻し，かつ家族を形成する権利を有する。」国際連合広報センター（https://www.unic.or.jp/activities/humanrights/document/bill_of_rights/universal_declaration/　最終閲覧　16/08/2024）。

35）Ibid., pp. 24-26.

36）Ibid., p. 27.

37）Ibid., pp. 27-28.

38）Ibid., pp. 68-82. ただし，男性同性カップルが代理懐胎を利用して子どもを持つことの可否については，言及されていない。

39）Ibid., pp. 85-86. 医療資源が貴重である場合は，医学的な不妊の治療が優先されてよいとも述べている。

40）Overall（2013）.

41）Ibid., p. 6.

42）Ibid., pp. 20-21.

43）Ibid., p. 22.

44）Ibid.

45）これ以降列挙するものは，オーヴァーオールがこの順番でまとめて記述しているものではなく，筆者が拾い上げて再構成したものである。

46）Overall（2013），pp. 27-28.

47）Ibid., pp. 24-26.

48）Ibid., pp. 25, 27-28.

49）Warnock（2002），p. 16. ただしウォーノックは，この点を「子どもを持つ権利」が成立し得ない根拠とはしていない。

50）野崎亜紀子（2019）。

51）Quigley（2010）. クイグリーの専門は，医学と生命科学の分野における法と政策の哲学的批判である。

52）Steinbock（1995）.

53）Quigley（2010）.

54）たとえば Ryan（1990）を参照のこと。なお同論文が批評の対象とするのは，Robertson（1994）ではなく Robertson（1983）および Robertson（1986）である。

55）Robertson（1994），p. 29.

56）Ibid., p. 221.

57）Ibid., p. 30.

58）Ibid.

59）Ibid., p. 34.

60）Ibid., p. 29.

61）Quigley（2010）.

62）哲学者，倫理学者，法学者を同列に並べて論じることには異論があるかもしれないが，「子どもを持つ権利」が現在，生成途上にあるという前提で，道徳的権利と法的権利を厳密に区別せずここでは論じることにしたい。

63）「ヒト iPS 細胞から卵子と精子のもとを大量作製　京大，生殖医療研究進めるも倫理上の議論必要」『サイエンス・ポータル』2024 年 5 月 22 日（https://scienceportal.jst.go.jp/gateway/clip/20240522_g01/　最終閲覧　29/07/2024）。

64）「関係的自律」論の概要を知ることのできる文献として以下がある。Mackenzie & Stoljar（2000）.

65）代表的な研究として次がある。Young（2005）.

66）Ruddick（1989）.

67）井上達夫（1996）江原編著 102 頁。なお，この加藤秀一と井上達夫の間の論争については，山根純佳が詳細な分析・評価を行っている。山根純佳（2004）。

68）加藤秀一（1996）江原編著 44 頁。

69）Sherwin（1994）, p. 228.

70）O'Brien（1981）, pp. 45-60.

71）日本やフランスなど代理懐胎を認めていない国では，「出産した女性を母とする」原則を取っている。その結果，国外で代理出産した子を連れ戻った場合，養子縁組以外の方法では，依頼者女性は母と認められない。

72）Legras（2012）.

73）Ryan（2001）, p. 93.

74）ネルキン，リンディー（1995＝2018）10 頁。

75）出口顕（1999）98-102 頁。

76）ドーキンス，リチャード（1976＝2018）86-87 頁。

77）「ヒトゲノムと人権に関する世界宣言」（https://www.mext.go.jp/unesco/009/1386506.htm　最終閲覧　10/08/2024）。

78）次を参照のこと。Buttigieg（2018）.

79）加藤浩（2014）。ただしアメリカ以外では，日本を含めて遺伝子の特許適格性を認めている国もある。

80）*Brenner's Encyclopedia of Genetics*（2013）（https://www.sciencedirect.com/topics/biochemistry-genetics-and-molecular-biology/gene-pool　最終閲覧 11/08/2024）.

81）独立行政法人医薬基盤研究所　難病・疾患資源研究部編（2010）。

82）筆者にとって専門外の領域であるため，記述内容は正確性を欠く部分があるやもしれないことを断っておく。

83）生殖の集団性を認めることは，個人の存在の偶然性を受容することである。紙幅の関係上詳述することができないが，男性モデルの哲学・思想の殆どは，個人の存在の必然性を前提としている。

84) 拙稿（2020）。

85) Macpherson（1962＝1980）p. 3. 邦訳 10 頁。

86) 精子は必要だが，それも正当な手段（合意の上での性交により譲渡，精子バンクに対価を支払って購入）を用いて入手したとオーキンは仮定する。Okin（1989＝2013）p. 83. 邦訳 130 頁。

87) Ibid., p. 86. 邦訳 135-136 頁。

88) 拙稿（2023）。

89) Lewis（2019），p. 19.

90) 鷲田清一（2024）425 頁。

91) ファインマン（1995＝2003）249 頁。

92) 南貴子（2005）。

93) しかし，クイア・ファミリーの家族編成のすべてが開放的であるわけではない。社会から承認を受けにくいマイノリティーであるがゆえか，異性愛核家族を熱心に模倣するゲイ・ファミリーの事例も多く報告されている。Keaney（2023）.

94) Lewis（2019），pp. 19-20.

参 考 文 献

Buttigieg, Jean（2018），*The Human Genome As Common Heritage of Mankind*（Ibidem-Verlag Haunschild/Schoen gbr）.

Charrier, Philippe et Clavandier, Gaëlle（2013），*Sociloligie de la naissance*（https://www.cairn.info/sociologie-de-la-naissance--9782200254513-page-216.htm 最終閲覧 16/07/2024）.

Keaney, Jaya（2023），*Making Gaybies*, Duke University Press.

Legras, Claire（2012），'Le projet parental suffit-il ?' *Laennec*, Vol.60（https://www.cairn.info/revue-laennec-2012-1-page-24.htm&wt.src=pdf 最終閲覧 16/07/2024）.

Lewis, Sophie（2019），*Full Surrogacy Now: Feminism Against Family*, Verso Books.

Mackenzie, Catriona, Stoljar, Natalie（2000），eds, *Relational Autonomy: Feminist Perspectives on Autonomy, Agency, and the Social Self*, Oxford University Press.

MacKinnon, Catharine A.（1991），'Reflections on Sex Equality Under Law,' *Yale Law Journal*, Vol. 100-5.

Macpherson, Crawford B.（1962），*Political Theory of Possessive Individualism: Hobbes to Locke*, Oxford University Press. C・B・マクファーソン（1980）藤崎渉他訳『所有的個人主義の理論』合同出版。

Nussbaum, Martha（2007），'Human Rights and Human Capabilities,' *Harvard Human Rights Journal*, Vol. 20.

O'Brien, Mary（1981），*The Politics of Reproduction*, Routledge & Kegan Paul.

Okin, Susan M.（1989），*Justice, Gender, and the Family*（Basic Books）. スーザ

ン・M・オーキン（2013）山根純佳他訳『正義・ジェンダー・家族』岩波書店。

Overall, Christine (2013), *Why Have Children?: The Ethical Debate*, MIT Press.

Parizer-Krief, Karène (2013), 'La notion de «projet parental» dans le droit à l'assistance médicale à la procréation (AMP), *The Tocqueville Review / La Revue Tocqueville*, 34 (2).

Quigley, Muireann (2010), 'A Right to Reproduce?' *Bioethics* 24 (8).

Robertson, John A. (1983), 'Procreative Liberty and the Control of Conception, Pregnancy and Childbirth,' *Virginia Law Review*, Vol. 69.

Robertson, John A. (1986), 'Embryos, Families and Procreative Liberty: The Legal Structures of the New Reproduction,' *Southern California Law Review*, Vol. 59.

Robertson, John A. (1994), *Children of Choice: Freedom and the New Reproductive Technologies*, Princeton University Press.

Ruddick, Sara (1989), *Maternal Thinking: Toward a Politics of Peace*, Beacon Press.

Ryan, Maura A. (1990), 'The Argument for Unlimited Procreative Liberty: A Feminist Critique,' *The Hastings Center Report*, Vol. 20.

Ryan, Maura A. (2001), *Ethics and Economics of Assisted Reproduction: The Cost of Longing,* Georgetown University Press.

Sherwin, Susan (1994), 'Feminist Ethics and In Vito Fertilization,' Beauchamp, Tom L. and Walters LeRoy eds., *Contemporary Issues in Bioethics*, 4th Edition, Wadsworth.

Siffrein-Blanc, Caroline (2021), 'L'accès à la parenté pour tous, consacré par la loi bioéthique du 2 août 2021' (https://www.lexbase.fr/article-juridique/72477530-citedanslarubriquebfamilleetpersonnesbtitrenbspilaccesala parentepourtousconsacrepa 最終閲覧 16/07/2024).

Steinbock, Bonnie (1995), 'A Philosopher Looks at Assisted Reproduction,' *Journal of Assisted Reproduction and Genetics*. Vol. 12, No. 8.

Warnock, Mary (2002), *Making Babies: Is there a right to have children?* Oxford University Press.

Young, Iris Marion (2005), *On Female Body Experience*, Oxford University Press.

井上達夫（1996）「胎児・女性・リベラリズム―生命倫理の基礎再考」．江原由美子編『フェミニズムの主張3：生殖技術とジェンダー』勁草書房。

上野千鶴子（2015）『新版 差異の政治学』岩波書店。

加藤秀一（1996）「女性の自己決定権の擁護」江原編前掲書。

加藤浩（2014）「遺伝子の特許適格性に関する一考察」『知財ジャーナル』vol. 7 (https://www.publication.law.nihon-u.ac.jp/pdf/property/property_7/each/05.pdf 最終閲覧 10/08/2024)。

第 9 章 「子どもを持つ権利」はあるか　*297*

金城清子（1996）『生殖革命と人権—産むことに自由はあるのか』中央公論社。

厚生労働省（2002）「少子化対策プラスワン（要点）」。

小門穂（2015）『フランスの生命倫理法—生殖医療の用いられ方』ナカニシヤ出版。

小門穂（2021）「フランス生命倫理法 2021 年改正の動向」『医事法研究』第 3 号。

国立社会保障・人口問題研究所（2015）「第 15 回出生動向基本調査（結婚と出産に関する全国調査）」。

佐藤幸治（2002）『日本国憲法と「法の支配」』有斐閣。

人口問題審議会（1997）「少子化に関する基本的考え方について—人口減少社会，未来への責任と選択」。

出口顕（1999）『誕生のジェネオロジー—人工生殖と自然らしさ』世界思想社。

ドーキンス，リチャード（1976 = 2018）日高敏隆他訳『利己的な遺伝子〈40 周年記念版〉』紀伊國屋書店，86-87 頁。

独立行政法人医薬基盤研究所（2010）　難病・疾患資源研究部編『明日のためにできること—ゲノム研究の理解のために』（改訂版）。

ネルキン，D.，リンディー，M. S.，工藤政司訳（1995 = 2018）『DNA 伝説—文化のイコンとしての遺伝子』紀伊國屋書店。

野崎亜紀子（2019）「子どもをもつ権利—生殖とリベラルな社会の接続を考えるために」松元雅和，井上彰編『人口問題の正義論』世界思想社。

野村総合研究所（2021）「諸外国における不妊治療に対する経済的支援等に関する調査研究報告書」。

ファインマン，マーサ・A.（1995 = 2003），上野千鶴子監訳『家族，積みすぎた方舟—ポスト平等主義のフェミニズム法理論』学陽書房。

原千砂子（2020）「フェミニズムと自己所有」，鳴子博子編著『ジェンダー・暴力・権力—水平関係から水平・垂直関係へ』晃洋書房。

原千砂子（2023）「家父長制再考—新たな再生産理論の構築に向けて」『女性空間』第 40 号。

南貴子（2005）「レズビアンマザーとその家族の新しい生き方」『日本ジェンダー研究』8 号（https://www.jstage.jst.go.jp/article/genderstudies1998/2005/8/2005_8_43/_pdf/-char/ja　最終閲覧　13/08/2024）。

山根純佳（2004）『産む産まないは女の権利か—フェミニズムとリベラリズム』勁草書房。

力丸祥子（2019）「同性間カップルが子を持つ権利とフランス生命倫理法改正への動き」『比較法雑誌』第 52 巻第 4 号（通巻第 188 号）。

鷲田清一（2024）『所有論』講談社。

第 10 章
フランスにおける人工妊娠中絶をめぐる動向

藤野美都子

は じ め に

　フランスでは，2024年3月，「法律は，人工妊娠中絶を利用するという女性に保障された自由を行使する条件を定める」という条文を，第五共和制憲法第34条に追加する憲法改正が行われた。第五共和制下では25回目の憲法改正であり，この改正により，フランスは，人工妊娠中絶に関する規定を憲法に盛り込んだ最初の国となった[1]。今回の憲法改正は，2022年6月，アメリカ合衆国連邦最高裁判所が，ドブス事件判決において，合衆国憲法は人工妊娠中絶の権利を保障するものではないと判示したことに端を発している。この判決は，確たるものとして獲得されたと思われていた権利や自由が，いとも簡単に脅かされるという事実を世界に突きつけた。これに対し，フランスは，憲法を改正することにより，中絶の自由に強固な法的保障を与え，中絶の自由の後退に歯止めをかけ，第五共和制憲法を充実させ，女性の権利獲得のために闘い続けている世界中の人々を勇気づけるという途を選択したのである。

　ローマ・カトリック教会の影響が強かったフランスでは，堕胎は罪とされ，国家は堕胎を犯罪としてきた。中絶の自由を希求する人々の積年の努力が実り，1975年，5年間の限時法であるヴェイユ法により人工妊娠中絶は初めて合法化され，1979年にそれが恒久化された。その後も法律の改正を重ね，人工妊娠中絶を利用する自由を拡大してきた。

300

　本章では，ヴェイユ法から半世紀，フランスにおける女性の「人工妊娠中絶の自由」確立までの過程を通して，女性の「身体の自己決定権」獲得の道筋について考えることとする。

1. ヴェイユ法成立まで

(1) 1810年ナポレオン刑法典における堕胎罪

　キリスト教以前の古代法には堕胎自体を罰したものは見当たらず，ローマの古法においても堕胎自体は罰せられていなかった[2]。キリスト教の隆盛が教会法の発達を促し，堕胎の処罰につき厳格な規定が設けられるようになったのである。教会法は，胎児を人と同視し，堕胎に対し死刑を科していた。ただし，すべての堕胎を殺人と同視したわけではなく，霊ある胎児と霊なき胎児を分け（男児は受胎後40日，女児は受胎後80日を経て，霊がはいるとされていた），前者に対しては死刑を科し，後者に対してはかなり寛大な取り扱いが行われていた[3]。なお，教会は，子を宿すことを神の摂理と考えるため，避妊についても罪としてきたが，避妊自体は，刑法上の犯罪とはされなかった。

　アンシャン・レジーム下のフランスには，統一的な刑法典は存せず，刑法の法源としては，ローマ法と教会法が主なものであり，その時々の王令があり，新法は旧法を廃止するという原則も確立されていなかったので，新法と旧法が併存し互いに効力を争う状況がみられた[4]。これに対し，1789年8月26日の人および市民の権利宣言第8条は，「法律は，厳密かつ明白に必要な刑罰しか定めてはならず，また，何人も，犯罪行為の前に制定，公布され，適法に適用された法律によってしか処罰されてはならない」と罪刑法定主義を謳い，1791年刑法典は，堕胎罪について，第Ⅱ部第Ⅱ編第Ⅰ節「人身に対する重罪及び暴行」第17条でつぎのように規定することとなった[5]。

　飲み物，暴力またはその他の方法で妊娠中の女性の堕胎を惹起したとして有罪とされた者は，20年の鉄鎖刑に処せられる。

堕胎した女性は処罰の対象外であったが，堕胎を行った者は故殺と同じく20年の鉄鎖刑とされた。

その後，法典編纂に注力したナポレオン・ボナパルト Napoléon Bonaparte のもとで，1810年刑法典が編纂され，堕胎罪を重罪とし，第Ⅲ部第Ⅱ編第Ⅰ章第Ⅱ節「故殺にあたらない故意の傷害および殴打ならびにその他の故意の重罪および軽罪」第317条は，つぎのように定めた[6]。

食品，飲み物，薬品，暴力またはその他のあらゆる方法により，妊娠中の女子を堕胎させた者は，その女子が承諾していると否とにかかわらず，懲役に処せられるべきものとする。

自ら堕胎をしまたは堕胎のために指示されもしくは施された方法を用いることに同意した女子に対しては，その結果堕胎が生じたときは，前項と同一の刑が言い渡されるべきものとする。

前項の方法を指示しもしくは施した医師，外科医およびその他の医師ならびに薬剤師は，堕胎が行われたときは，有期強制労働を言い渡されるべきものとする。

この規定は，その後改正を経ながら，1992年の新刑法典編纂まで存続し，中絶の自由を求める人々から乗り越えるべき壁とされてきたものであった。ただし，この規定により，処罰されるものは多くはなかった。堕胎罪で処罰することを困難にしている2つの事情があったからである[7]。1つは，陪審制度に由来するもので，堕胎罪の法定刑が重いと考える陪審員が，事実を無視して無罪と判断する傾向があったことであり，いま1つは，堕胎罪の客体が「妊娠中の女子」とされていたために，検察官が妊娠の事実を立証する必要があり，この立証が極めて困難であったことである。後述する1923年3月27日法律が，堕胎罪を重罪から軽罪へと変更したのは，重罪の裁判管轄権を有する重罪院が，3人の職業裁判官と9人の陪審員から構成されていたのに対し，軽罪裁判所は3人の裁判官で構成されており，堕胎罪について寛容な陪審員ではなく厳格な裁判官のみにより判決が下されるようにするためであった[8]。

1789年のフランス大革命は，18世紀後半から生じていたフランスの出生率

低下に決定的な影響を及ぼした[9]。「『自由，平等，博愛』という革命のスローガンのもとでの，封建制に対する最もラディカルな批判の展開は，革命前から始まっていたフランスの『脱キリスト教化』を飛躍的に拡大し，民主主義と個人主義の思想を普及し，伝統的な家父長制の崩壊を開始させた」。これらはいずれも，聖職者の宗教的権力と絶対王政の政治的・社会的・経済的権力，とりわけ両者の「生産力」に対する抵抗であり，「自分たちを富の産出のための人的材料・手段として『増殖』させようとする『権力』……への抵抗である」。「革命期の政治的・社会的不安定性に加えて，このような抵抗や個人主義的思想が，旧来のような子を産み育てることに対しマイナスの影響を及ぼしたことは疑いえないであろう」と指摘されている。フランス大革命は，また，伝統的な「長子相続」を子ども相互の「平等」に基づく「均分相続」の制度に取り替えたことにより，少子化を進展させた。1806 年のフランスの農業就業人口は全就業者の 65.1％ を占めており，子の数が多いと基本的な生産手段である土地が細分化され，子が生計を営むことが困難になることから，人々が子の数を制限するようになったからである。実際，フランスでは，1760 年から 1870 年の間に，夫婦がもつ子の数は，平均 5 人から 2.7 人へと減少した[10]。

(2) 匿 名 出 産

カトリック教会が避妊と堕胎を罪とし，国家が堕胎を犯罪として処罰の対象としてきた一方，フランスでは，堕胎，嬰児殺，子の遺棄の防止を目的として，古くから妊娠を他者に知られたくない女性のための匿名出産が認められていた[11]。匿名出産に関する立法と避妊と堕胎に関する立法との間には直接的な関係があり，前者は，後者を有効に補完するものであり，予期せぬ妊娠でかつ引き受けることが困難な妊娠に際し，女性たちが窮地に陥らないようにするためのものであった[12]。

匿名出産の歴史[13] は，12 世紀まで遡ることができるとされ，中世には，教会の前のホタテ貝 coquille や回転式遺棄装置（回転ハッチ）tour に子が託されるようになり，教会は，クレメンス 14 世の教皇在位期間の 1774 年に，内密出

産 maternité secrète を認めた。18世紀には，嬰児殺は減少し，出生率も減少したが，子の遺棄が増加し，1770年のパリにおいては，その数は年間7,000件に上っていた。1793年6月28日―7月8日デクレ－ロワ[14]は，内密出産を認め，妊娠した女性を保護する母の家 maisons maternelles を各地区に創設し，遺棄された子を祖国の子 enfant de la patrie とすると定めた。1811年1月19日デクレ[15]は，回転式遺棄装置を養護施設に設置し，装置の利用を義務づけた。これにより，嬰児殺および子の遺棄は減り，1816年から1836年までの間をみると，回転式遺棄装置に託された子は年間3万人以上と，爆発的に増大したことが分かる。

　1904年6月27日法律[16]は，親に子を遺棄することとその身元の秘密を保持する権利を与えた最初の法律となった。回転式遺棄装置に替え，昼夜開放される施設 bureau ouvert を各県に開設し，女性が匿名で子どもを託せるようにし，また同時に，躊躇う女性に対しては子育てを促すべく母子福祉制度による支援を提案するようになった。実務では，匿名での出産を希望し身元の秘密保持を申請する者については，公的登録簿にXと番号で記すこととされたため，以降，フランスでは，匿名出産を，accuchment sous X というようになった[17]。

　第一次世界大戦により生産年齢人口が激減したことを受け，後述するように国家は避妊と人工妊娠中絶を厳しく規制するようになるが，1922年に医学アカデミーが未婚の妊婦や育児中の母を無償で受け入れる施設，母の家を推進し始めたことを受けて，政府は1939年の家族法改正[18]において，母の家を全県に設置することを義務づけた。また，1941年9月2日デクレ－ロワ[19]は，第1条で，「出産の前月と翌月の間，妊娠中の女性は，本人の希望に応じて，その状態に適したケアを提供しうる公立病院で，身元を証明する必要なく，無償で受診できる」と規定した。

　この規定は，1953年11月29日デクレ[20]に引き継がれ，1959年1月7日デクレ[21]で改正され，1993年1月8日法律[22]により再改正された。子どもの出自を知る権利の保障が重視されるようになり，2002年1月22日法律[23]によ

り，出自を知る権利との調整が図られ，現行の社会福祉・家族法典第 L222-6 条へと受け継がれている。

なお，このように法整備が進められてきたが，避妊が普及し，人工妊娠中絶が合法化され，両者ともに社会保険から 100％償還されること，さらに社会保障が充実し，婚外出産が広く受け入れられるようになったことから，現在，匿名出産の利用者は年間約 600 人前後まで減少している[24]。

⑶　第一次世界大戦後の人口減少と出産奨励

1870 年の晋仏戦争の敗北の要因の 1 つとして出生率低下による兵力不足が指摘されていたが，さらに，第一次世界大戦により多数の人命が奪われたことにより，フランス社会は極めて深刻な人口減少に直面することとなった。こうした状況の中で，一方においては，カトリック教会の家族主義的潮流による多子家族を讃える運動が展開され，他方においては，共和派政権が「人口減少問題院外委員会」を設置するなど，出産奨励運動が活発に展開されるようになった。同時に，これらに抗して，避妊による人為的・科学的な家族計画を主張する新マルサス主義者による運動も展開された。自らの裁量のみにより母親になるとして，出産の自由を説いたネリー・ルーセル Nelly Roussel のような一部の新マルサス主義者のフェミニストの言説が注目を集めたのもこの時期である[25]。

新マルサス主義者たちは，人間再生同盟 la Ligne de la régénération humaine を結成し，労働者階級の貧困からの解放，とりわけ女性工場労働者を解放する運動を展開し，1880 年頃から人為的な家族計画，すなわち避妊の方法を文書で普及するようになった。これに対し，人口減少は国力低下につながると考える出産奨励主義者の政治家たちは，新マルサス主義者が発行する文書を規制することを企図して，避妊方法の宣伝等を禁止する 1920 年 7 月 31 日法律[26] を成立させた。同法は，堕胎の教唆，避妊の宣伝を禁止し，堕胎手段の販売，提供等を禁止し，避妊の宣伝目的で避妊方法の情報提供等を行った者も処罰の対象とするものであった[27]。

また，前述したように 1923 年 3 月 27 日法律[28] により，堕胎罪を重罪から軽罪に変更し，処罰しやすくする改正も行われた。さらに，1939 年 7 月 29 日デクレ-ロワ[29] により，刑法典第 317 条の堕胎罪に大幅な改正が加えられた。刑罰が加重され，犯罪の客体について「妊娠中の女子あるいは妊娠中であると推定される女子」と規定し，妊娠の事実を証明せずとも堕胎罪が成立することとされ，堕胎罪により処罰される者が激増することとなった。

ヴィシー政権のもと，1942 年 2 月 15 日法律[30] は，堕胎罪を重罪に戻し，死刑の適用もある「国家の安全に対する罪」とした。1942 年，マリー＝ルイーズ・ジロー Marie-Louise Giraud は 27 件の堕胎を行ったとしてギロチンにかけられ，1943 年，デジレ・ピオジュ Désiré Pioge は 3 人の女性の堕胎を幇助したとして処刑された。この法律は，フランス解放により廃止された[31]。

(4) 人工妊娠中絶合法化に向けて

フランスでは，国力の維持，増強のために人口減少に歯止めをかけることが至上命題とされ，国家は，出産奨励策を進めるだけでなく，出生率の低下につながるとして，避妊に関する宣伝すら禁止し，長年にわたり堕胎を処罰の対象としてきた。しかしながら，望まない妊娠は，女性にとって多大な負担を強いる。避妊手段への自由なアクセスや人工妊娠中絶の自由を獲得することは，女性たちにとっては悲願ともいうべきものであった。

1956 年に設立された幸せな母性 Maternité Heureuse は，1960 年に，名称をフランス家族計画運動 MFPF Mouvement Français pour le Planning Familial と改め，家族計画を推進する活動を展開し，メディアも避妊に関する情報を積極的に取り上げるようになった。こうした動きに押される形で，保守政権のもとではあったが，1920 年法律を見直す法案が議会に提出され，1967 年 12 月 28 日法律[32] が成立した。同法は，避妊に関する情報提供は認めるが，多産奨励主義に反対する宣伝は認めないという中途半端なものであった。とはいえ，少なくとも，避妊薬の使用が認められ，国家が家族計画を認めたという点では評価しうるものであった[33]。続く 1974 年 12 月 4 日法律[34] は，

避妊薬や避妊具を医療保険の償還の対象とし，未成年者に避妊薬を無償で支給することも認めた[35]。

　人工妊娠中絶の合法化を求める声も高まっていった。「私たちの腹は私たちのもの」，「私たちの身体は私たちのもの」というスローガンで有名な女性解放運動 MLF：Le Mouvement de libération des femmes は，1967 年から活動を開始していた。シモーヌ・ド・ボーボワール Simone de Beauvoir や後述するボビニ裁判の弁護士を務めたジゼル・アリミ Gisèle Halimi らがショワジール Choisir を設立したのは，1971 年であった[36]。

　1975 年のヴェイユ法成立については，とりわけ，1971 年のヌーヴェル・オプセルヴァトゥール誌 le Nouvelle Observateur に掲載された 343 人の宣言 Manifeste des 343[37] とボビニ裁判 Procès de Bobigny の影響が大きかった[38]。前者は，シモーヌ・ド・ボーボワールが起草し，カトリーヌ・ドヌーブ Catherine Deneuve，マルグリット・デュラス Marguerite Duras，ジゼル・アリミなど，著名な女性 343 人が，「フランスでは，毎年 100 万人の女性が中絶をしています。医師の管理のもとで実施されれば，とても簡単な手術のひとつですが，禁止されているがゆえに秘密裏に，それゆえに危険な状況で行われています。この何百万にものぼる女性たちについて，人々は沈黙を守っています。私は，この女性たちの一人であることを，中絶をしたことがあることを表明します。私たちは，避妊手段への自由なアクセスを要求するとともに，自由な中絶を要求します」とし，社会に向かって中絶の自由を公然と要求するものであった。この宣言のインパクトは非常に大きく，これに対して，カトリック教会系の諸団体を中心に，強力な反対運動も展開された。

　後者の裁判[39] は，強姦され妊娠した 16 歳のマリ・クレール Marie-Claire が堕胎手術を受けたとして，母親と堕胎に関与した女性たちとともに，刑法典第 317 条の堕胎罪で起訴された事件であった。この裁判は，ジゼル・アリミ弁護士が「金持ちにはイギリス，貧乏人には刑務所！」というスローガンのもと弁護活動を展開したこと，シモーヌ・ド・ボーボワールら有名人が証言台に立ったこともあり，社会の注目を集め，中絶の是非をめぐって，激烈な議論が

展開されることとなった。この裁判で罪に問われたのは，マリ・クレールと母親たちではなく，堕胎罪そのものであったといわれた[40]。なお，マリ・クレールについてはボビニ少年裁判所で無罪とされた。この裁判を通して，堕胎罪が階級立法であることも明らかにされた。経済的に恵まれない女性は，避妊に関する情報と避妊薬の欠如により望まない妊娠に陥り，リスクの大きい闇の堕胎手術を受けざるを得ず，それが発覚して処罰を受けるが，経済的に恵まれている女性は，避妊することができ，望まない妊娠をしたとしても人工妊娠中絶が合法化されていたイギリスやオランダにわたり安全な手術を受け，罰せられることもなかったからである[41]。

この2つの出来事は，出産奨励を是としてきたフランス社会が，人工妊娠中絶の自由化に向けて大きく動き出す契機となった。

(5) ヴェイユ法成立

堕胎罪に対する批判が強まる中，1974年には堕胎罪による訴追がゼロとなり，ヴァレリー・ジスカール゠デスタン Valéry Giscard d'Estaing 大統領のもとで厚生大臣に就任したシモーヌ・ヴェイユ Simone Veil は，人工妊娠中絶を合法化する法案を準備し，議会に提出した。1970年には議員提出法案が，また，1973年には政府提出法案が，議会に付託されたが成立には至らず，立法化は困難を極めると思われていた。政府提出法案は，両院における3回の往復審議を経て，1975年1月17日法律[42]として成立した。この法律は，法案提出者の名前から一般にヴェイユ法と呼ばれている。

同法2条は，妊娠10週[43]の終わりまで，医師により実施される人工妊娠中絶の場合，刑法典第317条冒頭の4項の適用を，5年間に限り停止すると規定した。困窮状態にある妊娠中の女性は，医師に人工妊娠中絶を要請することができ，要請を受けた医師は，中絶手術に関する説明，育児に伴う権利や支援について説明し，女性は家庭相談施設等の所定の施設に相談し，最初の要請から7日間の熟慮期間を経て医師に再度手術を要請することとなる。女性が未成年の場合，親権者の同意もしくは法定代理人の同意が必要とされている。また，

医師は，中絶の要請を受理する義務も中絶を行う義務も負わず，拒否すること
ができるとされ，これは，助産師，看護師等の医療従事者にも適用された。良
心条項といわれる規定である。

　ヴェイユ法は，賛否が大きく分かれる人工妊娠中絶について合法化したとい
う点で，画期的と評価されたが，反対派と妥協せざるを得なかった点も多く，
大きな課題を残す法律でもあった。とりわけ，熟慮期間や義務的な相談手続を
課しているにもかかわらず，中絶実施可能期間が短く，期間を徒過し，非合法
な手術や国外での手術を受けざるを得ない事態を招いたと批判された。また，
良心条項ゆえに，中絶手術を実施している医療施設が近隣にないといった問題
も生じていた[44]。

　ヴェイユ法は，5年間の限時法であったが，1979年12月31日法律[45]によ
り，恒久化が図られた。

2．ヴェイユ法以降

　人工妊娠中絶の合法化については一応の成果は得られたが，望まない妊娠か
らの自由を希求する人々の運動は，ここで終わったわけではなかった。女性解
放運動，ショワジールなどのつぎなる目標は，中絶手術の無償化であった。経
済的に恵まれない女性にとって中絶の費用負担は重く，中絶を断念したり，安
価な闇の手術を受けたりという事態が生じていたからである。イベット・ルー
ディ Yvette Roudy 女性の権利担当大臣のもとで，1982年12月31日法律[46]
が成立し，医療保険から費用の80％が償還されることになり，2012年12月
17日法律[47]は，費用の100％を償還するとした。ただし，このような施策に
対しては，カトリック教会，生命尊重を謳う医療関係者，保守派等の団体によ
る激しい反対運動が展開された。医療保険から償還される形をとっていたが，
最終的な負担者は国家とされたことから，中絶に反対する者も納税を通じて費
用負担を強いられるというのが，反対の理由の一つとされていた[48]。

　中絶に反対する運動は1982年法律以降活発になり，1990年代からは，人工

妊娠中絶ゲリラ commandos anti-IVG といわれるいくつかの組織による，中絶手術を実施している施設の業務を妨害したり，来訪する女性たちを脅迫したりする過激な行動がみられるようになった。このような事態に対処するため，1993 年 1 月 27 日法律[49] に，人工妊娠中絶を妨害する行為を処罰する規定が盛り込まれた。2014 年 8 月 4 日法律[50] は，人工妊娠中絶に関する情報へのアクセスを妨害する行為も処罰の対象とし，さらに，2017 年 3 月 20 日法律[51] は，インターネット上の敵対的な言論についても処罰の対象に加えた[52]。

　2001 年 7 月 4 日法律[53] は，中絶実施可能期間を妊娠 10 週から 12 週に延長し，未成年者が親の許可なしに中絶手術を受けることができるようにし，ヴェイユ法が抱えていた未成年者に関する課題はある程度解決された。事前の相談義務は成人女性については削除されたが，未成年者については維持された。なお，フランスでは，1999 年から，医師の処方箋なしで，緊急避妊薬が入手できるようになり，未成年者については，2002 年から学校の保健室や薬局でも無償で入手することができるようになっている[54]。

　前述の 2014 年 8 月 4 日法律は，人工妊娠中絶を要請する要件とされていた「困窮状態」を削除し，単に「妊娠を望まない女性」と規定することとなった。2016 年 1 月 26 日法律[55] は，義務づけられていた 7 日間の熟慮期間を廃止し，助産師による薬による中絶の実施を可能とした。2022 年 3 月 2 日法律[56] は，中絶実施可能期間を，12 週から 14 週に延長した。

　フランスでは，人工妊娠中絶や避妊へのアクセスを容易にする努力が続けられてきた。中絶や避妊を単に承認するのみならず，平等にアクセスできるよう，医療保険による償還や無償化等も図られてきた。また，カトリック教会の影響や生命尊重を謳う団体等からの圧力を弱めるための施策も展開されてきた。これらの措置は，女性が自らの身体について自己決定することができる環境を整え，権利を実質化する営みであったといえよう。

3．2024 年 3 月の憲法改正

(1) アメリカ連邦最高裁判決の衝撃

2022 年 6 月 24 日，アメリカ合衆国連邦最高裁判所は，中絶の権利は，歴史と伝統に深く根づいているとはいえず，合衆国憲法修正第 14 条は中絶の権利を保障していないとする判決を下した[57]。自己の妊娠を終わらせるか否かの女性の決定権は合衆国憲法に存在するプライバシーの権利に包含されるとした1973 年のロー対ウェイド判決[58]と人工妊娠中絶の権利は合衆国憲法修正第 14条のデュー・プロセス条項から導かれ，女性は胎児が母体外で生存可能となる前であれば中絶を選択しうる権利をもち，各州は中絶を禁止したり，中絶選択に不当な負担となるような規制をしたりすることはできないとした 1992 年のペンシルベニア南東部家族計画協会対ケイシー事件判決[59]を覆したのであった。この訴訟は，中絶手術を行うジャクソン女性健康機構が，ミシシッピ州保健局長のトーマス・ドブスを相手に，ミシシッピ州で 2018 年 3 月 19 日に施行された妊娠期間法は，妊娠 15 週以上の人工妊娠中絶を禁止するもので，先例に反するとして提訴したものであった。この判決により，人工妊娠中絶に対する規制は，各州の立法に委ねられることとなり，一方で，人工妊娠中絶の権利を擁護する姿勢を強める州もみられたが，中絶の規制を強化したり，禁止したりする州が現れた[60]。

(2) 憲法改正へ[61]

ドブス判決の衝撃は大きく，フランスでは，2022 年 6 月末から 10 月までの短い期間に，人工妊娠中絶の権利を憲法上の権利とすることを目指す 9 本の議員提出の憲法改正案が議会に付託された。法律上の権利のままでは，議会における立法手続により権利を簡単に制限することが可能となることから，権利の後退を容易に招かないよう，改正手続がより厳格な憲法上の権利として位置づ

ける必要があると考えられたのであった。2022 年 10 月 7 日に国民議会に提出された憲法改正案[62] が，両院の往復審議の対象とされた。「何人も人工妊娠中絶および避妊の権利を侵害してはならない。法律は，これらを求めるすべての人にこれらの権利への自由で有効なアクセスを保障する」とする第 66-2 条を，憲法に盛り込むという内容であり，ドブス判決以降，アメリカにおいて人工妊娠中絶の権利の後退がみられること，フランスを含めヨーロッパにおいても，右翼の台頭により，中絶反対のデモや過激派による衝撃的な行動を通して，中絶と避妊に関する基本的権利を覆そうとする動きがみられることから，中絶と避妊に関する権利を憲法に明記し，いかなる妨害からも権利を保護すると提案されたのであった。

　国民議会の審議を通して，「法律は，人工妊娠中絶の権利について実効性と平等のアクセスを保障する」と文言が修正され，同年 11 月 24 日に可決され，元老院に送付された。元老院では，「法律は，女性が自らの妊娠を終了させる自由を行使する条件を定める」とする規定を，憲法第 34 条第 17 段の後に追加するという内容に修正され，2023 年 2 月 1 日に可決された。元老院では，人工妊娠中絶の権利は，ヴェイユ法以降の立法により十分に保障されており，アメリカのような脅威がフランスで現実に存在しているわけではなく，憲法上の権利とする必要性は薄いとされ，一部地域でみられる人工妊娠中絶へのアクセスの困難さを解消することを目的とするのであれば，法律事項について規定する憲法第 34 条に盛り込むことが適切であるとの意見が多数を占めたのであった[63]。両院が同一の文言で改正案を可決しなかったため，この手続による憲法改正は実現しなかったが，人工妊娠中絶に関する規定を憲法に盛り込むことに慎重な姿勢を示していた元老院で，賛成 166，反対 152，棄権 23 の僅差とはいえ，憲法改正への賛成票が反対票を上回ったことについては，「女性の権利のための大きな前進である」と歓迎された[64]。

　議会における審議を見守っていたマクロン大統領は，2023 年 3 月 8 日の国際女性デーの折に開催されたジゼル・アリミ弁護士の追悼式典において，人工妊娠中絶を利用する自由を憲法に明記すべく憲法を改正したいとの意向を，さ

らに，同年 10 月 4 日の憲法制定 65 周年の記念式典においても，同目的を達成
したいとの意向を表明した。これを受け，政府は，両院の修正案を折衷する形
で政府提出の憲法改正案[65) を作成し，議会に提出した。

　同改正法案について諮問を受けたコンセイユ・デタは，つぎのように述べ，
政府の提案は妥当であると評価した[66)。現在，憲法，ヨーロッパ人権条約およ
び追加議定書，ヨーロッパ連合（EU）法においては，人工妊娠中絶を利用す
る自由は権利として定着しておらず，憲法院，ヨーロッパ人権裁判所，EU 司
法裁判所のいずれの判例法上でも権利として認められているわけではない[67)。
したがって，通常法律による保護の可逆的かつ限定的な性質を考慮すれば，政
府が，女性に対して人工妊娠中絶を利用する自由を憲法により保障しようとす
ることは正当化される。権利か自由かという言葉の違いに関しては，憲法院の
見解と同様，コンセイユ・デタは両者の間に違いはないという立場である。政
府は，一方で，憲法により人工妊娠中絶を利用する自由を確実なものとし，他
方で，この自由の行使の条件を定めることを立法府に委ねることを望んでい
る。政府の意図は，女性の自由と人間の尊厳の保障という 2 つの憲法的価値の
間の均衡に変更を加えるものではない。

　憲法第 89 条によれば，政府提案による憲法改正の場合，両院により同一の
文言で採択された後，大統領は両院合同会議に付託することができ，両院合同
会議で 5 分の 3 の多数で採択されることにより，憲法改正は承認される。今回
の憲法改正は，この手続に従って進められた。国民議会は，2024 年 1 月 30 日
に，賛成 493，反対 30，棄権 23 で可決，元老院も，2 月 28 日，賛成 267，反
対 50，棄権 22 で可決した。3 月 4 日に開催された両院合同会議において，賛
成 780，反対 72，棄権 50 の圧倒的多数で可決された。今回の改正により，憲
法第 34 条第 17 段の後に，「法律は，人工妊娠中絶を利用するという女性に保
障された自由を行使する条件を定める」とする規定が追加されることとなっ
た[68)。

(3)　憲法改正の意義

　政府提出の憲法改正法案の審議の際，国民議会の委員会において報告者を務めたギョーム・グフィエ・ヴァラント Guillaume Gouffier Valente は，今回の憲法改正は，4つの目的に応えるものであるとした[69]。

① 　憲法レベルそして欧州レベルにおいて未だ脆弱な司法的保護を強めること

② 　人工妊娠中絶を利用する自由の後退に対して歯止めを築くこと

③ 　第五共和制憲法を豊かに，光り輝くものとすること

④ 　女性の権利のために闘っている世界中の人々を支えること

　コンセイユ・デタが指摘しているように，人工妊娠中絶を利用する自由については，厳しい改正手続が求められる憲法に盛り込むことにより，強固な法的基盤を提供することになった。また，アメリカ連邦最高裁のドブス事件判決は，世界の人々を震撼させたが，フランスの憲法改正は，人工妊娠中絶の権利を禁止したり，制限したりする他国政府へのメッセージとなり，また，世界中で女性の権利のために闘っている人々にエールを送るものとなった。中絶の権利は，EU 内を含め，多くの国々で未だに闘争の対象となっており，中絶の権利を国際原則とすることに対するコンセンサスが欠如しているため，中絶の権利が脅かされる傾向がみられる。この傾向に抗して，この国際原則と女性の権利の保護およびフェミニスト外交への愛着を再確認することこそがフランスの責任であると，グフィエ・ヴァラントは指摘する。

おわりに

　荻野美穂は，「とりわけローマン・カトリック教会は，ときには国家と協力しあい，ときには独立したり対立したりするかたちで，避妊・堕胎を『罪』として弾劾し，一貫して女や家族にたいして多産を説きつづけてきた」と指摘する[70]。フランスの歴史を振り返ってみると，フランス大革命は，望まない妊娠

に苦しむ女性を，少しだけではあるが，教会の軛から解放したといえよう。他方，その後の著しい人口減少により，避妊や堕胎は，教会のみならず国家からも厳しく規制され続けることとなった。ただし，フランスでは，古くから匿名出産が認められており，出産奨励策との批判はあるものの，望まない妊娠に見舞われた女性に対して1つの選択肢が用意されていたことにも目を向けるべきであろう。

第二次世界大戦後，望まない妊娠からの自由を掲げた女性たちの闘いが展開されるようになり，1975年にヴェイユ法が成立し，人工妊娠中絶の合法化が実現した。その後も，身体の自己決定権を希求する女性たちの営みは続き，人工妊娠中絶手術の無償化，医師の処方箋なしの緊急避妊薬の承認や無償化が実現し，2022年には人工妊娠中絶の実施可能期間が14週に延長された。フランスにおける人工妊娠中絶の合法化は，他の先進国と比べ決して早くはなかったが，その後の権利の実質化という点では，評価すべき点も多々みられた。

ここまでは，国内問題として認識されてきた人工妊娠中絶の問題であったが，2022年のアメリカ合衆国連邦最高裁判所のドブス判決を契機として，フランス社会においては，国境の枠を越える課題として受け止められることとなった。国内の合法化に反対する勢力に加え，国外からの圧力に対しても人工妊娠中絶の権利・自由を護るため，最終的には，憲法を改正し，憲法上の自由として規定することになった。今回の憲法改正は，国境を越え，女性の権利獲得のために闘っている人々を支援するものであるとの指摘があった。フランスの動向が，国際社会にどのように波及していくのか，今後に注視したい。

1) Le Monde, 5 mars 2024 N° 24625. p. 12.
2) なお，本章では，荻野（1994）5頁の「国家等によって資格を認定された医師によって合法的におこなわれる場合を中絶，それ以外の私的，もしくは非合法におこなわれるものを堕胎と，呼びわけることとする」を参考に，引用の場合を除き，合法化と関連する場合を人工妊娠中絶 interruption volontaire de grossesse あるいは中絶，それ以外を堕胎 avortement と表記することとする。
3) 瀧川（1981）505頁および中谷（1999）121頁以下を参照。
4) 中村（1970）7頁。

5) Code pénal du 25 septembre – 6 octobre 1791.（https:// ledroitcriminel.fr/la_legislation_criminelle/anciens_textes/code_penal_25_09_1791.htm）。

6) 中村（2006）268 頁。なお，堕胎を初めて犯罪として規定した 1882（M15）年施行の日本の旧刑法は，フランスの 1810 年刑法典を模範としたものであった（瀧川（1981）507 頁）。

7) 上村（1988）34 頁。

8) 上村（1988）34 頁および建石（1991）226 頁。

9) 以下の記述について，深澤（2014）86 頁以下を参照した。

10) AN, Rapport de Barege（2010）, p. 9.

11) フランスの匿名出産については，菊池（2021）51 頁以下および三菱 UFJ リサーチ＆コンサルティング株式会社政策研究事業本部（2019）を参照。なお，日本においても，熊本市にある医療法人聖粒会慈恵病院が，2007 年から，親が育てられない子どもを預かる施設として「こうのとりのゆりかご」を運営し，2021 年には，病院の一部の職員のみに自身の個人情報を明かして仮名で出産する，いわゆる「内密出産」を実施したと公表した。これを受け，2022 年 9 月 30 日，法務省と厚生労働省が「妊婦がその身元情報を医療機関の一部の者のみに明らかにして出産したときの取扱いについて」（いわゆる「内密出産ガイドライン」）を発出している（和泉澤（2023））。

12) Sérat, Rapport de del Picchia（2001）, p. 8.

13) 以下の記述については，AN, Rapport de Barege（2010）を参考にした。

14) Décret-loi du 28 juin-8 juillet 1793 relatif à l'organisation des secours à accorder annuellement aux enfants, aux vieillards et aux indigents.

15) Décret du 19 janvier 1811 concernant les enfants trouvés ou abandonnés, et les orphelins pauvres.

16) Loi du 27 juin 1904 sur le service des enfants assistés.

17) 菊池（2021）55 頁。

18) Décret-loi du 29 juillet 1939 relatif à la famille et à la natalité françaises.

19) Décret-loi n° 3763 du 2 septembre 1941 sur la protection de la naissance.

20) Décret n° 53-1136 du 29 novembre 1953 portant réforme des loi d'assistance.

21) Décret n° 59-101 du 7 janvier 1959 modifiant et complétant le code de la famille et de l'aide sociale en qui concerne la protection de l'enfance.

22) Loi n° 93-22 du 8 janvier 1993 modifiant le code civil relative à l'état civil, à la famille et aux droits de l'enfant et instituant le juge aux affaires familiales.

23) Loi n° 2002-93 du 22 janvier 2002 relative à l'accès aux origines des personnes adoptées et pupilles de l'Etat.

24) シード・プランニング（2020）109 頁および Sérat, Rapport de del Picchia（2002）p. 9.

25) この間の動きについては，深澤（2014），深澤（2015）および Sicard（2021）pp. 469-479 を参照。

26) Loi du 31 juillet 1920 réprimant la provocation à l'avortement et à la propagande anticonceptionnelle.

27) 上村（1988）24 頁以下参照。

28) Loi du 27 mars 1923 modifiant les dispositions de l'article 317 du code pénal sur l'avortement.

29) Décret-loi du 29 juillet 1939 portant codification des dispositions relatives aux crimes et délits contre la sûreté extériuere de l'Etat.

30) Loi n° 300 du 15 février 1942 relative à la répression de l'avortement.

31) AN, 40ème anniversaire de la Loi sur l'IVG (2015).

32) Loi n° 67-1176 du 28 décembre 1967 relative à la régulation des naissances et abrogeant les articles L.648 et L.649 du code de la santé publique.

33) 上村（1988）28 頁以下および相澤（2024）3 頁以下を参照。

34) Loi n° 74-1026 du 4 décembre 1974 portant diverses dispositions relatives à la régulation des naisances.

35) 上村（1988）30 頁以下および藤野（1989）182 頁以下。

36) この間の女性解放運動については，相澤（2024）2 頁以下を参照。

37) le Nouvelle Observateur, n° 334, 5 avril 1971, p. 5. 原文は，Le "Manifeste des 343 salopes" paru dans le Nouvel Obs en 1971, Le Nouvel Obs, le 27 novembre 2007 à 1h48（https://www.nouvelobs.com/societe/20071127.OBS7018/le-manifeste-des-343-salopes-paru-dans-le-nouvel-obs-en-1971.html）に掲載されている。

38) 上村（1988）38 頁以下および新倉（1989）58 頁以下を参照。

39) ボビニ裁判については，小沼（1980）219 頁以下および〈ショワジール〉会（1987）を参照。

40) 〈ショワジール〉会（1987）1 頁。

41) 上村（1988）37 頁，小沼（1980）241 頁以下，柿本（2017）53 頁以下，〈ショワジール〉会（1987）198 頁以下および贄（2017）85 頁以下。

42) Loi n° 75-17 du 17 janvier 1975 relative à l'interruption volontaire de la grossesse.

43) フランスの妊娠週数の数え方は受胎を始期とするため，最終月経を始期とする一般の数え方との間に 2 週間のずれがある。

44) 上村（1988）51 頁以下，新倉（1989）65 頁以下を参照。

45) Loi n° 79-1204 du 31 décembre 1979 relative à l'interruption volontaire de la grossesse.

46) Loi n° 82-1172 du 31 décembre 1982 relative à la couverture des frais afférents à l'interruption volontaire de grossesse non thérapeutique et aux modalités de financement de cette mesure.

47) Loi n° 2012-1404 du 17 décembre 2012 de financement de la sécurité sociale pour 2013.

48）藤野（1989）183 頁以下。

49）Loi n° 93-121 du 27 janvier 1993 portant diverses mesures d'ordre social.

50）Loi n° 2014-873 du 4 août 2014 pour l'égalité réelle entre les femmes et les hommes.

51）Loi n° 2017-347 du 20 mars 2017 relative à l'extension du délit d'entrave à l'interruption volontaire de grossesse.

52）稲葉（2020）6 頁以下および AN, proposition de loi n° 4118（2016）を参照。

53）Loi n° 2001-588 du 4 juillet 2001 relative à l'interruption volontaire de grossesse et à la contraception.

54）稲葉（2020）7 頁。

55）Loi n° 2016-41 du 26 janvier 2016 de modernisation de notre système de santé.

56）Loi n° 2022-295 du 2 mars 2022 visant à renforcer le droit à l'avortement.

57）Dobbs v. Jackson Women's Health Organization, 597 U.S.215. 同判決については，ローラー（2023）8 頁以下，鈴木（2023）83 頁以下および新谷（2023）33 頁以下を参照。

58）Roe v.Wede, 410 U.S.113（1973）.

59）Planned Parenthood of Southeastern Pennsylvania v.Casey, 505 U.S.833（1992）.

60）ローラー（2023）8 頁以下，鈴木（2023）89 頁以下および松本（2023）36 頁以下を参照。

61）憲法改正の過程については，齊藤（2024）および奈良（2024）を参照。

62）AN, Proposition de loi constitutionnelle n° 293（2022）.

63）Sénat, Rapport n° 283 de Canayer（2023）.

64）madame FIGARO.JP（2023）.

65）AN, Projet de loi constitutionnelle n° 1983（2023）.

66）Conseil d'Etat Avis n° 407667（2023）.

67）人工妊娠中絶に関する憲法院の判断については，建石（1999）214 頁以下および建石（2013）を参照。

68）Loi constitutionnelle n° 2024-200 du 8 mars 2024 relative à la liberté de recourir à l'interruption volontaire de grossesse.

69）AN, Rapport n° 2070 de Valente（2024）pp. 16-21.

70）荻野（1994）5 頁。

参 考 文 献

相澤伸依（2024）「『自由な中絶』を求めて」大原社会問題研究所雑誌 No. 784，2-15 頁。

和泉澤千恵（2023）「いわゆる『内密出産ガイドライン』について」『医事法研究』第 7 号，45-57 頁。

稲葉実香（2020）「人工妊娠中絶法制の日仏比較―非犯罪化から権利へ」『金沢法学』第 62 巻第 2 号，1-31 頁。

上村貞美（1988）「フランスの妊娠中絶法」『香川法学』第 8 巻 2 号，1-64 頁。

荻野美穂（1994）『生殖の政治学 フェミニズムとバース・コントロール』山川出版社。

小沼進一（1980）「フランスにおける堕胎罪論争―その法文化的背景の理解を狙いとして―」『青山法学論集』第 21 巻第 3，4 合併号，219-255 頁。

柿本佳美（2017）「フランスにおける身体への自由としての人工妊娠中絶と社会的公正」『アジア・ジェンダー文化学研究』創刊号，51-60 頁。

菊池緑（2021）「フランスの匿名出産制度と産みの母の権利」『養子縁組と里親の研究―新しい家族』第 64 号，51-60 頁。

齊藤笑美子（2024）「人工妊娠中絶の自由を明記する憲法改正」『ジュリスト』No. 1598，89 頁。

〈ショワジール〉会編（1987）辻由美訳（1987）『妊娠中絶裁判 マリ＝クレール事件の記録』みすず書房。

新谷一朗（2023）「アメリカ合衆国連邦最高裁の人工妊娠中絶に関する判決 Dobbs v.Jackson Women's Health Organization 142 S.Ct.2228（2022).」『医事法研究』第 7 号，33-43 頁。

鈴木智之（2023）「アメリカにおける人工妊娠中絶の現状―覆された『ロー対ウェイド』判決―」『レファレンス』875 号，83-111 頁。

瀧川幸辰（1981）「堕胎とその処罰」団藤重光他編『瀧川幸辰刑法著作集第 5 巻』世界思想社，504-511 頁。

建石真公子（1991）「フランスにおける人工妊娠中絶の憲法学的一考察――九七五年人工妊娠中絶法・身体の自己決定権をめぐって―」『東京都立大学法学会雑誌』第 32 巻第 1 号，219-269 頁。

建石真公子（2013）「人工妊娠中絶法における『生命の尊重・人格の尊厳』と『女性の自由』」辻村みよ子編『フランスの憲法判例 II』信山社，107-112 頁。

中谷瑾子（1999）『21 世紀につなぐ生命と法と倫理―生命の始期をめぐる諸問題』有斐閣。

中村義孝（1970）「啓蒙時代と犯罪類型―アンシャン・レジームから一七九一年刑法典へ」『立命館法学』第 92 号，6-45 頁。

中村義孝編訳（2006）『ナポレオン刑事法典史料集成』法律文化社。

奈良詩織（2024）「【フランス】人工妊娠中絶の自由を認めるための憲法改正」『外国の立法』No. 299-2，8-9 頁。

新倉修（1989）「自由と抑圧の狭間」林瑞枝編著『いま女の権利は―女権先進国フランスとの比較から』学陽書房，58-83 頁。

贄育子（2017）「人工妊娠中絶の法規制―フランスの法改正に着目した一考察―」『名城法学』第 67 巻第 1 号，67-96 頁。

深澤敦（2014）「フランスにおける人口問題と家族政策の歴史的展開―第一次世界

大戦前を中心として―（上）」『立命館産業社会論集』第 50 巻第 3 号，83-101 頁。

深澤敦（2015）「フランスにおける人口問題と家族政策の歴史的展開―第一次世界大戦前を中心として―（下）」『立命館産業社会論集』第 50 巻第 4 号，53-74 頁。

藤野美都子（1989）「自立を支える社会保障法」林瑞枝編著『いま女の権利は―女権先進国フランスとの比較から』学陽書房，171-202 頁。

松本佐保（2023）「人工妊娠中絶の権利を否定する判決と中間選挙にみるアメリカ社会，その国際政治への波紋」『国際問題』No. 712，36-50 頁。

ローラー ミカ（2023）「【アメリカ】人工妊娠中絶の権利と規制をめぐる動向」『外国の立法』 No. 294-1，8-9 頁。

【ウェブサイト】（最終確認は，2024 年 9 月 13 日）

柿本佳美「『中絶への権利』か，それとも『中絶への自由』か？―フランス共和国憲法に『妊娠を中断する女性の権利』を明記する試みと女性の権利―」法学館憲法研究所　2024.01.08 オピニオン（https://www.jicl.jp/articles/opinion_20240108. html）。

シード・プランニングリサーチ＆コンサルティング部「令和元年度 子ども・子育て支援推進調査研究事業　妊娠を他者に知られたくない女性に対する海外の法・制度が各国の社会に生じた効果に関する調査研究報告書」，2020 年（https://www. mhlw.go.jp/content/ 11900000/000757398.pdf）。

三菱 UFJ リサーチ＆コンサルティング政策研究事業本部「平成 30 年度子ども・子育て支援推進調査研究事業　妊娠を他者に知られたくない女性に対する海外の法・制度に関する調査研究報告書」，2019 年（https://www.mhlw.go.jp/content/ 11900000/000589267.pdf）。

AN, Rapport mission parlementaire de Brigitte Barege sur l'accouchement dans le secret, 12 novembre 2010（https://www.vie-publique.fr/files/ rapport/ pdf/114000057.pdf）.

AN, 40ème anniversaire de la loi sur l'IVG, 2015（https://www2.assemblee-nationale.fr/14/evenements/2015/anniversaire-loi-veil/la-marche-vers-la-loi）.

AN, Proposition de loi n° 4118 relative à l'extension du délit d'entrave à l'IVG, 12 octobre 2016（https://www.assemblee-nationale.fr/14/pdf/propositions/pion4118. pdf）.

AN, Proposition de loi constitutionnelle n° 293 visant à protéger et à garantir le droit fondamental à l'IVG et à la contraception, 7 octobre 2022（https://www. assemblee-nationale.fr/dyn/16/textes/l16b0293_proposition-loi.pdf）.

AN, Projet de loi constitutionnelle n° 1983 relatif à la liberté de recourir à l'IVG, 12 décembre 2023（https://www.assemblee-nationale.fr/dyn/16/textes/l16b1983_ projet-loi.pdf）.

AN Rapprt n° 2070 de Guillaume Gouffier Valente sur le projet de loi constitutionnelle relatif à la liberté de recourir à l'IVG, 17 janvier 2024（https://

www.assemblee-nationale.fr/dyn/16/rapports/cion_lois/l16b2070_rapport-fond.
pdf).

Conseil d'Etat, Avis n° 407667 sur un projet de loi constitutionnelle relatif à la
liberté de recourir à l'interruption volontaire de grossesse, 7 décembre 2023
（file:///C:/Users/FUJINO/Downloads/407667%20-%20EXTRAIT%20AVIS%20(1).
pdf).

madame FIGARO.JP Society & Business, 2023. 03. 13「フランスで憲法に『中絶
の自由』を明記する計画が進行中」（https://madamefigaro.jp/society-business/
230313-abortion.html).

Germain Sicard, *Mélanges Germain Sicard*, Toulouse, Presses de l'Université
Toulouse Capitole, 2021（https://books.openedition.org/putc/12277).

Sénat, Rapport d'information n° 65 de Robert del Picchia sur le projet de loi
relatif à l'accès aux origines des personnes adoptées et pupilles de l'Etat, 8
novembre 2001（https://www.senat.fr/rap/r01-065/r01-0651.pdf).

Sénat, Rappport n° 283 de Agnès Canayer sur la proposition de loi constitutionnelle,
adopteé par l'Assemblée nationale, visant à protéger et à garantir le droit
fondamental à l'IVG, 25 janvier 2023（https://www.senat.fr/rap/l22-283/l22-2831.
pdf).

Sénat, Rapport n° 334 de Agnès Canayer sur le projet de loi constitutionnelle,
adopté par l'Assemblée nationale, relatif à la liberté de recourir à l'IVG, 14
février 2024（https://www.senat.fr/rap/l23-334/l23-3341.pdf).

執筆者紹介（執筆順）

鳴子　博子　中央大学社会科学研究所研究員，中央大学経済学部教授

亀井　伸治　中央大学社会科学研究所研究員，中央大学経済学部教授

大久保　由理　中央大学社会科学研究所客員研究員，
東京大学大学院経済学研究科附属日本経済国際共同研究センター
特任研究員

青木　裕子　中央大学社会科学研究所研究員，中央大学法学部教授

奥平　晋　中央大学社会科学研究所客員研究員，
中央大学法学部兼任講師

三船　毅　中央大学社会科学研究所研究員，中央大学経済学部教授

塩田　潤　中央大学社会科学研究所客員研究員，
龍谷大学・日本学術振興会特別研究員（PD）

金　慧　中央大学社会科学研究所研究員，中央大学商学部准教授

原　千砂子　中央大学社会科学研究所客員研究員

藤野　美都子　中央大学社会科学研究所客員研究員，福島県立医科大学特任教授

ジェンダーと政治，歴史，思想の交差点
中央大学社会科学研究所研究叢書45

2025年3月20日　初版第1刷発行

編著者　　鳴　子　博　子
発行者　　中央大学出版部
代表者　　松　本　雄一郎

〒192-0393　東京都八王子市東中野742-1
発行所　中央大学出版部
電話 042(674)2351　FAX 042(674)2354

Ⓒ Hiroko Naruko 2025　　　　　　　　　　恵友印刷㈱

ISBN 978-4-8057-1347-1

本書の無断複写は，著作権法上での例外を除き，禁じられています。
複写される場合は，その都度，当発行所の許諾を得てください。

中央大学社会科学研究所研究叢書

1 自主管理の構造分析
中央大学社会科学研究所編
－ユーゴスラヴィアの事例研究－

A 5 判328頁・品切

80 年代のユーゴの事例を通して，これまで解析のメスが入らなかった農業・大学・地域社会にも踏み込んだ最新の国際的な学際的事例研究である。

2 現代国家の理論と現実
中央大学社会科学研究所編

A 5 判464頁・4730円

激動のさなかにある現代国家について，理論的・思想史的フレームワークを拡大して，既存の狭い領域を超える意欲的で大胆な問題提起を含む共同研究の集大成。

3 地域社会の構造と変容
中央大学社会科学研究所編
－多摩地域の総合研究－

A 5 判482頁・5390円

経済・社会・政治・行財政・文化等の各分野の専門研究者が協力し合い，多摩地域の複合的な諸相を総合的に捉え，その特性に根差した学問を展開。

4 革命思想の系譜学
中央大学社会科学研究所編
－宗教・政治・モラリティ－

A 5 判380頁・4180円

18 世紀のルソーから現代のサルトルまで，西欧とロシアの革命思想を宗教・政治・モラリティに焦点をあてて雄弁に語る。

5 ヨーロッパ統合と日欧関係
高柳先男編著
－国際共同研究 I －

A 5 判504頁・5500円

EU 統合にともなう欧州諸国の政治・経済・社会面での構造変動が日欧関係へもたらす影響を，各国研究者の共同研究により学際的な視点から総合的に解明。

6 ヨーロッパ新秩序と民族問題
高柳先男編著
－国際共同研究 II －

A 5 判496頁・5500円

冷戦の終了と EU 統合にともなう欧州諸国の新秩序形成の動きを，民族問題に焦点をあて各国研究者の共同研究により学際的な視点から総合的に解明。

■■■■■■ 中央大学社会科学研究所研究叢書 ■■■■■■

坂本正弘・滝田賢治編著

7 現代アメリカ外交の研究

A 5 判264頁・3190円

冷戦終結後のアメリカ外交に焦点を当て，21世紀，アメリカはパクス・アメリカーナⅡを享受できるのか，それとも「黄金の帝国」になっていくのかを多面的に検討。

鶴田満彦・渡辺俊彦編著

8 グローバル化のなかの現代国家

A 5 判316頁・3850円

情報や金融におけるグローバル化が現代国家の社会システムに矛盾や軋轢を生じさせている。諸分野の専門家が変容を遂げようとする現代国家像の核心に迫る。

林　茂樹編著

9 日本の地方ＣＡＴＶ

A 5 判256頁・3190円

自主製作番組を核として地域住民の連帯やコミュニティ意識の醸成さらには地域の活性化に結び付けている地域情報化の実態を地方のCATVシステムを通して実証的に解明。

池庄司敬信編

10 体制擁護と変革の思想

A 5 判520頁・6380円

A.スミス，E.バーク，J.S.ミル，J.J.ルソー，P.J.プルードン，Ф.И.チュッチェフ，安藤昌益，中江兆民，梯明秀，P.ゴベッティなどの思想と体制との関わりを究明。

園田茂人編著

11 現代中国の階層変動

A 5 判216頁・2750円

改革・開放後の中国社会の変貌を，中間層，階層移動，階層意識などのキーワードから読み解く試み。大規模サンプル調査をもとにした，本格的な中国階層研究の誕生。

早川善治郎編著

12 現代社会理論とメディアの諸相

A 5 判448頁・5500円

21世紀の社会学の課題を明らかにし，文化とコミュニケーション関係を解明し，さらに日本の各種メディアの現状を分析する。

中央大学社会科学研究所研究叢書

石川晃弘編著

13 体制移行期チェコの雇用と労働

A 5 判162頁・1980円

体制転換後のチェコにおける雇用と労働生活の現実を実証的に解明した日本とチェコの社会学者の共同労作。日本チェコ比較も興味深い。

内田孟男・川原　彰編著

14 グローバル・ガバナンスの理論と政策

A 5 判320頁・3960円

グローバル・ガバナンスは世界的問題の解決を目指す国家，国際機構，市民社会の共同を可能にさせる。その理論と政策の考察。

園田茂人編著

15 東アジアの階層比較

A 5 判264頁・3300円

職業評価，社会移動，中産階級を切り口に，欧米発の階層研究を現地化しようとした労作。比較の視点から東アジアの階層実態に迫る。

矢島正見編著

16 戦後日本女装・同性愛研究

A 5 判628頁・7920円

新宿アマチュア女装世界を彩った女装者・女装者愛好男性のライフヒストリー研究と，戦後日本の女装・同性愛社会史研究の大著。

林　茂樹編著

17 地域メディアの新展開
- CATV を中心として -

A 5 判376頁・4730円

『日本の地方CATV』（叢書9号）に続くCATV研究の第2弾。地域情報，地域メディアの状況と実態をCATVを通して実証的に展開する。

川崎嘉元編著

18 エスニック・アイデンティティの研究
-流転するスロヴァキアの民-

A 5 判320頁・3850円

多民族が共生する本国および離散・移民・殖民・難民として他国に住むスロヴァキア人のエスニック・アイデンティティの実証研究。

中央大学社会科学研究所研究叢書

菅原彬州編

19 連続と非連続の日本政治

A 5 判328頁・4070円

近現代の日本政治の展開を「連続」と「非連続」という分析視角を導入し，日本の政治的転換の歴史的意味を捉え直す問題提起の書。

斉藤　孝編著

20 社会科学情報のオントロジ
－社会科学の知識構造を探る－

A 5 判416頁・5170円

オントロジは，知識の知識を研究するものであることから「メタ知識論」といえる。本書は，そのオントロジを社会科学の情報化に活用した。

一井　昭・渡辺俊彦編著

21 現代資本主義と国民国家の変容

A 5 判320頁・4070円

共同研究チーム「グローバル化と国家」の研究成果の第3弾。世界経済危機のさなか，現代資本主義の構造を解明し，併せて日本・中国・ハンガリーの現状に経済学と政治学の領域から接近する。

宮野　勝編著

22 選 挙 の 基 礎 的 研 究

A 5 判152頁・1870円

外国人参政権への態度・自民党の候補者公認基準・選挙運動・住民投票・投票率など，選挙の基礎的な問題に関する主として実証的な論集。

礒崎初仁編著

23 変 革 の 中 の 地 方 政 府
－自治・分権の制度設計－

A 5 判292頁・3740円

分権改革とNPM改革の中で，日本の自治体が自立した「地方政府」になるために何をしなければならないか，実務と理論の両面から解明。

石川晃弘・リュボミール・ファルチャン・川崎嘉元編著

24 体制転換と地域社会の変容
－スロヴァキア地方小都市定点追跡調査－

A 5 判352頁・4400円

スロヴァキアの二つの地方小都市に定点を据えて，社会主義崩壊から今日までの社会変動と生活動態を3時点で実証的に追跡した研究成果。

中央大学社会科学研究所研究叢書

石川晃弘・佐々木正道・白石利政・ニコライ・ドリャフロフ編著

25 グローバル化のなかの企業文化
－国際比較調査から－

A 5 判400頁・5060円

グローバル経済下の企業文化の動態を「企業の社会的責任」や「労働生活の質」とのかかわりで追究した日中欧露の国際共同研究の成果。

佐々木正道編著

26 信頼感の国際比較研究

A 5 判324頁・4070円

グローバル化，情報化，そしてリスク社会が拡大する現代に，相互の信頼の構築のための国際比較意識調査の研究結果を中心に論述。

新原道信編著

27 "境界領域"のフィールドワーク
－"惑星社会の諸問題"に応答するために－

A 5 判482頁・6160円

3.11 以降の地域社会や個々人が直面する惑星社会の諸問題に応答するため，"境界領域"のフィールドワークを世界各地で行う。

星野　智編著

28 グローバル化と現代世界

A 5 判460頁・5830円

グローバル化の影響を社会科学の変容，気候変動，水資源，麻薬戦争，犯罪，裁判規範，公共的理性などさまざまな側面から考察する。

川崎嘉元・新原道信編

29 東 京 の 社 会 変 動

A 5 判232頁・2860円

盛り場や銭湯など，匿名の諸個人が交錯する文化空間の集積として大都市東京を社会学的に実証分析。東京とローマの都市生活比較もある。

安野智子編著

30 民 意 と 社 会

A 5 判144頁・1760円

民意をどのように測り，解釈すべきか。世論調査の選択肢や選挙制度，地域の文脈が民意に及ぼす影響を論じる。

中央大学社会科学研究所研究叢書

新原道信編著

31 うごきの場に居合わせる

－公営団地におけるリフレクシヴな調査研究－

A 5 判590頁・7370円

日本の公営団地を舞台に，異境の地で生きる在住外国人たちの「草の根のどよめき」についての長期のフィールドワークによる作品。

西海真樹・都留康子編著

32 変容する地球社会と平和への課題

A 5 判422頁・5280円

平和とは何か？という根源的な問いから始め，核拡散，テロ，難民，環境など多様な問題を検討。国際機関や外交の意味を改めて考える。

石川晃弘・佐々木正道・リュボミール・ファルチャン編著

33 グローバル化と地域社会の変容

－スロヴァキア地方都市定点追跡調査Ⅱ－

A 5 判552頁・6930円

社会主義崩壊後四半世紀を経て今グローバル化の渦中にある東欧小国スロヴァキアの住民生活の変容と市民活動の模索を実証的に追究。

宮野　勝編著

34 有権者・選挙・政治の基礎的研究

A 5 判188頁・2310円

有権者の政治的関心・政策理解・政党支持の変容，選挙の分析，政党間競争の論理など，日本政治の重要テーマの理解を深める論集。

三船　毅編著

35 政治的空間における有権者・政党・政策

A 5 判 188 頁・2310 円

1990 年代後半から日本政治は政治改革のもとで混乱をきたしながら今日の状況となっている。この状況を政治的空間として再構成し，有権者と政策の問題点を実証的に分析する。

佐々木正道・吉野諒三・矢野善郎編著

36 現代社会の信頼感

－国際比較研究（Ⅱ）－

A 5 判229頁・2860円

グローバル化する現代社会における信頼感の国際比較について，社会学・データ科学・社会心理学・国際関係論の視点からの問題提起。

中央大学社会科学研究所研究叢書

星野　智編著

37 グローバル・エコロジー

A 5 判258頁・3190円

地球生態系の危機，人口・エネルギー問題，地球の環境破壊と軍事活動，持続可能な国際循環型社会の構築，放射性物質汚染廃棄物の問題を追及する。

新原道信編著

38 "臨場・臨床の智"の工房
－国境島嶼と都市公営団地のコミュニティ研究－

A 5 判512頁・6380円

イタリアと日本の国境島嶼と都市のコミュニティ研究を通じて，地球規模の複合的諸問題に応答する"臨場・臨床の智"を探求する。

中島康予編著

39 暴力・国家・ジェンダー

A 5 判212頁・2640円

ルソー，アダム・スミス，モーゲンソー，アガンベン等を読み解き，平和や生のあり方に迫る思想史・現代思想研究を中心に編まれた論集。

宮野　勝編著

40 有 権 者 と 政 治

A 5 判196頁・2420円

世論調査・政治意識・選挙などにかかわる重要な問題を取りあげて研究し，社会への提案・変化の可能性・含意などに言及する。

星野　智編著

41 アントロポセン時代の国際関係

A 5 判310頁・3850円

人類が地球の地質や自然生態系に影響を与えているというアントロポセン時代における国際関係を視野に入れ，地球社会の様々な地域や諸問題を取り上げる。

西川可穂子・中野智子編著

42 グローバル化による 環境・社会の変化と国際連携

A 5 判296頁・3740円

グローバル化する環境・社会の問題に対し，日本はアジアの国々とどう連携するべきか。モンゴルを中心に様々な視点から読み解く。

■ 中央大学社会科学研究所研究叢書 ■

西海真樹編著

43 **グローバリゼーションへの抵抗**
中央大学=エクス・マルセイユ大学交流40周年記念シンポジウム

A 5 判328頁・4070円

中央大学とエクス・マルセイユ大学交流40周年記念シンポジウムの成果集。「グローバリゼーションへの抵抗」を法，政治の分野で議論。

三船　毅編著

44 **政治空間における諸問題**
―有権者，政策，投票―

A 5 判240頁・2970円

世論調査・政治意識と政治行動などにかかわる重要な問題を取り上げて研究し，社会への提案・変化の可能性・含意などに言及する。

＊価格は税込価格です。